Norbert Heesel
Werner Reichstein

Mikrocontroller-Praxis

Norbert Heesel
Werner Reichstein

Mikrocontroller Praxis

Ein praxisorientierter Leitfaden für Hard- und Software-Entwicklung auf der Basis der 80(C)51x-Familie

Die Deutsche Bibliothek - CIP-Einheitsaufnahme

Heesel, Norbert:
Mikrocontroller-Praxis : ein praxisorientierter Leitfaden für
Hard- und Software-Entwicklung auf der Basis der 80(C)51x-
Familie / Norbert Heesel ; Werner Reichstein. - Braunschweig
; Wiesbaden : Vieweg 1993
ISBN-13: 978-3-528-05366-6   e-ISBN-13: 978-3-322-87806-9
DOI: 10.1007/978-3-322-87806-9
NE: Reichstein, Werner:

Dieses Buch widmen wir unseren Kindern.

Lisa, Nicole, Philipp und Tina

Vorwort

Mikrocontroller sind in vielen technischen Bereichen als Steuerungselement eingeführt. In Maschinen- und Robotersteuerungen, in der Kraftfahrzeug-Elektronik, in der Automatisierungstechnik oder als "Embedded Control"-Applikationen verrichten sie ihren Dienst und können durch ihre Programmierbarkeit an die gestellten Aufgaben jeweils individuell angepaßt werden.

Durch Implementierung verschiedenster Funktionen (on chip devices) stehen funktionsfähige Single-Chip-Lösungen als 4-Bit- bis 32-Bit-Ausführungen zur Verfügung. Zur Zeit haben die 8-Bit-Typen die größte Verbreitung, da ihre Leistungsfähigkeit bzgl. Wortbreite und Verarbeitungsgeschwindigkeit häufig ausreicht.

Auf der Basis des Mikrocontrollers 80(C)51/31 bieten die verschiedensten Hersteller aufwärtskompatible Mikrocontroller an, die alle als 8051-Derivate bezeichnet werden.

Die vorliegende Publikation beschäftigt sich ausführlich mit dem Mikrocontroller 80(C)51/31, da dessen Funktionen sich in allen anderen Ausführungen wiederfinden. Weiterführend werden anschließend die zusätzlichen Eigenschaften der Mikrocontroller 80(C)515/535 und 80C517/537 der Fa. Siemens dargestellt.

Im Gegensatz zu vielen anderen Veröffentlichungen, die zu diesem Thema erschienen sind, beschränkt sich die Darstellung nicht nur auf technische Sachinformationen, vielmehr werden in vielen praktischen Übungen die vorhandenen Möglichkeiten verdeutlicht. Von daher ist dieses Buch weit mehr als ein technisches Handbuch; als praxisorientierter Leitfaden ermöglicht es die eigenständige Einarbeitung in ein interessantes und wichtiges Gebiet der Steuerungstechnik.

Die Struktur des vorliegenden Buches befähigt den Neuling, sich die erforderlichen Grundinformationen zu beschaffen und sie anschließend am konkreten Beispiel zu vertiefen. Das Kapitel Assembler-Programmierung führt in die maschinenorientierte Programmierung der Mikrocontroller ein und wird durch die vollständige Beschreibung aller Assemblerbefehle komplettiert.

Für den erfahrenen Programmierer finden sich zahlreiche, in die Tiefe gehende Fallbeispiele, die es ihm erlauben, individuelle Lösungen zu finden.

Es liegt eine Diskette mit allen im Buch abgedruckten Programm-Listings bei, die von den Autoren auf einem eigenen Entwicklungssystem erstellt und ausgetestet wurden.

Das unermüdliche Korrekturlesen von Christa Heesel hat wesentlich zum Gelingen dieses Buches beigetragen.

Weitere hilfreiche Unterstützung erhielten wir von den Firmen:

Aldus Software GmbH, Hamburg
DTP-Partner, Hamburg
ELSA GmbH, Aachen
Hewlett Packard GmbH, Böblingen
Micrografx GmbH, München

Alsdorf, im September 1993

Norbert Heesel, Werner Reichstein

Inhaltsverzeichnis

Einleitung

Die umfangreichen Hard- und Software-Möglichkeiten der Mikrocontroller können von den Schaltungs- oder Programm-Entwicklern erst nach einer längeren
Einarbeitungszeit optimal eingesetzt werden. In den existierenden Handbüchern
der Halbleiterhersteller werden zwar die Hardware und der verfügbare Befehlssatz
ausführlich beschrieben, es fehlen jedoch konkrete Realisierungsvorschläge, die
bei der Applikationsentwicklung unbedingt notwendig sind.

Die Struktur dieses Buches ist daher so angelegt, daß es als praxisorientierter
Leitfaden die Hilfestellung bietet, die sowohl dem Neuling als auch dem erfahrenen
Anwender angemessen ist.

Für den Neuling werden sowohl die einzelnen Funktionseinheiten des Mikrocontrollers beschrieben als auch das anwendungsorientierte Zusammenspiel der verschiedenen Komponenten.

Dieses Buch wendet sich im besonderen an alle Studierenden an Technischen
Hochschulen, Fachhochschulen und Fachschulen für Technik. Ebenso ist der
Techniker oder Ingenieur angesprochen, der bestehende Mikrocomputer-Applikationen auf moderne Mikrocontroller(systeme) umstellen muß.

Der Inhalt der einzelnen Kapitel in kurzer Übersicht:

Kapitel 1: Hier wird ein allgemeiner Überblick über den Aufbau von Mikrocomputersystemen geliefert.

Kapitel 2: Die Leistungsmerkmale der behandelten Mikrocontroller werden einander gegenübergestellt.

Kapitel 3: Die Verfügbarkeit von internem und externem Speicherbereich sowie
die vorhandenen Special Function Register werden beschrieben.

Kapitel 4: In diesem Kapitel wird die Ankopplung des Mikrocontrollers an externe
Bus-Systeme und das damit verbundene Timing-Verhalten dargestellt.

Kapitel 5: Der Aufbau und die Funktion der vorhandenen I/O-Ports und deren
Alternativ-Funktionen werden erläutert.

Kapitel 6: Zur Steuerung und Regelung vieler Prozesse benötigt man unterschiedliche Zeit- und Frequenzsignale. Wegen der technischen Relevanz werden in diesem Schwerpunkt-Kapitel alle Timer/Counter-Funktionen der behandelten Mikrocontroller konkret beschrieben.

Kapitel 7: Müssen Meßdaten über weite Entfernungen übertragen werden, geschieht dies mit Hilfe der seriellen Datenübertragung. Die im Mikrocontroller vorhandenen seriellen Schnittstellen sind speziell für dieses Einsatzgebiet vorbereitet.

Kapitel 8: Um auch analoge Meßwerte mit Hilfe des Mikrocontrollers weiterverarbeiten zu können, benötigt man A/D-Wandler, die in allen Derivaten integriert sind. Möglichkeiten und Anwendungen werden ausführlich beschrieben.

Kapitel 9: Wesentlicher Bestandteil der Mikrocontroller ist die Interrupt-Technik. Anzahl der Interrupt-Quellen, die Abarbeitung einzelner Interrupt-Anforderungen sowie die Prioritätssteuerung nehmen einen weiten Raum ein und werden durch zahlreiche Beispiele konkretisiert.

Kapitel 10: Der Befehlssatz ist für alle 8051-Derivate identisch. Alle Befehle sind sachlogisch geordnet, werden ausführlich beschrieben und durch Beispiele kommentiert.

Kapitel 11: Eine Einführung in die Assembler-Programmierung ermöglicht dem Neuling einen schnellen und einfachen Einstieg in diesen schwierigen Sachverhalt. Die hier vermittelten Grundkenntnisse sind Voraussetzung für das Verständnis der im Buch dargestellten Problematik.

Kapitel 12: Im Anhang findet sich neben der Programmierliste eine tabellarische Übersicht der Special Function Register.

1 Schematischer Aufbau eines Rechnersystems

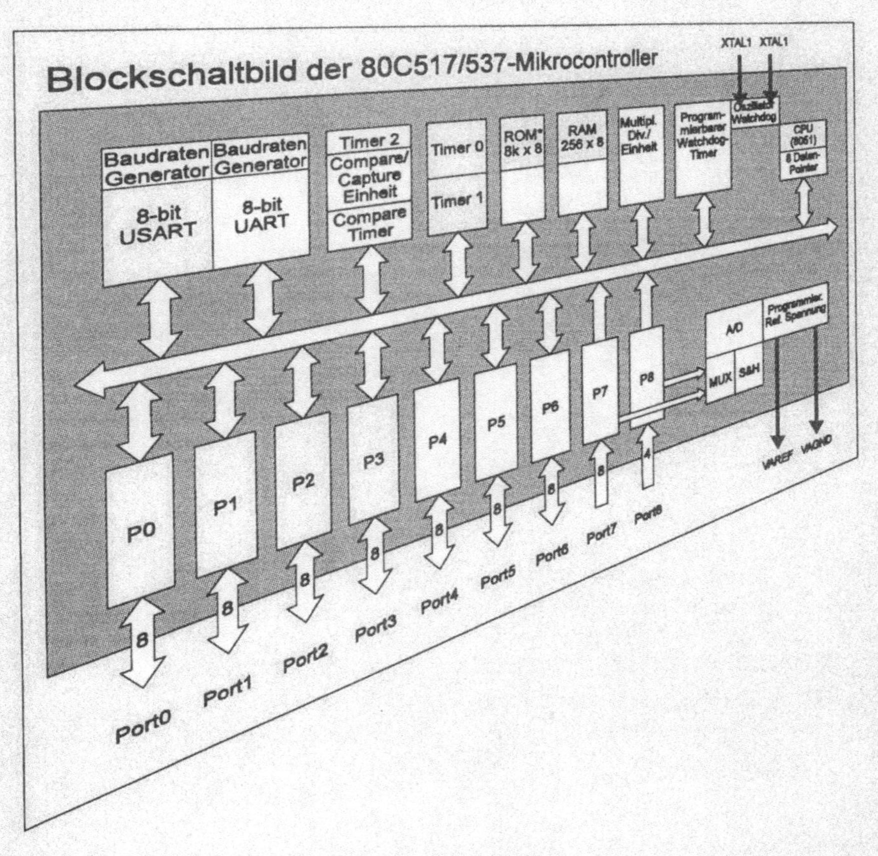

1.1 Aufbau eines Mikrocomputer-Systems

Das gemeinsame Merkmal der von verschiedenen Herstellern angebotenen PC-Systemen ist der gleiche schematische Aufbau. Mit Hilfe weniger hochintegrierter Bauteile werden die gewünschten Funktionen realisiert.

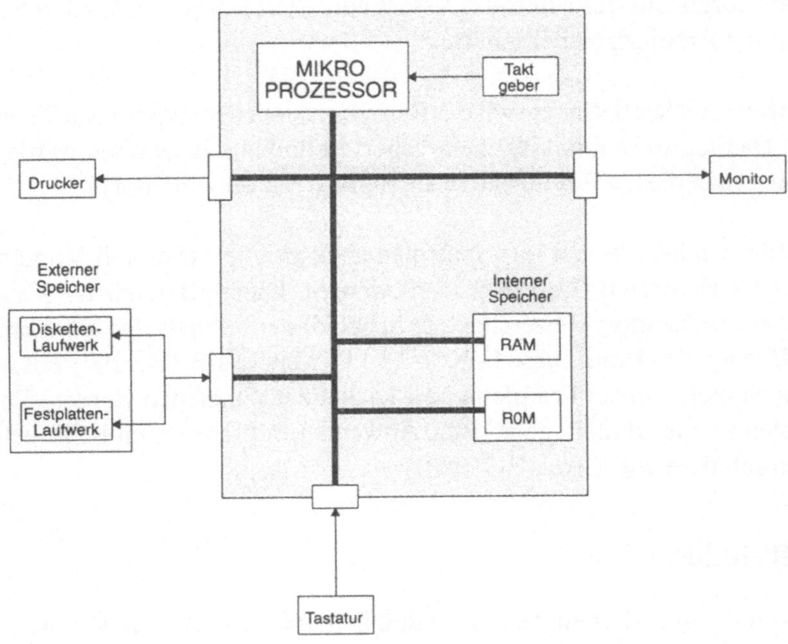

Bild 1.1-1: Aufbau eines Mikrocomputer-Systems

Mikroprozessor

Der wichtigste Teil innerhalb eines PC-Systems ist der Mikroprozessor. Innerhalb dieses Bausteins werden alle erforderlichen arithmetischen und logischen Rechenoperationen durchgeführt. Deshalb bezeichnet man diesen Baustein auch als CPU (central processing unit). Gleichzeitig bestimmt der Mikroprozessor die zeitlichen Abläufe (timing and control) innerhalb des Rechnersystems.

Interner Speicher

Zweiter wesentlicher Bestandteil eines Rechnersystems ist der Speicherbereich. Hierbei wird zwischen internem und externem Speicher unterschieden.

Der interne Speicher kann vom Mikroprozessor direkt (unmittelbar) angesprochen, d.h., vom Adreß-Bus des Mikroprozessors adressiert werden; er wird in Festwertspeicher und Arbeitsspeicher unterteilt.

Im Festwertspeicher befindet sich das Betriebssystem oder zumindest Teile davon (BIOS). Da die Information fest gespeichert ist und nur ausgelesen werden kann, bezeichnet man diesen Bereich auch als ROM (read only memory).

Im Arbeitsspeicher können Informationen abgespeichert (Schreib-Vorgang) und auch wieder abgerufen (Lese-Vorgang) werden. Dieser Bereich wird als RAM (random access memory) bezeichnet, da in beliebiger Reihenfolge auf diese Daten zugegriffen werden kann. Diese Daten sind u.U. weitere Teile des Betriebssystems, die beim Booten von der Festplatte oder Diskette nachgeladen werden. Ebenfalls dazu gehören die aktuell geladenen Anwenderprogramme und die erzeugten Arbeitsergebnisse wie Texte, Bilder etc.

Schnittstellen

Die Verbindung zwischen der Zentraleinheit und der Außenwelt wird durch Interface-Schaltungen hergestellt, an die die verschiedensten Geräte (Monitor, Tastatur, Drucker, Festplatte, Diskettenlaufwerk, Drucker, Maus...) angeschlossen werden. Diese Interface-Schaltungen übernehmen auch die elektrischen Anpassungen zwischen Zentraleinheit und Peripherie.

Externer Speicher

Dieser Speicher (auch Massenspeicher genannt) wird zur dauerhaften Abspeicherung von Daten und/oder Programmen verwenden. Als magnetische Datenspeicher kommen Festplatten, Disketten und Streamer zum Einsatz.

Ausführungsformen von Mikroprozessoren

Als im Jahre 1971 die Fa. INTEL den ersten Mikroprozessor 4004 auf den Markt brachte, ahnte niemand, welche technischen Möglichkeiten in dieser Schaltungstechnik lagen. Auf einer Fläche von 4,2mm x 3,2mm wurden 2.300 Transistorfunktionen integriert, die es auf eine Rechenleistung von 60.000 Rechenschritte pro Sekunde brachten. Aus diesen Anfängen heraus entwickelten sich immer schnellere und leistungsfähigere Prozessoren, die in allen Arbeitsbereichen nachhaltige Veränderungen mit sich brachten. Die 32-Bit-CPU 80486DX (bzw. i486) ist mit 1.2 Mio Transistorfunktionen und einer durchschnittlichen Rechenleistung von 20 MIPS (mips = million instructions per second) die z.Zt. leistungsstärkste Variante bei den PCs.

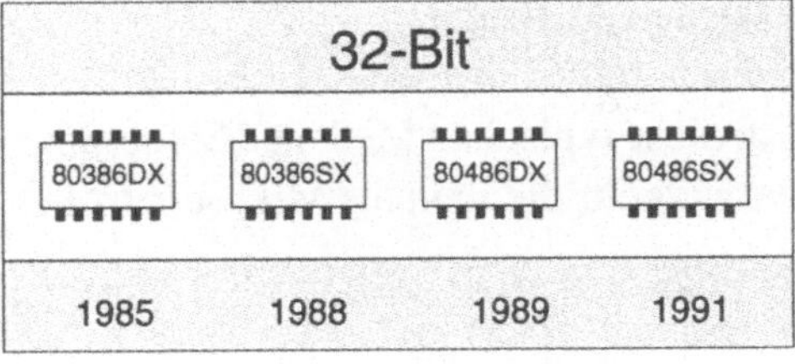

Bild 1.1-2: Zeitliche Entwicklung der CPU-Generationen

Aufbau eines Meß- und Steuerungssystems

Soll mit Hilfe eines Computersystems ein flexibles Meß- und Steuerungssystem
aufgebaut werden, sind zusätzliche Schnittstellen und Peripherie-Bausteine notwendig.

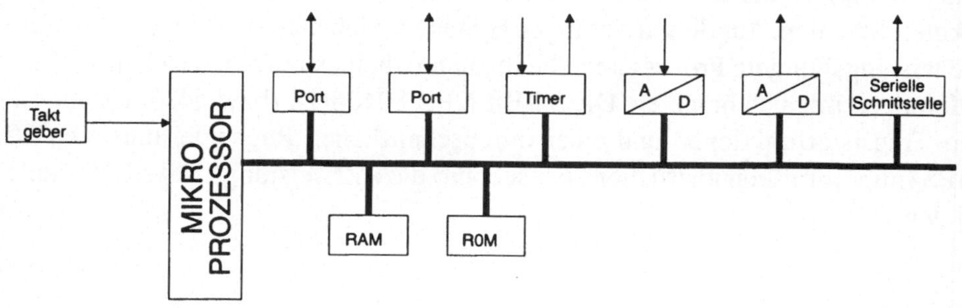

Bild 1.1-3: Aufbau eines Meß- und Steuerungssystems

An die zusätzlich verfügbaren Ports werden die zu steuernden Geräte angeschlossen. Durch verfügbare A/D- bzw. D/A-Wandler können Analogsignale verarbeitet
werden und als analoge Steuerinformationen wieder an den Regelkreis zurückge-
geben werden. Weit entfernte digitale Signalgeber werden über serielle Schnittstellen mit dem Steuerungssystem verbunden. Dies alles erfordert einen erheblichen
externen Aufwand.

Für diese typischen Meß- und Steuerungsaufgaben wurden spezielle Prozessortypen
entwickelt, die man als Mikrocontroller bezeichnet.

1.2 Aufbau eines Mikrocontrollers

Der Mikrocontroller, den man als eine erweiterte Version eines Mikroprozessors auffassen kann, ist in der Meß- und Steuerungstechnik, in der Automatisierungstechnik, in der Automobil-Elektronik - um nur einige Anwendungsbereiche aufzulisten - kaum noch wegzudenken.

Im Unterschied zu Mikroprozessoren, die durch zusätzliche externe Bausteine erst zu einem funktionsfähigen System wachsen, sind Mikrocontroller zusätzlich zur CPU mit internem RAM und manchmal auch internem ROM ausgestattet. Ebenfalls auf dem Chip integriert sind z.B. Timer, serielle Schnittstellen oder A/D-Wandler, die als on-chip-devices bezeichnet werden. Als Single-Chip-Lösungen können sie sehr individuell an die geforderten Aufgaben angepaßt werden. Sie verrichten ihren Dienst zur Beschleunigung von Druckervorgängen ebenso wie bei der Steuerung von Festplatten.

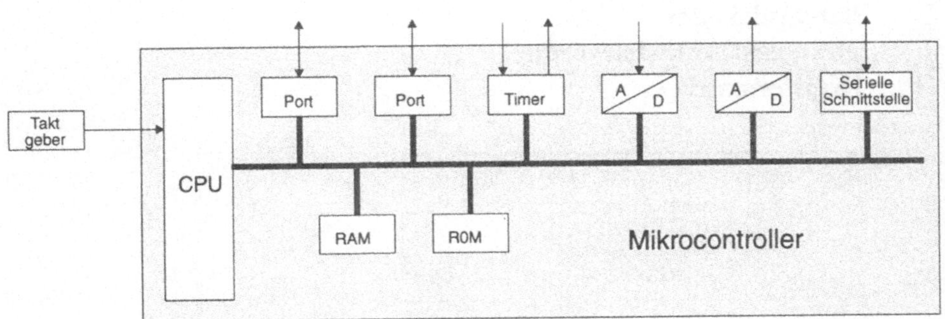

Bild 1.2-1: Aufbau eines Mikrocontroller-Systems

Moderne Mikrocontroller zeichnen sich durch sehr flexible Interrupt-Möglichkeiten aus, um auf externe Signale - unabhängig vom laufenden Programm- in möglichst kurzer Zeit zu reagieren.

Die Ausstattung eines Controller-Typs mit internem ROM ermöglicht, ein Programm fest einzubrennen; die Applikation des Controllers ist damit eindeutig festgelegt. Diese Form wird als **Embedded-Controller** bezeichnet. Dabei kann es sich z.B. um die Ansteuerung eines Fertigungsroboters handeln, der immer wieder die gleichen Funktionen wiederholt.

Ähnlich wie bei der Mikroprozessor-Entwicklung begann die Mikrocontroller-Technologie mit einer 4-Bit-Ausführung. Heute werden von einigen Herstellern schon 32-Bit-Controller angeboten, die schnellstmöglich auf Ereignisse von außen reagieren sollen, um z.B. damit Durchsatz und Druckgeschwindigkeit eines Laserdruckers zu steigern.

Die 8-Bit-Mikrocontroller stellen mit einem Marktvolumen von etwa 400 Mio. Dollar (Quelle: Dataquest) in Europa die umsatzstärkste Produktgruppe dieses Marktsegmentes dar. Dies läßt sich sicherlich auch damit begründen, daß - ausgehend von der Mikrocontroller-Serie MCS 51 (8051) der Fa. INTEL - eine Vielzahl von aufwärtskompatiblen Ausführungen auch anderer Hersteller angeboten werden.

Wie beim Mikroprozessor besteht der Kern eines Controllers aus mehreren Teilen:

- **Rechenwerk**
- **Befehlsdekoder**
- **Takt- und Ablaufsteuerung**
- **Registermatrix**

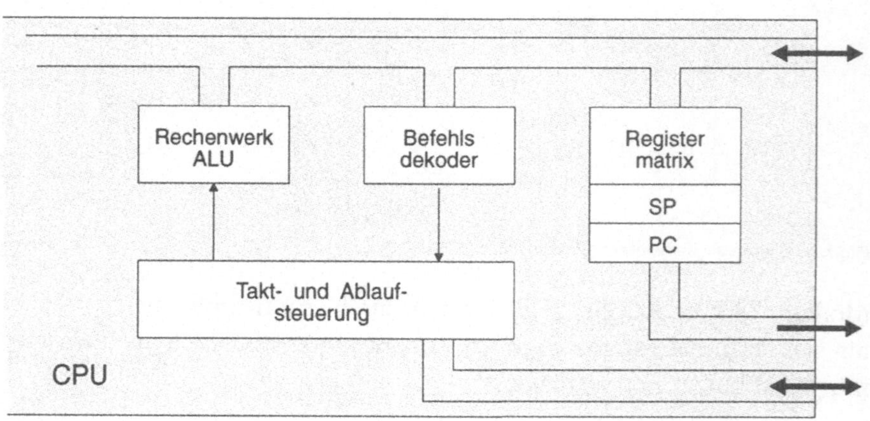

Bild 1.2-2: Ausschnitt eines Mikrocontrollers

Rechenwerk

Das Rechenwerk wird auch als ALU (arithmetic logic unit) bezeichnet, da alle Rechenoperationen und logische Verknüpfungen von dieser Einheit ausgeführt werden. Die Wortbreite des Rechenwerks (4 Bit, 8 Bit, .., 32 Bit) ist maßgebend für die Datenwortbreite, die direkt verarbeitet werden kann. So kann bei einem 8-Bit-Controller eine 32-Bit-Addition nicht in einem Arbeitsschritt durchgeführt werden, sondern der Programmierer muß durch ein entsprechendes Programm diese Addition durch mehrere 8-Bit-Additionen realisieren. Eng verknüpft mit diesem Rechenwerk ist ein Zustandsregister (Flag-Register), das Auskunft über Vorzeichen, Rechenüberträge, Paritäts- und Nullzustände gibt.

Normalerweise erfolgt die Datenverarbeitung innerhalb der ALU byteweise. Folgendes Beispiel soll dies verdeutlichen:

Beispiel 1.2-1:
Innerhalb der ALU werden die Daten-Bytes 7CH und 3BH UND-verknüpft. Bestimmen Sie das sich einstellende Ergebnis!

    1. Operand: 7CH   0111 1100
    2. Operand: 3BH $\wedge$ <u>0011 1011</u>

Ergebnis: **0011 1000 = 38H**

Eine besondere Fähigkeit besitzen Prozessoren, wenn sie logische Operationen mit einzelnen Bits ausführen können (**boolean processor** bzw. **Boole'scher Prozessor**). Meistens sind es die Operationen Setzen, Rücksetzen und Komplementieren eines Bits sowie die logischen Verknüpfungen UND und ODER. Die bitweise Verarbeitung macht sich speziell in Steuerungsaufgaben positiv bemerkbar, da z.B. die Zustandsanzeige *Drehrichtung links/rechts* oder *Drehzahl hoch/niedrig* durch ein einziges Bit erfolgt. Mit einem Befehlssatz, der diese bitweise Verarbeitung direkt unterstützt, lassen sich komplexe Meß- und Steuerungsprogramme einfach erstellen.

Befehlsdekoder

In diesem Register wird die eingelesene Binär-Anweisung (Befehlswort) zwischengespeichert und analysiert. Bei vielen Prozessoren sind die einzelnen Schritte, die
zur Ausführung des Befehls notwendig sind, in einem ROM gespeichert. Den Inhalt
dieses ROMs bezeichnet man als Mikroprogramm. Die eingelesenen Befehle
bestimmen dann die Einsprungadresse in dieses Mikroprogramm.

Die Abarbeitung der einzelnen Befehle wird bei modernen Prozessoren auch
dadurch beschleunigt, daß manche Operationen nicht softwaremäßig durch ein
Mikroprogramm ausgeführt werden, sondern hardwaremäßig innerhalb des Prozes-
sors realisiert sind.

Takt- und Ablaufsteuerung

Dieser Schaltungsteil organisiert den zeitlich aufeinander abgestimmten Ablauf
aller Funktionen. Dies gilt für die interne Abarbeitung genauso wie für die nach
außen wirksamen Steuersignale. Um entsprechende Daten zum richtigen Zeitpunkt
bereitzustellen oder abzufragen, muß das CPU-Timing genau bekannt sein.

Registermatrix

Die Registermatrix besteht aus mehreren Registern (Speicher) bzw. Registerbän-
ken, die in mehrere Funktionsgruppen aufgeteilt werden können.

Einige Register werden dazu verwendet, zwischenzeitlich Daten und Adressen, die
innerhalb der Bearbeitung eines Programms anfallen, abzuspeichern. Eine zweite
Gruppe wird als Special Function Register bezeichnet, weil ihr Inhalt bestimmte
interne Funktionsgruppen aktiviert. Einige dieser Register sind bitadressierbar,
d.h., innerhalb eines solchen Registers lassen sich einzelne Bits direkt ansprechen.
Auf diese Weise kann durch Setzen eines solchen Bits eine gewünschte Funktion
gestartet und durch Rücksetzen dieses Bits wieder angehalten werden (Beispiel:
Starten und Anhalten des internen Timers). Eine dritte Gruppe von Registern dient
als internes RAM, auf das der Prozessor direkt zugreifen kann.

Der Stack Pointer ist ein spezielles Register. Er adressiert den Stack-Speicher (Teil
innerhalb des internen RAM-Bereichs), in dem z.B. Adressen zwischengespeichert
sind.

1.3 Aufbau eines Bus-Systems

Charakteristisch für alle Computersysteme ist die Verbindung aller Funktionsbausteine durch ein Bus-System.

Ein Bus-System besteht aus mehreren Leitungen, über die Informationen (**Daten**), Identifizierungen (**Adressen**) und Funktionen (**Steuersignale**) übertragen werden.

Man unterscheidet deshalb auch:

- **Daten-Bus**
- **Adreß-Bus**
- **Steuer-Bus**

Die zeichnerischen Präsentationen dieser Bus-Leitungen sind sehr unterschiedlich. Manchmal benutzt man eine detaillierte Darstellung aller Leitungen, ein anderes Mal benutzt man lediglich eine funktionale Darstellung.

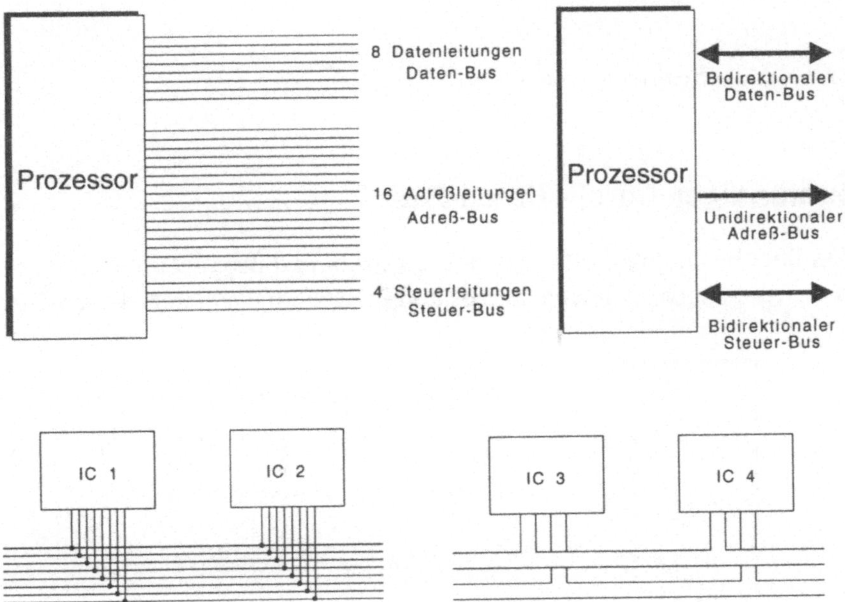

Bild 1.3-1: Aufbau eines Bus-Systems

Auch die Darstellung der elektrischen Signale kann in aufgelöster oder in schematischer Form erfolgen. Wird ein Daten-Byte über den Daten-Bus vom Prozessor zum Speicher übertragen, nimmt jede der acht Datenleitungen das entsprechende elektrische Potential an. Um in Zeitablaufplänen (timing diagram) nicht alle Leitungen einzeln aufzeichnen zu müssen, verkürzt man die Darstellung durch die Angabe des zugehörigen hexadezimalen Wertes, der über die Leitungen transportiert wird.

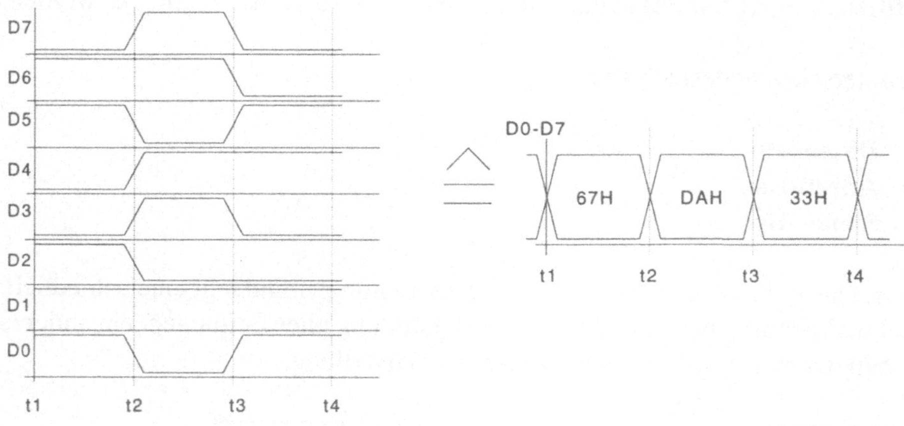

Bild 1.3-2: Schematische Darstellung von Signalzuständen

Eigenständiger Adreß-/Daten-Bus

Werden über bestimmte Leitungen nur Adressen und über andere Leitungen nur Daten übertragen, bezeichnet man dies als eigenständigen Adreß-/Daten-Bus.

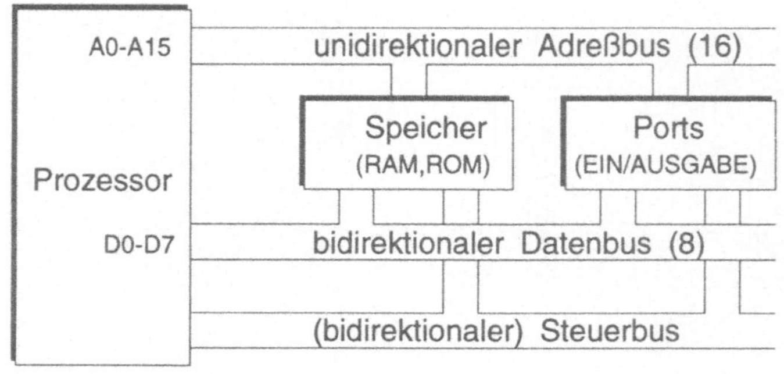

Bild 1.3-3: Eigenständiger Adreß-/Daten-Bus

Gemultiplexter Adreß-/Daten-Bus

Häufig werden aber auch Adressen- und Daten über die gleichen Leitungen übertragen. Damit lassen sich Leitungen am Prozessor einsparen bzw. neue Funktionen bei gleichbleibender Pin-Zahl implementieren. Die zu unterschiedlichen Zeiten (Zeitmultiplex-Verfahren) auf den Leitungen befindlichen Adressen und Daten müssen durch eine externe Hardware wieder aufgetrennt werden.

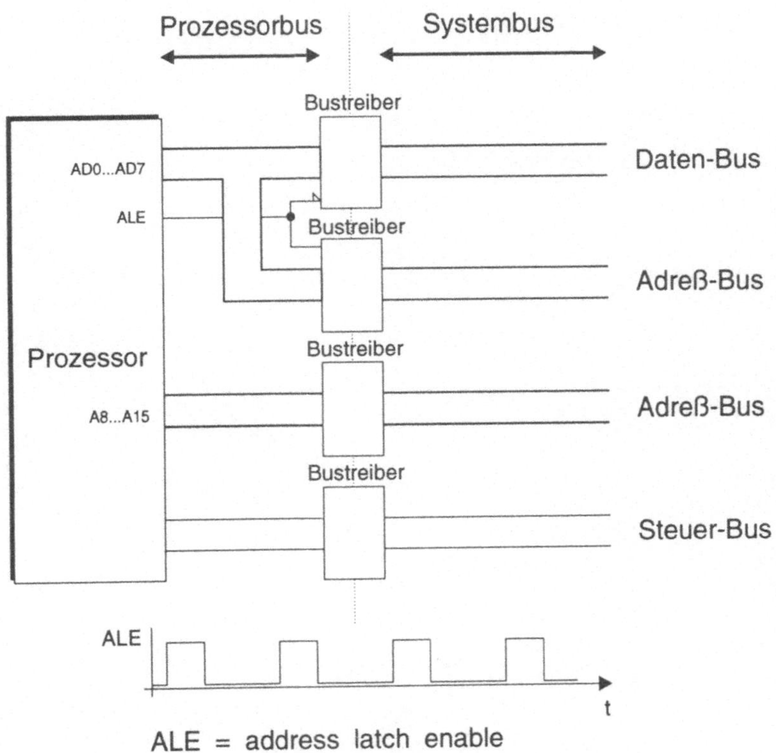

Bild 1.3-4: Gemultiplexter Adreß-/Daten-Bus

Der Prozessor liefert ein ALE-Signal (address latch enable), mit dem er signalisiert, daß gültige Adressen auf den Leitungen ausgegeben werden. Die erforderliche Auftrennung in einen eigenständigen Adreß- und Daten-Bus (System-Bus) kann mit normalen D-FFs erfolgen, die mit Hilfe des ALE-Signals die Adressen und Daten puffern können.

2 Leistungsmerkmale der 80(C)51/31-Mikrocontroller-Familie

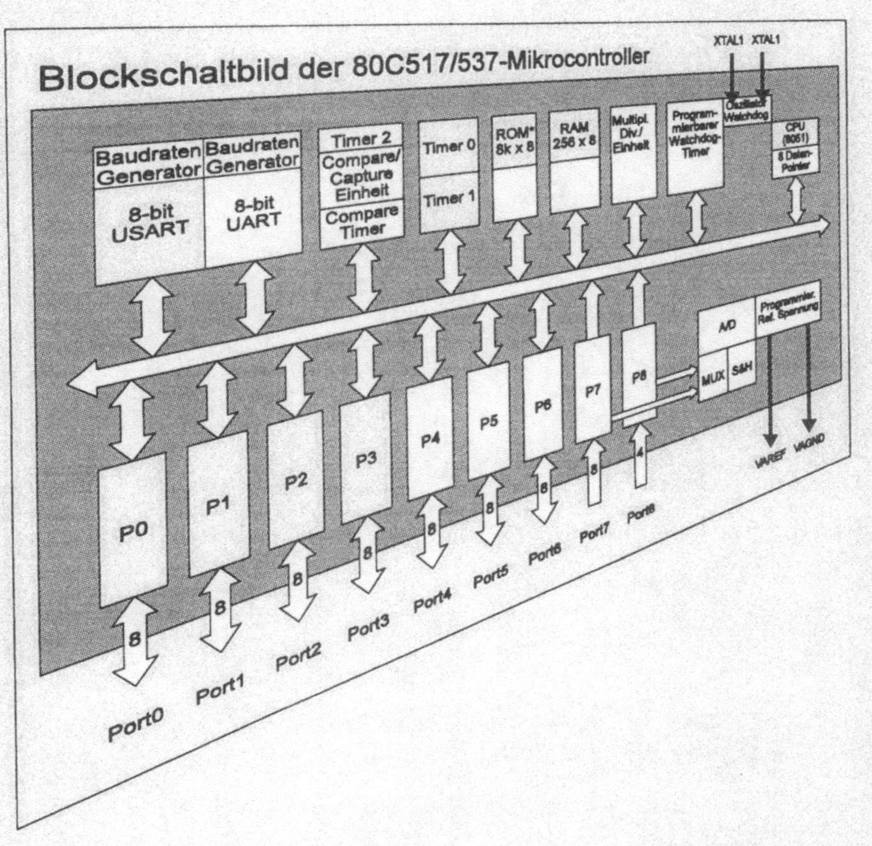

2.1 Leistungsmerkmale 80(C)51/31

Allgemeines:

Alle in diesem Buch aufgeführten Mikrocontroller sind vollständig softwarekompatibel zum Grundbaustein 8051, entwickelt von der Firma Intel. Bei den Hardware-Eigenschaften verhalten sich die Weiterentwicklungen aufwärtskompatibel und werden in den anhängenden Kapiteln mit ihren zusätzlichen Besonderheiten beschrieben.

Die folgende Tabelle soll aber schon an dieser Stelle einen Leistungsüberblick über alle in diesem Buch beschriebenen Mikrocontroller geben.

Baustein	Clock Rate (MHz)	ROM (kByte)	RAM (Byte)	E/A Ports (8-Bit)	ADC Eing. (8-Bit resol.)	Timer/ Counter (16-Bit)	Watch dog Timer	Inter- rupt Vector Levels	Serial E/A	PWM	Div./ Mult. Unit	Data Pointers (16-Bit)	Gehäuse
8051 8031	12,16	4 --	128	4	--	2	--	5/2	USART	--	--	1	DIP40 PLCC44
80C51 80C31	12,16	4 --	128	4	--	2	--	5/2	USART	--	--	1	DIP40 PLCC44
80515 80535	12	8 --	256	6	8	3	1	12/4	USART	4-ch	--	1	PLCC68
80C515 80C535	12,16	8 --	256	6 (E/A) + 1 (E)	8	3	1	12/4	USART	4-ch	--	1	PLCC68
80C517 80C357	12	8 --	256	7 (E/A) + 1 1/2 (E)	12	4	2	14/4	USART +UART	21-ch	Yes	8	PLCC84 PQFR-100

Tab 2.1-1: Leistungsmerkmale der 80(C)xxx - Mikrocontroller

Der Mikrocontroller 80(C)51/31

Übersicht

- 8-Bit-CPU
- 1,2 bis 12 MHz Oszillatorfrequenz
- 1 µs typische Befehlszykluszeit (bei fosc = 12 MHz)
- 8-Bit-Multiplikation und -Division in je 4 µs (bei fosc = 12 MHz)
- Bitverarbeitungsbefehle
- Boolescher Prozessor
- Fünf Interrupt-Quellen mit zwei Prioritätsebenen
- 4 kByte internes ROM, extern bis 64 kByte erweiterbar
- 128 Byte internes RAM, zusätzlich 64 kByte extern erweiterbar
- 128 Bit direkt adressierbar im RAM (intern)
- 21 direkt adressierbare Special Function Register (SFR)
- 48 direkt adressierbare Bit in den SFR
- Serielle Schnittstelle (voll-duplex) mit vier Betriebsarten und variablen Baudraten
- 8085-kompatible Bus-Schnittstelle
- Zwei 16-Bit-Zähler/Zeitgeber

Blockschaltbild

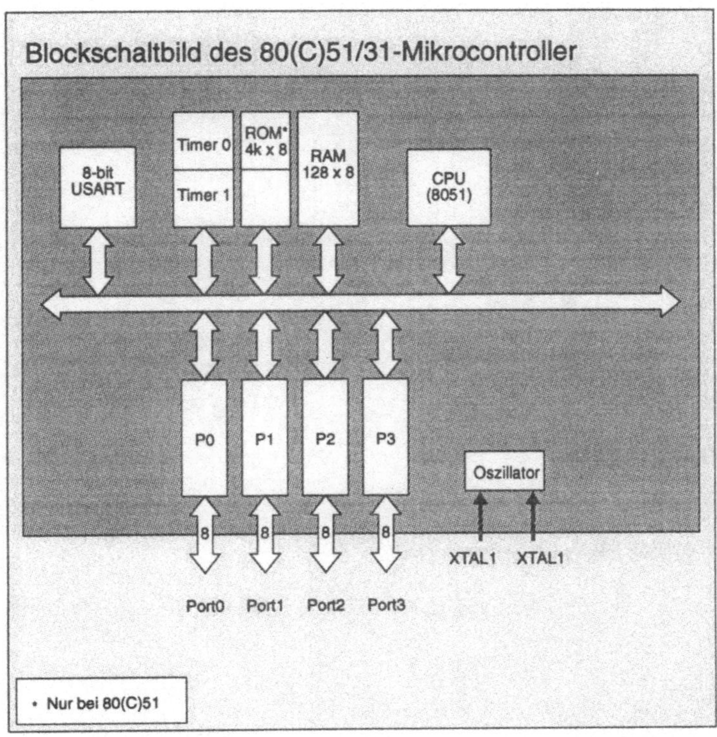

Bild 2.1-1: Blockschaltbild des 80(C)51/31 Mikrocontroller

Gehäuseformen

DIL40   PLCC44

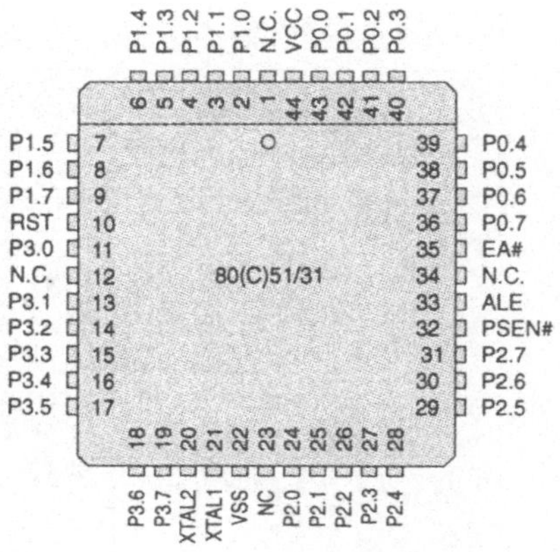

Bild 2.1-2: Pinbelegung der 80(C)51/31 - Mikrocontroller

Anschlußbeschreibungen

Bezeich-nung	Anschluß DIL 40	Anschluß PLCC 44	Eing./ Ausg.	Funktion
VCC	40	44		Anschluß für die Versorgungsspannung von 5V
VSS	20	22		Anschluß für negative Versorgungsspannung (Masse)
P0.0 ... P0.7	32 ...39	36 ... 43	E/A	Port 0 ist ein bidirektionaler 8-Bit-Open-Drain-E/A-Port, der bis zu 8 LSTTL-Lasten aufnehmen oder bei Busoperationen treiben kann. Werden an Port 0 EINSEN ausgegeben, haben die entsprechenden Ausgänge schwebendes Potential, da beide Ausgangstransistoren gesperrt sind (Tri-State-Zustand).Für diese Anwendung muß Port 0 mit externen Pull-up-Widerständen beschaltet werden. Port 0 wird bei Anschluß eines externen Speichers als unterer Adreßbus (A0 ... A7) und Datenbus (D0 ... D7) (Multiplexverfahren) benötigt. Hierfür sind interne Pull-up-Widerstände vorhanden.
P1.0 ... P1.7	1 ...8	2 ... 9	E/A	Port 1 ist ein 8-Bit quasi-bidirektionaler I/O-Port. Er kann bis zu 4 LS-TTL-Lasten treiben oder aufnehmen.
P2.0 ... P2.7	21 ... 28	24 ... 31	E/A	Port 2 ist ein 8-Bit quasi-bidirektionaler I/O-Port. Er kann bis zu 4 LS-TTL-Lasten treiben oder aufnehmen. Port 2 wird bei Anschluß eines externen Speichers als oberer Adreßbus (A8 ... A15) verwendet.
P3.0 ... P3.7	10 ... 17	11, 13 ... 19	E/A	Port 3 ist ein 8-Bit quasi-bidirektionaler I/O-Port. Er kann bis zu 4 LS-TTL-Lasten treiben oder aufnehmen.
RxD	10	11	E	RxD-Eingang für serielle Schnittstelle
TxD	11	13	A	TxD-Ausgang für serielle Schnittstelle
INT0#	12	14	E	Eingang für externen Interrupt 0
INT1#	13	15	E	Eingang für externen Interrupt 1
T0	14	16	E	Externer Eingang für Timer 0 (T0)
T1	15	17	E	Externer Eingang für Timer 1 (T1)
WR#	16	18	A	Strobe-Signal zum Schreiben in den externen Datenspeicher
RD#	17	19	A	Strobe-Signal zum Lesen aus dem externen Datenspeicher
RST/ VPD	9	10	E	Rücksetz-Eingang; liegt an diesem Eingang (RST) während zwei Maschinenzyklen High-Pegel, so wird bei laufendem Taktgeber der MC zurückgesetzt. Die zweite Funktion (VPD) bezeichnet man als Power-Down-Mode. Durch einen High-Pegel an diesem Anschluß wird das interne RAM gepuffert, wenn die Versorgungsspannung (VCC) unter den Minimalwert absinkt.
ALE	30	33	A	Address-Latch-Enable; hier wird das Gültig-Signal für das untere Adreßbyte des gemultiplexten Datenbusses ausgegeben.
PSEN#	29	32	A	Program Store Enable; Strobe-Signal zum Lesen des externen Programmspeichers.
EA#	31	35	E	External Access; wenn EA# auf High-Pegel liegt, arbeitet die CPU mit dem internen Programmspeicher, wenn die Adressen zwischen 0000H und 0FFFH liegen. Liegt EA# auf Low-Pegel, so wird ausschließlich auf den externen Programmspeicher zugegriffen.
XTAL1	19	21	E	Quarzanschluß
XTAL2	18	20	E	Quarzanschluß

TAB 2.1-2: Anschlußbeschreibungen des Mikrocontrollers 80(C)51/31

2.2 Leistungsmerkmale 80(C)515/535

Übersicht

Der Mikrocontroller 80(C)515/535 ist aufwärtskompatibel zum 80(C)51/31. An dieser Stelle werden nur die zusätzlichen Eigenschaften beschrieben.

- Ein spezieller Baudratengenerator für die serielle Schnittstelle
- Ein dritter 16-Bit-Timer mit Compare/Capture-Einheit
- 8 kByte internes ROM (*)
- 256 Byte internes RAM
- Ein Watchdog-Timer
- Zwei weitere Ein/Ausgabe-Ports
- Ein Eingabe-Port
- Ein 8-Bit A/D-Wandler mit programmierbaren Referenzspannungen

(*)   nur beim 80(C)515

A/D-Wandler mit programmierbaren Referenzspannungen

Der 8-Bit A/D-Wandler verfügt über 8 gemultiplexte Eingänge, die sowohl als digitale als auch als analoge Kanäle genutzt werden können. Durch die Programmierung der internen Referenzspannungen hat man folgende Möglichkeiten:

- Vorgabe von nur einer festen externen Referenzspannung
- Erhöhung der Wandlerauflösung bis auf 10 Bit durch Wahl eines kleineren Referenzspannungsbereiches
- Einstellung mehrerer Referenzspannungen pro Kanal

Timer 2 mit zusätzlichen Compare/Capture/Reload-Funktionen

Durch die Kombination von Timer 2 mit den Compare/Capture/Reload-Registern lassen sich unterschiedliche pulsweitenmodulierte Signale (PWM-Signale) realisieren, die z.B. zur Ansteuerung folgender Motorarten eingesetzt werden können:

- Gleichstrommotoren
- Universalmotoren
- Schrittmotoren
- Einphasenmotoren
- Drehstrommotoren

Reload-Funktion

Bei jedem Überlauf oder jeder externen Reload-Anforderung wird der Timer mit einem festen Wert aus dem Reload-Register geladen, um dadurch die Zykluszeit des Zählers zu variieren.

Capture-Funktion

Durch ein externes Signal wird ein Zwischenspeichern des Zählerstandes in die Register ausgelöst. Damit sind Zeitmessungen mit 1µs Auflösung (bei f_{OSC}=12MHz) realisierbar.

Compare-Funktion

Nach dem Laden der Compare-Register vergleichen digitale Komparatoren den laufenden Timer 2-Wert mit den Werten in den Compare-Registern. Bei Gleichheit der Inhalte kann jede Compare-Schaltung ein Signal am entsprechenden Ausgang erzeugen und einen Interrupt anfordern.

Watchdog-Timer

Der Watchdog-Timer besteht aus einem 16-Bit-Zähler, der pro Maschinenzyklus inkrementiert wird. Bei jedem Überlauf (nach ca. 65 ms) setzt er ein Statusbit und löst einen internen Reset aus. Durch Abfrage des Statusbits kann die Reset-Ursache erkannt werden.

Im Anwenderprogramm muß deshalb der Watchdog-Timer jedesmal vor Überlauf zurückgesetzt werden. Wird durch Programmfehler oder Störungen der Watchdog-Timer nicht zurückgesetzt (Rechnerabsturz wäre die Folge), löst er einen internen Reset aus, damit das Monitor-Programm die Kontrolle über den Rechner wieder übernehmen kann.

Der Watchdog-Timer ist per Software startbar, kann aber nur durch einen externen Reset gestoppt werden.

Blockschaltbilder

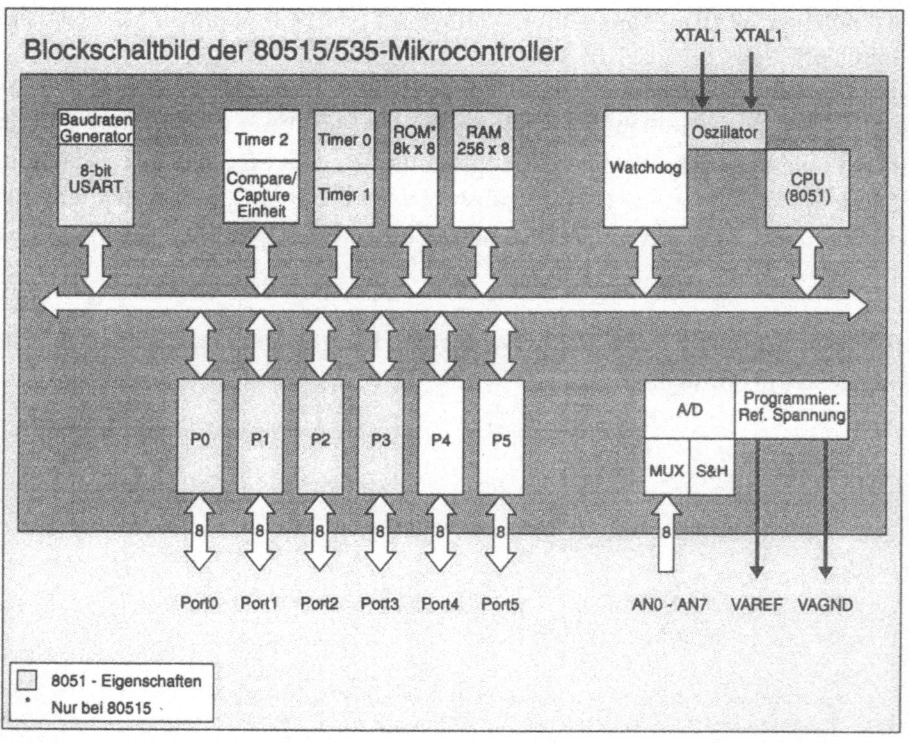

Bild 2.2-1: Blockschaltbild der 80515/535-Mikrocontroller

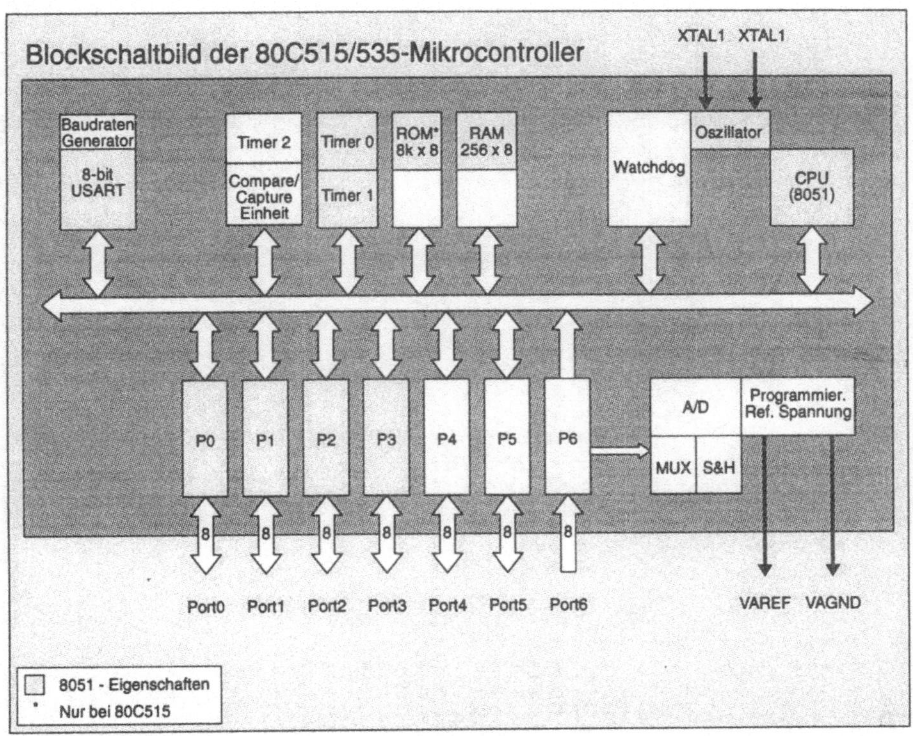

Bild 2.2-2: Blockschaltbild der 80C515/535-Mikrocontroller

Gehäuseform   PLCC68

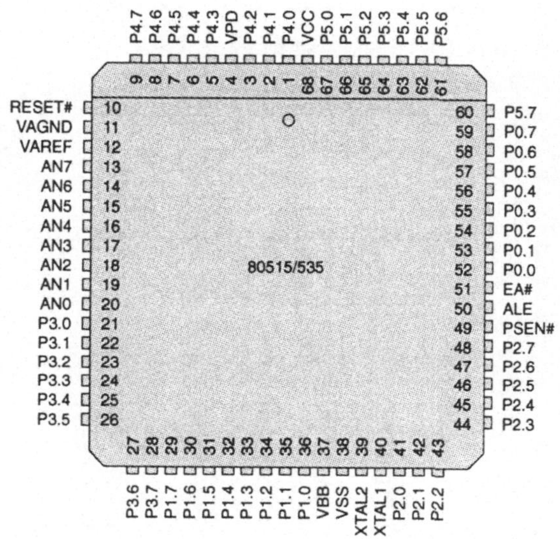

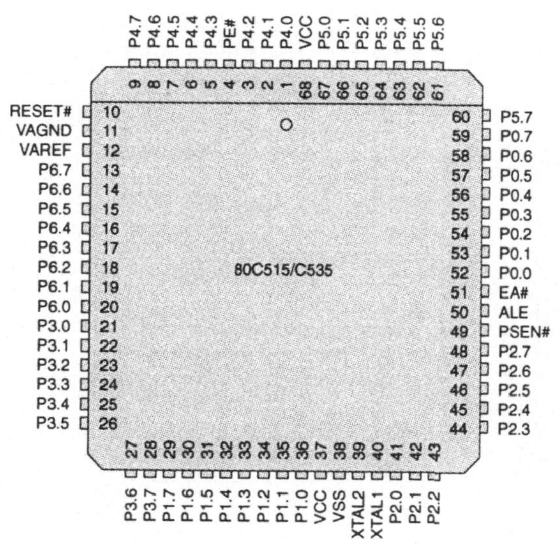

Bild 2.2-3: Pinbelegung der 80(C)515/535-Mikrocontroller

Anschlußbeschreibungen 80515/535

Bezeich-nung	Anschluß PLCC 68	Eing./Ausg.	Funktion
P4.0- P4.7	1-3, 5-9	E	Port 4 ist ein 8-Bit quasi-bidirektionaler I/O-Port. Er kann bis zu 4 LS-TTL-Lasten treiben oder aufnehmen.
VPD	4	E	Die Funktion dieses Eingangs bezeichnet man als Power-Down-Mode. Durch einen High-Pegel an diesem Eingang wird das interne RAM gepuffert, wenn die Versorgungsspannung unter den Minimalwert sinkt.
RESET#	10	E	Rücksetzeingang; liegt an diesem Eingang während zwei Maschinenzyklen Low-Pegel an, wird bei laufendem Taktgeber der Mikrocontroller zurückgesetzt.
VAREF	11	E	Eingang für die positivere Referenzspannung des A/D-Wandlers
VAGND	12	E	Eingang für die negativere Referenzspannung des A/D-Wandlers
AN0 - AN7	13 - 20	E	Analogeingänge
P3.0 - P3.7	21 - 28	E/A	Port 3 ist ein 8-Bit quasi-bidirektionaler I/O-Port. Er kann bis zu 4 LS-TTL-Lasten treiben oder aufnehmen.
RxD	21	E	RxD-Eingang der seriellen Schnittstelle
TxD	22	A	TxD-Ausgang der seriellen Schnittstelle
INT0#	23	E	Eingang für externen Interrupt 0; Eingang für Timer 0 Gate Control
INT1#	24	E	Eingang für externen Interrupt 1; Eingang für Timer 1 Gate Control
T0	25	E	Eingang für Counter 0
T1	26	E	Eingang für Counter 1
WR#	27	A	Das Schreib-Signal zeigt an, daß Daten für den externen Datenspeicher an Port 0 gültig sind.
RD#	28	A	Das Lese-Signal dient der Freischaltung des externen Datenspeichers bei einem Lesezugriff.
P1.7 - P1.0	29 - 36	E/A	Port 1 ist ein 8-Bit quasi-bidirektionaler I/O-Port. Er kann bis zu 4 LS-TTL-Lasten treiben oder aufnehmen.
T2	29	E	Eingang für Counter 2
CLKOUT	30	A	Ausgang für Systemclock
T2EX	31	E	Externer Reload-Trigger-Eingang für Timer 2
INT2#	32	E	Eingang für externen Interrupt 2
INT6	33	E	Eingang für externen Interrupt 6
CC3	33	E/A	Compare-Ausgang 3; Capture-Eingang 3
INT5	34	E	Eingang für externen Interrupt 5
CC2	34	E/A	Compare-Ausgang 2; Capture-Eingang 2
INT4	35	E	Eingang für externen Interrupt 4
CC1	35	E/A	Compare-Ausgang 1; Capture-Eingang 1

Tab 2.2-1: Pinbeschreibung der 80515/535-Mikrocontroller

Bezeich- nung	Anschluß PLCC 68	Eing./ Ausg.	Funktion
INT3#	36	E	Eingang für externen Interrupt 3
CC0	36	E/A	Compare-Ausgang 0; Capture-Eingang 0
VBB	37		Substrart-Pin; dieser Anschluß muß über einen Kondensator (47 - 100pF) an VSS angeschlossen werden, damit der A/D-Wandler einwandfrei arbeitet.
VSS	38		VSS; negative Versorgungsspannung (Masse)
XTAL2	39		Quarzanschluß
XTAL1	40		Quarzanschluß
P2.0 - P2.7	41 - 48	E/A	Port 2 ist ein 8-Bit quasi-bidirektionaler I/O-Port. Er kann bis zu 4 LS-TTL-Lasten treiben oder aufnehmen. Port 2 wird bei Anschluß eines externen Speichers als oberer Adreßbus (A8 ... A15) verwendet.
PSEN#	49	A	Program Store Enable; Strobe-Signal zum Lesen des externen Programmspeichers.
ALE	50	A	Address Latch Enable; Gültig-Signal für das untere Adreßbyte des gemultiplexten Datenbusses.
EA#	51	E	External Access; liegt EA# auf High-Pegel, arbeitet die CPU mit dem internen Programmspeicher, wenn die Adressen zwischen 0000H und 1FFFH liegen. Liegt EA# auf Low-Pegel, so wird ausschließlich auf den externen Programmspeicher zugegriffen.
P0.0 - P0.7	52 - 59	E/A	Port 0 ist ein bidirektionaler 8-Bit-Open-Drain I/O-Port, der bis zu 8 LS-TTL-Lasten aufnehmen oder bei Busoperationen treiben kann. Werden an Port 0 EINSEN ausgegeben, haben die entsprechenden Ausgänge schwebendes Potential, da beide Ausgangs- transistoren gesperrt sind (Tri-State-Zustand).Für diese Anwendung muß Port 0 mit externen Pull-up- Widerständen beschaltet werden. Port 0 wird bei Anschluß eines externen Speichers als unterer Adreßbus (A0 ... A7) und Datenbus (D0 ... D7) (Mutiplexverfahren) benötigt. Hierfür sind interne Pull-up-Widerstände vorhanden.
P5.7 - P5.0	60 - 67	E/A	Port 5 ist ein 8-Bit quasi-bidirektionaler I/O-Port. Er kann bis zu 4 LS-TTL-Lasten treiben oder aufnehmen.
VCC	68		Anschluß für die Versorgungsspannung von 5V

Tab 2.2-2: Pinbeschreibung der 80515/535-Mikrocontroller

Anschlußbeschreibungen 80C515/535

Bezeich- nung	Anschluß PLCC 68	Eing./ Ausg.	Funktion
P4.0- P4.7	1-3, 5-9	E	Port 4 ist ein 8-Bit quasi-bidirektionaler I/O-Port. Er kann bis zu 4 LS-TTL-Lasten treiben oder aufnehmen.
VPD	4	E	Die Funktion dieses Eingangs bezeichnet man als Power-Down-Mode. Durch einen High-Pegel an diesem Eingang wird das interne RAM gepuffert, wenn die Versorgungsspannung unter den Minimalwert sinkt.
RESET#	10	E	Rücksetzeingang; liegt an diesem Eingang während zwei Maschinenzyklen Low-Pegel an, wird bei laufendem Taktgeber der Mikrocontroller zurückgesetzt.
VAREF	11	E	Eingang für die positivere Referenzspannung des A/D-Wandlers
VAGND	12	E	Eingang für die negativere Referenzspannung des A/D-Wandlers
AN0 - AN7	13 - 20	E	Analogeingänge
P3.0 - P3.7	21 - 28	E/A	Port 3 ist ein 8-Bit quasi-bidirektionaler I/O-Port. Er kann bis zu 4 LS-TTL-Lasten treiben oder aufnehmen.
RxD	21	E	RxD-Eingang der seriellen Schnittstelle
TxD	22	A	TxD-Ausgang der seriellen Schnittstelle
INT0#	23	E	Eingang für externen Interrupt 0; Eingang für Timer 0 Gate Control
INT1#	24	E	Eingang für externen Interrupt 1; Eingang für Timer 1 Gate Control
T0	25	E	Eingang für Counter 0
T1	26	E	Eingang für Counter 1
WR#	27	A	Das Schreib-Signal zeigt an, daß Daten für den externen Datenspeicher an Port 0 gültig sind.
RD#	28	A	Das Lese-Signal dient der Freischaltung des externen Datenspeichers bei einem Lesezugriff.
P1.7 - P1.0	29 - 36	E/A	Port 1 ist ein 8-Bit quasi-bidirektionaler I/O-Port. Er kann bis zu 4 LS-TTL-Lasten treiben oder aufnehmen.
T2	29	E	Eingang für Counter 2
CLKOUT	30	A	Ausgang für Systemclock
T2EX	31	E	Externer Reload-Trigger-Eingang für Timer 2
INT2#	32	E	Eingang für externen Interrupt 2
INT6	33	E	Eingang für externen Interrupt 6
CC3	33	E/A	Compare-Ausgang 3; Capture-Eingang 3
INT5	34	E	Eingang für externen Interrupt 5
CC2	34	E/A	Compare-Ausgang 2; Capture-Eingang 2
INT4	35	E	Eingang für externen Interrupt 4
CC1	35	E/A	Compare-Ausgang 1; Capture-Eingang 1

Tab 2.2-3: Pinbeschreibung der 80C515/535-Mikrocontroller

Bezeich-nung	Anschluß PLCC 68	Eing./ Ausg.	Funktion
INT3#	36	E	Eingang für externen Interrupt 3
CC0	36	E/A	Compare-Ausgang 0; Capture-Eingang 0
VCC	37		Anschluß für die Versorgungsspannung von 5V
VSS	38		VSS; negative Versorgungsspannung (Masse)
XTAL2	39		Quarzanschluß
XTAL1	40		Quarzanschluß
P2.0 - P2.7	41 - 48	E/A	Port 2 ist ein 8-Bit quasi-bidirektionaler I/O-Port. Er kann bis zu 4 LS-TTL-Lasten treiben oder aufnehmen. Port 2 wird bei Anschluß eines externen Speichers als oberer Adreßbus (A8 ... A15) verwendet.
PSEN#	49	A	Program Store Enable; Strobe-Signal zum Lesen des externen Programmspeichers
ALE	50	A	Address Latch Enable; Gültig-Signal für das untere Adreßbyte des gemultiplexten Datenbusses.
EA#	51	E	External Access; liegt EA# auf High-Pegel, arbeitet die CPU mit dem internen Programmspeicher, wenn die Adressen zwischen 0000H und 1FFFH liegen. Liegt EA# auf Low-Pegel, so wird ausschließlich auf den externen Programmspeicher zugegriffen.
P0.0 - P0.7	52 - 59	E/A	Port 0 ist ein bidirektionaler 8-Bit-Open-Drain-I/O-Port, der bis zu 8 LS-TTL-Lasten aufnehmen oder bei Busoperationen treiben kann. Werden an Port 0 EINSEN ausgegeben, haben die entsprechenden Ausgänge schwebendes Potential, da beide Ausgangstransistoren gesperrt sind (Tri-State-Zustand). Für diese Anwendung muß Port 0 mit externen Pull-up-Widerständen beschaltet werden. Port 0 wird bei Anschluß eines externen Speichers als unterer Adreßbus (A0 ... A7) und Datenbus (D0 ... D7) (Mutiplexverfahren) benötigt. Hierfür sind interne Pull-up-Widerstände vorhanden.
P5.7 - P5.0	60 - 67	E/A	Port 5 ist ein 8-Bit quasi-bidirektionaler I/O-Port. Er kann bis zu 4 LS-TTL-Lasten treiben oder aufnehmen.
VCC	68		Anschluß für die Versorgungsspannung von 5V

Tab 2.2-4: Pinbeschreibung der 80C515/535-Mikrocontroller

2.3 Leistungsmerkmale 80C517/537

Übersicht

Der Mikrocontroller 80C517/537 ist aufwärtskompatibel zum 80(C)51/31. An dieser Stelle werden nur die zusätzlichen Eigenschaften beschrieben.

- Ein spezieller Baudratengenerator für die serielle Schnittstelle
- Eine zweite serielle Schnittstelle
- Ein dritter 16-Bit-Timer mit Compare/Capture-Einheit
- Ein Compare-Timer
- 8 kByte internes ROM (*)
- 256 Byte internes RAM
- Zwei Watchdog-Timer
- Drei weitere E/A-Ports
- Zwei E-Ports
- Ein 8-Bit A/D-Wandler mit programmierbarer Referenzspannung
- 7 weitere Daten Pointer
- Eine schnelle Multiplikations/Divisionseinheit

(*)   nur beim 80C517

Oszillator-Watchdog

Neben dem frei programmierbaren Watchdog-Timer wurde ein Oszillator-Watchdog implementiert. Er gibt in mechanisch rauhen Umgebungen (z.B. bei Quarzbruch) zusätzliche Sicherheit und führt den Steuerungsprozeß im Fehlerfall in einen sicheren Zustand.

MULT/DIV-Einheit

Für rechenintensive Programme wurde eine spezielle Multiplikations- bzw. Divisions-Hardware entwickelt, die unabhängig von anderen CPU-Prozessen Wortbreiten von 32 Bit in 4 - 6 µs (bei f_{osc} = 12 MHz) verarbeitet.

8 Daten-Pointer

Um einen schnelleren und flexibleren Zugriff auf Tabellen zu haben, wurde zur Unterstützung der indirekten Adressierung die CPU mit insgesamt 8 Daten-Pointern versehen.

A/D-Wandler mit 12 Eingängen

Der integrierte A/D-Wandler (8-Bit-Auflösung) verarbeitet durch den vorgeschalteten Multiplexer bis zu 12 Meßsignale. Anwendungsfälle sind z.B. die Messung von Strom, Spannung, Temperatur, Helligkeit und Druck.

Compare/Capture Unit

Die Ausgabe von Impulsfolgen mit hoher zeitlicher Auflösung und Varianz (einstellbar von 1s bis 333ns) an bis zu 21 Portleitungen zählt zu den Hauptaufgaben der Compare/Capture Unit. Die elegante Möglichkeit der Generierung von PWM-Signalen wird bei Antiblockiersystemen, beim KFZ-Motormanagement und bei der Steuerung elektrischer Motoren im weitesten Sinn verwendet.

Zwei serielle Schnittstellen

Die beiden seriellen Interfaces (USART und UART) besitzen unabhängige Baudratengeneratoren und können zur Kommunikation von Netzwerkrechnern, zum Anschluß von Terminals, Diagnosegeräten und Fernbedienungen benutzt werden.

Blockschaltbild

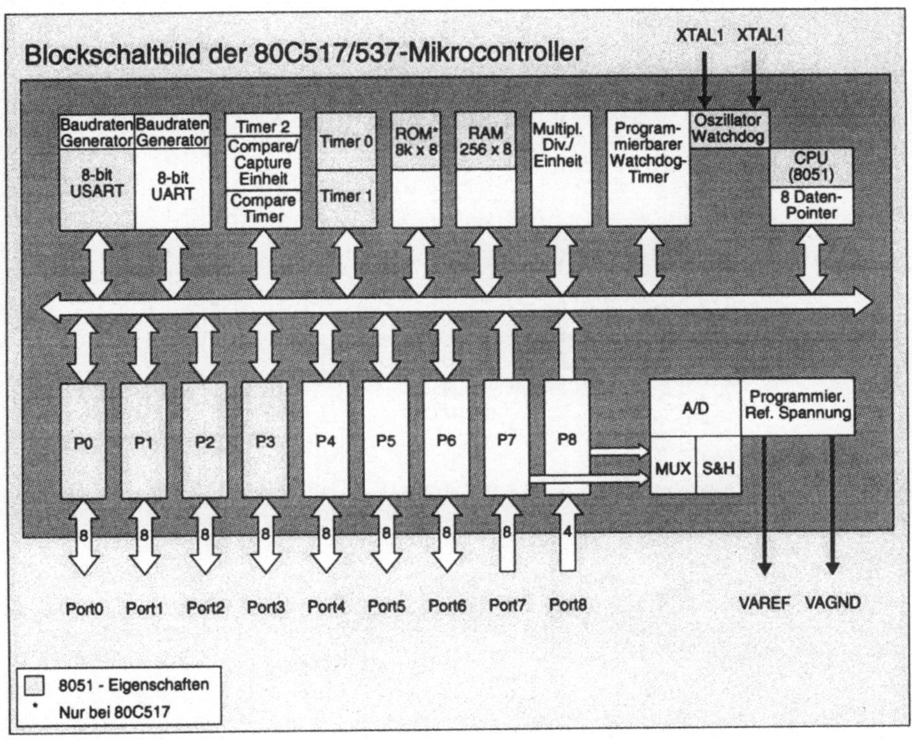

Bild 2.3-1: Blockschaltbild der 80C517/537-Mikrocontroller

Gehäuseform   PLCC84

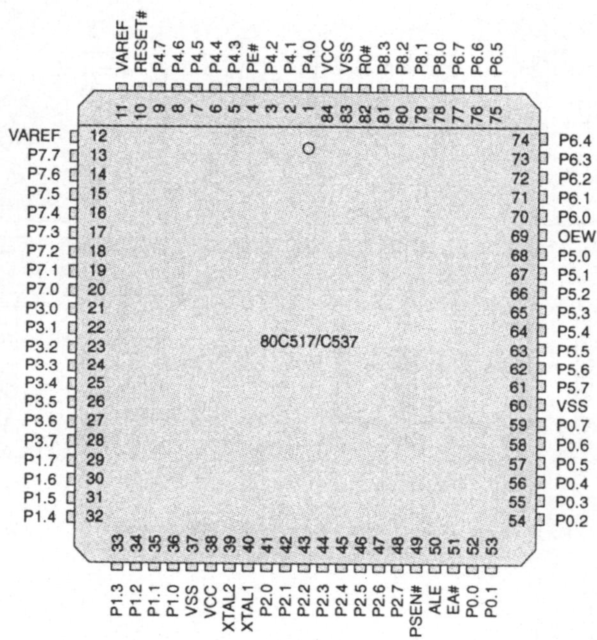

Bild 2.3-2: Pinbelegung der 80C515/517-Mikrocontroller im PLCC84-Gehäuse

Gehäuseform   PQFP100

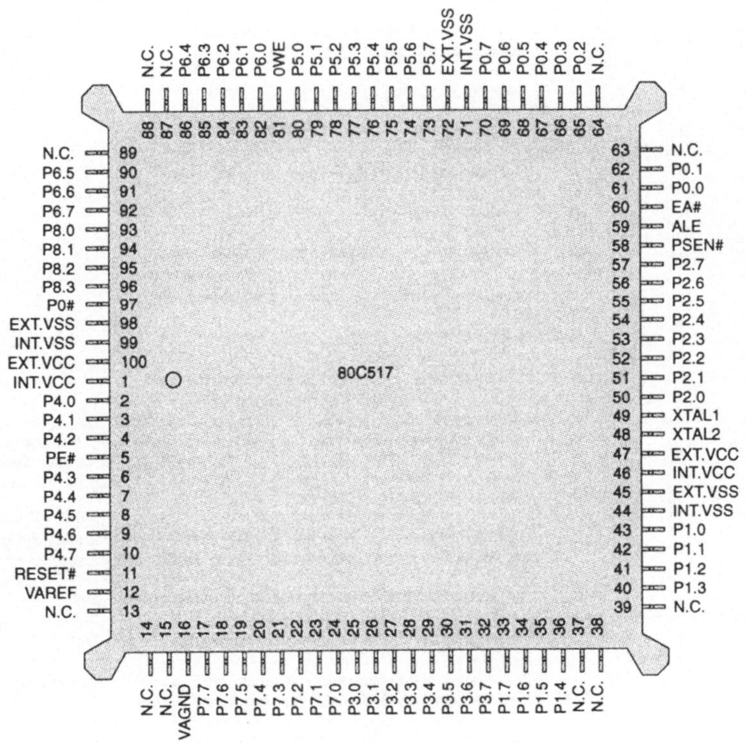

Bild 2.3-3: Pinbelegung des 80C517-Mikrocontroller im PQFP100-Gehäuse

Anschlußbeschreibungen

Bezeich- nung	Anschluß PLCC 68	Eing./ Ausg.	Funktion
P4.0– P4.7	1-3, 5-9	E	Port 4 ist ein 8-Bit quasi-bidirektionaler I/O-Port. Er kann bis zu 4 LS-TTL-Lasten treiben oder aufnehmen.
CM0	1	A	Compare-Ausgang 0 (Timer 2 oder Compare-Timer)
CM1	2	A	Compare-Ausgang 1 (Timer 2 oder Compare-Timer)
CM2	3	A	Compare-Ausgang 2 (Timer 2 oder Compare-Timer)
CM3	5	A	Compare-Ausgang 3 (Timer 2 oder Compare-Timer)
CM4	6	A	Compare-Ausgang 4 (Timer 2 oder Compare-Timer)
CM5	7	A	Compare-Ausgang 5 (Timer 2 oder Compare-Timer)
CM6	8	A	Compare-Ausgang 6 (Timer 2 oder Compare-Timer)
CM7	9	A	Compare-Ausgang 7 (Timer 2 oder Compare-Timer)
PE#/SWD	4	E	Power saving mode enable und Start Watchdog Timer. Mit einem Low-Pegel an diesem Eingang schaltet man die Funktionen Idle-Mode und Power-Down-Mode frei. Darüber hinaus bewirkt der Low-Pegel eine Reset-Funktion für den Watchdog Timer. Bei einem High-Pegel an diesem Eingang wird der Watchdog Timer automatisch mit einem Hardware-Reset gestartet.
RESET#	10	E	Rücksetzeingang; liegt an diesem Eingang während zwei Maschinenzyklen Low-Pegel an, wird bei laufendem Taktgeber der Mikrocontroller zurückgesetzt.
VAREF	11	E	Eingang für die positivere Referenzspannung des A/D-Wandlers
VAGND	12	E	Eingang für die negativere Referenzspannung des A/D-Wandlers
P7.7 - P7.0	13 - 20	E	Port 7 ist ein 8-Bit unidirektionaler Input-Port. Er kann als digitaler Eingangsport oder als Analogeingang für den A/D-Wandler genutzt werden.
P3.0 - P3.7	21 - 28	E/A	Port 3 ist ein 8-Bit quasi-bidirektionaler I/O-Port. Er kann bis zu 4 LS-TTL-Lasten treiben oder aufnehmen.
RxD	21	E	RxD-Eingang der seriellen Schnittstelle 0
TxD	22	A	TxD-Ausgang der seriellen Schnittstelle 0
INT0#	23	E	Eingang für externen Interrupt 0; Eingang für Timer 0 Gate Control
INT1#	24	E	Eingang für externen Interrupt 1; Eingang für Timer 1 Gate Control
T0	25	E	Eingang für Counter 0
T1	26	E	Eingang für Counter 1
WR#	27	A	Das Schreib-Signal zeigt an, daß Daten für den externen Datenspeicher an Port 0 gültig sind.
RD#	28	A	Das Lese-Signal dient der Freischaltung des externen Datenspeichers bei einem Lesezugriff.
P1.7 - P1.0	29 - 36	E/A	Port 1 ist ein 8-Bit quasi-bidirektionaler I/O-Port. Er kann bis zu 4 LS-TTL-Lasten treiben oder aufnehmen.
T2	29	E	Eingang für Counter 2

Tab 2.3-1: Pinbeschreibung der 80C517/357-Mikrocontroller

Bezeichnung	Anschluß PLCC 68	Eing./ Ausg.	Funktion
CLKOUT	30	A	Ausgang für Systemclock
T2EX	31	E	Externer Reload-Trigger-Eingang für Timer 2
INT2#	32	E	Eingang für externen Interrupt 2
CC4	32	E/A	Compare-Ausgang 4;Capture-Eingang 4 (Timer 2)
INT6	33	E	Eingang für externen Interrupt 6
CC3	33	E/A	Compare-Ausgang 3; Capture-Eingang 3 (Timer 2)
INT5	34	E	Eingang für externen Interrupt 5
CC2	34	E/A	Compare-Ausgang 2; Capture-Eingang 2 (Timer 2)
INT4	35	E	Eingang für externen Interrupt 4
CC1	35	E/A	Compare-Ausgang 1; Capture-Eingang 1 (Timer 2)
INT3#	36	E	Eingang für externen Interrupt 3
CC0	36	E/A	Compare-Ausgang 0; Capture-Eingang 0 (Timer 2)
VSS	37		VSS; negative Versorgungsspannung (Masse)
VCC	38		Anschluß für die Versorgungsspannung von 5V
XTAL2	39		Quarzanschluß
XTAL1	40		Quarzanschluß
P2.0 - P2.7	41 - 48	E/A	Port 2 ist ein 8-Bit quasi-bidirektionaler I/O-Port. Er kann bis zu 4 LS-TTL-Lasten treiben oder aufnehmen. Port 2 wird bei Anschluß eines externen Speichers als oberer Adreßbus (A8 ... A15) verwendet.
PSEN#	49	A	Program Store Enable; Strobe-Signal zum Lesen des externen Programmspeichers.
ALE	50	A	Address Latch Enable; Gültig-Signal für das untere Adreßbyte des gemultiplexten Datenbusses.
EA#	51	E	External Access; liegt EA# auf High-Pegel, arbeitet die CPU mit dem internen Programmspeicher, wenn die Adressen zwischen 0000H und 1FFFH liegen. Liegt EA# auf Low-Pegel, so wird ausschließlich auf den externen Programmspeicher zugegriffen.
P0.0 - P0.7	52 - 59	E/A	Port 0 ist ein bidirektionaler 8-Bit-Open-Drain-I/O-Port, der bis zu 8 LSTTL-Lasten aufnehmen oder bei Busoperationen treiben kann. Werden an Port 0 EINSEN ausgegeben, haben die entsprechenden Ausgänge schwebendes Potential, da beide Ausgangstransistoren gesperrt sind (Tri-State-Zustand). Für diese Anwendung muß Port 0 mit externen Pull-up-Widerständen beschaltet werden. Port 0 wird bei Anschluß eines externen Speichers als unterer Adreßbus (A0 ... A7) und Datenbus (D0 ... D7) (Mutiplexverfahren) benötigt. Hierfür sind interne Pull-up-Widerstände vorhanden.
VSS	60		VSS; negative Versorgungsspannung (Masse)
P5.7 - P5.0	61 - 68	E/A	Port 5 ist ein 8-Bit quasi-bidirektionaler I/O-Port. Er kann bis zu 4 LS-TTL-Lasten treiben oder aufnehmen.

Tab 2.3-2: Pinbeschreibung der 80C517/357-Mikrocontroller

Bezeich- nung	Anschluß PLCC 68	Eing./ Ausg.	Funktion
CCM0	61	A	Concurrent Compare-Ausgang 0 (Timer 2)
CCM1	62	A	Concurrent Compare-Ausgang 1 (Timer 2)
CCM2	63	A	Concurrent Compare-Ausgang 2 (Timer 2)
CCM3	64	A	Concurrent Compare-Ausgang 3 (Timer 2)
CCM4	65	A	Concurrent Compare-Ausgang 4 (Timer 2)
CCM5	66	A	Concurrent Compare-Ausgang 5 (Timer 2)
CCM6	67	A	Concurrent Compare-Ausgang 6 (Timer 2)
CCM7	68	A	Concurrent Compare-Ausgang 7 (Timer 2)
OWE	69	E	Oszillator Watchdog Enable; mit einem High-Pegel wird der Oszillator-Watchdog freigeschaltet.
P6.0 - P6.7	70 - 77	E/A	Port 6 ist ein 8-Bit bidirektionaler I/O-Port. Er kann bis zu 4 LS-TTL-Lasten treiben oder aufnehmen.
ADST#	70	A	Start-Pin für A/D-Wandler (externes Startsignal)
RxD1	71	E	RxD-Eingang für serielle Schnittstelle 1
TxD1	72	A	TxD-Ausgang für serielle Schnittstelle 1
P8.0 - P8.3	78 - 81	E	Port 8 ist ein 4-Bit unidirektionaler Eingabe-Port. Er kann als digitaler Eingabeport oder als Analogeingang für den A/D-Wandler genutzt werden.
RO#	82	A	Reset Output; an diesem Pin wird nach einem Hardware-Reset, Watchdog-Timer-Reset oder einem Oszillator-Watchdog-Reset, Low-Pegel ausgegeben.
VSS	83		Anschluß für die negative Versorgungspannung (Masse)
VCC	84		Anschluß für die positive Versorgungsspannung von 5V

Tab 2.3-3: Pinbeschreibung der 80C517/357-Mikrocontroller

3 Speicherkonzepte

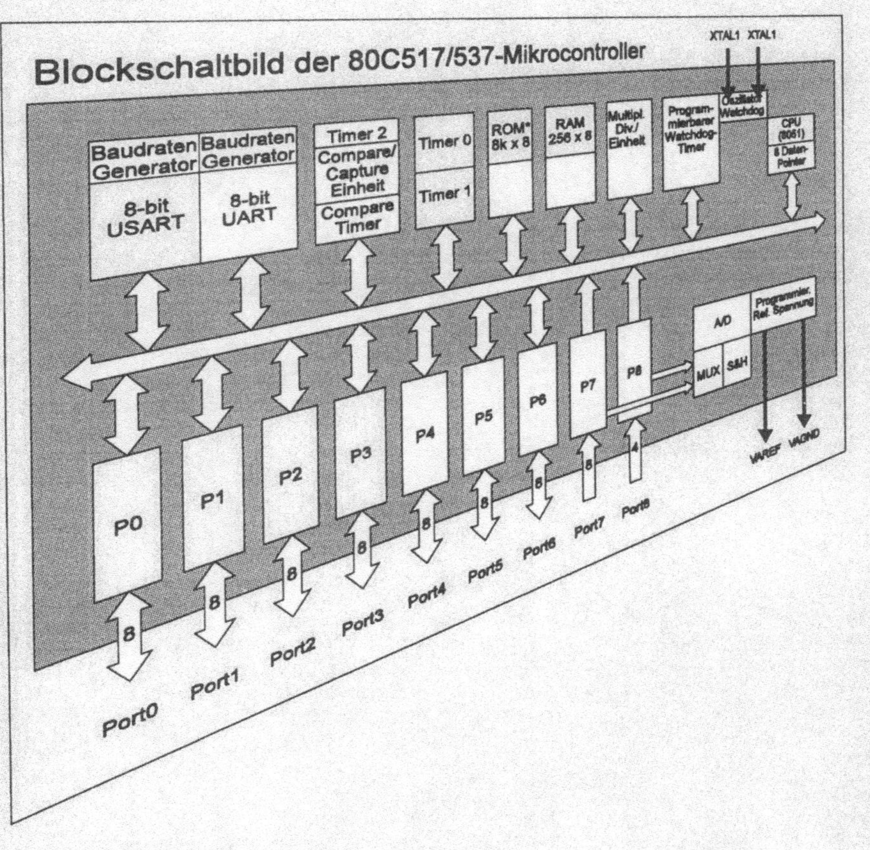

3.1 Speicherkonzept 80(C)51/31

Der Mikrocontroller 80(C)51/31 verfügt über physikalisch getrennte Programm-
und Datenspeicher. Die CPU enthält intern einen Daten- und einen Programmspeicher. Extern können mit Hilfe der Bus-Systeme Daten- und Programmspeicher
zusätzlich angeschlossen werden.

Programmspeicher

Dieser Bereich besteht, wie oben schon erwähnt, aus einem internen und einem
externen Anteil. Der interne Programmspeicher (Codespeicher) liegt im Adreßbereich
0000H bis 0FFFH und beträgt 4 kByte. Er ist nur wirksam, wenn die Leitung EA#
auf HIGH-Pegel liegt. Sinnvoll ist dieser Speicher allerdings nur dann, wenn der
CPU-Hersteller ihn mit Inhalt gefüllt hat, da es sich hierbei um einen
maskenprogrammierbaren ROM-Bereich handelt. Kauft man die CPU ohne Inhalt,
kann man den nicht nutzbaren internen ROM-Speicher durch externes ROM
ersetzen. Hierzu muß allerdings die Leitung EA# auf LOW-Pegel gelegt werden.
Insgesamt kann dann die CPU mit 64 kByte Programmspeicher ausgestattet
werden. Der Programmierer kann hier, bis auf den Bereich zwischen 0000H und
0023H (reserviert für die Interrupt-Einsprung-Vektoren), alles nutzen. Die beiden
CPUs 80(C)51 und 80(C)31 unterscheiden sich lediglich darin, daß der 8031 keinen
internen Codespeicher besitzt.

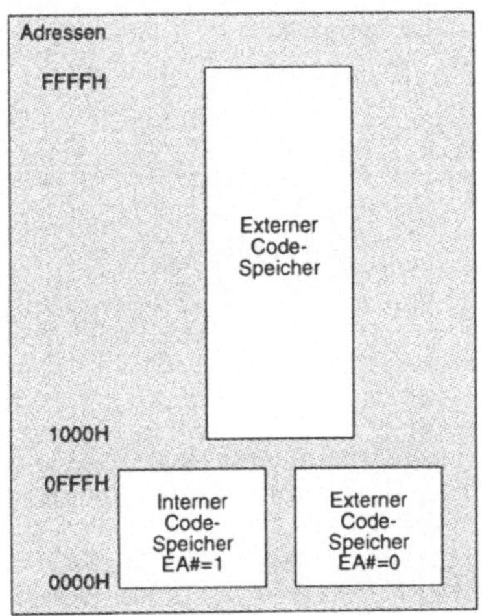

Hinweis: Der 80(C)31 hat keinen internen Code-Speicher

Bild 3.1-1: Programmspeicher beim 80(C)51/31-Mikrocontroller

Datenspeicher

Er gliedert sich in einen externen (maximal 64 kByte) und internen (128 Byte) Teil. Auf die externen Daten kann mittels 8- oder 16-Bit-Adressen und indirekter Adressierung zugegriffen werden. Das interne RAM ist direkt oder indirekt adressierbar, enthält 4 Registerbänke mit jeweils acht 8-Bit-Registern, 16 bitadressierbare Byte (128 Bit) und 80 frei verfügbare Byte. Neben diesem internen Datenspeicher verfügt der Mikrocontroller 80(C)51/31 noch über 128 Byte, die für 21 Special Function Register reserviert sind.

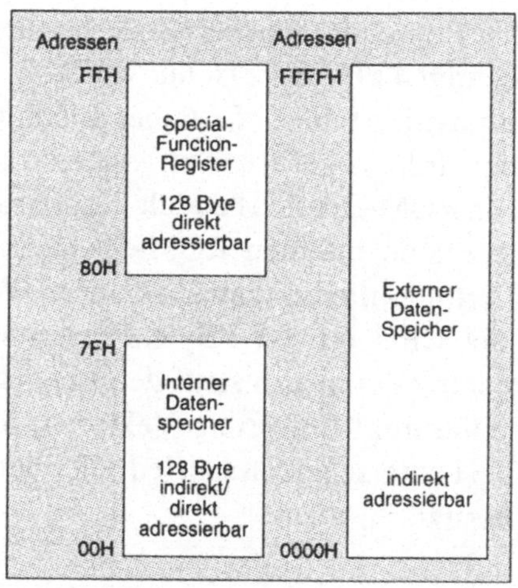

Bild 3.1-2: Datenspeicher beim 80(C)51/31-Mikrocontroller

Interner Datenspeicher

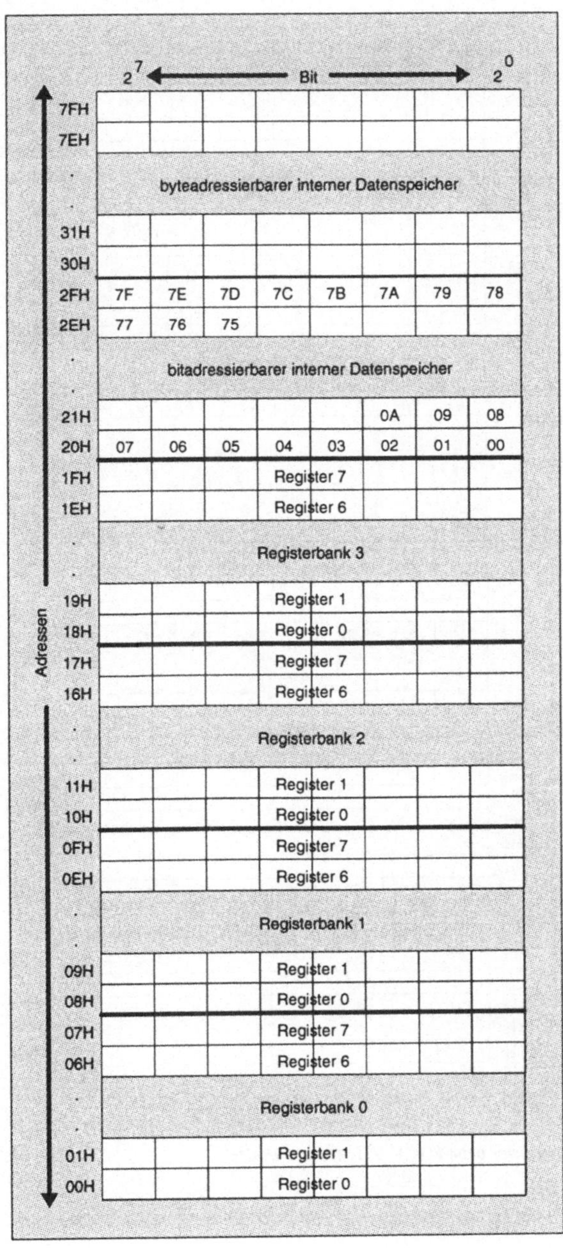

Bild 3.1-3: Interner Datenspeicher beim 80(C)51/31-Mikrocontroller

Special Function Register

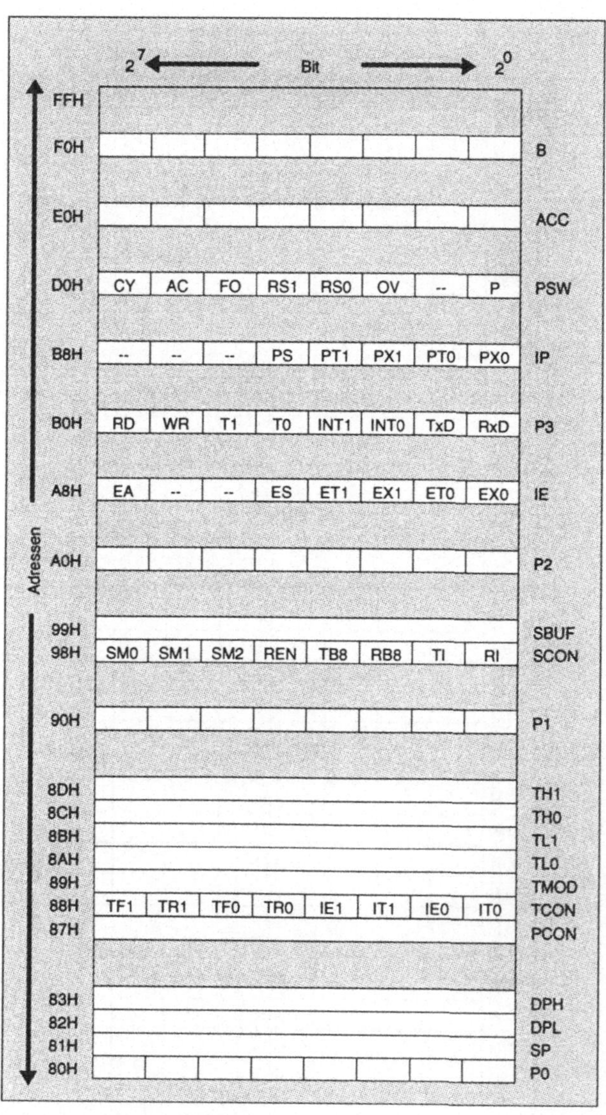

Bild 3.1-4: Special Function Register beim 80(C)51/31-Mikrocontroller

Interrupt-Vektoradressen

0023H	Serieller Port Interrupt
001BH	Timer 1 Interrupt
0013H	Externer Interrupt 1
000BH	Timer 0 Interrupt
0003H	Externer Interrupt 0
0000H	RESET

Bild 3.1-5: Interrupt-Vektoradressen beim 80(C)51/31-Mikrocontroller

3.2 Speicherkonzept 80(C)515/535 und 80C517/537

Ebenso wie der Mikrocontroller 80(C)51/31 verfügen auch die Mikrocontroller 80(C)515/535 und 80C517/537 über physikalisch getrennte Programm- und Datenspeicher. Über interne Programmspeicher verfügen allerdings nur die Typen 80(C)515 und 80C517. Interner Datenspeicher ist bei allen MCs vorhanden. Extern können mit Hilfe der Bus-Systeme Daten- und Programmspeicher zusätzlich angeschlossen werden.

Programmspeicher

Dieser Bereich besteht, wie oben schon erwähnt, beim 80(C)515 und 80C517 aus einem internen und einem externen Anteil. Der interne Programmspeicher (Codespeicher) liegt im Adreßbereich 0000H bis 1FFFH und beträgt 8 kByte. Er ist nur wirksam, wenn die Leitung EA# auf HIGH-Pegel liegt. Sinnvoll ist dieser Speicher allerdings nur dann, wenn der CPU-Hersteller ihn mit Inhalt gefüllt hat, da es sich hierbei um einen maskenprogrammierbaren ROM-Bereich handelt. Kauft man die CPU ohne Inhalt, kann man den nicht nutzbaren internen ROM-Speicher durch externes ROM ersetzen. Hierzu muß allerdings die Leitung EA# auf LOW-Pegel gelegt werden. Insgesamt kann dann die CPU, im Adreßbereich 0000H bis FFFFH, mit 64 kByte Programmspeicher ausgestattet werden. Dem Programmierer steht dieser Bereich, bis auf den Bereich zwischen 0000H und 006BH (er ist für die Interrupt-Einsprungvektoren reserviert), voll zur Verfügung. Die CPUs 80(C)515 und 80C517 unterscheiden sich von den CPUs 80(C)535 und 80C537 lediglich darin, daß der 80(C)535 und der 80C537 keinen internen Codespeicher besitzen.

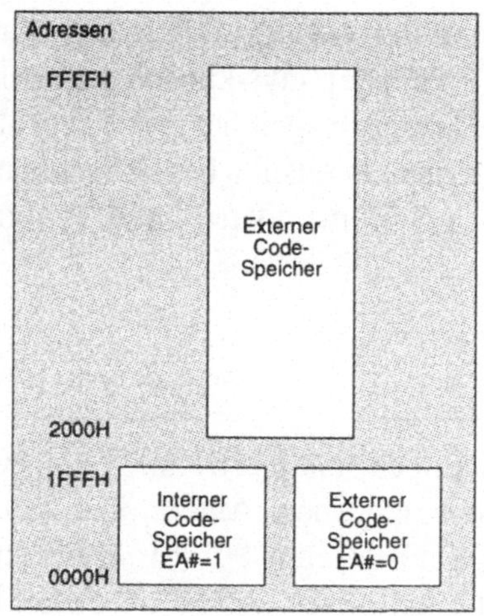

Bild 3.2-1: Programmspeicher der Mikrocontroller 80(C)515/535 und 80C517/537

Datenspeicher

Er gliedert sich in einen externen (maximal 64 kByte) und internen (256 Byte) Teil. Auf die externen Daten kann mittels 8- oder 16-Bit-Adressen und indirekter Adressierung zugegriffen werden. Das interne RAM ist im Bereich von 00H bis 7FH (unteres internes RAM) direkt oder indirekt adressierbar, enthält 4 Registerbänke mit jeweils acht 8-Bit-Registern, 16 bitadressierbare Byte (128 Bit) und 80 frei verfügbare Byte. Der Adreßbereich 80H bis FFH (oberes internes RAM) kann ausschließlich über indirekte Adressierung erreicht werden. Neben diesem internen Datenspeicher sind noch über 128 Byte für die Special Function Register (42 SFR beim 80(C)515/535 und 81 SFR beim 80C517/537 vorhanden.

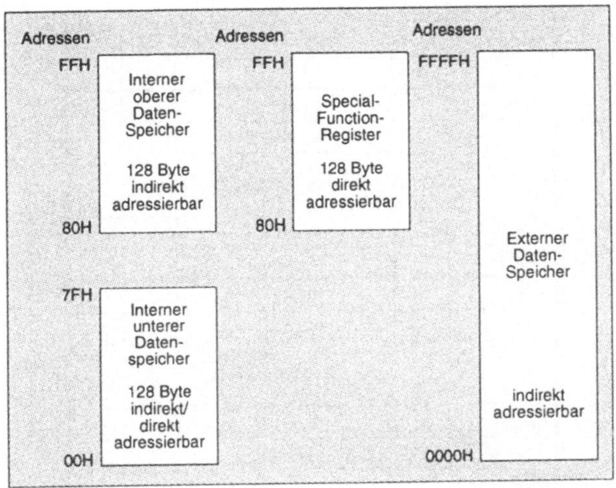

Bild 3.2-2: Datenspeicher der Mikrocontroller 80(C)515/535 und 80C517/537

Unterer interner Datenspeicher

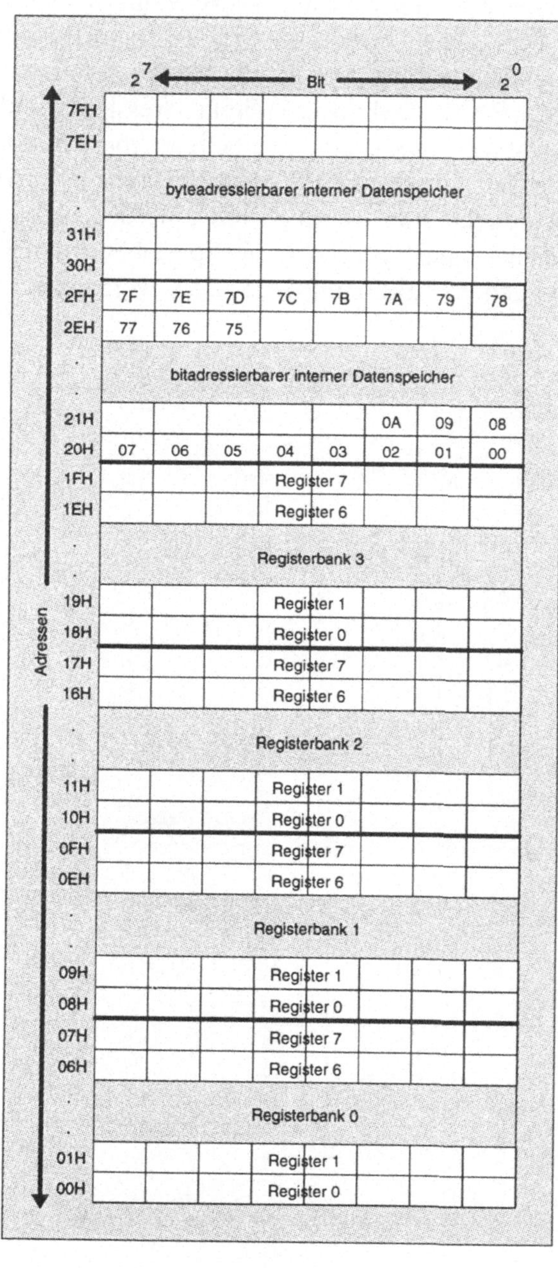

Bild 3.2-3: Unterer interner Datenspeicher der Mikrocontroller 80(C)515/535 und 80C517/537

Special Function Register des 80(C)515/535

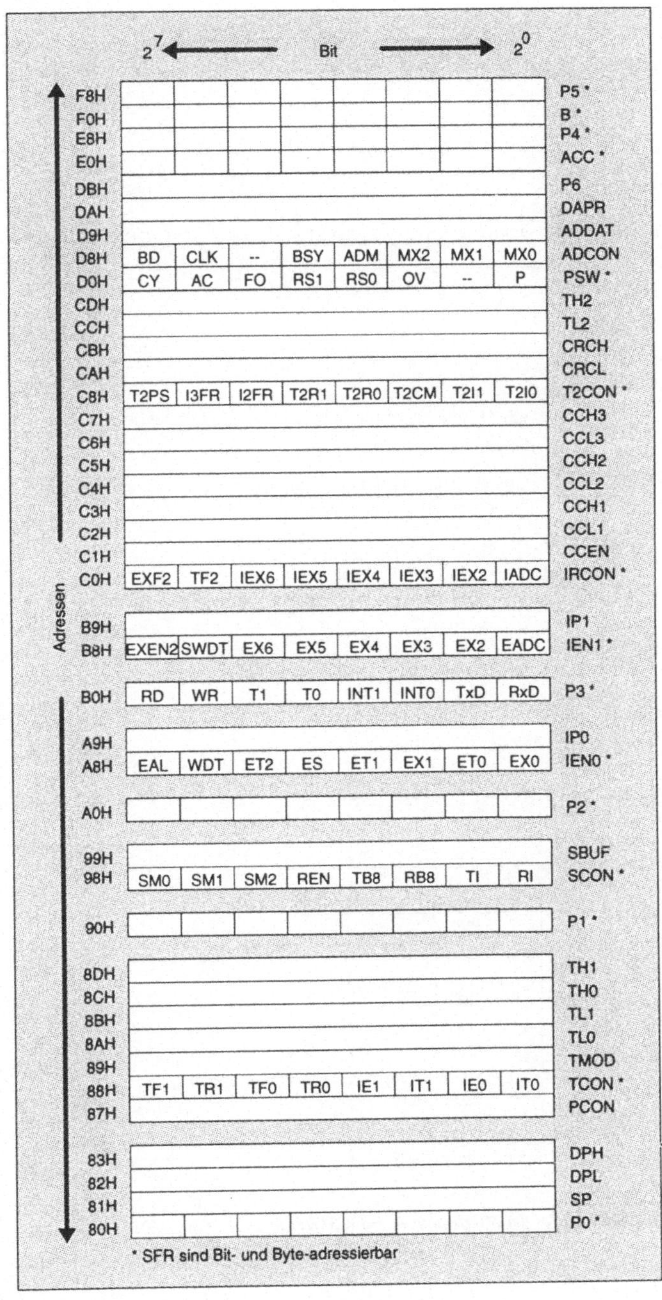

Adr.	2^7			Bit				2^0	Reg.
F8H									P5 *
F0H									B *
E8H									P4 *
E0H									ACC *
DBH									P6
DAH									DAPR
D9H									ADDAT
D8H	BD	CLK	--	BSY	ADM	MX2	MX1	MX0	ADCON
D0H	CY	AC	FO	RS1	RS0	OV	--	P	PSW *
CDH									TH2
CCH									TL2
CBH									CRCH
CAH									CRCL
C8H	T2PS	I3FR	I2FR	T2R1	T2R0	T2CM	T2I1	T2I0	T2CON *
C7H									CCH3
C6H									CCL3
C5H									CCH2
C4H									CCL2
C3H									CCH1
C2H									CCL1
C1H									CCEN
C0H	EXF2	TF2	IEX6	IEX5	IEX4	IEX3	IEX2	IADC	IRCON *
B9H									IP1
B8H	EXEN2	SWDT	EX6	EX5	EX4	EX3	EX2	EADC	IEN1 *
B0H	RD	WR	T1	T0	INT1	INT0	TxD	RxD	P3 *
A9H									IP0
A8H	EAL	WDT	ET2	ES	ET1	EX1	ET0	EX0	IEN0 *
A0H									P2 *
99H									SBUF
98H	SM0	SM1	SM2	REN	TB8	RB8	TI	RI	SCON *
90H									P1 *
8DH									TH1
8CH									TH0
8BH									TL1
8AH									TL0
89H									TMOD
88H	TF1	TR1	TF0	TR0	IE1	IT1	IE0	IT0	TCON *
87H									PCON
83H									DPH
82H									DPL
81H									SP
80H									P0 *

Bild 3.2-4: Special Function Register der Mikrocontroller 80(C)515/535

Special Function Register des 80C517/537

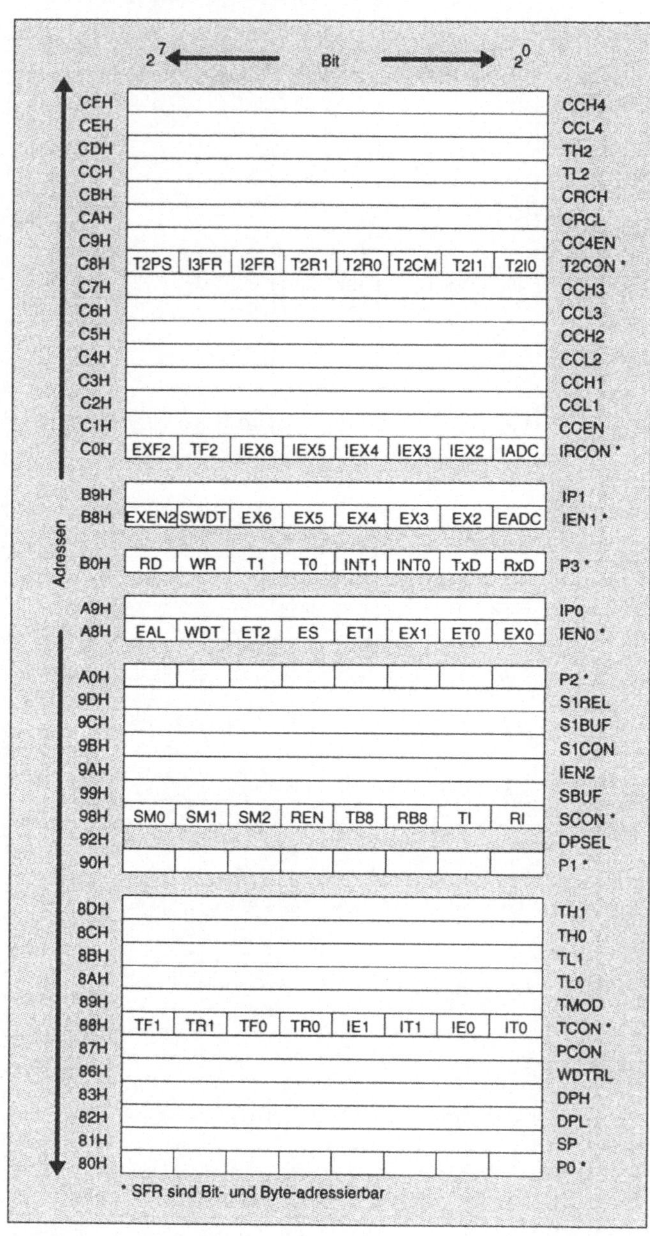

Bild 3.2-5: Special Function Register der Mikrocontroller 80C517/537

Special Function Register des 80C517/537

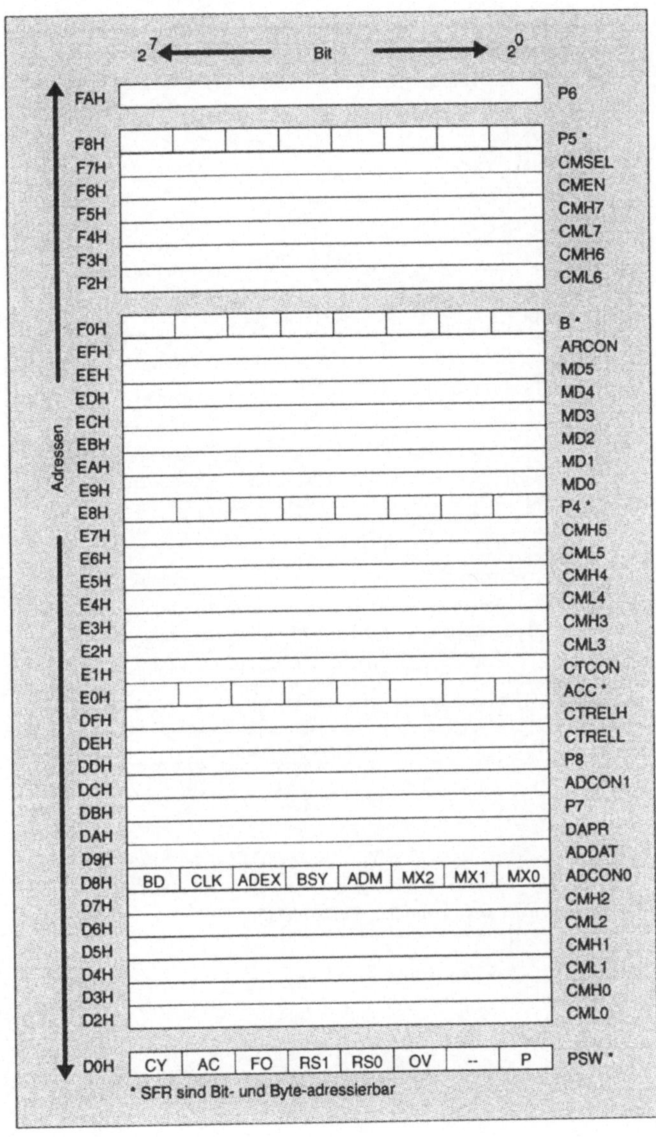

Bild 3.2-6: Special Function Register der Mikrocontroller 80C517/537

Interrupt-Vektoradressen des 80(C)515/535

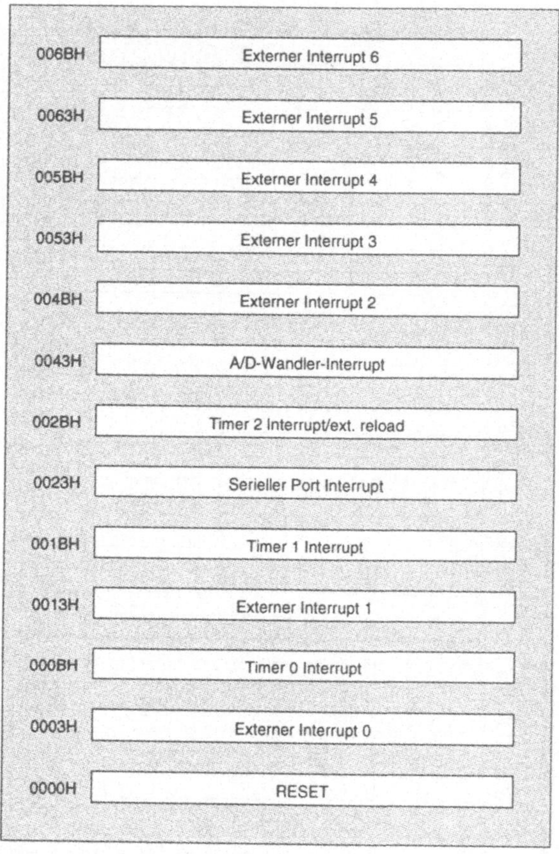

Bild 3.2-7: Interrupt Vektoradressen der Mikrocontroller 80(C)515/535

Interrupt-Vektoradressen des 80C517/537

009BH	Compare Timer Overflow
0083H	Serieller Port Interrupt 1
006BH	Externer Interrupt 6
0063H	Externer Interrupt 5
005BH	Externer Interrupt 4
0053H	Externer Interrupt 3
004BH	Externer Interrupt 2
0043H	A/D-Wandler-Interrupt
002BH	Timer 2 Interrupt/ext. reload
0023H	Serieller Port Interrupt 0
001BH	Timer 1 Interrupt
0013H	Externer Interrupt 1
000BH	Timer 0 Interrupt
0003H	Externer Interrupt 0
0000H	RESET

Bild 3.2-8: Interrupt Vektoradressen der Mikrocontroller 80C517/537

4 Externer Bus

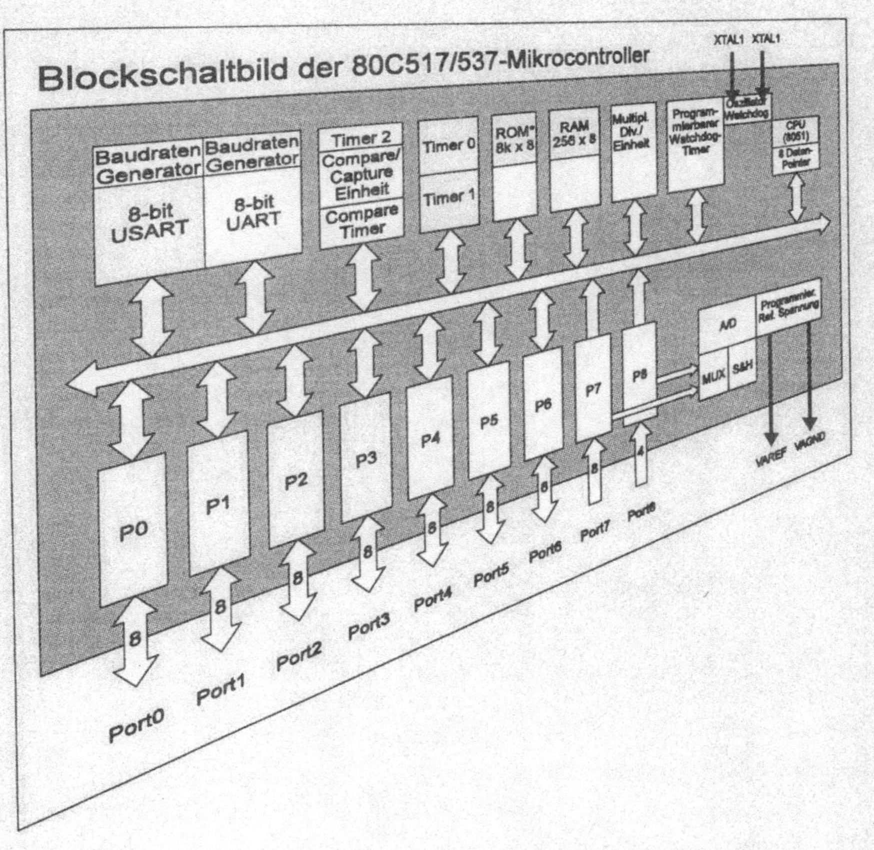

4.1 CPU-Timing

Die zeitlichen Abläufe innerhalb der 80(C)51/31-Mikrocontroller-Familie werden durch einen auf dem Chip integrierten Oszillator bestimmt. Dieser on-chip-Oszillator kann durch einen externen Schwingkreis (Quarz) oder durch ein externes Taktsignal aktiviert werden.

Ansteuerung mit einem Schwingquarz

Die Ansteuerung durch einen externen Schwingquarz ist bei allen Mikrocontrollern der 80(C)51-Familie gleich.

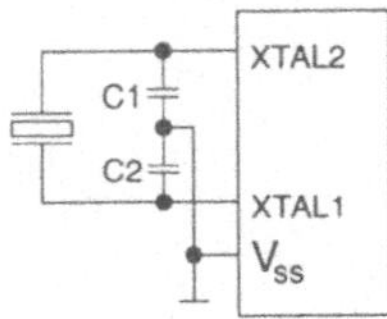

Bild 4.1-1: Ansteuerung durch einen externen Schwingquarz

Im Datenbuch werden für C1 und C2 die Werte 30 pF empfohlen; eine Abweichung von diesen Werten ist aber nicht weiter kritisch. Der Schwingquarz kann auch ersetzt werden durch einen keramischen Schwingkreis. Im Handbuch wird für diesen Fall C1=C2=47pF angegeben, es sollten aber die Spezifikationen des keramischen Schwingkreises eingehalten werden.

Ansteuerung mit einem externen Taktsignal

Bei den einzelnen Mikrocontroller-Typen existieren einige Unterschiede bei der
Ansteuerung mit einem externen Taktsignal.

Beim Mikrocontroller 8051/31 wird das externe Taktsignal an Pin XTAL2 angeschlossen, Pin XTAL1 wird auf Masse geschaltet. Beim Typ 80C51/31 muß das
externe Signal an Pin XTAL1 angeschlossen werden, Pin XTAL2 bleibt unbeschaltet
(n.c. = not connected)

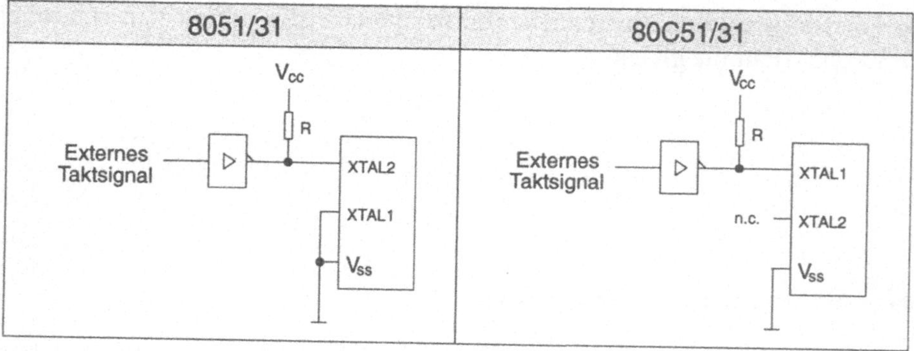

Bild 4.1-2: Ansteuerung 8051/31 und 80C51/31 durch ein externes Taktsignal

Beim Mikrocontroller 80515/535 wird das externe Taktsignal an Pin XTAL2
angeschlossen, Pin XTAL1 wird auf Masse geschaltet. Beim Typ 80C515/535 wird
das externe Taktsignal ebenfalls an Pin XTAL2 angeschlossen, Pin XTAL1
allerdings bleibt unbeschaltet (n.c. = not connected).

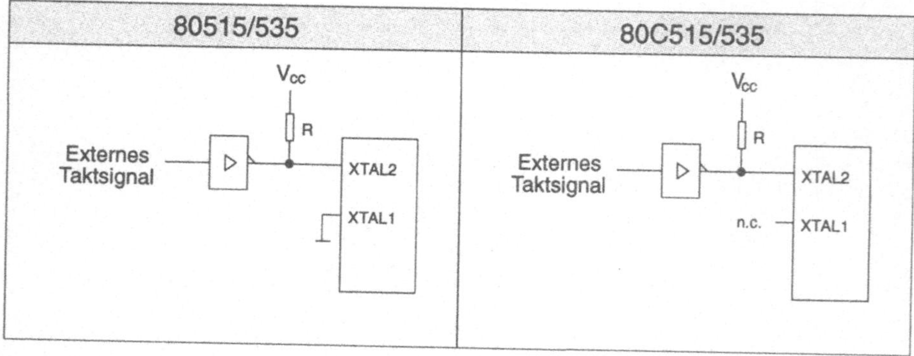

Bild 4.1-3: Ansteuerung 805155/535 und 80C515/535 durch ein externes Taktsignal

Beim Mikrocontroller 80C517/537 wird das externe Taktsignal an Pin XTAL2 angeschlossen, Pin XTAL1 wird auf Masse geschaltet.

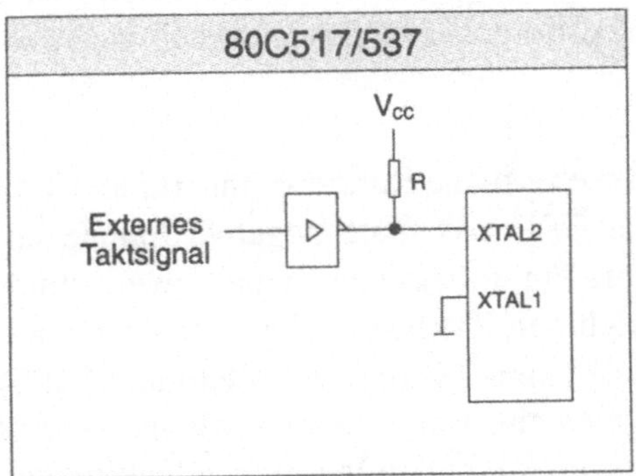

Bild 4.1-4: Ansteuerung 80C517/537 durch ein externes Taktsignal

Hinweis: Die Ansteuerung durch ein externes Taktsignal ist bei den einzelnen Mikrocontroller-Typen unterschiedlich.

Maschinen-Zyklus

Alle Mikrocontroller der 80(C)51-Familie haben das gleiche interne Timing. Das wirksame Oszillatorsignal bestimmt die zeitlichen Abläufe bei der Abarbeitung bestimmter Befehle oder interner Vorgänge.

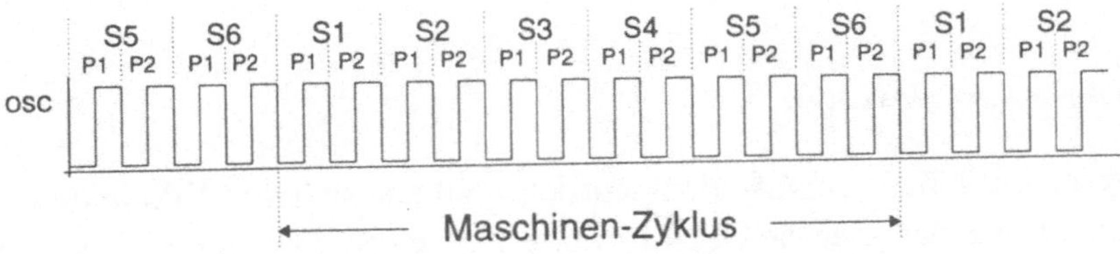

Bild 4.1-5: Maschinen-Zyklus

Ein Maschinen-Zyklus (machine cycle) besteht aus einer Sequenz von sechs States, die mit S1, S2,...,S5 und S6 bezeichnet werden. Jeder State wiederum besteht aus zwei Oszillatorperioden mit der Bezeichnung P1 (phase 1 half) und P2 (phase 2 half). Ein Maschinen-Zyklus besteht somit immer aus 12 Oszillatorperioden, beginnend mit S1P1 (state 1, phase 1) und endend mit S6P2 (state 6, phase 2).

Bei einer angenommenen Oszillatorfrequenz von 12 MHz ergibt sich als zeitliche Länge für einen Maschinen-Zyklus 1 µs. Für die Abarbeitung der meisten Software-Befehle benötigt die jeweilige CPU einen Maschinen-Zyklus. Die längste Zeit beanspruchen die Multiplikations- bzw. Divisionsbefehle mit vier Maschinen-Zyklen.

Der Maschinen-Zyklus ist die zeitliche Referenz, innerhalb der die Aktivitäten der CPU stattfinden. Muß die CPU z.B. eine negative Flanke an einem Port-Pin erkennen, wird das am Port-Pin anliegende Signal jeweils zum Zeitpunkt S5P2 innerhalb eines jeden Maschinen-Zyklusses abgetastet. Ist der eingelesene Wert HIGH und im nächsten Maschinen-Zyklus (zum Zeitpunkt S5P2) LOW, interpretiert die CPU diesen Pegelwechsel als negative Flanke. Die Reaktion auf die erkannte Flanke erfolgt dann im folgenden Maschinen-Zyklus zum Zeitpunkt S3P1 (state 3, phase 1).

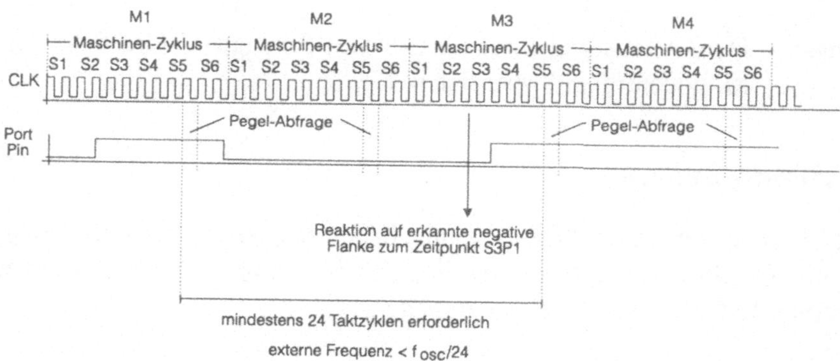

Bild 4.1-6: Erkennen einer negativen Flanke

Aus diesem zeitlichen Ablauf wird deutlich, daß zur sicheren Erkennung einer negativen Flanke das externe Signal mindestens einen Maschinen-Zyklus lang HIGH-Pegel und einen weiteren Maschinen-Zyklus lang LOW-Pegel führen muß. Bei einem periodischen Signal ergibt sich eine minimale Periodendauer von 24 Takt-Zyklen ($24 * T_{osc}$) bzw. die maximal zulässige Frequenz beträgt $f_{osc}/24$.

4.2 Externer Daten- und Programmspeicher

Allgemeines

Der Mikrocontroller 80(C)51/31 kann neben seinem internen Daten- und Programmspeicher zusätzlich extern mit maximal 64 kByte Datenspeicher und 64 kByte Programmspeicher ausgerüstet werden. Externer Daten- und Programmspeicher kann auch eine physikalische Einheit bilden und überlappend betrieben werden.

Steuersignale

Um externen Daten- und Programmspeicher zu betreiben, benötigt man neben dem Daten- und Adreßbus 4 weitere Steuersignale des Mikrocontrollers:

PSEN#	Program Store Enable	(Programmspeicher lesen)
WR#	Write	(Datenspeicher schreiben)
RD#	Read	(Datenspeicher lesen)
ALE	Adreß Latch Enable	(Adreß-Signale gültig)

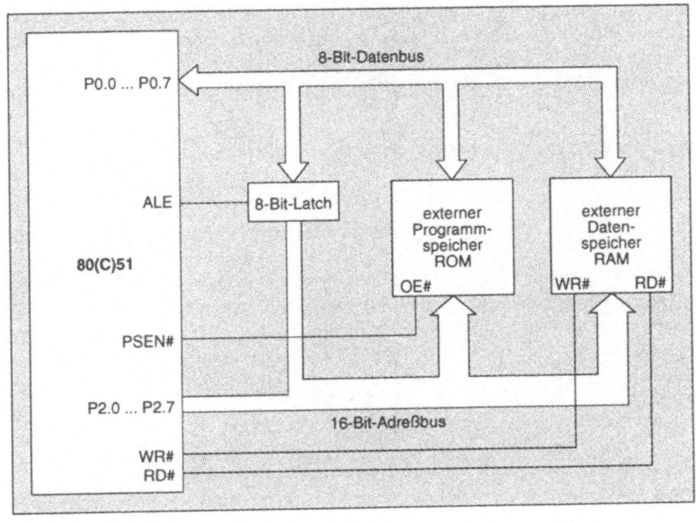

Bild 4.2-1: Speichererweiterung beim 80(C)51/31-Mikrocontroller

Erweiterung des externen Datenspeichers

Die folgende Schaltung zeigt die Anbindung eines RAM-Bausteins mit einer Speicherkapazität von 32 kByte an den externen Datenspeicher. Der Baustein soll im Adreßbereich 8000H bis FFFFH angesprochen werden.

Da der externe Datenbus des Mikrocontrollers und der halbe Adreßbus (A0 bis A7) über die Pins P0.0 bis P0.7 nach außen geführt werden, muß eine Auftrennung zwischen Daten- und Adreßbus vorgenommen werden. Hierzu stellt der Mikrocontroller das ALE-Signal zur Verfügung. Hat das ALE-Signal HIGH-Potential, wird ein Adreß-Halbbyte ausgegeben.

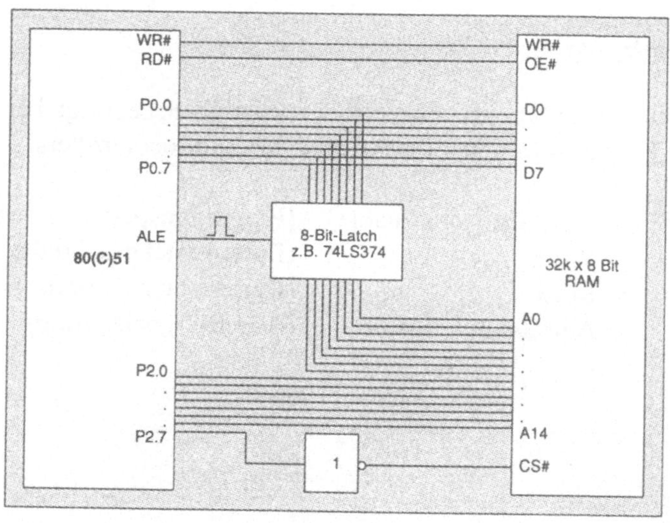

Bild 4.2-2: Erweiterung des externen Datenspeichers beim 80(C)51/31-Mikrocontroller

Erweiterung des externen Programmspeichers

Die folgende Schaltung zeigt die Anbindung eines EPROM-Bausteins mit einer Speicherkapazität von 32 kByte. Der Baustein soll im Adreßbereich 0000H bis 7FFFH angesprochen werden.
Die Auftrennung von Daten- und Adreßbus erfolgt in gleicher Weise, wie sie bei der Erweiterung des Datenspeichers vorgenommen wurde.

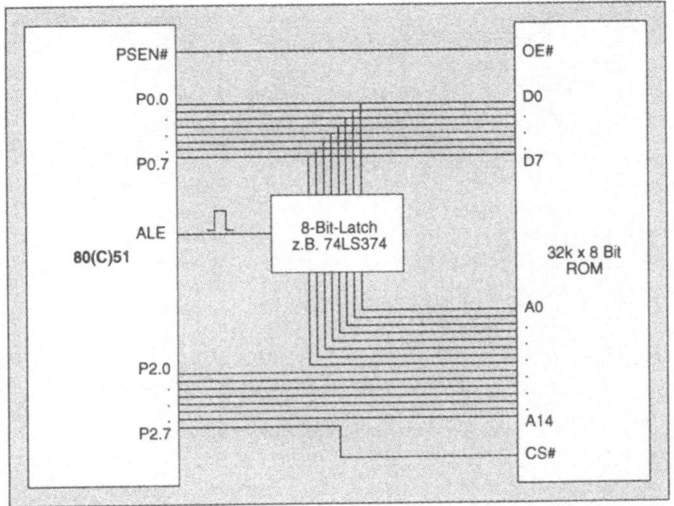

Bild 4.2-3: Erweiterung des externen Programmspeichers beim 80(C)51/31-Mikrocontroller

Gesamtschaltung von getrenntem Daten- und Programmspeicher

Die folgende Schaltung zeigt die Maximalaufrüstung von externem Daten- und Programmspeicher (je 64 kByte). Auch hier kommen RAM- und EPROM-Bausteine mit einer Speicherkapazität von 32 kByte zum Einsatz.

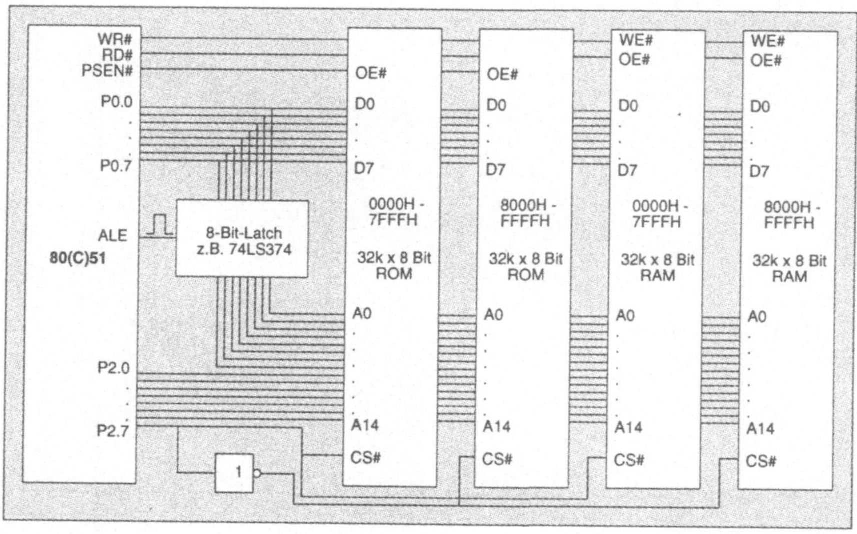

Bild 4.2-4: Erweiterung des externen Daten- und Programmspeichers beim 80(C)51/31-Mikrocontroller

Überlappung von externem Daten- und Programmspeicher

Die folgende Schaltung zeigt die Maximalaufrüstung von überlappendem externen Daten- und Programmspeicher (insgesamt 64 kByte). Auch hier kommen RAM- und EPROM-Bausteine mit einer Speicherkapazität von 32 kByte zum Einsatz. Die Besonderheit hierbei liegt darin, daß die Signale PSEN# und RD# logisch mit einem UND-Gatter verknüpft werden. Damit wird sichergestellt, daß der gesamte externe Speicher als Daten- und Programmspeicher angesprochen werden kann. Diese Architektur ist für Entwicklungssysteme unumgänglich, da man nur so neu erstellte Programme im laufendem Betrieb editieren kann.

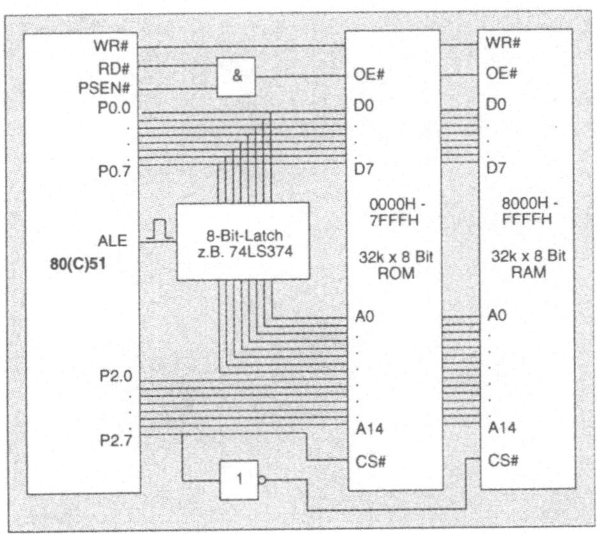

Bild 4.2-5: Speichererweiterung mit überlappendem externen Daten- und Programmspeicher beim 80(C)51/31-Mikrocontroller

4.3 Zugriff auf den externen Programmspeicher

Die Befehle, die ein Mikrocontroller bearbeiten soll, müssen entweder im internen oder im externen Programmspeicher abgelegt sein. In diesem Programmspeicher liegt das abzuarbeitende Programm in Binärform vor, so daß der Mikrocontroller zuerst die entsprechenden Bitmuster einlesen muß, bevor der Befehl ausgeführt werden kann.

Viele Prozessoren, die in Mikrocomputersystemen eingesetzt werden, benutzen eine Technik, die als Pre-Fetching bezeichnet wird. Dies bedeutet, daß während der Abarbeitung eines Befehls schon der nächste Befehl eingelesen wird (oder auch schon mehrere Befehle). Die eingelesenen Befehle werden in eine Befehlswarteschlange (instruction queue) eingereiht. Auf diese Weise wird die Programmabarbeitung deutlich beschleunigt. Probleme ergeben sich beim Pre-Fetching, wenn Programm-Verzweigungen auftreten; die Adresse, an der das Programm dann fortgesetzt werden muß, steht erst nach entsprechender Dekodierung des ersten Befehls fest. Dann müssen die durch das Pre-Fetching eingelesenen Bytes verworfen werden. Durch diese Mechanismen lassen sich die Programmlaufzeiten nicht immer eindeutig berechnen.

Deshalb ist das Pre-Fetching bei Mikrocontrollersystemen in dieser Form nicht vorhanden. Damit die Befehlsausführungszeit eindeutig und einfach bestimmt werden kann, wird das Einlesen und die Dekodierung der einzelnen Bytes (Befehls-Bytes und Operanden) durch das interne CPU-Timing (Maschinen-Zyklen) eindeutig festgelegt.

Alle Mikrocontroller der 8051-Familie sind in ihrem Verhalten bzgl. Einlesen und Verarbeiten der einzelnen Bytes gleich.

Zugriffe auf den externen Programmspeicher finden immer dann statt, wenn das Signal EA# aktiviert ist oder der Programmzähler eine Adresse ausgibt, die oberhalb der intern verfügbaren Programmspeicher-Adresse liegt. So hat der Baustein 80(C)51 einen internen Programmspeicher-Bereich von 0000H bis 0FFFH. Jede Adresse, die oberhalb von 0FFFH liegt, verursacht einen externen Programmspeicher-Zugriff. Innerhalb eines Maschinen-Zyklusses werden immer zwei Byte aus dem externen Programmspeicher eingelesen (Ausnahme siehe: Zugriff auf externen Datenspeicher).

Die Befehlsabarbeitungen der 1-, 2- und 3-Byte-Befehle werden in diesem Kapitel noch ausführlich dargestellt.

Grundsätzlich gilt, daß beim Einlesen eines Befehls das erste Byte immer das Befehls-Byte ist. Es wird im Befehlsregister abgelegt und schon dekodiert, während das nächste Byte eingelesen wird. Das nächste Byte ist entweder das nächste Befehls-Byte (bei einem 1-Byte-Befehl) oder der noch benötigte Operand für das erste eingelesene Befehls-Byte. Dieses Byte wird in einem Hilfsregister zwischengespeichert.

Der erste Speicherzugriff wird auch als OpCode-Frame bezeichnet, weil damit immer das Befehlswort aus dem externen Programmspeicher ausgelesen wird. Alle weiteren notwendigen Speicherzugriffe innerhalb dieses Befehls bezeichnet man als Value-Frames, da alle erforderlichen Operanden, die zur Ausführung des Befehls notwendig sind, in diesem Rahmen eingelesen werden.

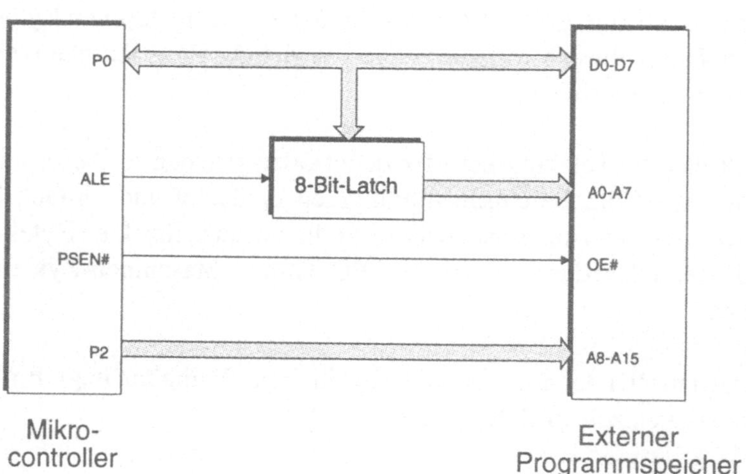

Bild 4.3-1: Anschluß des externen Programmspeichers

Bei jedem externen Programmspeicher-Zugriff wird das Steuersignal PSEN# (program store enable) als Lesesignal aktiviert. Zugriffe auf den externen Programmspeicher verwenden grundsätzlich 16-Bit-Adressen. Das High Order Byte (HOB) dieser Adresse wird dann über Port 2, das Low Order Byte dieser Adresse

(LOB) wird über Port 0 ausgegeben. Über Port 0 wird anschließend der Inhalt der adressierten Speicherzelle eingelesen. Mit dem Signal ALE (address latch enable) wird das ausgegebene LOB der Adresse in einem Latch zwischengespeichert, damit es am Speicherbaustein konstant anliegt.

Timing-Diagramm für externen Programmspeicher-Zugriff

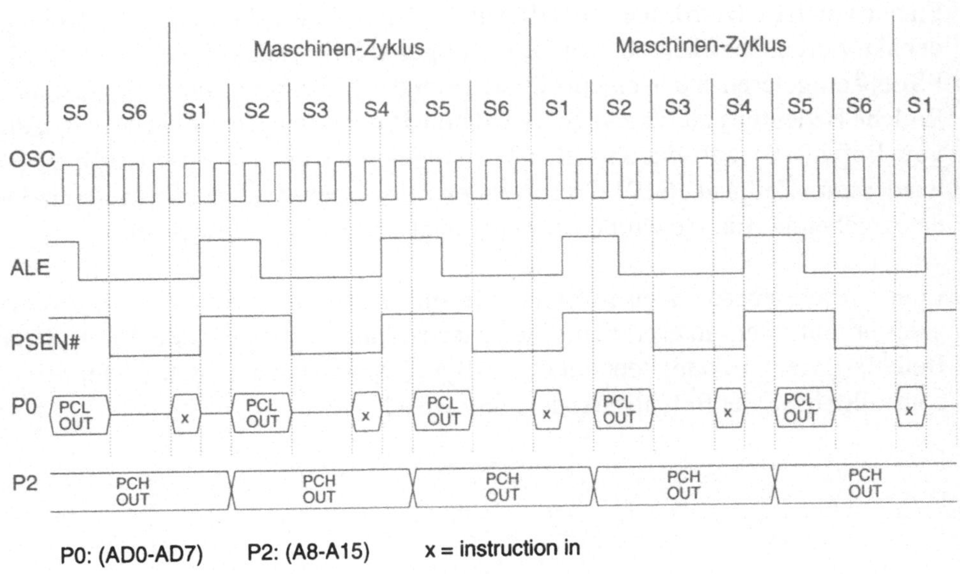

Bild 4.3-2: Timing-Diagramm für einen externen Programmspeicher-Zugriff

Mit Hilfe des Timing-Diagramms lassen sich die einzelnen Phasen der Befehlsabarbeitung erkennen. Das sich ergebende Zeitverhalten gilt für Zugriffe auf den internen und externen Programmspeicher in gleicher Weise. Bei Abarbeitung aus dem internen Programmspeicher wird das Steuersignal PSEN# nicht aktiviert und die Programm-Adressen werden nicht über den gemultiplexten Adreß-/Daten-Bus ausgegeben.

Der zeitliche Ablauf ist auch unabhängig von den jeweiligen Befehlen (Ausnahme MOVX). Die folgende Beschreibung erläutert den Zugriff auf den externen Programmspeicher etwas ausführlicher.

Zum Zeitpunkt S5P1-S5P2 wird die Adresse über den Adreß-Bus ausgegeben, deren Inhalt im folgenden Maschinen-Zyklus eingelesen werden soll. Mit der negativen Flanke des ALE-Signals kann diese Adresse in das externe Adreß-Latch übernommen werden. Der Inhalt der aktivierten Speicherzelle wird zum Zeitpunkt S1P1 mit Hilfe des Steuersignals PSEN# eingelesen und in das Befehlsregister des Mikrocontrollers abgespeichert. Während dieses Byte intern durch den Befehlsdekoder interpretiert wird, wird zum Zeitpunkt S2P1-S2P2 schon die nächste Speicheradresse ausgegeben. Auch diese Adresse wird mit der negativen Flanke von ALE (zum Ende von S2P2) in das Adreß-Latch übernommen. Der Inhalt der aktivierten Speicherzelle wird zum Zeitpunkt S4P1 mit Hilfe des Steuersignals PSEN# eingelesen und in einem Hilfsregister des Mikrocontrollers abgespeichert. Welche Bedeutung dieses zweite Byte für die Programmabarbeitung besitzt, hängt vom Befehls-Byte ab, das als erstes Byte eingelesen wurde. Das nächste Byte wird wieder zum Zeitpunkt S1P1 des folgenden Maschinen-Zyklusses eingelesen. Die entsprechende Adresse wurde zum Zeitpunkt S5P1-S5P2 ausgegeben.

In der beschriebenen Weise werden alle zum Programm gehörenden Bytes eingelesen und intern interpretiert. Die Entscheidung, ob das eingelesene Byte ein Befehls-Byte (OpCode) oder ein Daten-Byte (Operand) darstellt, trifft der Mikrocontroller bzw. der Befehlsdekoder automatisch.

Befehlsabarbeitung eines 1-Byte-Befehls (1 Zyklus):

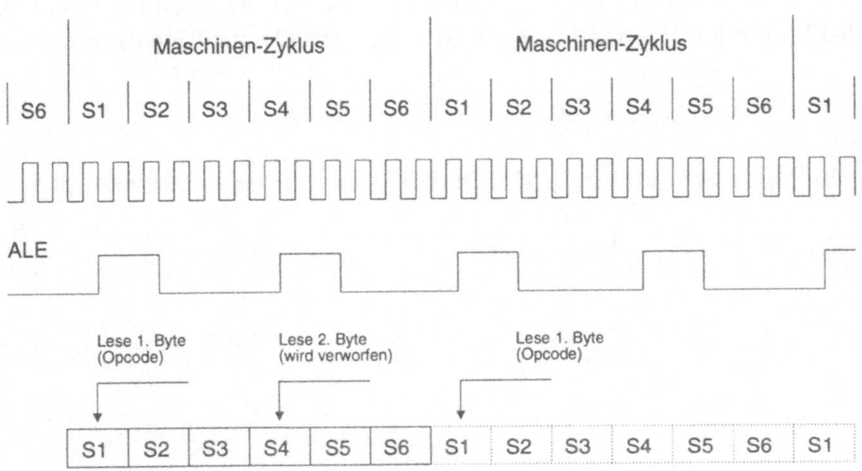

Bild 4.3-3: Befehlsabarbeitung eines 1-Byte-Befehls (z.B.: INC A), 1 Zyklus

Zum Zeitpunkt S1P1 wird das erste Byte (OpCode) eingelesen und im Befehlsregister abgelegt. Zum Zeitpunkt S4P1 erfolgt automatisch ein zweiter Speicherzugriff auf die nächsthöhere Adresse. Das eingelesene Byte wird in einem Hilfsregister zwischengespeichert. Die entsprechende Dekodierung des ersten eingelesenen Befehls (z.B. INC A) erkennt den Befehlstyp (1 Byte, 1 Zyklus). Die zum Zeitpunkt S1P1 eingelesene Anweisung kann von der CPU ausgeführt werden und ist zum Zeitpunkt S6P2 vollständig abgeschlossen. Das zweite eingelesene Byte, das ja ebenfalls ein Befehls-Byte (OpCode) sein muß, wird verworfen und zu Beginn des folgenden Maschinen-Zyklusses erneut eingelesen.

Befehlsabarbeitung eines 2-Byte-Befehls (1 Zyklus):

Die Mikrocontroller der 8051-Familie sind bzgl. der Abarbeitung von 2-Byte-Befehlen optimiert. Sie machen etwa 60% des verfügbaren Befehlsvorrates aus.

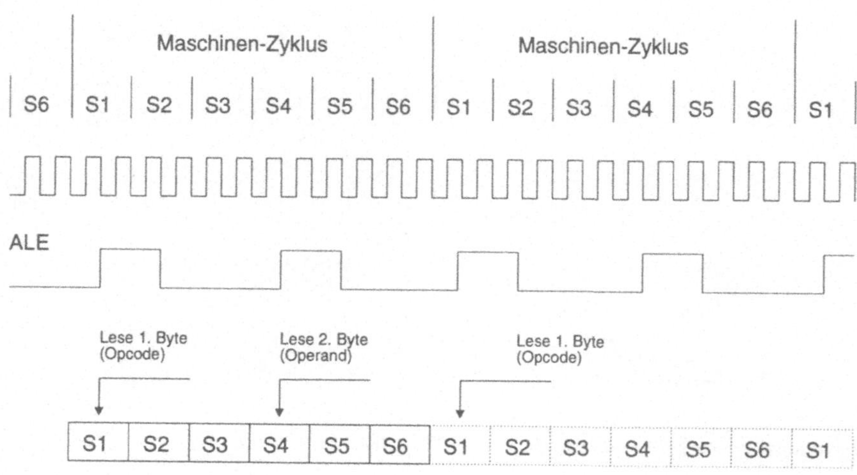

Bild 4.3-4: Befehlsabarbeitung eines 2-Byte-Befehls (z.B.: ADD A,#data), 1 Zyklus

Zum Zeitpunkt S1P1 wird das erste Byte (OpCode) eingelesen und im Befehlsregister abgelegt. Die entsprechende Dekodierung des ersten eingelesenen Befehls (z.B. ADD A,#konst8) erkennt den Befehlstyp (2 Byte, 1 Zyklus). Die zum Zeitpunkt S1P1 eingelesene Anweisung (ADD A) kann von der CPU noch nicht ausgeführt werden, da der Operand noch nicht feststeht. Zum Zeitpunkt S4P1 erfolgt der zweite Speicherzugriff auf die nächsthöhere Adresse. Das eingelesene zweite Byte ist der noch benötigte Operand. Der Befehl wird ausgeführt und ist zum Zeitpunkt S6P2 vollständig abgeschlossen.

Befehlsabarbeitung eines 1-Byte-Befehls (2 Zyklen):

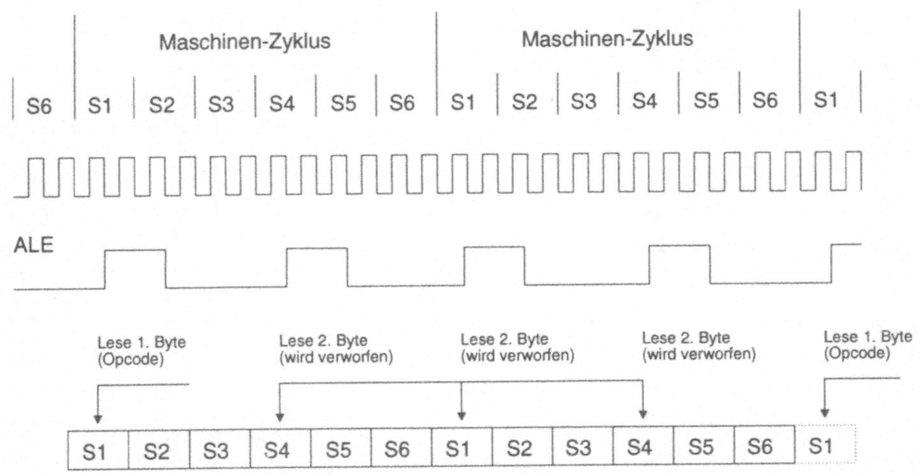

Bild 4.3-5: Befehlsabarbeitung eines 1-Byte-Befehls (z.B.: INC DPTR), 2 Zyklen

Zum Zeitpunkt S1P1 wird das erste Byte (OpCode) eingelesen und im Befehlsregister abgelegt. Die entsprechende Dekodierung des ersten eingelesenen Befehls (z.B. INC DPTR) erkennt den Befehlstyp (1 Byte, 2 Zyklen). Die eingelesene Anweisung kann von der CPU ausgeführt werden; sie benötigt keine weiteren Informationen aus dem externen Programmspeicher. Für die Inkrementierung des Daten-Pointer-Registers (16-Bit-Addition) wird dieser und der nächste Maschinen-Zyklus benötigt. Zum Zeitpunkt S6P2 des zweiten Maschinen-Zyklusses ist der Befehl vollständig abgeschlossen.

Obwohl keine weiteren externen Informationen notwendig sind, wird im ersten Maschinen-Zyklus zum Zeitpunkt S4P1 und im zweiten Maschinen-Zyklus zu den Zeitpunkten S1P1 und S4P1 jeweils das gleiche Byte der nächsten Adresse eingelesen. Jeweils das gleiche Byte, weil der Mikrocontroller während der Abarbeitung dieses Befehls immer die gleiche Adresse ausgibt. Die eingelesenen Bytes werden - da nicht benötigt - jedesmal verworfen.

Befehlsabarbeitung eines 2-Byte-Befehls (2 Zyklen):

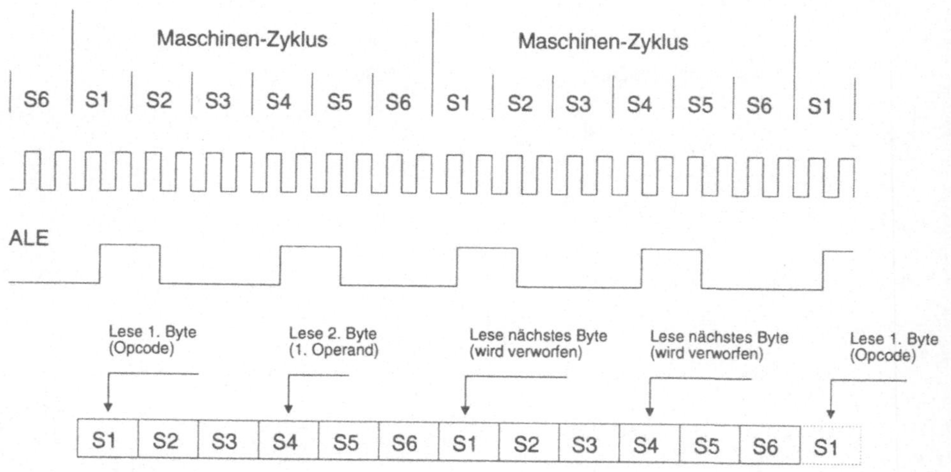

Bild 4.3-5: Befehlsabarbeitung eines 2-Byte-Befehls (z.B.: MOV R1,5C), 2 Zyklen

Zum Zeitpunkt S1P1 wird das erste Byte (OpCode) eingelesen und im Befehlsregister abgelegt . Die entsprechende Dekodierung des ersten eingelesenen Befehls (z.B. MOV R1,5C) erkennt den Befehlstyp (2 Byte, 2 Zyklen). Die eingelesene Anweisung kann von der CPU noch nicht ausgeführt werden; sie benötigt noch die Adresse, deren Inhalt in das Zielregister R1 transferiert werden soll. Zum Zeitpunkt S4P1 des ersten Maschinen-Zyklusses wird die Adresse (5C) des Quellregisters geladen. Ausgeführt wird der Befehl im zweiten Maschinen-Zyklus. Die in diesem Zyklus zum Zeitpunkt S1P1 und S4P1 eingelesenen Bytes werden beide verworfen.

Befehlsabarbeitung eines 3-Byte-Befehls (2 Zyklen):

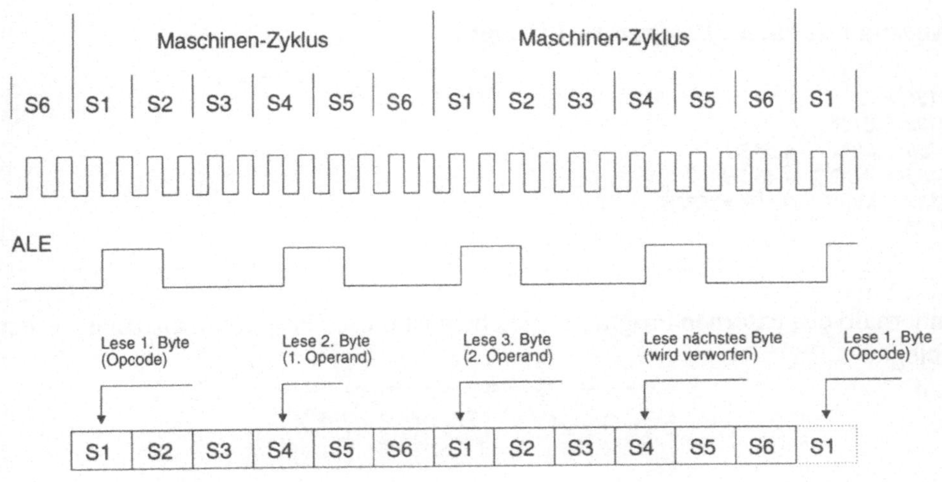

Bild 4.3-6: Befehlsabarbeitung eines 3-Byte-Befehls (z.B.: LJMP 8300H

Zum Zeitpunkt S1P1 wird das erste Byte (OpCode) eingelesen und im Befehlsregister abgelegt . Die entsprechende Dekodierung des ersten eingelesenen Befehls (z.B. LJMP 8300H) erkennt den Befehlstyp (3 Byte, 2 Zyklen). Die eingelesene Anweisung kann von der CPU noch nicht ausgeführt werden; sie benötigt noch das LOB und HOB der Adresse. Zum Zeitpunkt S4P1 des ersten Maschinen-Zyklusses wird das LOB der Adresse (00H) geladen, zum Zeitpunkt S1P1 des nächsten Maschinen-Zyklusses das HOB der Adresse (83H). Zum Zeitpunkt S4P1 wird schon das nächste Befehls-Byte geladen, das aber wieder verworfen wird.

Am Beispiel eines vorgegebenen Programm-Listings werden die einzelnen Schritte bei der Befehlsabarbeitung nochmals verdeutlicht.

Auszug aus einem Programm-Listing:

```
8131   .....
8132   CLR    C
8133   MOV    A,#3BH
8135   ADDC   A,#5CH
8137   MOV    DPTR,#8535H
813A   .....
```

Innerhalb des externen Programmspeichers ist dieses Programm als Binärmuster ablegt.

Speicher adresse	Binär Muster	HEX Dump
8131	....	....
8132	1100 0011	C3
8133	0111 0100	74
8134	0011 1011	3B
8135	0011 0100	34
8136	0101 1100	5C
8137	1001 0000	90
8138	0011 0101	35
8139	1000 0101	85
813A	....	....

Bild 4.3-7: Binärmuster des Beispiel-Programms

Die Abarbeitung dieses Programmteils durchläuft folgende Phasen:

Zeitpunkt	Auszugebende Adresse	Eingelesenes Byte	Interne Interpretation	
S5P1-S5P2	8132			
S1P1		C3	Befehls-Byte: CLR C	Zyklus M1
S2P1-S2P2	8133			
S4P1		74	wird verworfen	
S5P1-S5P2	8133			
S1P1		74	Befehls-Byte: MOV A,#konst8	Zyklus M2
S2P1-S2P2	8134			
S4P1		3B	Operand (#konst8 = 3B)	
S5P1-S5P2	8135			
S1P1		34	Befehls-Byte: ADDC A,#konst8	Zyklus M3
S2P1-S2P2	8136			
S4P1		5C	Operand (#konst8 = 5C)	
S5P1-S5P2	8137			
S1P1		90	Befehls-Byte: MOV DPTR,#konst16	Zyklus M4
S2P1-S2P2	8138			
S4P1		35	1. Operand: 35 (LOB)	
S5P1-S5P2	8139			
S1P1		85	2. Operand: 85 (LOB)	Zyklus M5
S2P1-S2P2	813A			
S4P1		xx	wird verworfen	

Bild 4.3-8: Zeitliche Abfolge der Programmabarbeitung

Nach vorheriger Ausgabe der Adresse 8132 wird zu Beginn von Zyklus M1 das Befehls-Byte C3H eingelesen und vom Befehlsdekoder als CLR C erkannt. Das Löschen des Carry-Bits erfolgt innerhalb von M1 und ist zum Zeitpunkt S6P2 vollständig abgeschlossen. Parallel dazu wird zum Zeitpunkt S2P1-S2P2 die nächste Programm-Adresse 8133 ausgegeben, deren Inhalt bei S4P1 eingelesen wird. Dieses Byte (74H) wird aber intern verworfen, da der CLR-Befehl ein 1-Byte-Befehl ist.

Deshalb wird zum Zeitpunkt S5P1-S5P2 die Adresse 8133 erneut ausgegeben, damit zum Zeitpunkt S1P1 des nächsten Maschinen-Zyklusses dieses Byte (74H) noch einmal eingelesen werden kann. Es wird als Befehls-Byte MOV A,#konst8 interpretiert. Die Konstante (3BH), die in das Register A geladen werden soll, befindet sich auf der nächsten Speicher-Adresse (8134). Zum Zeitpunkt S2P1-S2P2 wird sie ausgegeben, der entsprechende Inhalt zum Zeitpunkt S4P1 eingelesen. Bis zum Ende von Maschinen-Zyklus M2 ist auch dieser Befehl (2 Byte, 1 Zyklus) vollständig abgearbeitet.

Zum Zeitpunkt S5P1-S5P2 wird aber schon die nächste Programm-Adresse (8135) ausgegeben, deren Inhalt (34H) zu Beginn von Maschinen-Zyklus M3 (S1P1) eingelesen wird. Der Befehlsdekoder erkennt den Befehl ADDC A,#konst8 (2 Byte, 1 Zyklus) und lädt zum Zeitpunkt S4P1 das noch fehlende Daten-Byte (5C) aus der nächsten Adresse (8136), die zum Zeitpunkt S2P1-S2P2 ausgegeben wurde. Die geforderte Addition wird bis zum Ende des Maschinen-Zyklusses M3 durchgeführt.

Zum Zeitpunkt S5P1-S5P2 wird wieder die nächste Programm-Adresse (8137) ausgegeben. Zu Beginn von Maschinen-Zyklus M4 (S1P1) wird das Befehls-Byte eingelesen (90H) und als MOV DPTR,#konst16 erkannt. Die 16-Bit-Konstante, die in das Daten-Pointer-Register geladen werden soll, befindet sich in den nächsten beiden Speicher-Adressen. Zum Zeitpunkt S2P1-S2P2 wird die Adresse 8138 ausgegeben, zum Zeitpunkt S4P1 wird der Inhalt (35H) eingelesen und als Low Order Byte (DPL) des Daten-Pointer-Registers interpretiert.

Mit S5P1-S5P2 wird die nächste Adresse (8139) ausgegeben und deren Inhalt (85H) zu Beginn von Maschinen-Zyklus M5 (S1P1) eingelesen. Dieses Byte wird als High Order Byte (DPH) des Daten-Pointer-Registers interpretiert. Mit S2P1-S2P2 wird die nächste Adresse (813A) ausgegeben, der entsprechende Inhalt zum Zeitpunkt S4P1 eingelesen. Dieses Byte (xxH) wird aber intern verworfen, da das nächste Befehls-Byte erst zu Beginn des nächsten Maschinen-Zyklusses vorliegen muß.

Zum Zeitpunkt S5P1-S5P2 wird deshalb die Adresse 813A erneut ausgegeben, um das dortige Befehls-Byte noch einmal zu laden.

4.4 Zugriff auf den externen Datenspeicher

Der einzige Befehl, mit dem sich auf den externen Datenspeicher zugreifen läßt, ist der MOVX-Befehl.

Bei jedem externen Datenspeicher-Zugriff wird entweder die Steuerleitung RD# oder die Steuerleitung WR# aktiviert. Über diese Steuerleitungen wird der externe Datenspeicher auf Eingabe oder auf Ausgabe geschaltet. Zugriffe auf den externen Datenspeicher können 8-Bit- oder aber auch 16-Bit-Adressen verwenden.

Die Befehle MOVX A,@DPTR und MOVX @DPTR,A verwenden 16-Bit-Adressen. Das Low Order Byte dieser Adresse wird über Port 0, das High Order Byte wird über Port 2 ausgegeben. Die Daten werden über Port 0 eingelesen bzw. ausgegeben. Mit dem Signal ALE wird das ausgegebene LOB der Adresse in einem Latch zwischengespeichert, damit es am Speicherbaustein konstant anliegt.

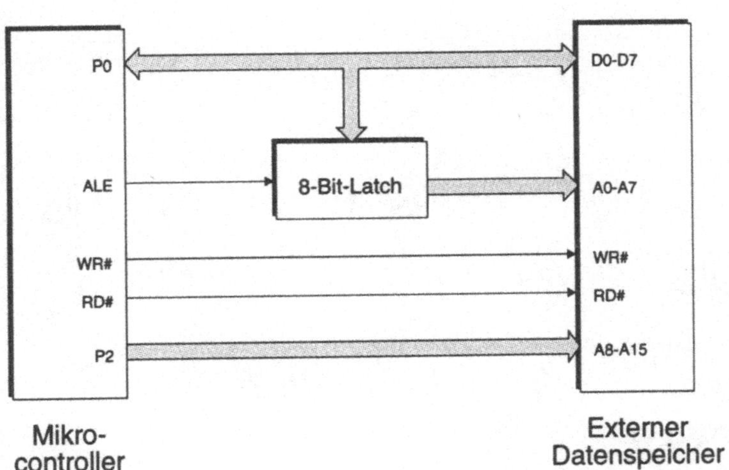

Bild 4.4-1: Anschluß eines externen Datenspeichers

Die Befehle MOVX A,@Ri und MOVX @Ri,A verwenden 8-Bit-Adressen. Diese Adresse wird über Port 0 ausgegeben. An Port 2 wird dann der Inhalt des Port-Latchs ausgegeben.

Timing-Diagramm für externen Datenspeicher-Zugriff

Die Abarbeitung dieses Befehls ist eine Kombination aus externem Programmspeicher-Zugriff (Einlesen des Befehlswortes MOVX aus dem Programmspeicher) und externem Datenspeicher-Zugriff (Einlesen bzw. Ausgeben eines Datenwortes vom bzw. zum externen Datenspeicher).

Lesezugriff auf den externen Datenspeicher

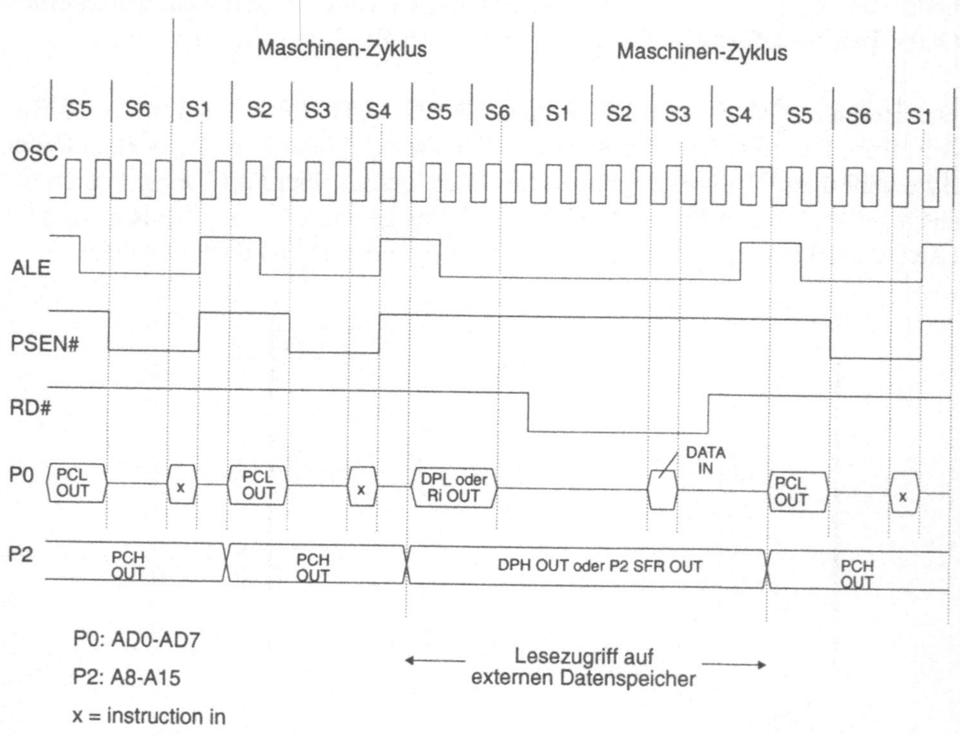

Bild 4.4-2: Lesezugriff auf den externen Datenspeicher

Als Beispiel soll hier die Befehlsabarbeitung des Befehls MOVX A,@DPTR erläutert werden.

Zum Zeitpunkt S1P1 wird das Befehlswort MOVX A,@DPTR aus dem externen Programmspeicher eingelesen. Der Befehlsdekoder erkennt, daß zur Ausführung dieses Befehls ein externer Datenspeicher-Zugriff erforderlich ist. Er liest das nächste Byte zum Zeitpunkt S4P1 aus dem Programmspeicher, verwirft aber dieses

Byte. Zum Zeitpunkt S5P1-S6P1 wird an Port 0 das LOB , an Port 2 wird von S5P1-S4P2 das HOB der externen Datenspeicher-Adresse ausgegeben. Das Lesesignal RD# wird im Zeitraum S1P1-S3P2 aktiviert, der eigentliche Einlesevorgang erfolgt zum Zeitpunkt S3P1. Das ALE-Signal wird während des externen Datenzugriffs nicht aktiviert.

Zum Zeitpunkt S5P1-S5P2 wird das Einlesen des nächsten Befehls aus dem Programm-Speicher wieder vorbereitet.

Schreibzugriff auf den externen Datenspeicher

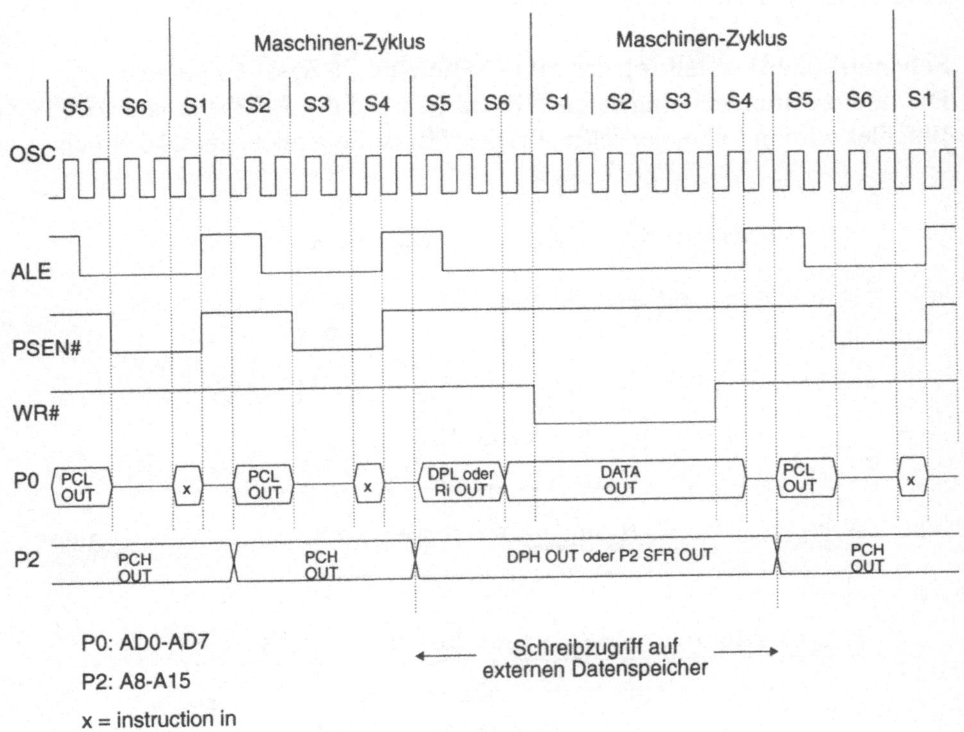

Bild 4.4-3: Schreibzugriff auf den externen Datenspeicher

Diese Befehlsabarbeitung soll am Beispiel des Befehls MOVX @DPTR,A erläutert werden.

Zum Zeitpunkt S1P1 wird das Befehlswort MOVX @DPTR,A aus dem externen Programmspeicher eingelesen. Der Befehlsdekoder erkennt, daß zur Ausführung dieses Befehls ein externer Datenspeicher-Zugriff erforderlich ist. Er liest das nächste Byte zum Zeitpunkt S4P1 aus dem Programmspeicher, verwirft aber dieses Byte. Zum Zeitpunkt S5P1-S6P1 wird an Port 0 das LOB , an Port 2 wird von S5P1-S4P2 das HOB der externen Datenspeicher-Adresse ausgegeben. Das Schreibsignal WR# wird im Zeitraum S1P1-S3P2 aktiviert, der eigentliche Ausgabevorgang erfolgt zum Zeitpunkt S6P2-S4P1. Das ALE-Signal wird während des externen Datenzugriffs nicht aktiviert.

Zum Zeitpunkt S5P1-S5P2 wird das Einlesen des nächsten Befehls aus dem Programm-Speicher wieder vorbereitet.

Schematische Darstellung des MOVX-Befehls (1 Byte, 2 Zyklen):

Die Interpretation der eingelesenen Bytes während der Abarbeitung des MOVX-Befehles wird in folgender schematischer Darstellung noch einmal deutlich:

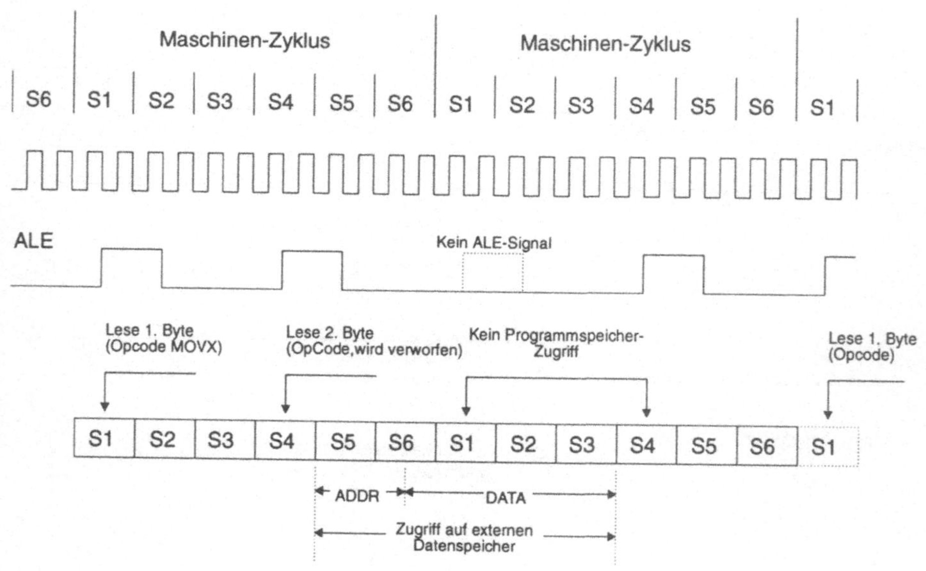

Bild 4.4-4: Befehlsabarbeitung des MOVX-Befehls, 1 Byte, 2 Zyklen

5 Interne I/O-Ports

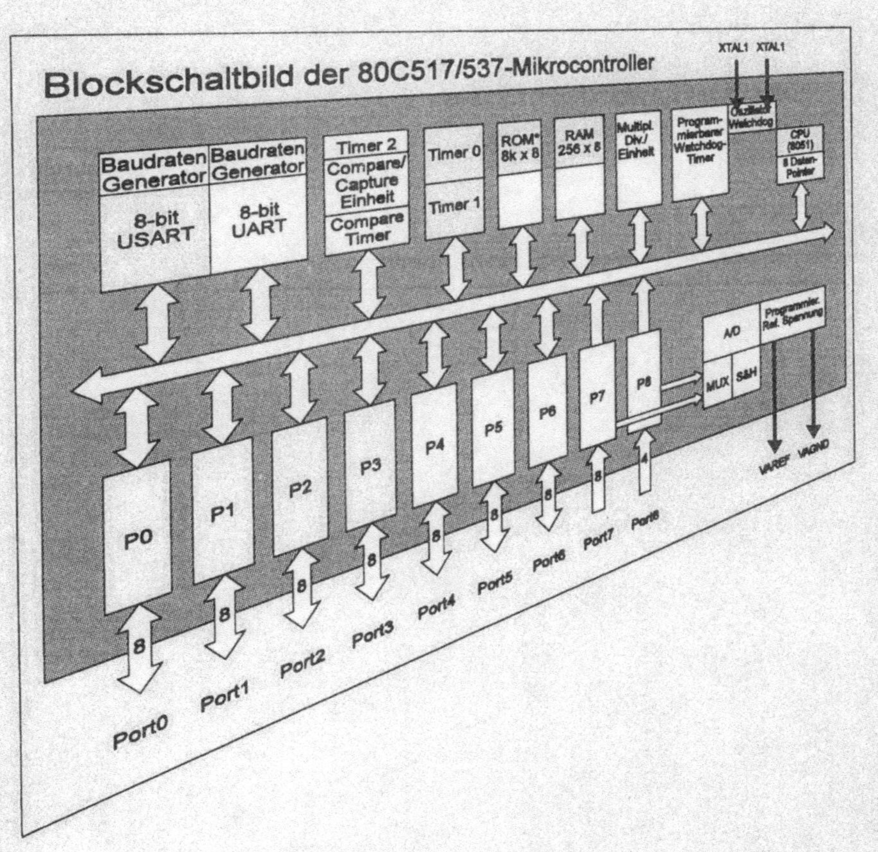

5.1 Interne I/O-Ports 80(C)51/31

Der Mikrocontroller 80(C)51/31 besitzt 32 digitale Ein-/Ausgabe-Leitungen, die in vier bidirektionale 8-Bit-Ports zusammengefaßt sind (Port 0 bis Port 3). Für jede Port-Leitung existiert ein Port-Latch, ein Ausgangstreiber und ein Eingangs-Buffer.

Jede dieser 32 Port-Leitungen kann beliebig als Eingabe- oder als Ausgabe-Leitung verwendet werden (bidirektional). Die entsprechenden Schreib- bzw. Lesevorgänge werden mit Hilfe der Special Function Register P0, P1, P2 und P3 durchgeführt.

Port	Special Function Register
P0	80H
P1	90H
P2	A0H
P3	B0H

Bild 5.1-1: Port-Adressen

Die den einzelnen Ports zugeordneten Port-Leitungen werden z.B. mit P0.0, P0.1 usw. bezeichnet. Alle vier Special Function Register sind bitadressierbar; der schematischen Aufbau des Special Function Registers ist im folgenden Bild dargestellt:

87H	86H	85H	84H	83H	82H	81H	80H
P0.7	P0.6	P0.5	P0.4	P0.3	P0.2	P0.1	P0.0

Port 0: 80H

Bild 5.1-2: Aufbau eines Port-Registers

Port 0 und Port 2 besitzen eine Sonderfunktion. Der Mikrocontroller 80(C)51/31 besitzt einen gemultiplexten Adreß/Daten-Bus, der über diese beiden Ports ausgeführt ist. Diese Sonderfunktion wird noch ausführlich dargestellt.

Die grundsätzliche Ausgangsschaltung einer Port-Leitung besteht aus einem Port-Latch, einem Ausgangstreiber und einem Eingabe-Buffer.

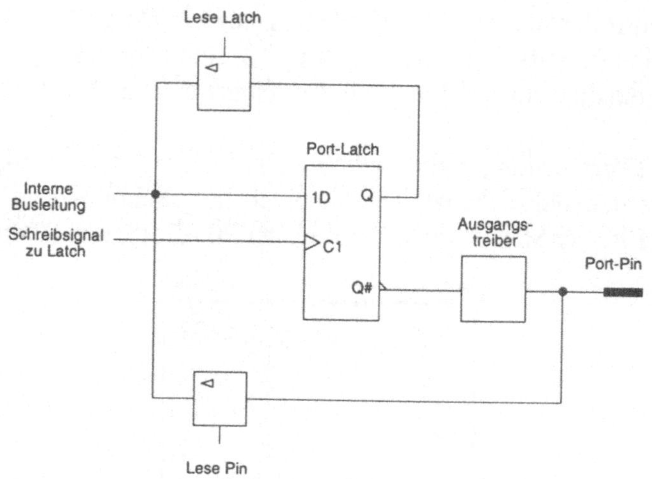

Bild 5.1-3: Grundsätzlicher Aufbau eines I/O-Ports

Das Port-Latch besteht aus einem D-FF, in das die über den internen Daten-Bus ausgegebenen Daten durch einen Schreibbefehl zwischengespeichert werden. Der Q-Ausgang des D-FFs kann durch einen entsprechenden Befehl, der das Signal *Lese Latch* aktiviert, auf den Daten-Bus geschaltet und vom Mikrocontroller eingelesen werden.

Soll der anstehende Pegel vom Port-Pin eingelesen werden, muß der entsprechende Befehl das Signal *Lese Pin* aktivieren. Auf die Aktivierung dieser Signale wird später in diesem Kapitel eingegangen.

Schematischer Aufbau von Port 1 und Port 3

Die Port-Pins sind über interne Pull-up-Widerstände an $+U_B$ geschaltet. Jeder einzelne Port-Pin ist unabhängig von den anderen als Eingang oder als Ausgang zu benutzen. Das Port-Latch wird dargestellt durch ein D-FF, das den anstehenden Wert der internen Bus-Leitung bei einem aktivierten Schreibsignal übernimmt und speichert. Der Q-Ausgang dieses Latchs ist über einen Treiber (tri-state) wieder mit der internen Bus-Leitung verbunden. Einige Befehle, die in diesem Abschnitt an späterer Stelle noch beschrieben werden, aktivieren diesen Treiber (Lese Latch) und lesen somit den Inhalt des Port-Latch aus.

Beim Lesevorgang wird der Pegel des Port-Pins (Lese Pin) direkt auf die interne Bus-Leitung geschaltet.

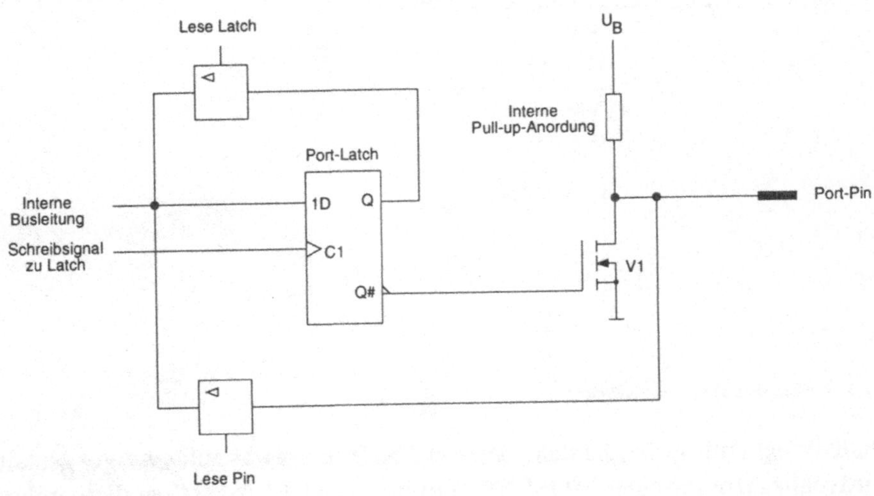

Bild 5.1-4: Aufbau der Ausgänge von Port 1 und Port 3

Port-Pin in Ausgabefunktion

Wird an den Port-Pin per Software ein Bit geschrieben (0 oder 1), wird dieses Bit zuerst im Port-Latch abgespeichert. Das invertierte Signal (Q#) steuert den n-Kanal-FET (V1) an, der bei Q# = 0 (Datenbit = 1) sperrt. Der Port-Pin wird über den Pull-up-Widerstand auf HIGH-Pegel gesetzt. Ist Q# = 1 (Datenbit = 0), leitet V1 und zieht den Port-Pin auf LOW-Pegel (Grenzwerte: I_{QH} = - 80µA; I_{QL} = 1,6 mA).

Port-Pin in Eingabefunktion

Soll über den Port-Pin ein Eingangssignal eingelesen werden, muß vorher sichergestellt sein, daß der Transistor V1 gesperrt ist. Der Pegel des externen Signals bestimmt dann den Pegel am Port-Pin. Bei anliegendem HIGH-Pegel bleibt der Pin-Pegel unverändert, bei anliegendem LOW-Pegel wird beim Einlesen dieser LOW-Pegel erkannt. Wäre der Transistor V1 leitend, würde bei jedem Lesevorgang LOW-Signal eingelesen.

Hinweis: Soll über einen Port-Pin ein Signal eingelesen werden, muß dieser Port-Pin zuerst per Software auf HIGH geschaltet werden.

Flankensteilheit der Ausgangssignale

Die Geschwindigkeit des Umschaltens von LOW nach HIGH am Port-Pin hängt von den externen Leitungs- und Schaltkapazitäten ab.

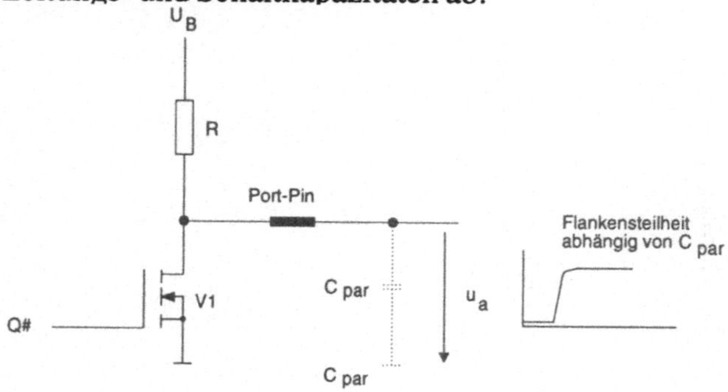

Bild 5.1-5: Verbesserung der Flankensteilheit

Deshalb ist der Pull-up-Widerstand bei Port 2 bis Port 4 etwas aufwendiger gestaltet. Er wird realisiert durch einen MOSFET, dem ein zweiter MOSFET parallelgeschaltet ist. Im Detail unterscheiden sich die Realisierungen beim 8051/31 (NMOS-Ausführung)) und beim 80C51/31 (CMOS-Ausführung).

Ausgangstreiber 8051/31 (NMOS)

Der Ausgangstreiber besteht aus drei n-Kanal-MOSFETs und einer Verzögerungsschaltung.

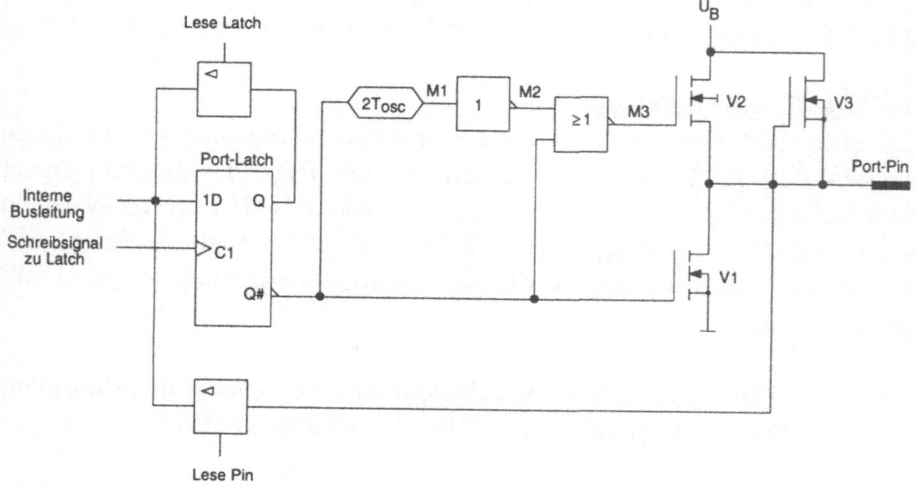

Bild 5.1-6: Ausgangstreiber in MYMOS-Technik (8051/31)

Der Transistor V3 ist immer durchgeschaltet ($10k\Omega$ - $40k\Omega$) und realisiert somit den normalen Pull-up-Widerstand. Beim Umschalten von LOW- auf HIGH-Pegel wird Transistor V2 für die Zeitdauer t_x ($2T_{osc}$) ebenfalls leitend (ca $5k\Omega$). Es fließt ein zusätzlicher Strom an den Port-Pin, so daß externe Leitungs- bzw. Schaltkapazitäten schneller aufgeladen werden. Die Flankensteilheit des Ausgangssignals nimmt zu.

V1:	n-Kanal-MOSFET:	sperrt bei U_{GS} = LOW (Port-Pin = HIGH) bzw. schaltet bei U_{GS} = HIGH durch (Port-Pin = LOW).
V2:	n-Kanal-MOSFET:	schaltet bei jedem LOW-HIGH-Wechsel am Port-Pin für die Dauer von zwei Oszillator-Perioden durch (ca. $5k\Omega$) und erhöht dadurch die Flankensteilheit des Ausgangssignals.
V3:	n-Kanal-MOSFET:	ist immer durchgeschaltet und realisiert den normalen Pull-up-Widerstand ($10k\Omega$ - $40k\Omega$).

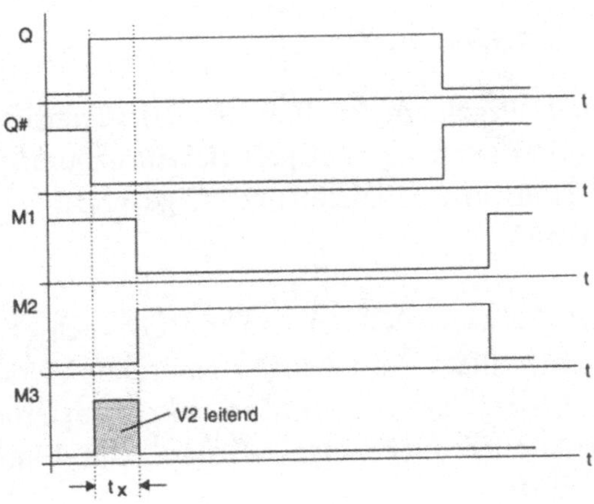

Bild 5.1-7: Signal-Zeit-Diagramm

Ausgangstreiber 80C51/31 (ACMOS)

Der Ausgangstreiber besteht aus vier n- bzw. p-Kanal-MOSFETs und einer Verzögerungsschaltung.

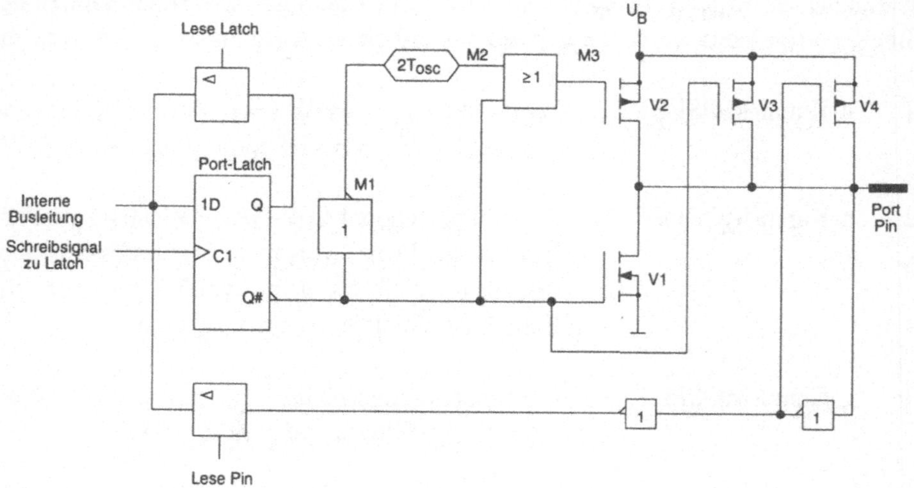

Bild 5.1-8: Ausgangstreiber in ACMOS-Technik (80C51/31)

Bei Ausgabe eines HIGH-Pegels am Port-Pin (Q# = 0) ist Transistor V1 gesperrt und Transistor V3 leitend (Grenzwert: I_{QH} = - 80 µA). Bei Ausgabe eines LOW-Pegels am Port-Pin (Q# = 1) ist Transistor V1 leitend und V3 gesperrt.
(Grenzwert: I_{QL} = 1,6 mA)

Bei Pegelwechsel von LOW nach HIGH am Port-Pin (Q# wechselt von 1 nach 0) wird für die Dauer von zwei Oszillator-Perioden der Transistor V2 durchgeschaltet. Es fließt ein zusätzlicher Strom an den Port-Pin, so daß externe Leitungs- bzw. Schaltkapazitäten schneller aufgeladen werden. Die Flankensteilheit des Ausgangssignals nimmt zu.

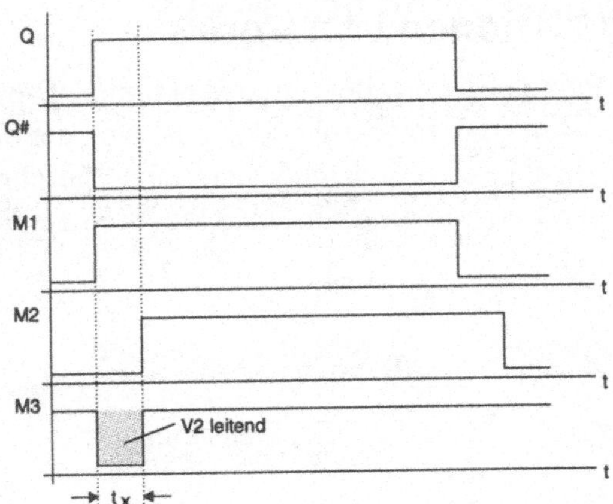

Bild 5.1-9: Signal-Zeit-Diagramm

Transistor V4 ist immer nur dann durchgeschaltet, wenn die Spannung am Port-Pin größer als 1V-1,5V ist. Über V4 wird somit ein weiterer Pull-up-Strom bereitgestellt.

Transistor V4 ist gesperrt, wenn der Port-Pin LOW-Signal führt.

V1: n-Kanal-FET: sperrt bei U_{GS} = LOW (Port-Pin = HIGH) bzw. schaltet bei U_{GS} = HIGH durch (Port-Pin = LOW).

V2: p-Kanal-FET: schaltet bei jedem LOW-HIGH-Wechsel am Port-Pin für die Dauer von zwei Oszillator-Perioden durch (ca 5kΩ) und erhöht dadurch die Flankensteilheit des Ausgangssignals.

V3: p-Kanal-FET: Dieser Transistor ist immer dann leitend, wenn im Port-Latch eine 1 gespeichert ist (Q#=0). Damit wird am Port-Pin HIGH-Pegel bereitgestellt.

V4: p-Kanal-FET: Dieser Transistor ist nur leitend, solange am Port-Pin die wirksame Spannung größer als 1-1,5 V ist.

Alternative Funktionen von Port 3

Die Port-Pins von Port 3 besitzen alternative Funktionen. Diese Funktionen lassen sich nur aktivieren, wenn das entsprechende Port-Latch per Software auf Eingabe vorbereitet ist, d.h., in das Port-Latch muß zuerst eine 1 geschrieben werden, bevor über den zugehörigen Port-Pin die alternative Funktion genutzt werden kann.

Port-Pin	Bezeichnung	Alternative Funktion
P3.0	RxD	Serieller Dateneingang
P3.1	TxD	Serieller Datenausgang
P3.2	INT0#	Externer Interrupt 0 Eingang Externer Freigabe-Eingang für Timer Nr. 0 (gated timer)
P3.3	INT1#	Externer Interrupt 1 Eingang Externer Freigabe-Eingang für Timer Nr. 1 (gated timer)
P3.4	T0	Externer Takteingang für Timer Nr. 0
P3.5	T1	Externer Takteingang für Timer Nr. 1
P3.6	WR#	Schreibsignal für externen Datenspeicher-Zugriff
P3.7	RD#	Lesesignal für externen Datenspeicher-Zugriff

Schematischer Aufbau von Port 2

Port 2 hat prinzipiell den gleichen Aufbau wie Port 1 und Port 3. Die interne Mikrocontroller-Hardware benutzt aber diesen Port zur Ausgabe des High Order Byte einer 16-Bit-Adresse. Deshalb ist die Ausgangsschaltung leicht modifiziert. Zur besseren Übersicht wird die Pull-up-Anordnung der MYMOS- bzw. ACMOS-Variante durch den Widerstand R ersetzt.

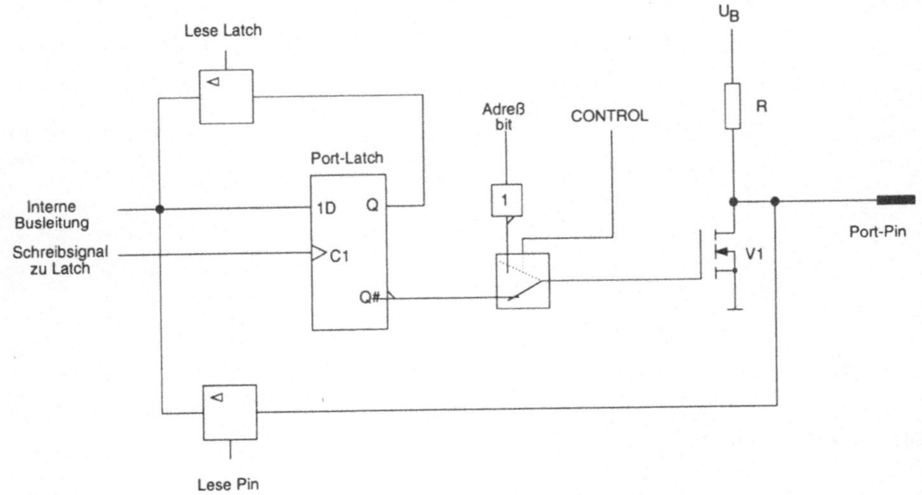

Bild 5.1-10: Aufbau von Port 2

In der Funktion als Daten-Port (CONTROL = 0) steuert der Ausgang des Port-Latchs (Q#) den Transistor V1 und bestimmt den Pegel am Port-Pin.

Bei jedem externen Speicherzugriff wird das High Order Byte der Adresse über Port 2 ausgegeben. Mit CONTROL = 1 (wird automatisch vom Controller erzeugt) wird das Port-Latch vom Ausgang abgetrennt und das interne Adreßbit durchgeschaltet. Der Inhalt des Port-Latchs bleibt dabei unverändert.

Port 2 kann bei Anschluß eines externen Programm- und/oder Datenspeichers nicht mehr als normaler Ein/Ausgabe-Port verwendet werden, sondern dient ausschließlich als externer Adreß-Bus (HOB).

Schematischer Aufbau von Port 0

Port 0 besitzt keine internen Pull-up-Widerstände. Ausgangsseitig ist die Schaltung als **Open-Drain-Ausgang** ausgeführt.

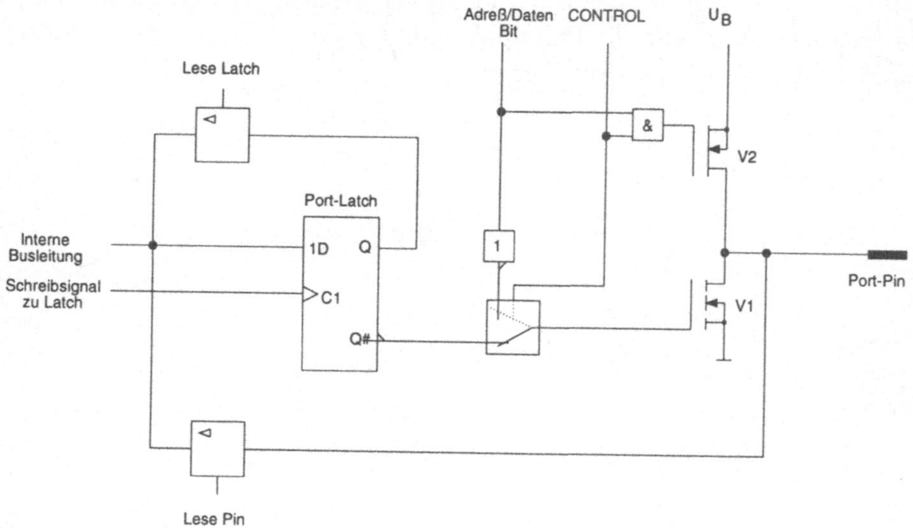

Bild 5.1-11: Aufbau von Port 0

Die interne Mikrocontroller-Hardware benutzt diesen Port zur Ausgabe des Low Order Byte einer 16-Bit-Adresse und zur Ein- bzw. Ausgabe eines Daten-Bytes (Zeitmultiplex-Verfahren). Deshalb ist auch hier die Ausgangsschaltung gegenüber den Standardausgängen etwas modifiziert. Die Transistoren V1 und V2 können als Gegentakt-Ausgang angesteuert werden (nur einer der beiden Transistoren leitet). Die Ansteuerung kann aber auch so erfolgen, daß beide Transistoren sperren (tri-state-mode).

Ansteuerung als Adreß-Bus

Bei jedem externen Speicherzugriff wird das Low Order Byte der Adresse über die Port-Leitungen ausgegeben. Mit CONTROL = 1 (wird automatisch vom Controller erzeugt) wird das Port-Latch vom Ausgang abgetrennt und das interne Adreß-Bit durchgeschaltet. Transistor V2 leitet, wenn das zugehörige Adreß-Bit 1 ist. Transistor V1 sperrt und der Port-Pin führt HIGH-Pegel.

Ist das entsprechende Adreß-Bit 0, sperrt Transistor V2, Transistor V1 leitet und der Port-Pin führt LOW-Pegel.

Bei jedem externen Speicherzugriff wird der Inhalt des Port-Latch auf 1 gesetzt, d.h. der vorherige Inhalt wird jedesmal überschrieben.

Ansteuerung als Daten-Bus

Nach Ausgabe der Adresse muß anschließend - abhängig vom jeweils ausgeführten Befehl - ein Daten-Byte eingelesen oder ausgegeben werden.

Die Daten-Byte-Ausgabe erfolgt ebenfalls über die internen Adreß/Daten-Leitungen. Mit CONTROL = 1 bleibt das Port-Latch vom Ausgang abgetrennt und das intern wirksame Daten-Bit (bzw. Daten-Byte) wird durchgeschaltet.

Wird als Daten-Bit eine 0 ausgegeben, leitet Transistor V1 und der Port-Pin führt LOW-Pegel. Ist das Daten-Bit = 1, sperrt Transistor V1, Transistor V2 leitet und der Port-Pin führt HIGH-Pegel.

Das Einlesen der auf dem Bus anstehenden Daten erfolgt mit CONTROL = 0 (wird automatisch vom Controller erzeugt). Jetzt sperren beide Transistoren (Transistor V2, weil CONTROL = 0; Transistor V1, weil bei Ausgabe der Adresse das Port-Latch auf 1 gesetzt wird, Q# = 0). Es wird der Pegel eingelesen, der über den Daten-Bus zur Verfügung gestellt wird.

Um die an Port 0 zu verschiedenen Zeiten verfügbaren Signale eindeutig als Adreß- bzw. als Daten-Signal zu unterscheiden, wird ein ALE-Signal (address latch enable) ausgegeben (siehe Timing externer Bus). Die fallende Flanke markiert den Zeitpunkt, zu dem das Low Order Byte der Adresse gültig ist.

Zusammenfassung:

Der Mikrocontroller 80(C)51/31 besitzt vier Ein/Ausgabe-Ports mit folgenden Eigenschaften:

❑ Port 0 und Port 2 werden als gemultiplexter Adreß/Daten-Bus genutzt.

❑ Port 1 und Port 3 können als frei verfügbare Ein/Ausgabe-Ports verwendet werden.

❑ Port 3 besitzt alternative Funktionen.

❑ Die einzelnen Port-Leitungen können unabhängig voneinander als Eingabe- oder als Ausgabe-Leitungen konfiguriert werden.

❑ Bei Verwendung als Eingabe-Leitung muß vorher per Software der Port-Pegel auf HIGH gesetzt werden.

❑ Standardmäßig (nach jedem RESET) führen alle Port-Pins HIGH-Signal.

❑ Die Port-Leitungen von Port 1 bis Port 3 können TTL-Eingänge direkt ansteuern. Als $I_{QH,max}$ dürfen maximal 80 µA, als $I_{QL,max}$ dürfen maximal 1,6 mA entnommen werden. Wird Port 0 nicht als Adreß/Daten-Bus genutzt, benötigen alle verwendeten Port-Leitungen externe Pull-up-Widerstände.

Read-Modify-Write-Eigenschaften

Einige Port-Lese-Befehle lesen den Inhalt des Port-Latch, andere Befehle hingegen lesen den Pegel am Port-Pin. Die Befehle, die den Inhalt des Port-Latch lesen, bezeichnet man als Read-Modify-Write-Befehle.

Die Read-Modify-Write-Befehle lesen den Inhalt des Port-Latch (Read), verändern unter Umständen (abhängig vom Befehl) den Inhalt (Modify) und schreiben den Inhalt wieder in das Port-Latch zurück (Write). Auf diese Weise lassen sich Fehlinterpretationen von Pin-Pegel vermeiden.

Beispiel 5.1-1:
Per Software wird HIGH-Pegel an eine Port-Leitung ausgegeben. Diese Port-Leitung steuert die Basis eines Transistors an. Durch die Belastung des Transistors geht die Spannung am Port-Pin auf ca. 0,6 V zurück. Wird nun der Pegel am Port-Pin eingelesen, würde der Mikrocontroller diese Spannung als LOW-Pegel interpretieren. Durch Auslesen des zugehörigen Port-Latchs wird dieser Fehler vermieden.

Alle Befehle, bei denen der Port bzw. eine Port-Leitung den Ziel-Operanden darstellt, lesen das Port-Latch aus und nicht den Port-Pin. Am folgenden Beispiel wird der Unterschied deutlich:

Beispiel 5.1-2:
Der Befehl ANL P3,A liest den Wert aus dem Port-Latch, führt die UND-Verknüpfung mit dem Inhalt des Akkus aus und schreibt das Ergebnis zurück in das Latch. Die Zustände am Port-Pin werden nicht berücksichtigt.

Der Befehl ANL A,P3 liest den Wert von den Port-Pins und führt eine UND-Verknüpfung mit dem Inhalt des Akkus aus und schreibt das Ergebnis in den Akku. Damit der Port-Pin überhaupt eingelesen werden kann, muß vorher das Port-Latch auf 1 gesetzt sein.

Folgende Befehle nutzen die read-modify-write-Eigenschaften, d.h., bei Ausführung durch den Mikrocontroller wird das Signal *Lese Latch* aktiviert.

Befehl	Beispiel
ANL	ANL P1,A
ORL	ORL P2, A
XRL	XRL P3,A
JBC	JBC P2.1, MARKE
CPL	CPL P1.4
INC	INC P1
DEC	DEC P1
DJNZ	DJNZ P2, MARKE
MOV Px.y,C	MOV P3.4,C
CLR Px.y	CLR P3.5
SETB Px.y	SETB P3.6

Die letzten drei Befehle besitzen ebenfalls read-modify-write-Eigenschaften. Sie lesen das vollständige Port-Byte (Latch) ein, ändern das adressierte Bit und schreiben das komplette Byte wieder zurück in das Port-Latch.

Zeitverhalten der Ports

Wird ein Befehl ausgeführt, der den Wert des Port-Latchs verändert, dann wird der neue (veränderte) Wert in das Port-Latch übernommen zum Zeitpunkt S6P2 im letzten Maschinen-Zyklus des Befehls. Der Zustand des Port-Latch wird jedoch immer nur zum Zeitpunkt S1P1 abgefragt, so daß erst zu diesem Zeitpunkt das veränderte Signal (nächstes Datum) am entsprechenden Port-Pin wirksam wird.

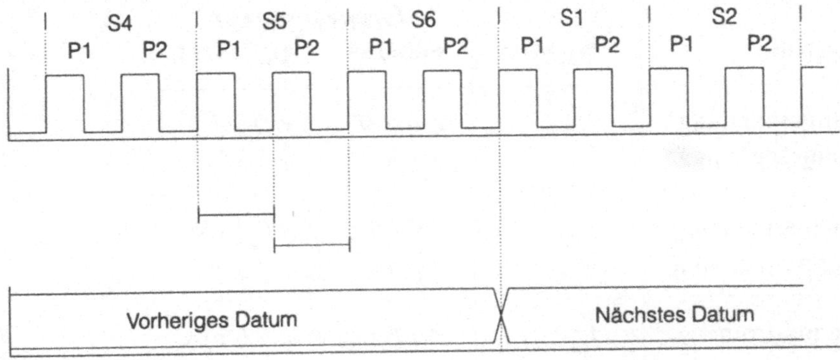

Bild 5.1-12: Zeitverhalten des Ports

Wird ein Befehl ausgeführt, der den Pegel am Port-Pin einliest (z.B. MOV A,P1), wird zum Zeitpunkt S5P1 oder S5P2 (abhängig von den einzelnen Befehlen) der Port-Pin abgefragt. Die zu diesem Zeitpunkt anliegende Spannung wird gemäß TTL-Pegel als LOW oder HIGH interpretiert und weiterverarbeitet. Dieses zeitlich begrenzte Einlesen der Port-Pegel ist typisch für alle Lese-Befehle.

Auf diese Weise "erkennt" der Mikrocontroller am Port-Eingang wirksame Flanken. Zum Zeitpunkt S5P1 bzw. S5P2 wird das anliegende Signal abgetastet. Ist der eingelesene Wert HIGH und beim nächsten Einlesen LOW, interpretiert der Mikrocontroller dies als negative Flanke. In gleicher Weise werden positive Flanken erkannt. Dabei wird deutlich, daß ein sicheres Erkennen dieser Flanken nur dann gewährleistet ist, wenn der entsprechende HIGH- und LOW-Pegel mindestens die Dauer eines vollständigen Maschinen-Zyklusses besitzt.

Bei einer Oszillatorfrequenz von 12 MHz ergibt sich als maximal erlaubte externe Frequenz 500 kHz ($f_{osc}/24$).

Elektrische Eigenschaften der Ports

Die elektrischen Eigenschaften der Port-Leitungen sind abhängig von der technischen Realisierung als NMOS- (8051/31) oder als CMOS-Typ (80C51/31). Die folgenden Grenzwerte gelten für die Ports 1 bis 3 bei einer Spannungsversorgung von 5 V.

Kenngröße	Symbol	Grenzwerte für	
		8051/31	80C51/31
Eingangsspannung	V_{IL}	< 0,8 V	< 0,9V
Eingangsspannung	V_{IH}	> 2 V	> 1,9 V
Ausgangsspannung	V_{OL}	< 0,45 V	< 0,45 V
Ausgangsspannung	V_{OH}	> 2,4 V	> 2,4 V
Ausgangsstrom	I_{OL}	< 1,6 mA	< 1,6 mA
Ausgangsstrom	I_{OH}	< - 80 µA	< - 80 µA

Port 0 besitzt davon abweichende elektrische Daten:

Kenngröße	Symbol	Grenzwerte für	
		8051/31	80C51/31
Ausgangsstrom	I_{OL}	< 3,2 mA	< 3,2 mA
Ausgangsstrom	I_{OH}	< - 400 µA	< - 800 µA

5.2 Interne I/O-Ports 80(C)515/535

Der Mikrocontroller 80(C)515/535 besitzt 48 digitale Ein-/Ausgabe-Leitungen, die in sechs bidirektionale 8-Bit-Ports zusammengefaßt sind (Port 0 bis Port 5). Für jede Port-Leitung existiert ein Port-Latch, ein Ausgangstreiber und ein Eingangs-Buffer.

Jede dieser 48 Port-Leitungen kann beliebig als Eingabe- oder als Ausgabe-Leitung verwendet werden (bidirektional). Die entsprechenden Schreib- und Lesevorgänge werden mit Hilfe der Special Function Register P0, P1, P2, P3, P4 und P5 durchgeführt.

Port	Special Function Register
P0	80H
P1	90H
P2	A0H
P3	B0H
P4	E8H
P5	F8H
P6	DBH

Bild 5.2-1: Port-Adressen

Port 0, Port 2 und Port 3 sind völlig kompatibel in ihrem Aufbau und in ihrer Funktion zu den in Kap. 5.1 beschriebenen Eigenschaften. Port 1 besitzt alternative Funktionen, die anschließend beschrieben werden. Die Ports 4 und 5 stehen als zusätzliche Ein-/Ausgabe-Ports zur Verfügung. Sie entsprechen im internen Aufbau den Ports 1 und 3.

Neben diesen sechs digitalen Ein-/Ausgabe-Ports besitzt der Mikrocontroller 80(C)515/535 einen weiteren analogen Eingabe-Port 6. Die Eigenschaften dieses Ports sind in der MYMOS-Ausführung (80515/535) unterschiedlich gegenüber der ACMOS-Ausführung (80C515/535).

Alternative Funktionen von Port 1

Die Port-Pins von Port 1 besitzen beim 80(C)515/535 alternative Funktionen. Diese Funktionen lassen sich nur aktivieren, wenn in das entsprechende Port-Latch per Software eine 1 gesetzt wurde.

Alternative Funktion von Port 1

Port-Pin	Bezeichnung	Alternative Funktion
P1.0	INT3#,CC0	Externer Interrupt 3 Eingang Compare Mode Ausgang von Register CRC Capture Mode Eingang von Register CRC
P1.1	INT4,CC1	Externer Interrupt 4 Eingang Compare Mode Ausgang von Register CC1 Capture Mode Eingang von Register CC1
P1.2	INT5,CC2	Externer Interrupt 5 Eingang Compare Mode Ausgang von Register CC2 Capture Mode Eingang von Register CC2
P1.3	INT6,CC3	Externer Interrupt 4 Eingang Compare Mode Ausgang von Register CC3 Capture Mode Eingang von Register CC3
P1.4	INT2#	Externer Interrupt 2 Eingang
P1.5	T2EX	Externer Reload-Eingang von Timer Nr. 2
P1.6	CLKOUT	System-Takt Ausgang
P1.7	T2	Externer Freigabe-Eingang von Timer Nr. 2 Externer Takt-Eingang von Timer Nr. 2

Analoger Eingabe-Port 6

Die analogen Eingabe-Leitungen AN0 bis AN7 können in der MYMOS-Version (80515/535) nur als Analog-Eingänge benutzt werden.

In der ACMOS-Version (80C515/535) hingegen können diese Leitungen auch als zusätzlicher digitaler Eingabe-Port verwendet werden. Dieser Eingabe-Port besitzt kein internes Latch, so daß der Inhalt des Special Function Registers P6 von den anstehenden Pegeln - entsprechend den logischen TTL-Pegeln (U_{IL} bzw. U_{IH}) - abhängig ist. Das Special Function Register P6 ist nicht bitadressierbar.

Port 6 arbeitet grundsätzlich nur als Eingabe-Port; entsprechende Ausgabe-Befehle bleiben wirkungslos.

Bei Verwendung als analoger Eingabe-Port erfolgt die Ansteuerung der einzelnen Port-Leitungen durch den internen A/D-Wandler bzw. durch den vorgeschalteten Multiplexer. Auf diese Weise entsteht ein A/D-Wandler mit acht gemultiplexten Analog-Eingängen. Um eine hohe Qualität der A/D-Wandlung zu gewährleisten, sollten die benachbarten Port-Leitungen während der A/D-Wandlung konstante Pegel haben.

Genauere Beschreibungen zum Port-Verhalten finden sich im Kap. 8.1.

Zusammenfassung:

Der Mikrocontroller 80(C)515/535 besitzt sechs digitale Ein/Ausgabe-Ports mit folgenden Eigenschaften:

❐　　　Port 0 und Port 2 werden als gemultiplexter Adreß/Daten-Bus genutzt.

❐　　　Port 1, 3, 4 und 5 können als frei verfügbare Ein/Ausgabe-Ports verwendet werden.

❐　　　Port 1 und Port 3 besitzen alternative Funktionen.

❐　　　Die einzelnen Port-Leitungen können unabhängig voneinander als Eingabe- oder als Ausgabe-Leitungen konfiguriert werden.

❏   Bei Verwendung als Eingabe-Leitung muß vorher per Software das Port-Latch auf 1 gesetzt werden.

❏   Standardmäßig (nach jedem RESET) führen alle Port-Pins HIGH-Signal.

❏   Die Port-Leitungen von Port 1 bis Port 5 können TTL-Eingänge direkt ansteuern. Als $I_{QH,max}$ dürfen maximal 80 µA, als $I_{QL,max}$ dürfen maximal 1,6 mA entnommen werden. Wird Port 0 nicht als Adreß/Daten-Bus genutzt, benötigen alle verwendeten Port-Leitungen externe Pull-up-Widerstände.

Der Mikrocontroller 80(C)515/535 besitzt einen analogen Eingabe-Port P6, der

❏   bei der MYMOS-Version (80515/535) nur als Analog-Eingang verwendet werden kann,

❏   bei der ACMOS-Version (80C515/535) auch als Digital-Eingang verwendet werden kann.

5.3 Interne I/O-Ports 80C517/537

Der Mikrocontroller 80C517/537 besitzt 56 digitale Ein-/Ausgabe-Leitungen, die in sieben bidirektionale 8-Bit-Ports zusammengefaßt sind (Port 0 bis Port 6). Für jede Port-Leitung existiert ein Port-Latch, ein Ausgangstreiber und ein Eingangs-Buffer.

Jede dieser 56 Port-Leitungen kann beliebig als Eingabe- oder als Ausgabe-Leitung verwendet werden (bidirektional). Die entsprechenden Schreib- und Lesevorgänge werden mit Hilfe der Special Function Register P0, P1, P2, P3, P4, P5 und P6 durchgeführt.

Port	Special Function Register
P0	80H
P1	90H
P2	A0H
P3	B0H
P4	E8H
P5	F8H
P6	FAH
P7	DBH
P8	DDH

Bild 5.3-1: Port-Adressen

Port 0, Port 2 und Port 3 sind völlig kompatibel in ihrem Aufbau und in ihrer Funktion zu den in Kap. 5.1 beschriebenen Eigenschaften. Der Port P6 steht als zusätzlicher Ein-/Ausgabe-Port zur Verfügung. Er entspricht im internen Aufbau den Ports 1 bis 5. Die Funktion von Port 6 ist also nicht kompatibel zum 80(C)515/535. Das zugehörige Special Function Register hat jedoch eine andere Adresse, so daß programmtechnische Inkompatibilitäten nicht auftreten. Port 1, Port 4, Port 5 und Port 6 haben zusätzliche alternative Funktionen (gegenüber dem 80(C)51/31), die nachfolgend beschrieben werden.

Neben diesen sieben digitalen Ein-/Ausgabe-Ports besitzt der Mikrocontroller 80C517/537 zwei weitere analoge Eingabe-Ports 7 und 8.

Alternative Funktionen von Port 1

Die Port-Pins von Port 1 besitzen beim 80C517/537 alternative Funktionen. Diese Funktionen lassen sich nur aktivieren, wenn in das entsprechende Port-Latch per Software eine 1 gesetzt wurde.

Zusätzlich zu den in Kap. 5.2 beschriebenen alternativen Funktionen (P1.0 bis P1.7) bekommt Port-Pin P1.4 eine weitere alternative Funktion:

Port-Pin	Bezeichnung	Alternative Funktion
P1.4	INT2#, CC4	Externer Interrupt 2 Eingang Compare Mode Ausgang von Register CC4 Capture Mode Eingang von Register CC4

Alternative Funktionen von Port 4

Die Port-Pins von Port 4 besitzen beim 80C517/537 alternative Funktionen. Diese Funktionen lassen sich nur aktivieren, wenn in das entsprechende Port-Latch per Software eine 1 gesetzt wurde.

Alternative Funktion von Port 4

Port-Pin	Bezeichnung	Alternative Funktion
P4.0	CM0	Compare-Ausgang von CM0
P4.1	CM1	Compare-Ausgang von CM1
P4.2	CM2	Compare-Ausgang von CM2
P4.3	CM3	Compare-Ausgang von CM3
P4.4	CM4	Compare-Ausgang von CM4
P4.5	CM5	Compare-Ausgang von CM5
P4.6	CM6	Compare-Ausgang von CM6
P4.7	CM7	Compare-Ausgang von CM7

Alternative Funktionen von Port 5

Die Port-Pins von Port 5 besitzen beim 80C517/537 alternative Funktionen. Diese Funktionen lassen sich nur aktivieren, wenn in das entsprechende Port-Latch per Software eine 1 gesetzt wurde.

Alternative Funktion von Port 5

Port-Pin	Bezeichnung	Alternative Funktion
P5.0	CCM0	Concurrent Compare 0
P5.1	CCM1	Concurrent Compare 0
P5.2	CCM2	Concurrent Compare 0
P5.3	CCM3	Concurrent Compare 0
P5.4	CCM4	Concurrent Compare 0
P5.5	CCM5	Concurrent Compare 0
P5.6	CCM6	Concurrent Compare 0
P5.7	CCM7	Concurrent Compare 0

Alternative Funktionen von Port 6

Drei Port-Pins von Port 6 besitzen beim 80C517/537 alternative Funktionen. Diese Funktionen lassen sich nur aktivieren, wenn in das entsprechende Port-Latch per Software eine 1 gesetzt wurde

Alternative Funktion von Port 6

Port-Pin	Bezeichnung	Alternative Funktion
P6.0	ADST#	Externer Start-Eingang für den A/D-Wandler
P6.1	RxD1	Serieller Eingang von Kanal 1
P6.2	TxD1	Serieller Ausgang von Kanal 1

Schematischer Aufbau von Port 7 und Port 8

Port 7 und Port 8 stehen nur als Eingabe-Port zur Verfügung und können als digitale oder als analoge Eingänge verwendet werden. Port 7 ist ein 8-Bit-Digital/Analog-Eingang, Port 8 ist ein 4-Bit-Digital/Analog-Eingang. Bei beiden Ports bleiben entsprechende Ausgabe-Befehle wirkungslos.

Die Eingabe-Ports besitzen kein internes Port-Latch, so daß der Inhalt der zugehörigen Special Function Register P7 und P8 von den anstehenden Pegeln abhängig ist (entsprechend den logischen TTL-Pegeln U_{IL} bzw. U_{IH}). Die Special Function Register P7 und P8 sind nicht bitadressierbar und alle Eingänge werden zur gleichen Zeit eingelesen. Das Special Function Register P7 besitzt die gleiche Adresse wie das Special Function Register P6 des Bausteins 80C515/535. Auf diese Weise können Programme, die ursprünglich für den 80C515/535 geschrieben wurden, ohne Änderung übernommen werden.

Bei Verwendung als analoger Eingabe-Port erfolgt die Ansteuerung der einzelnen Port-Leitungen durch den internen A/D-Wandler bzw. durch den vorgeschalteten Multiplexer. Auf diese Weise entsteht ein A/D-Wandler mit 12 gemultiplexten Analog-Eingängen. Um eine hohe Qualität der A/D-Wandlung zu gewährleisten, sollten die benachbarten Port-Leitungen während der A/D-Wandlung konstante Pegel haben.

Genauere Beschreibungen zum Port-Verhalten bzw. zur A/D-Wandlung finden sich im Kap. 8 (Interne A/D-Wandler-Schaltungen).

Zusammenfassung:

Der Mikrocontroller 80(C)517/537 besitzt sieben digitale Ein/Ausgabe-Ports, von denen

☐ Port 0 und Port 2 als gemultiplexter Adreß/Daten-Bus genutzt werden,

☐ Port 1, 3, 4, 5 und 6 als frei verfügbare Ein/Ausgabe-Ports verwendet werden.

☐ Port 1, 3, 4, 5 und 6 besitzen alternative Funktionen.

☐ Die einzelnen Port-Leitungen können unabhängig voneinander als Eingabe- oder als Ausgabe-Leitungen konfiguriert werden.

❏	Bei Verwendung als Eingabe-Leitung muß vorher per Software der Port-Pegel auf HIGH gesetzt werden.

❏	Standardmäßig (nach jedem RESET) führen alle Port-Pins HIGH-Signal.

❏	Die Port-Leitungen von Port 1 bis Port 6 können TTL-Eingänge direkt ansteuern. Als $I_{QH,max}$ dürfen maximal 80 µA, als $I_{QL,max}$ dürfen maximal 1,6 mA entnommen werden. Wird Port 0 nicht als Adreß/Daten-Bus genutzt, benötigen alle verwendeten Port-Leitungen externe Pull-up-Widerstände.

Der Mikrocontroller 80C517/537 besitzt zwei analoge Eingabe-Ports P7 und P8:

❏	Port 7 ist ein 8-Bit-Analog/Digital-Eingang

❏	Port 8 ist ein 4-Bit-Analog/Digital-Eingang

❏	Beide Ports können gleichzeitig als analoger und digitaler Eingabe-Port verwendet werden.

❏	Bei gemischter Verwendung, d.h., bei analoger und digitaler Eingabe, muß darauf geachtet werden, daß während der internen Umwandlung des anliegenden Analogwertes die benachbarten Digital-Eingänge ihren Zustand nicht verändern.

6 Interne Timer/Counter-Funktionen

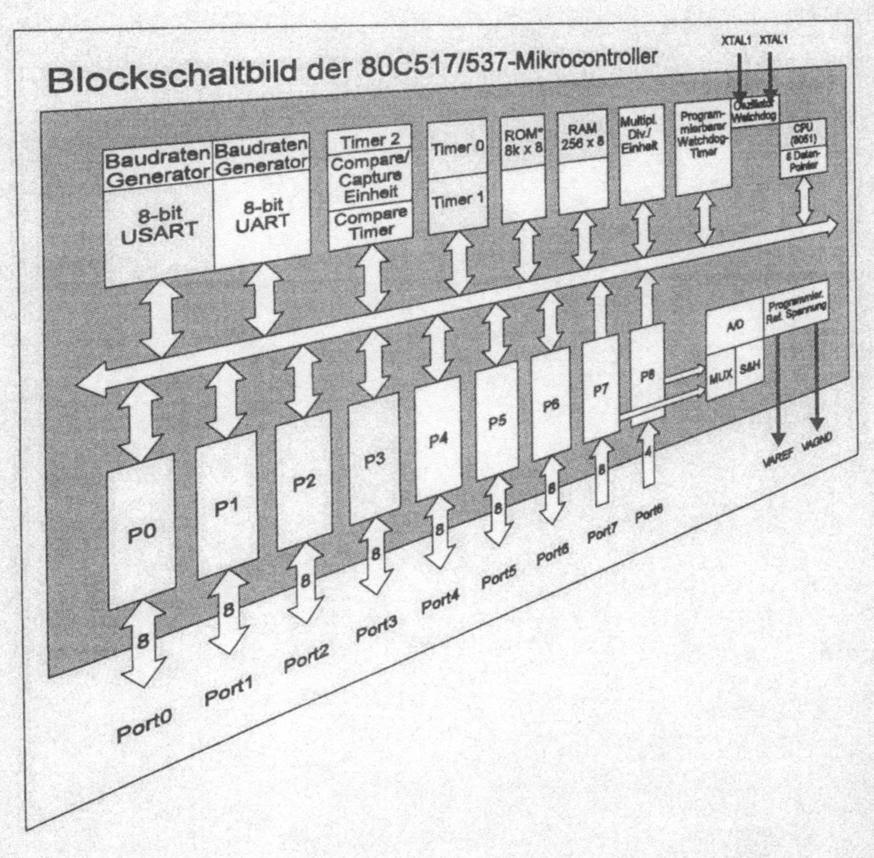

6.1 Timer/Counter-Funktionen 80(C)51/31

Die für die Regelung und Steuerung technischer Prozesse benötigten Zeitsignale lassen sich durch unterschiedliche Techniken erzeugen:

- durch entsprechende Zeitschleifen (Programmlaufzeiten),

- durch softwaremäßig gesteuerte externe Hardwareschaltungen (z.B. Timer Baustein 82C53, 82C54 o.a.),

- durch softwaremäßig gesteuerte interne Hardwareschaltungen.

Im folgenden Kapitel werden die internen Hardwareschaltungen sowie die notwendige Programmierung ausführlich beschrieben.

In den Datenblättern werden die internen Funktionen unterteilt in Timer- und Counter-Funktionen. Bei der Timer-Funktion wird das entsprechende Zählregister vom intern wirksamen Zähltakt kontinuierlich hochgezählt. Bei der Counter-Funktion wird ein externes Signal benutzt, um das Zählregister hochzuzählen. Dabei ist ein periodisches externes Signal (externe Taktfrequenz) genau so möglich wie ein in unregelmäßigen Abständen wirksames Signal (Ereignis-Zählung).

Die in den verschiedenen Mikrocontroller-Typen vorhandenen Hardwareschaltungen sind aufwärtskompatibel, d.h., Möglichkeiten des 80(C)51/31 stehen im vollen Umfang auch beim 80(C)515/535 und beim 80(C)517/537 zur Verfügung. Aus diesem Grunde werden in den folgenden Beschreibungen bei den aufwärtskompatiblen Mikrocontrollern lediglich die zusätzlichen Eigenschaften beschrieben.

Zur Steuerung der einzelnen Timer/Counter-Funktionen sind auch Kenntnisse der Interrupt-Technik notwendig. Die erforderlichen Special Function Register und deren Funktionsbeschreibung sind am Ende des jeweiligen Kapitels angefügt.

Im folgenden werden die im Controller-Baustein 80(C)51/31 vorhandenen internen Hardwareschaltungen (Timer/Counter) ausführlich beschrieben.

Der 80(C)51/31-Controller besitzt zwei intern realisierte, identisch aufgebaute 16-Bit-Zählregister, die aus jeweils zwei 8-Bit-Registern zusammengesetzt sind (Timer Nr. 0 und Timer Nr. 1). Diese beiden Zählregister können - unabhängig voneinander - entweder durch einen internen Takt (Timer-Funktion) oder durch ein externes Signal (Counter-Funktion) in vier verschiedenen Betriebsarten programmiert werden.

Prinzipiell wird in allen Betriebsarten das Zählregister softwaremäßig auf einen Anfangswert gesetzt, der anschließend mit dem internen oder externen Takt inkrementiert wird. Beim Überschreiten des Maximalwertes (Overflow von FFFFH nach 0000H) wird ein Signal erzeugt (timer overflow), mit dem ein Interrupt ausgelöst werden kann (Interrupt-Anforderung = interrupt request).

Beeinflussung der internen Zählfunktion

Unabhängig von der festgelegten Betriebsart ist dem entsprechenden Zählregister eine Logik vorgeschaltet, mit der die interne Zählfunktion beeinflußt werden kann.

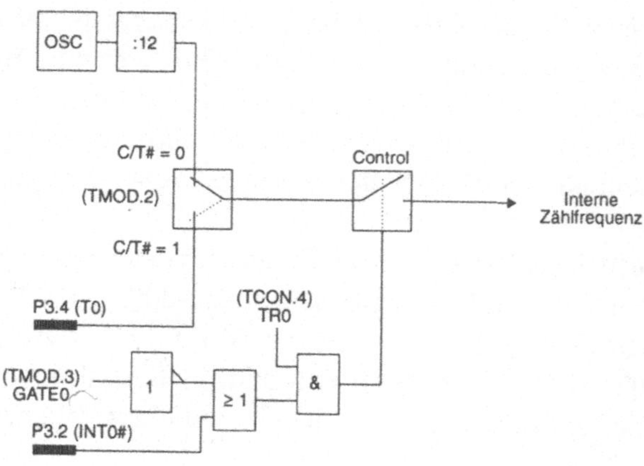

Bild 6.1-1: Beeinflussung der internen Zählfunktion

Die Programmierung der internen Zählfunktionen bietet folgende Möglichkeiten:

☐   Intern gesteuerter Zeitgeber   (timer mode)
☐   Extern freigegebener Zeitgeber   (gated timer)
☐   Extern getakteter Zähler   (event counter)
☐   Extern getakteter, extern freigegebener Zähler   (gated event counter)

Die interne Zählfrequenz wird durch das Special Function Register TMOD (TMOD.2) beeinflußt. Bei TMOD.2 = 0 wird die Zählfrequenz aus der internen Oszillatorfrequenz abgeleitet, bei TMOD.2 = 1 muß ein externes Signal an P3.4 angeschlossen werden. In beiden Fällen wird die Freigabe für das Zählregister durch die Kontroll-Bits TCON.4 (TR0) und TMOD.3 (GATE0) sowie durch das externe Signal an P3.2 ermöglicht.

Intern gesteuerter Zeitgeber (timer mode)

Der Timer wird durch jeden Maschinen-Zyklus (machine cycle) inkrementiert. Da jeder Maschinen-Zyklus 12 Takt-Zyklen dauert, beträgt die interne Taktrate für den Timer $f_{osc}/12$.

Erforderlicher Zustand der Kontroll-Bits:
TMOD.2 = 0   TMOD.3 = 0   TCON.4 = 1

Extern freigegebener Zeitgeber (gated timer)

In dieser Funktion arbeitet der externe Eingang P3.2 als Freigabe-Eingang für den internen Zähltakt. Programmiert man TMOD.3 = 1, wird das Zählregister nur bei HIGH-Pegel an P3.2 inkrementiert. Die Zählfrequenz wird von der internen Oszillatorfrequenz abgeleitet, d.h., die interne Taktrate beträgt $f_{osc}/12$.

Erforderlicher Zustand der Kontroll-Bits:
TMOD.2 = 0   TMOD.3 = 1   TCON.4 = 1   P3.2 = HIGH

Diese Funktion eignet sich zur Messung von Impulsbreiten externer Signale. Schließt man das zu messende Signal an P3.2, wird für die Dauer des HIGH-Pegels das Zählregister hochgezählt.

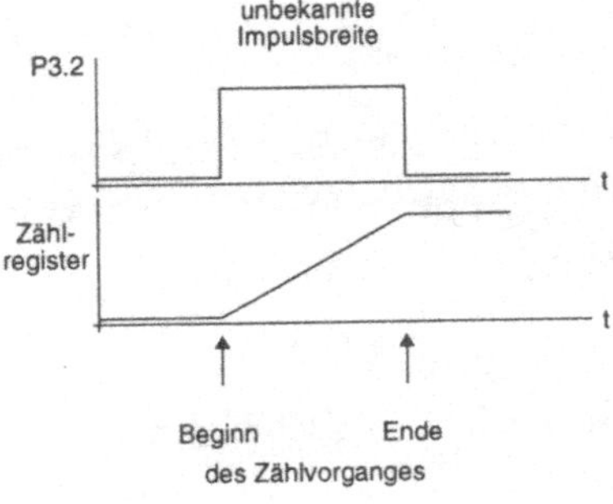

Bild 6.1-2: Messung einer Impulsbreite

Am Ende der Messung steht im Zählregister die Anzahl der Maschinen-Zyklen. Löst man mit der negativen Flanke des externen Signals einen Interrupt aus, kann die zugehörige Interrupt-Service-Routine den aktuellen Zählerstand auslesen und das Zählregister für den nächsten Meßzyklus vorbereiten (Zählerstand wieder auf 0000H setzen). Die Dauer der Impulsbreite läßt sich bei einer Taktfrequenz von 12 MHz (interne Zählfrequenz = $f_{osc}/12$) mit einer Genauigkeit von 1µs bestimmen.

Extern getakteter Zähler (event counter)

Das Zählregister wird durch eine negative Flanke an P3.4 inkrementiert. Das am Port-Eingang anliegende Signal wird zum Zeitpunkt S5P2 des Maschinen-Zyklusses abgetastet. Ist der eingelesene Wert HIGH und während der nächsten Phase LOW, wird der aktuelle Zählerstand inkrementiert. Der neue Zählerstand wird zum Zeitpunkt S3P1 des folgenden Maschinen-Zyklusses gesetzt.

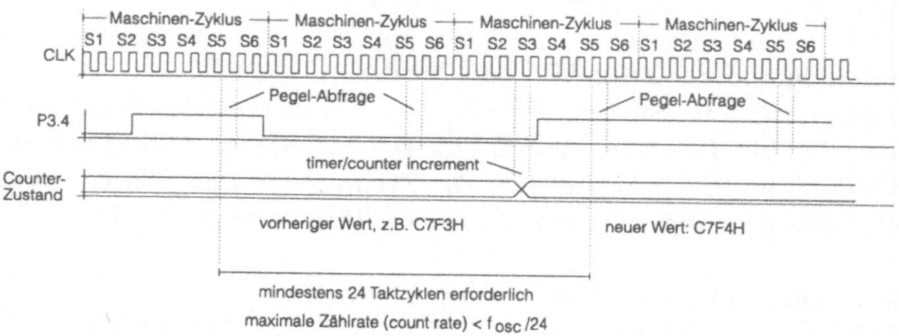

Bild 6.1-3: Negative Flankenerkennung des externen Counter-Eingangs

Damit die negative Flanke am Eingang sicher erkannt werden kann, muß sowohl der HIGH- als auch der LOW-Pegel die Länge von mindestens einem Maschinen-Zyklus besitzen.

Für das sichere Erkennen einer negativen Flanke werden somit mindestens zwei Maschinen-Zyklen benötigt, das bedeutet, die maximale Zählrate (count rate) ist auf maximal $f_{osc}/24$ begrenzt.

Erforderlicher Zustand der Kontroll-Bits:
TMOD.2 = 1   TMOD.3 = 0   TCON.4 = 1

Extern getakteter, extern freigegebener Zähler (gated event counter)
Durch Setzen des Kontroll-Bits TMOD.3 = 1 wird das Zählregister nur dann durch
den externen Takt inkrementiert, wenn der Freigabe-Eingang P3.2 HIGH-Signal
führt.

Erforderlicher Zustand der Kontroll-Bits:
TMOD.2 = 1   TMOD.3 = 1   TCON.4 = 1   P3.2 = HIGH

Betriebsarten

Die im Mikrocontroller 80(C)51/31 vorhandenen Timer können in vier unterschiedlichen Betriebsarten betrieben werden. Durch entsprechende Kontroll-Bits
im Special Function Register TMOD lassen sich folgende Modi unterscheiden:

- Betriebsart 0:   13-Bit-Timer/Counter
- Betriebsart 1:   16-Bit-Timer/Counter
- Betriebsart 2:   8-Bit-Timer/Counter mit Auto-Reload-Funktion
- Betriebsart 3:   Zwei 8-Bit-Timer

Die folgenden Beschreibungen beziehen sich auf Timer Nr. 0, gelten aber in
gleicher Weise auch für Timer Nr. 1.

Betriebsart 0 (Mode 0): 13-Bit-Timer/Counter

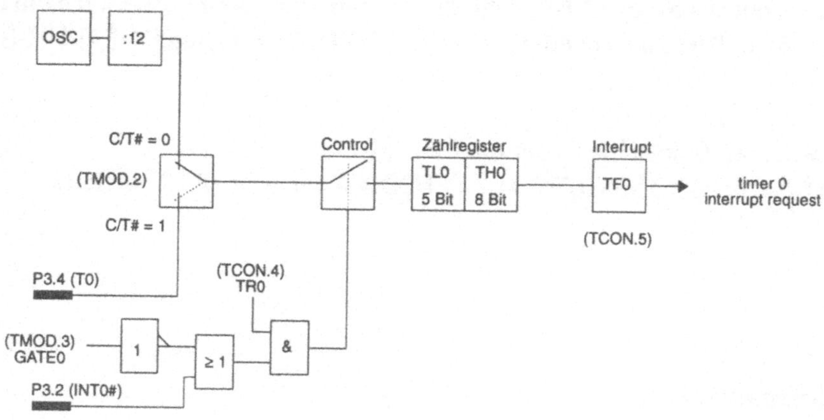

Bild 6.1-4: Timer/Counter 0, Mode 0: 13-Bit-Timer/Counter

In dieser Betriebsart ist das Zählregister als 13-Bit-Register konfiguriert. Wegen der gewünschten Kompatibilität zum Mikrocontroller 8048 wird das Register TH0 als 8-Bit-Zählregister verwendet, dem das Register TL0 als 5-Bit-Vorteiler vorgeschaltet ist. Die oberen drei Bits des Registers TL0 bleiben unberücksichtigt.

Interrupt-Anforderung

Bei jedem Überlauf wird das Kontroll-Bit TF0 (TCON.5) gesetzt, das eine Interrupt-Anforderung (timer 0 interrupt request) auslöst. Dieses Flag wird bei der Ausführung des Interrupts automatisch (durch die interne Hardware) zurückgesetzt.

Der Interrupt wird ausgeführt, wenn das Kontroll-Bit ET0 (IEN0.1) = 1 gesetzt und die Interrupt-Logik generell freigeschaltet ist (EA = 1).

Nach dem Überlauf wird das 13-Bit-Register von 0000H ausgehend weiter inkrementiert bis zum nächsten Überlauf (1FFFH).

Wird der Interrupt nicht ausgeführt (weil der Interrupt nicht freigegeben oder ein Interrupt gleicher oder höherer Priorität aktiv war), wird das timer overflow flag TF0 nicht automatisch zurückgesetzt. Bei Anwendungen, in denen kein Interrupt eingesetzt wird, muß das Rücksetzen des Kontroll-Bit TF0 (TCON.5) dann softwaremäßig erfolgen.

Betriebsart 1 (Mode 1): 16-Bit-Timer/Counter

Die Betriebsart 1 arbeitet in gleicher Weise wie die Betriebsart 0; der einzige Unterschied besteht darin, daß die beiden Zählregister TH0 (8 Bit) und TL0 (8 Bit) als 16-Bit-Register konfiguriert sind.

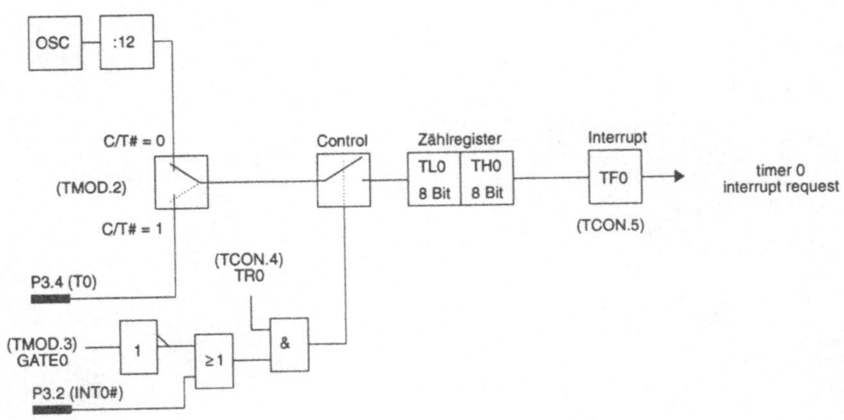

Bild 6.1-5: Timer/Counter 0, Mode 1: 16-Bit-Timer/Counter

Hinweis: Beim Laden eines 16stelligen Zähleranfangswertes ist darauf zu achten, daß der Timer praktisch aus einem 8-Bit-Zähler (TH0) mit vorgeschaltetem 8-Bit-Vorteiler (TL0) besteht. Bei einem erforderlichen Zähleranfangswert von z.B. FA24H bedeutet dies, daß das Low Order Byte des Zähleranfangswertes nach TH0, das Low Order Byte nach TL0 geladen werden muß.

Zähleranfangswert: FA24H

➡   TH0 = 24H, TL0 = FAH

Betriebsart 2 (Mode 2): 8-Bit-Timer/Counter mit Auto-Reload

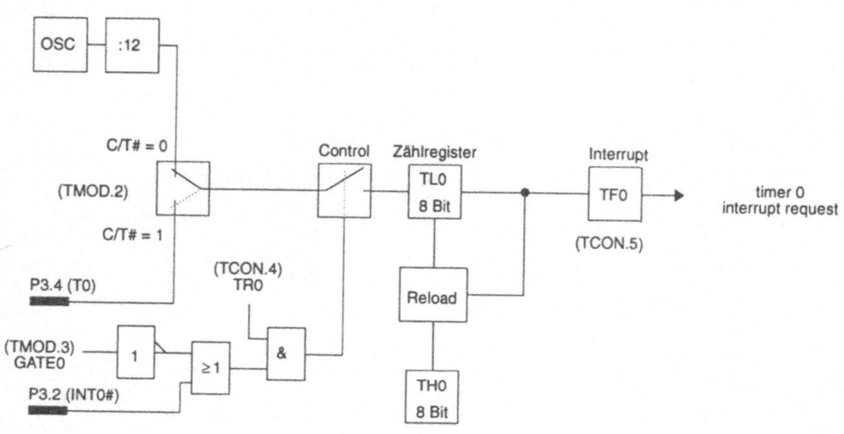

Bild 6.1-6: Timer/Counter 0, Mode 2: 8-Bit-Timer/Counter mit Auto-Reload-Funktion

In dieser Betriebsart besteht das Zählregister aus dem 8-Bit-Register TL0, dessen Inhalt den Zähleranfangswert beinhaltet. Mit jedem Maschinen-Zyklus wird dieser Wert inkrementiert bis zum Zählerüberlauf.

Nach dem Überlauf wird das 8-Bit-Register TL0 automatisch mit dem Inhalt des 8-Bit-Registers TH0 als neuer Anfangswert geladen. Der Inhalt von TH0 wird nicht verändert. Die unterschiedlichen Ansteuerungsmöglichkeiten des Zählregisters wurden weiter vorne beschrieben.

Interrupt-Anforderung

Bei jedem Überlauf wird ein Kontroll-Bit gesetzt (timer overflow flag = TF0), das eine Interrupt-Anforderung (timer 0 interrupt request) auslöst. Das Flag TF0 (TCON.5) wird bei der Ausführung des Interrupts automatisch (durch die interne Hardware) zurückgesetzt.

Der Interrupt wird ausgeführt, wenn das Kontroll-Bit ET0 (IEN0.1) = 1 gesetzt und die Interrupt-Logik generell freigeschaltet ist (EA = 1).

Wird der Interrupt nicht ausgeführt (weil der Interrupt nicht freigegeben oder ein Interrupt gleicher oder höherer Priorität aktiv war), wird das timer overflow flag TF0 nicht automatisch zurückgesetzt. Bei Anwendungen, in denen kein Interrupt eingesetzt wird, muß das Rücksetzen des Kontroll-Bit TF0 (TCON.5) dann softwaremäßig erfolgen.

Betriebsart 3 (Mode 3): Zwei 8-Bit-Timer/Counter

In dieser Betriebsart wird Timer Nr. 0 in zwei unabhängige 8-Bit-Timer aufgeteilt

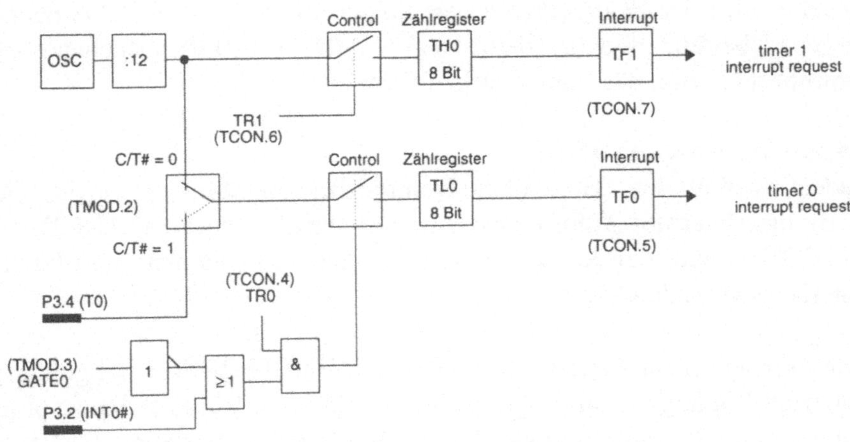

Bild 6.1-7: Timer/Counter 0, Mode 3: Zwei 8-Bit-Timer/Counter

Ansteuerung von TL0
Der interne Zähltakt von Zählregister TL0 kann - wie in den Betriebsarten vorher beschrieben - gezielt beeinflußt werden. Mit jedem Maschinen-Zyklus bzw. mit jedem externen Signal wird der Zähleranfangswert inkrementiert bis zum Zähler-überlauf. Nach dem Überlauf wird das 8-Bit-Register TL0 von 00H ausgehend weiter inkrementiert bis zum nächsten Überlauf (FFH).

Interrupt-Anforderung TF0
Bei jedem Überlauf wird ein Kontroll-Bit gesetzt (timer overflow flag = TF0), das eine Interrupt-Anforderung (timer 0 interrupt request) auslöst. Das Flag TF0 (TCON.5) wird bei der Ausführung des Interrupts automatisch (durch die interne Hardware) zurückgesetzt.

Der Interrupt wird ausgeführt, wenn das Kontroll-Bit ET0 (IEN0.1) = 1 gesetzt und die Interrupt-Logik generell freigeschaltet ist (EA = 1). Wird der Interrupt nicht ausgeführt (weil der Interrupt nicht freigegeben oder ein Interrupt gleicher oder höherer Priorität aktiv war), wird das timer overflow flag TF0 nicht automatisch zurückgesetzt. Bei Anwendungen, in denen kein Interrupt eingesetzt wird, muß das Rücksetzen des Kontroll-Bit TF0 (TCON.5) dann softwaremäßig erfolgen.

Ansteuerung von TH0

Das 8-Bit-Register TH0 arbeitet nur als intern getakteter Zeitgeber (timer mode, f_{osc}/ 12) und wird durch das Kontroll-Bit TCON.6 (TR1) gestartet. Mit jedem Maschinen-Zyklus wird der Zähleranfangswert inkrementiert bis zum Zählerüberlauf. Nach dem Überlauf wird das 8-Bit-Register TH0 von 00H ausgehend weiter inkrementiert bis zum nächsten Überlauf (FFH).

Interrupt-Anforderung TF1

Bei jedem Überlauf von TH0 wird ein Kontroll-Bit gesetzt (timer overflow flag = TF1), das eine Interrupt-Anforderung (timer 1 interrupt request) auslöst. Das Flag TF1 (TCON.7) wird bei der Ausführung des Interrupts automatisch (durch die interne Hardware) zurückgesetzt.

Der Interrupt wird ausgeführt, wenn das Kontroll-Bit ET1 (IEN0.3) = 1 gesetzt und die Interrupt-Logik generell freigeschaltet ist (EA = 1). Wird der Interrupt nicht ausgeführt (weil der Interrupt nicht freigegeben oder ein Interrupt gleicher oder höherer Priorität aktiv war), wird das timer overflow flag TF1 nicht automatisch zurückgesetzt. Bei Anwendungen, in denen kein Interrupt eingesetzt wird, muß das Rücksetzen des Kontroll-Bit TF1 (TCON.7) dann softwaremäßig erfolgen.

Interrupt-Vektor-Adressen

Bei Auslösen des entsprechenden Interrupts wird ein LCALL auf eine controller-spezifische Adresse (Vektor-Adresse) ausgeführt, bei der die Interrupt Service Routine gestartet werden kann.

Interrupt-Quelle :	Timer 0	Timer 1
Interrupt-Flag :	TF0	TF1
Vektor-Adresse :	000BH	001BH

Programmierung der Timer/Counter-Funktionen

Timer Nr. 0 und Timer Nr. 1 bestehen aus den Registern TH0/TL0 bzw. TH1/TL1, die - abhängig von der programmierten Betriebsart - unterschiedliche Aufgaben übernehmen.

Die einzelnen Betriebsarten sowie das Starten und Stoppen der Timer/Counter-Funktion erfolgt durch die Special Function Register TMOD und TCON.

Die Interrupt-Freigabe und die Festlegung der Interrupt-Priorität erfolgen durch die Special Function Register IEN0 und IP.

- **TH0, TL0**   (Zähl- und Reload-Register Timer/Counter Nr. 0)

- **TH1, TL1**   (Zähl- und Reload-Register Timer/Counter Nr. 1)

- **TCON**   (Timer/Counter Start/Stop; Overflow-Flags TF0, TF1)

- **TMOD**   (Betriebsarten-Auswahl-Register)

- **IEN0**   (Interrupt-Freigabe-Bits EAL, ET1, ET0)

- **IP**   (Interrupt-Prioritäts-Register)

Beispiel 6.1-2:

Programmieren Sie den Timer Nr. 0, daß nach jeweils 1,5 ms der Port-Ausgang P1.5 invertiert wird. Die wirksame Oszillatorfrequenz beträgt 12 MHz.

Lösung:

1.   Bestimmung der Betriebsart

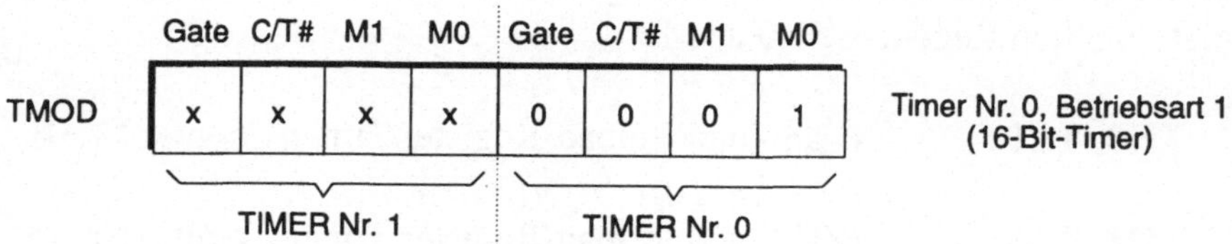

2.   Berechnung des Zähleranfangswertes

Gewünschte Zeit: $\qquad t = 1{,}5\ \text{ms}$

Erforderliche Maschinen-Zyklen:
$$z = t_{Zeit}/t_{Zyklus}$$
$$= 1{,}5\ \text{ms}/1\ \mu\text{s}$$
$$= 1.500\ (\text{dez})$$
$$z = 05\text{DCH}$$

Erforderlicher Zähleranfangswert: $\qquad n = 10000\text{H} - 05\text{DCH} = \text{FA24H}$

Zähleranfangswert Timer-Register: $\qquad$ **TH0 = 24H; TL0 = 0FAH**

3. Programm-Ablaufplan:

Hauptprogramm   **Interrupt Service Routine**

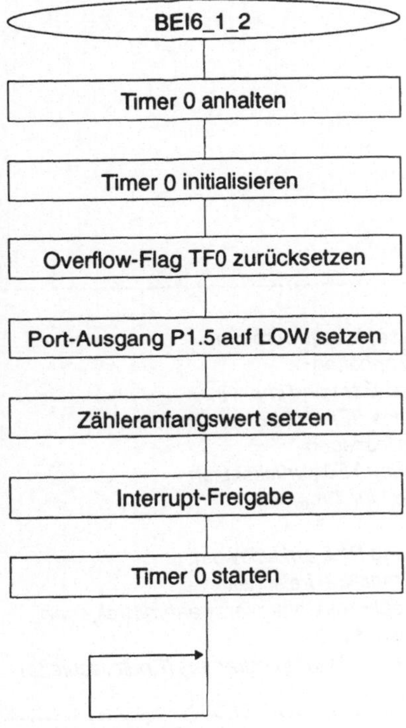

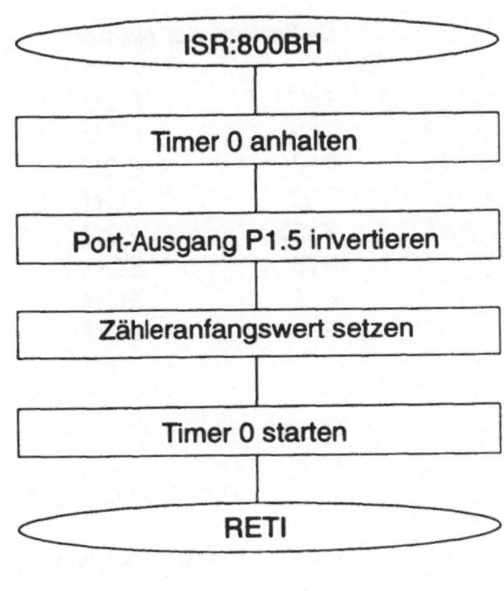

4. Programm-Listing

```
;****************************************************************************
;           ;Hauptprogramm              : BEI6_1_2.A51
;****************************************************************************
;
;           Definition der Namen

            THO         EQU         8CH
            TL0         EQU         8AH
            TF0         EQU         8DH
            TR0         EQU         8CH
            TMOD        EQU         89H
            ET0         EQU         0A9H
            EAL         EQU         0AFH
            P1          EQU         90H
;--------------------------------------------------------------------------

            ORG     8100H           ;Startadresse Hauptprogramm
            CLR     TR0             ;Timer Nr.0 anhalten
            ANL     TMOD,#11110000B ;Alle Kontroll-Bits von Timer Nr. 0
                                    ;innerhalb des SFR TMOD  zurücksetzen
            ORL     TMOD,#00000001B ;Betriebsart festlegen
            CLR     TF0             ;Overflow-Flag TF0 zurücksetzen
            MOV     TH0,#24H        ;Anfangswert für Timer Nr. 0
            MOV     TL0,#0FAH       ;laden
            CLR     P1.5            ;Port-Ausgang P1.5 auf LOW setzen
            SETB    ET0             ;Interrupt Timer Nr.0 freischalten
            SETB    EAL             ;Interrupt-Logik des Controllers generell freigeben
            SETB    TR0             ;Starten  Timer Nr. 0
LOOP:       LJMP    LOOP            ;Simulation eines Hauptprogramms (Endlosschleife)
;****************************************************************************
;           ;Interrupt-Service-Routine

;--------------------------------------------------------------------------
            ORG     800BH           ;Einsprung-Adresse Interrupt-Service-Routine
                                    ;Vektor-Adresse Timer Nr. 0: 000BH + 8000H
            CLR     TR0             ;Timer Nr. 0 anhalten
            CPL     P1.5            ;Port-Ausgang P1.5 invertieren
            MOV     TH0,#24H        ;Anfangswert für Timer Nr. 0
            MOV     TL0,#0FAH       ;laden
            SETB    TR0             ;Starten  Timer Nr. 0
            RETI                    ;Rücksprung zum Hauptprogramm

;****************************************************************************
            END
```

Übung 6.1-1: Symmetrisches Rechtecksignal I

Mit Hilfe der Auto-Reload-Funktion von Timer Nr. 1 soll ein symmetrisches Rechtecksignal mit f = 10 kHz erzeugt und über Port-Leitung P1.3 ausgegeben werden (f_{osz} = 12 MHz).

Übung 6.1-2: Asymmetrisches Rechtecksignal

Programmieren Sie mit Hilfe von Timer Nr. 0 ein Rechtecksignal mit f = 25 kHz und einem Impuls/Pausen-Verhältnis von 3:2, das über die Port-Leitung P1.7 ausgegeben wird (f_{osz} = 12 MHz).

Übung 6.1-3: Impuls-Zähler

Zur Steuerung eines Schrittmotors müssen externe Zählimpulse gemessen werden. Die Anzahl dieser Zählimpulse wird mit Hilfe des Zählregisters TL0 gezählt. Nach jeweils 100 Impulsen wird die Port-Leitung P1.3 invertiert.

Übung 6.1.4: Symmetrisches Rechtecksignal II

Programmieren Sie den Timer Nr. 0, daß nach jeweils 10 ms der Port-Ausgang P1.5 invertiert wird (f_{osz} = 12 MHz).

Übung 6.1.5: Symmetrisches Rechtecksignal III

Programmieren Sie den Timer Nr. 0, daß nach jeweils 100 ms der Port-Ausgang P1.5 invertiert wird (f_{osz} = 12 MHz).

Programm-Listing zu Übung 6.1-1: Symmetrisches Rechtecksignal I

```
;*******************************************************************************************
;
        ;Hauptprogramm              : UEB6_1_1.A51

;*******************************************************************************************
;
        ;Definition der Namen


        TH1         EQU         8DH
        TL1         EQU         8BH
        TF1         EQU         8FH
        TR1         EQU         8EH
        TMOD        EQU         89H
        ET1         EQU         0ABH
        EAL         EQU         0AFH
        P1          EQU         90H
;-----------------------------------------------------------------------------------------


        ORG     8100H           ;Startadresse Hauptprogramm
        CLR     TR1             ;Timer Nr. 1 anhalten
        CLR     TF1             ;Overflow-Flag TF1 zurücksetzen
        ANL     TMOD,#00001111B ;Alle Kontroll-Bits von Timer Nr. 1
                                ;innerhalb des SFR TMOD zurücksetzen
        ORL     TMOD,#00100000B ;Betriebsart festlegen
        MOV     TH1,#0CEH       ;Reload-Wert laden
        MOV     TL1,#0CEH       ;Start-Wert laden
        CLR     P1.3            ;Port-Ausgang P1.3 auf LOW setzen
        SETB    ET1             ;Interrupt Timer Nr. 1 freischalten
        SETB    EAL             ;Interrupt-Logik des Controllers generell freigeben
        SETB    TR1             ;Starten des Timers Nr. 1
LOOP:   LJMP    LOOP            ;Simulation eines Hauptprogramms (Endlosschleife)

;*******************************************************************************************
;
        ;Interrupt-Service-Routine
;-----------------------------------------------------------------------------------------

        ORG     801BH           ;Einsprung-Adresse Interrupt-Service-Routine
                                ;Vektor-Adresse Timer Nr. 1: 001BH + 8000H
        CPL     P1.3            ;Port-Ausgang P1.3 invertieren
        RETI                    ;Rücksprung zum Hauptprogramm

;*******************************************************************************************
;
        END
```

Programm-Listing zu Übung 6.1-2: Asymmetrisches Rechtecksignal

Mit Hilfe des Kontroll-Bits F0 (frei verfügbares Bit innerhalb des Special Function
Registers PSW) wird innerhalb der Interrupt-Service-Routine der jeweils erforderliche Reload-Wert für Timer Nr. 0 geladen.

```
;*************************************************************************
;
                ;Hauptprogramm              : UEB6_1_2.A51

;*************************************************************************
;
                ; Definition der Namen

                THO       EQU       8CH
                TL0       EQU       8AH
                TF0       EQU       8DH
                TR0       EQU       8CH
                TMOD      EQU       89H
                ET0       EQU       0A9H
                EAL       EQU       0AFH
                P1        EQU       90H
                F0        EQU       0D5H
;------------------------------------------------------------------------
                ORG       8100H         ;Startadresse Hauptprogramm
                CLR       TR0           ;Timer Nr.0 anhalten
                CLR       TF0           ;Overflow-Flag TF0 zurücksetzen
                ANL       TMOD,#11110000B  ;Alle Kontroll-Bits von Timer Nr. 0
                                        ;innerhalb des SFR TMOD zurücksetzen
                ORL       TMOD,#00000010B  ;Betriebsart festlegen
                MOV       TH0,#0E8H     ;Reload-Wert laden
                MOV       TL0,#0F0H     ;Start-Wert laden
                CLR       P1.7          ;Port-Ausgang P1.7 auf LOW setzen
                CLR       F0            ;Kontroll-Bit zurücksetzen
                SETB      ET0           ;Interrupt Timer Nr.0 freischalten
                SETB      EAL           ;Interrupt-Logik des Controllers generell freigeben
                SETB      TR0           ;Starten des Timers Nr. 0
LOOP:           LJMP      LOOP          ;Simulation eines Hauptprogramms (Endlosschleife)

;*************************************************************************
;
                ;Interrupt-Service-Routine
;------------------------------------------------------------------------
                ORG       800BH         ;Einsprung-Adresse Interrupt-Service-Routine
                                        ;Vektor-Adresse Timer Nr. 0: 000BH + 8000H
                CPL       P1.7          ;Port-Ausgang P1.7 invertieren
                JB        F0,P_TIME     ;Sprung, wenn Kontroll-Bit F0 gesetzt
                MOV       TH0,#0F0H     ;Neuer Reload-Wert laden
                CPL       F0            ;Kontroll-Bit F0 invertieren
                RETI                    ;Rücksprung zum Hauptprogramm
P_TIME:         MOV       TH0,#0E8H     ;Neuer Reload-Wert laden
                CPL       F0            ;Kontroll-Bit invertieren
                RETI                    ;Rücksprung zum Hauptprogramm
;*************************************************************************
;
                END
```

Programm-Listing zu Übung 6.1-3: Impuls-Zähler

Die externen Impulse werden über die Port-Leitung P3.4 eingelesen und wirken als
externes Taktsignal für Timer Nr. 0.

```
;********************************************************************************

        ;Hauptprogramm              : UEB6_1_3.A51

;********************************************************************************

        ;Definition der Namen

        TH0         EQU         8CH
        TL0         EQU         8AH
        TF0         EQU         8DH
        TR0         EQU         8CH
        TMOD        EQU         89H
        ET0         EQU         0A9H
        EAL         EQU         0AFH
        P1          EQU         90H

;--------------------------------------------------------------------------------

        ORG     8100H               ;Startadresse Hauptprogramm
        CLR     TR0                 ;Timer Nr.0 anhalten
        CLR     TF0                 ;Overflow-Flag TF0 zurücksetzen
        ANL     TMOD,#11110000B     ;Alle Kontroll-Bits von Timer Nr. 0
                                    ;innerhalb des SFR TMOD zurücksetzen
        ORL     TMOD,#00000110B     ;Betriebsart festlegen
        MOV     TH0,#9CH            ;Reload-Wert für Timer Nr. 0 laden
        MOV     TL0,#9CH            ;Start-Wert für Timer Nr. 0 laden
        CLR     P1.3                ;Port-Ausgang P1.3 auf LOW setzen
        SETB    ET0                 ;Interrupt Timer Nr.0 freischalten
        SETB    EAL                 ;Interrupt-Logik des Controllers generell freigeben
        SETB    TR0                 ;Starten des Timers Nr. 0
LOOP:   LJMP    LOOP                ;Simulation eines Hauptprogramms (Endlosschleife)

;********************************************************************************

        ;Interrupt-Service-Routine

;--------------------------------------------------------------------------------

        ORG     800BH               ;Einsprung-Adresse Interrupt-Service-Routine
                                    ;Vektor-Adresse Timer Nr. 0: 000BH + 8000H
        CPL     P1.3                ;Port-Ausgang P1.3 invertieren
        RETI                        ;Rücksprung zum Hauptprogramm

;********************************************************************************

        END
```

Programm-Listing zu Übung 6.1-4: Symmetrisches Rechtecksignal II
Um die gewünschte Zeit von 10 ms zu erzeugen, werden 10.000 Takt-Zyklen benötigt. Dies ist bei Verwendung von Timer Nr. 0 im Auto-Reload-Mode (Betriebsart 2) nur so möglich, in dem die zugehörige Interrupt Service Routine mehrmals durchlaufen wird. Im nachstehenden Listing zählt Timer Nr. 0 jeweils 250 Takt-Zyklen bis zum Interrupt. Die entsprechende Interrupt Service Routine wird jeweils 40mal durchlaufen, um dann den Port-Ausgang P1.5 zu invertieren.

```
;*******************************************************************************
;          ;Hauptprogramm              : UEB6_1_4.A51
;*******************************************************************************
;
           ;Definition der Namen

           THO      EQU      8CH
           TLO      EQU      8AH
           TFO      EQU      8DH
           TRO      EQU      8CH
           TMOD     EQU      89H
           ETO      EQU      0A9H
           EAL      EQU      0AFH
           P1       EQU      090H
;------------------------------------------------------------------------------
           ORG  8100H                  ;Startadresse Hauptprogramm
           CLR  TRO                     ;Timer Nr.0 anhalten
           CLR  TFO                     ;Overflow-Flag TF0 zurücksetzen
           CLR  P1.5                    ;Port-Pin P1.5 zurücksetzen
           ANL  TMOD,#11110000B         ;Alle Kontroll-Bits von Timer Nr. 0
                                        ;innerhalb des SFR TMOD zurücksetzen
           ORL  TMOD,#00000010B         ;Betriebsart festlegen
           MOV  TH0,#06H                ;Start-Wert Timer Nr. 0
           MOV  TL0,#06H                ;Reload-Wert Timer Nr. 0
           MOV  R0,#00H                 ;Schleifenzähler setzen
           SETB ETO                     ;Interrupt Timer Nr.0 freischalten
           SETB EAL                     ;Interrupt-Logik des Controllers generell freigeben
           SETB TRO                     ;Starten Timer Nr. 0
LOOP:      LJMP LOOP                    ;Simulation eines Hauptprogramms (Endlosschleife)
;*******************************************************************************
;          ;Interrupt-Service-Routine
;------------------------------------------------------------------------------
           ORG  800BH                   ;Einsprung-Adresse Interrupt-Service-Routine
                                        ;Vektor-Adresse Timer Nr. 0: 000BH + 8000H
           CJNE R0,#27H,MARKE           ;Sprung, wenn noch nicht 40x durchlaufen
           CPL  P1.5                    ;Port-Ausgang P1.5 invertieren
           MOV  R0,#00H                 ;Schleifenzähler neu setzen
           RETI                         ;Rücksprung zum Hauptprogramm
MARKE:     INC  R0                      ;Schleifenzähler erhöhen
           RETI                         ;Rückkehr ins Hauptprogramm
;*******************************************************************************
;
           END
```

Programm-Listing zu Übung 6.1-5: Symmetrisches Rechtecksignal III

Timer Nr. 0 wird so programmiert, daß nach jeweils 250 µs ein Timer Overflow auftritt. Die dann gestartete Interrupt-Service-Routine wird 400mal durchlaufen, um die gewünschte Zeitverzögerung von 100 ms zu erzeugen.

```
;**********************************************************************************
                ;Hauptprogramm              : UEB6_1_5.A51
;**********************************************************************************
                ;Definition der Namen
                TH0         EQU     8CH
                TL0         EQU     8AH
                TF0         EQU     8DH
                TR0         EQU     8CH
                TMOD        EQU     89H
                ET0         EQU     0A9H
                EAL         EQU     0AFH
                P1          EQU     090H
;--------------------------------------------------------------------------------
                ORG     8100H           ;Startadresse Hauptprogramm
                CLR     TR0             ;Timer Nr.0 anhalten
                CLR     TF0             ;Overflow-Flag TF0 zurücksetzen
                CLR     P1.5            ;Port-Pin P1.5 zurücksetzen
                ANL     TMOD,#11110000B ;Alle Kontroll-Bits von Timer Nr. 0
                                        ;innerhalb des SFR TMOD zurücksetzen
                ORL     TMOD,#00000010B ;und Betriebsart festlegen
                MOV     TH0,#06H        ;Start-Wert Timer Nr. 0
                MOV     TL0,#06H        ;Reload-Wert Timer Nr. 0
                MOV     R0,#00H         ;1. Schleifenzähler setzen
                MOV     R1,#00H         ;2. Schleifenzähler setzen
                SETB    ET0             ;Interrupt Timer Nr.0 freischalten
                SETB    EAL             ;Interrupt-Logik des Controllers generell freigeben
                SETB    TR0             ;Starten Timer Nr. 0
LOOP:           LJMP    LOOP            ;Simulation eines Hauptprogramms (Endlosschleife)
;**********************************************************************************
                ;Interrupt-Service-Routine
;--------------------------------------------------------------------------------
                ORG     800BH           ;Einsprung-Adresse Interrupt-Service-Routine
                                        ;Vektor-Adresse Timer Nr. 0: 000BH + 8000H
                CJNE    R0,#0C7H,MARKE1 ;Sprung, wenn noch nicht 200x durchlaufen
                CJNE    R1,#0C7H,MARKE2 ;Sprung, wenn noch nicht 200x durchlaufen
                MOV     R0,#00H         ;1. Schleifenzähler neu setzen
                MOV     R1,#00H         ;2. Schleifenzähler neu setzen
                CPL     P1.5            ;Port-Ausgang P1.5 invertieren
                RETI                    ;Rücksprung zum Hauptprogramm
MARKE1:         INC     R0              ;1. Schleifenzähler inkrementieren
                RETI                    ;Rücksprung zum Hauptprogramm
MARKE2:         INC     R1              ;2. Schleifenzähler inkrementieren
                RETI                    ;Rücksprung zum Hauptprogramm
;**********************************************************************************
                END
```

Special Function Register TCON

Das Register TCON (timer control) beinhaltet die Kontroll-Bits TF0 und TF1 sowie die Start/Stop-Bits TR0 und TR1.

8FH	8EH	8DH	8CH	8BH	8AH	89H	88H	
TF1	TR1	TF0	TR0	IE1	IT1	IE0	IT0	TCON (88H)

☐ Diese Bits werden zur Programmierung der Timer/Counter-Funktion nicht benötigt!

Bild 6.1-8: Special Function Register TCON (Adresse: 88H)

Dieses Register ist bitadressierbar, so daß mit SETB TR1 (TR0) der entsprechende Timer/Counter gezielt gestartet bzw. mit CLR TR1 (TR0) angehalten werden kann.

Nach jedem RESET ist der Inhalt von TCON = 00H.

Bit	Funktion

TR0 — **Timer/Counter Nr. 0 Kontroll-Bit**
TR0 = 1 startet und TR0 = 0 stoppt die Timer/Counter-Funktion.

TF0 — **Timer/Counter Nr. 0 Überlauf-Flag**
Bei jedem Überlauf des Zählregisters wird dieses Flag automatisch gesetzt. Wird der entsprechende Interrupt (timer 0 interrupt) ausgelöst, wird dieses Bit automatisch zurückgesetzt.

TR1 — **Timer/Counter Nr. 1 Kontroll-Bit**
TR1 = 1 startet und TR1 = 0 stoppt die Timer/Counter-Funktion.

TF1 — **Timer/Counter Nr. 1 Überlauf-Flag**
Bei jedem Überlauf des Zählregisters wird dieses Flag automatisch gesetzt. Wird der entsprechende Interrupt (timer 1 interrupt) ausgelöst, wird dieses Bit automatisch zurückgesetzt.

Special Function Register TMOD

Das Register TMOD (timer mode) definiert die Betriebsart der jeweiligen Zählregister.

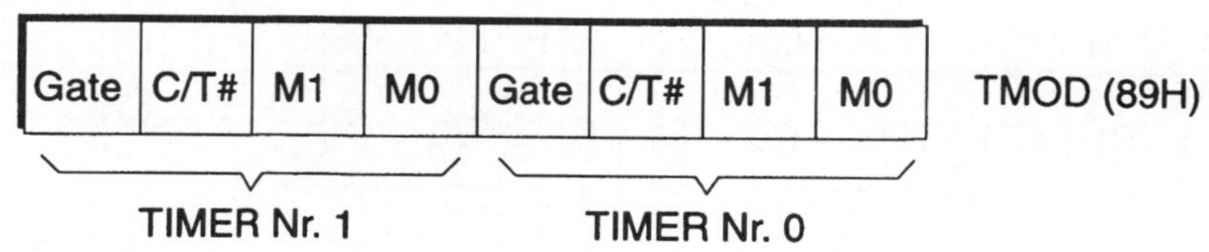

Bild 6.1-9: Special Function Register TMOD (Adresse: 89H)

Nach jedem RESET ist der Inhalt von TMOD = 00H.

Hinweis: Die beiden Timer lassen sich unabhängig voneinander in unterschiedlichen Betriebsarten betreiben, z.B. Timer Nr. 0 in Mode 1 und Timer Nr. 1 in Mode 2.

Das Register ist nicht bitadressierbar; das gezielte Setzen oder Rücksetzen eines einzelnen Bits ist daher nur durch entsprechende logische Verknüpfungen (Maskierung) möglich.

Bit   **Funktion**

GATE   **Freigabe-Kontrolle**
Mit GATE = 0 wird der entsprechende Timer mit TR0 (bzw. TR1) = 1 gestartet und mit TR0 (bzw. TR1) = 0 angehalten.
Mit GATE = 1 ist der entsprechende Timer nur dann zählfähig (enable), wenn am entsprechenden Port-Eingang P3.2 (bzw. P3.3) HIGH-Signal anliegt und das Kontroll-Bit TR0 (bzw. TR1) gesetzt ist.

C/T#   **Timer/Counter Auswahl-Bit**
C/T# = 0:   interner Zähltakt ($f_{osc}/12$)
C/T# = 1:   externer Zähltakt (P3.4, P3.5)

M1, M0 **Betriebsarten-Auswahl**

00: **13-Bit-Timer/Counter**
THx arbeitet als 8-Bit-Timer/Counter
TLx arbeitet als 5-Bit-Vorteiler

01: **16-Bit-Timer/Counter**
THx arbeitet als 8-Bit-Timer/Counter
TLx arbeitet als 8-Bit-Vorteiler

10: **8-Bit-Timer/Counter mit Auto-Reload-Funktion**
Der Inhalt von THx wird bei jedem Timer/Counter-Überlauf als
neuer Zähleranfangswert in das Zählregister TLx geladen.
THx arbeitet als 8-Bit-Reload-Register
TLx arbeitet als 8-Bit-Timer/Counter

11: **Timer Nr. 0**
Das Zählregister TL0 arbeitet als 8-Bit-Timer/Counter und
wird durch die Kontroll-Bits von Timer Nr. 0 gesteuert.
Das Zählregister TH0 arbeitet als intern getakteter 8-Bit-Timer
(timer mode) und wird durch das Kontroll-Bit TR1 gestartet
bzw. angehalten.
TL0 arbeitet als 8-Bit-Timer/Counter
TH0 arbeitet als 8-Bit-Timer

Timer Nr. 1
Timer/Counter Nr. 1 ist in dieser Betriebsart nicht in Funktion,
d.h., der letzte Zählerstand bleibt erhalten.

Special Function Register IE

Das Register IEN0 (interrupt enable) enthält die für die Interrupt-Freigabe erforderlichen Flags EAL (enable all interrupt = generelle Interrupt-Freigabe), ET1 (enable timer 1 = individuelle Freigabe von timer 1 interrupt) und ET0 (enable timer 0 = individuelle Freigabe von timer 0 interrupt).

AFH	AEH	ADH	ACH	ABH	AAH	A9H	A8H	
EA	WDT	ET2	ES	ET1	EX1	ET0	EX0	IE (A8H)

☐ Diese Bits werden zur Programmierung der Timer/Counter-Funktion nicht benötigt!

Bild 6.1-10: Special Function Register IE (Adresse: A8H)

Dieses Register ist bitadressierbar, so daß die entsprechenden Interrupts mit dem Befehl SETB EA (ET1, ET0) freigegeben bzw. mit CLR EA (ET1, ET0) gesperrt werden können.

Nach jedem RESET ist der Inhalt von IE = 00H, d.h., alle Interrupt-Möglichkeiten des Mikrocontroller-Systems sind unterdrückt (EA = 0).

Bit	Funktion

EA   **Generelle Interrupt-Freigabe des Mikrocontrollers**
           EA = 0:   Generelle Interrupt-Sperrung
           EA = 1:   Generelle Interrupt-Freigabe

ET1   **Interrupt-Freigabe von Timer 1 Interrupt**
           ET1 = 0:   Timer 1 Interrupt ist gesperrt
           ET1 = 1:   Timer 1 Interrupt ist freigegeben

ET0   **Interrupt-Freigabe von Timer 0 Interrupt**
           ET0 = 0:   Timer 0 Interrupt ist gesperrt
           ET0 = 1:   Timer 0 Interrupt ist freigegeben

Special Function Register IP

Das Register IP bestimmt die Priorität des entsprechenden Timer-Interrupts. Es können jeder Interrupt-Quelle eine von zwei Interrupt-Ebenen zugeordnet werden.

BFH	BEH	BDH	BCH	BBH	BAH	B9H	B8H
---	---	PT2	PS	PT1	PX1	PT0	PX0

IP (B8H)

Diese Bits werden zur Programmierung der Timer/Counter-Interrupt-Priorität nicht benötigt!

Bild 6.1-11: Special Function Register IP (Adresse: B8H)

Dieses Register ist bitadressierbar, so daß die höhere Interrupt-Priorität mit dem Befehl SETB PT1 (PT0) bzw. mit CLR PT1 (PT0) die niedrigere Interrupt-Priorität festgelegt werden kann.

Nach jedem RESET ist der Inhalt von IP = 00H, d.h., alle hier angesprochenen Interrupt-Quellen haben die gleiche (niedrige) Priorität.

Bit   **Funktion**

PT1   **Priorität von Timer 1 Interrupt**
                PT1 = 0:   Niedrige Priorität
                PT1 = 1:   Höhere Priorität

PT0   **Priorität von Timer 0 Interrupt**
                PT0 = 0:   Niedrige Priorität
                PT0 = 1:   Höhere Priorität

6.2 Timer/Counter-Funktionen 80(C)515/535

Der Mikrocontroller 80(C)515/535 besitzt drei unabhängige Timer/Counter-Funktionen:

☐   Timer Nr. 0

☐   Timer Nr. 1

☐   Timer Nr. 2 mit zusätzlichen Eigenschaften

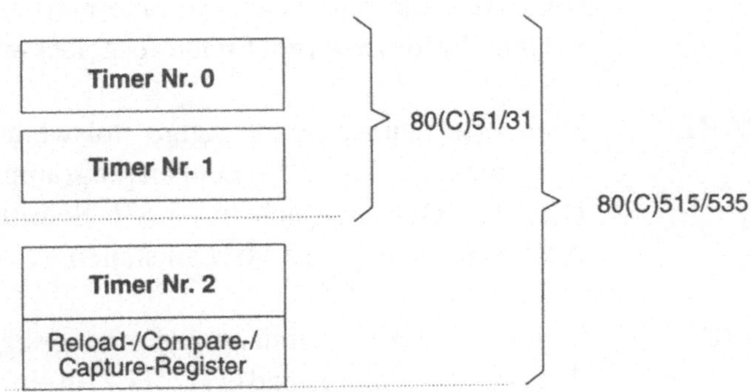

Bild 6.2-1: Timer/Counter-Funktionen des Mikrocontrollers 80(C)515/535

Neben den beiden Timern Nr. 0 und Nr. 1, die kompatibel den 80(C)51/31-Funktionen sind, steht ein Timer Nr. 2 zur Verfügung, der außer den Standard-Funktionen noch drei zusätzliche Möglichkeiten zur Verfügung stellt.

Wegen der 80(C)51/31-Kompatibilität der Timer/Counter-Funktionen von Timer Nr. 0 und Nr. 1 werden in diesem Kapitel lediglich die verschiedenen Funktionen von Timer Nr. 2 ausführlich erläutert.

Die Beschreibungen der Funktionen für Timer Nr. 0 und Nr. 1 finden sich in Kap. 6.1.

Der Timer Nr. 2 bietet in seinen Standard-Funktionen eine Vielzahl von Steuerungsmöglichkeiten. Er besteht aus einem 16-Bit-Zählregister (TH2, TL2), das als intern gesteuerter Zeitgeber (Timer), als extern freigegebener Zeitgeber (gated timer) oder als extern getakteter Zähler (event counter) programmiert werden kann. In diesen Standard-Betriebsarten entspricht der Timer Nr. 2 der Funktionsweise von Timer Nr. 0 und Nr. 1.

Als zusätzliche Betriebsarten lassen sich bei Timer Nr. 2 nutzen:

❑ **RELOAD** Bei Überlauf des Zählregisters (TH2, TL2) wird der 16-Bit-Wert aus einem speziellen Register (CRC) als neuer Startwert nachgeladen (Auto-Reload). Diese Funktion ist vergleichbar mit der 8-Bit-Reload-Funktion bei Timer Nr. 0 und Nr. 1. Das Nachladen kann alternativ auch durch ein entsprechendes externes Signal ausgelöst werden.

❑ **COMPARE** Vier voneinander unabhängige pulsweitenmodulierte Ausgangssignale (PWM) können programmiert werden. Die Pulsbreite läßt sich in 65.536 Schritten mit 1 µs Auflösung bei $f_{osc} = 12$ MHz einstellen.

❑ **CAPTURE** Vier voneinander unabhängige Eingangssignale können den aktuellen Zählerstand (TH2, TL2) in ein entsprechendes Capture-Register laden.

Standard-Funktionen von Timer Nr. 2

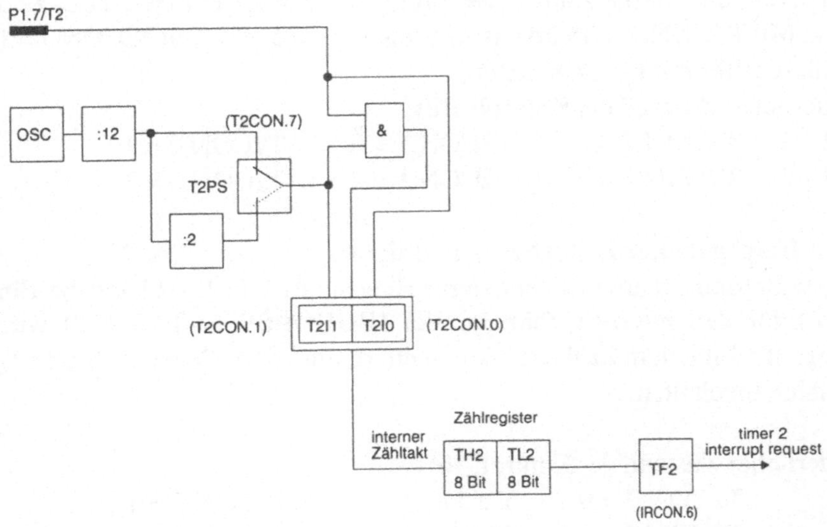

Bild 6.2-2: Normalfunktionen von Timer Nr. 2

Als einzelne Funktionen stehen zur Verfügung:

☐   Intern gesteuerter Zeitgeber (timer mode)
☐   Extern freigegebener Zeitgeber (gated timer)
☐   Extern getakteter Zähler (event counter)

Die Steuerung bzw. Programmierung der Standard-Funktionen bzw. der zusätzlichen Funktionen erfolgt durch die beiden Special Function Register **T2CON** (timer 2 control) und **CCEN** (compare/capture enable).

Die interne Zählfrequenz von Timer Nr. 2 wird durch das Kontroll-Bit T2CON.7, die Zählquelle wird durch die Kontroll-Bits T2CON.1 und T2CON.0 beeinflußt.

Intern gesteuerter Zeitgeber (timer mode)

Mit Hilfe des Kontroll-Bit T2CON.7 (T2PS) besteht in dieser Betriebsart die Möglichkeit, die interne Zählfrequenz für das Zählregister (TH2, TL2) zu beeinflussen. Mit T2CON.7 = 0 wird das Zählregister mit f_{osc}/12, mit T2CON.7 = 1 wird das Zählregister mit f_{osc}/24 getaktet.

Erforderlicher Zustand der Kontroll-Bits:

f_{osc}/12:	T2CON.7 = 0	T2CON.1 = 0	T2CON.0 = 1
f_{osc}/24:	T2CON.7 = 1	T2CON.1 = 0	T2CON.0 = 1

Extern freigegebener Zeitgeber (gated timer)

In dieser Betriebsart arbeitet der externe Eingang P1.7 (T2) als Freigabe-Eingang (enable) für den internen Zähltakt. Bei HIGH-Pegel an P1.7 (T2) wird das Zählregister mit jedem Zähltakt inkrementiert, mit LOW-Pegel an P1.7 (T2) wird der Zähler angehalten.

Erforderlicher Zustand der Kontroll-Bits:

f_{osc}/12:	T2CON.7 = 0	T2CON.1 = 1	T2CON.0 = 1
f_{osc}/24:	T2CON.7 = 1	T2CON.1 = 1	T2CON.0 = 1

Diese Betriebsart eignet sich zur Messung von Impulsbreiten externer Signale. Schließt man das zu messende Signal an P1.7, wird für die Dauer des HIGH-Pegels das Zählregister inkrementiert.

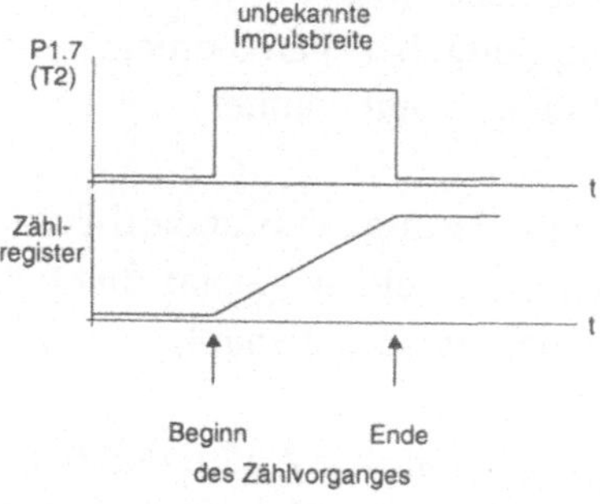

Bild 6.2-3: Messung einer Impulsbreite

Die Länge der Impulsbreite läßt sich bei einer internen Taktfrequenz von 12 MHz durch die Anzahl der Zähltakte mit einer Auflösung von 1 µs ermitteln.

Beispiel 6.2-1:

Am Ende des Zählvorganges (f_{osc} = 12 MHz) bleibt das Zählregister bei 17B9H stehen. Die Umrechnung in den entsprechenden Dezimalwert (17B9H = 6.073) ergibt die Anzahl der Zähltakte, aus der sich die Impulsbreite berechnen läßt:

$$t_i = \text{Zählerstand} * \text{Zyklusdauer} = 6.073 * 1\ \mu s = \mathbf{6{,}073\ ms}$$

Extern getakteter Zähler (event counter)

In dieser Betriebsart wird das Zählregister (T2H, T2L) mit jeder negativen Flanke am externen Eingang P1.7 (T2) inkrementiert. Das am Port-Eingang anliegende Signal wird zum Zeitpunkt S5P2 des Maschinen-Zyklusses abgetastet. Ist der eingelesene Wert HIGH und während der nächsten Phase S5P2 LOW, wird der aktuelle Zählerstand inkrementiert. Der neue Zählerstand wird zum Zeitpunkt S3P1 des folgenden Maschinen-Zyklusses gesetzt.

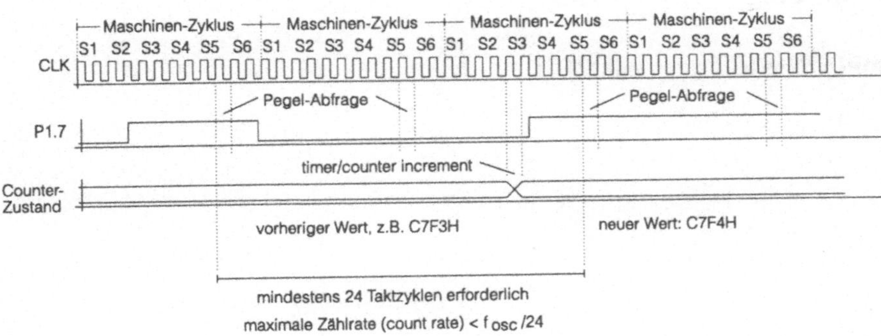

Bild 6.2-4: Negative Flankenerkennung des externen Counter-Einganges P1.7

Zur sicheren Erkennung einer negativen Flanke muß das externe Signal mindestens einen Zyklus lang HIGH-Signal und einen weiteren Zyklus lang LOW-Signal führen. Damit ergibt sich als maximale externe Zählfrequenz $f_{osc}/24$.

Wichtig: Bei dieser Betriebsart muß der interne Vorteiler (T2PS) abgeschaltet sein, d.h. T2PS = 0!

Erforderlicher Zustand der Kontroll-Bits:
T2CON.7 = 0   T2CON.1 = 1   T2CON.0 = 0

Interrupt-Anforderung

Bei jedem Überlauf wird ein Kontroll-Bit gesetzt (timer overflow flag = TF2), das eine Interrupt-Anforderung (timer 2 interrupt request) auslöst. Das Flag TF2 (IRCON.6) wird bei der Annahme des entsprechenden Interrupts nicht automatisch zurückgesetzt. Das Rücksetzen muß daher innerhalb der Interrupt-Service-Routine softwaremäßig erfolgen.

Interrupt-Vektor-Adresse

Bei Auslösen des entsprechenden Interrupts wird ein LCALL auf eine controller-spezifische Adresse (Vektor-Adresse) ausgeführt, bei der das Programm fortgesetzt werden kann.

Interrupt-Quelle :   Timer 2

Interrupt-Flag :   TF2

Vektor-Adresse :   002BH

Programmierung der Standard-Funktionen beim 80(C)515/535

Die Steuerung der einzelnen Standard-Funktionen von Timer Nr. 2 erfolgt durch das Special Function Register **T2CON** (timer 2 configuration). Das Interrupt-Flag TF2 befindet sich im Special Function Register **IRCON** und die Freigabe von Timer 2 Interrupt erfolgt im Special Function Register IEN0.

❐ **TH2, TL2**   (16-Bit-Zählregister Timer/Counter Nr. 2)

❐ **T2CON**   (Betriebsarten-Festlegung, Interne Zählfrequenz und Start/Stop)

❐ **IEN0**   (Interrupt-Freigabe-Bits EAL, ET2)

❐ **IRCON**   (Overflow-Flag TF2)

❐ **IP1, IP0**   (Interrupt-Prioritäts-Register)

Beispiel 6.2-2: Asymmetrisches Rechtecksignal

Programmieren Sie den Timer Nr.2, daß am Port-Ausgang P5.2 ein asymmetrisches Rechtecksignal mit f = 10 kHz und einem ti/tp = 3:1 entsteht. Die wirksame Oszillatorfrequenz beträgt 12 MHz.

Lösung:

1.   Bestimmung der Initialisierungsdaten für Timer Nr. 2

T2CON	0	x	x	0	x	x	0	0/1

Timer Nr. 2, Standard-Funktion
Wirksame Zählfrequenz: 1 MHz

2.   Berechnung der erforderlichen Startwerte für Impuls- und Pausenzeit

Berechnung der Impulszeit:

$$t_i = 3*T/4$$
$$= 300 \ \mu s/4$$
$$t_i = 75 \ \mu s \ (75 \ \text{Zyklen})$$

Berechnung der Pausenzeit:

$$t_p = T/4$$
$$= 100 \ \mu s/4$$
$$t_p = 25 \ \mu s \ (25 \ \text{Zyklen})$$

Berechnung der Timer-Anfangswerte:

$$65536 - 75 = 65461 \ (0FFB5H)$$
$$65536 - 25 = 65511 \ (0FFE7H)$$

➡   Zähleranfangswerte für Impulszeit: **TH2 = FFH; TL2 = B5H**

➡   Zähleranfangswerte für Pausenzeit: **TH2 = FFH; TL2 = E7H**

Mit Hilfe des frei verfügbaren Flag F0 (PSW.5) aus dem Special Function Register PSW wird innerhalb der Interrupt Service Routine der erforderliche Start-Wert des Timers aktualisiert.

3. Programm-Ablaufplan:

Hauptprogramm

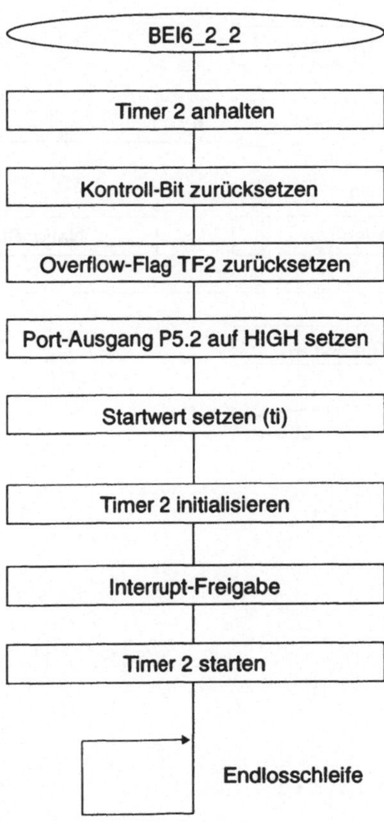

Interrupt Service Routine

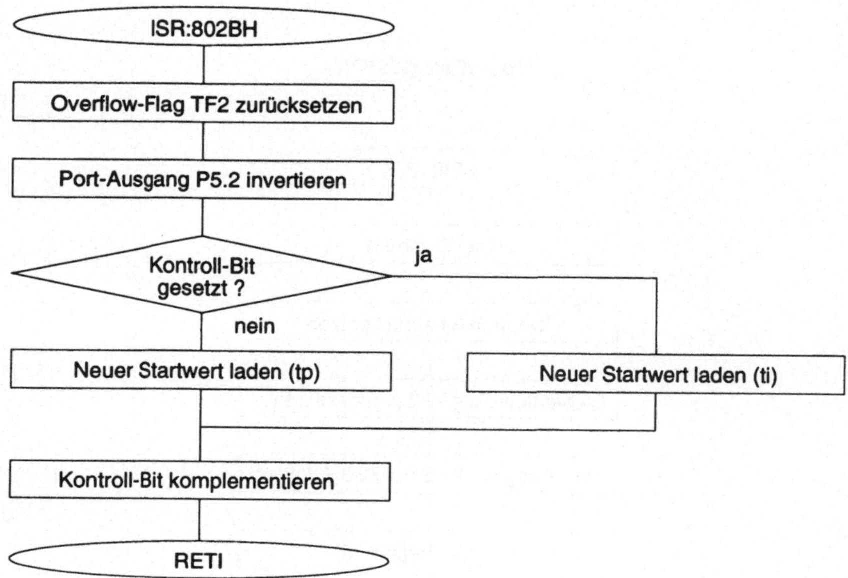

4.   Programm-Listing:

```
;*************************************************************************************
;
            ;Hauptprogramm              : BEI6_2_2.A51
;*************************************************************************************
;
; Definition der Namen

            TH2       EQU       0CDH
            TL2       EQU       0CCH
            T2CON     EQU       0C8H
            TF2       EQU       0C6H
            T2I1      EQU       0C9H
            T2I0      EQU       0C8H
            ET2       EQU       0ADH
            EAL       EQU       0AFH
            P5        EQU       0F8H
            F0        EQU       0D5H
;-----------------------------------------------------------------------------------
            ORG   8100H               ;Startadresse Hauptprogramm
            CLR   T2I1                ;Timer Nr.2
            CLR   T2I0                ;anhalten
            CLR   F0                  ;Kontroll-Bit zurücksetzen
            CLR   TF2                 ;Overflow-Flag TF2 zurücksetzen
            SETB  P5.2                ;Port-Ausgang P5.2 setzen
            MOV   TH2,#0FFH           ;Start-Wert für Timer Nr. 2
            MOV   TL2,#0B5H           ;laden (ti = 75 µs))
            ANL   T2CON,#01101100B    ;Bits zurücksetzen in Register T2CON
            SETB  ET2                 ;Interrupt Timer Nr. 2 freischalten
            SETB  EAL                 ;Generelle Interrupt-Freigabe
            ORL   T2CON,#00000001B    ;Timer Nr. 2 starten
LOOP:       LJMP  LOOP                ;Simulation eines Hauptprogramms (Endlosschleife)

;*************************************************************************************
;
            ;Interrupt-Service-Routine
;-----------------------------------------------------------------------------------
            ORG   802BH               ;Einsprung-Adresse Interrupt-Service-Routine
                                      ;Vektor-Adresse Timer Nr. 2: 002BH + 8000H
            CLR   TF2                 ;Overflow-Flag TF2 zurücksetzen
            CPL   P5.2                ;Port-Ausgang P5.2 invertieren
            JB    F0,P_TIME           ;Sprung, wenn Kontroll-Bit F0 gesetzt
            MOV   TH2,#0FFH           ;Start-Wert für Timer Nr. 2
            MOV   TL2,#0E7H           ;laden (tp = 25 µs)
            CPL   F0                  ;Kontroll-Bit invertieren
            RETI                      ;Rücksprung zum Hauptprogramm
P_TIME:     MOV   TH2,#0FFH           ;Start-Wert für Timer Nr. 2
            MOV   TL2,#0B5H           ;laden (ti = 75 µs)
            CPL   F0                  ;Kontroll-Bit invertieren
            RETI                      ;Rücksprung zum Hauptprogramm

;*************************************************************************************
;
            END
```

Zusätzliche Funktionen

Neben den Standard-Funktionen bietet der Timer Nr. 2 noch drei weitere spezielle Funktionen:

◻   **RELOAD**

◻   **COMPARE**

◻   **CAPTURE**

Dazu stehen vier zusätzliche 16-Bit-Register (CRC, CC1, CC2 und CC3) zur Verfügung, deren Funktionen nachstehend erläutert werden.

Reload-Funktion von Timer Nr. 2

Die Reload-Funktion von Timer Nr. 2 läßt sich auf zweierlei Weisen auslösen:

◻   **Mode 0:**   Auto-Reload bei jedem Überlauf des Zählregisters

◻   **Mode 1:**   Mit jeder negativen Flanke an Pin P1.5

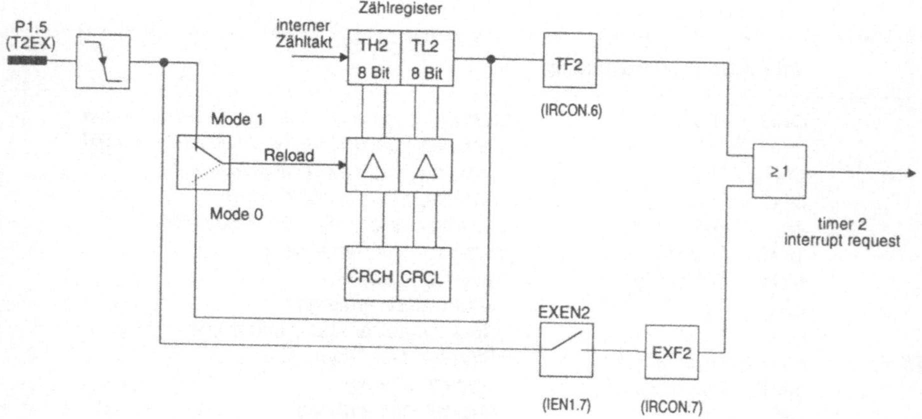

Bild 6.2-5: Timer 2 in Reload Mode

Der entsprechende Mode wird durch die Kontroll-Bits T2R1 (T2CON.4) und T2R0 (T2CON.3) eingestellt.

Die Reload-Funktion ist nur bei Verwendung des 16-Bit-Registers CRC möglich.

Mode 0:
In dieser Betriebsart wird beim Überlauf des Zählregisters (TH2, TL2) sowohl das Overflow-Flag TF2 (IRCON.6) gesetzt als auch die Nachlade-Funktion (Auto-Reload) ausgelöst. Der Inhalt des 16-Bit-Registers CRC (CRCH, CRCL) wird als neuer Anfangswert für das Zählregister (TH2, TL2) übernommen. Dieser Inhalt des CRC-Registers läßt sich softwaremäßig einstellen.

Das Nachladen des neuen Anfangswertes geschieht noch im gleichen Zyklus wie das Setzen von TF2; dies bedeutet, der Wert 0000H im Zählregister wird sofort durch den Reload-Wert aus dem Register CRC überschrieben.

Mode 1
In dieser Betriebsart kann mit einer negativen Flanke am Porteingang P1.5 (T2EX) der Inhalt des CRC-Registers in das Zählregister (T2H, T2L) nachgeladen werden. Außerdem wird durch diese negative Flanke das Kontroll-Bit EXF2 (IRCON.7) gesetzt, wenn zuvor per Software das Bit EXEN2 (IEN1.7) auf HIGH gesetzt worden ist. Ist Timer 2 Interrupt freigeschaltet (Kontroll-Bit ET2 in IEN0.5), wird durch Setzen des Kontroll-Bits EXF2 der entsprechende Interrupt ausgelöst.

Der externe Eingang P1.5 (T2EX) wird in jedem Zyklus (S5P2) abgefragt. Wird in einem Zyklus HIGH-Pegel, im nächsten LOW-Pegel am Port-Eingang erkannt, wird im folgenden Zyklus (S2P1) der Wert aus dem CRC-Register in das Zählregister nachgeladen.

Programmierung der Reload-Funktion

Die Steuerung der Reload-Funktion erfolgt durch das Special Function Register T2CON. Das Interrupt-Flag TF2 befindet sich im Special Function Register IRCON, die Freigabe des Timer 2 Interrupt erfolgt im Reload Mode 0 im Special Function Register IEN0, die Freigabe im Reload Mode 1 (negative Flanke an Port-Pin P1.5) erfolgt in den Special Function Registern IRCON (EXF2) und IEN1 (EXEN2).

☐   **TH2, TL2**   (16-Bit-Zählregister Timer/Counter Nr. 2)

☐   **CRCH, CRCL**   (16-Bit-Reload-Register)

☐   **IRCON**   (Overflow-Flag TF2, Interrupt-Freigabe-Bit EXEN2)

☐   **IEN0**   (Interrupt-Freigabe-Bits EAL, ET2)

☐   **IEN1**   (Interrupt-Freigabe Bit EXEN2)

☐   **IP1, IP0**   (Interrupt-Prioritäts-Register)

☐   **IRCON**   (Overflow-Flag TF2 und die Interrupt-Freigabe-Bits) (EXF2, IEX6, IEX5, IEX4, IEX3)

Beispiel 6.2-3: Impulsgeber mit Auto-Reload-Funktion
Mit Hilfe der Auto-Reload-Funktion soll an Port 5.1 alle 50 ms der Pegel invertiert werden. Die Oszillatorfrequenz beträgt 12 MHz, die intern wirksame Zählfrequenz soll 500 kHz betragen.

Lösung:

1.　Bestimmung der Initialisierungsdaten für Timer Nr. 2

Timer Nr. 2, Auto-Reload-Funktion
Wirksame Zählfrequenz: 500 kHz

T2CON	1	x	x	1	0	x	0	0/1

2.　Berechnung der Start- und Reload-Werte

Erforderliche Maschinen-Zyklen:

$$z = f_{in} * T_x$$
$$= 500 \text{ kHz} * 50 \text{ ms}$$
$$z = 25.000 \text{ (Takt-Zyklen)}$$

Erforderlicher Start- bzw. Reload-Wert:

$$n = 65.536 - 25.000$$
$$= 40.536$$
$$n = 9E58H$$

➡ **Zähleranfangswert**　　:　　**TH2 = 9EH**　　　**TL2 = 58H**

➡ **Reload-Wert**　　　　　:　　**CRCH = 9EH**　　**CRCL = 58H**

3. Programm-Ablaufplan

Hauptprogramm

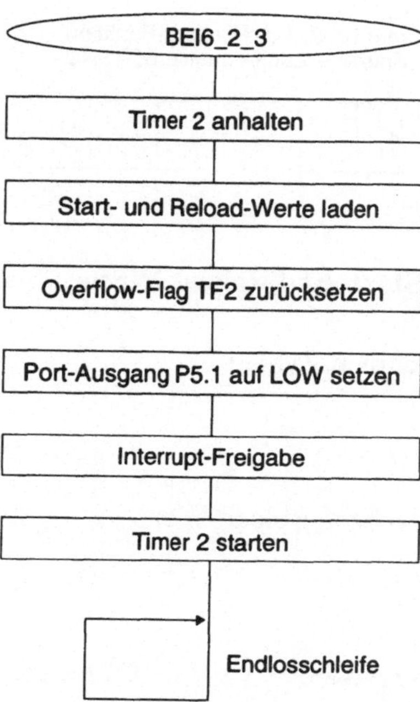

Interrupt Service Routine

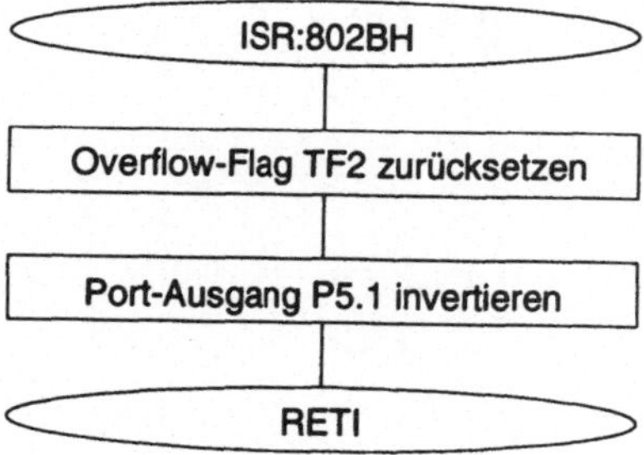

4. Programm-Listing:

```
;**************************************************************************************

        ;Hauptprogramm              : BEI6_2_3.A51
;**************************************************************************************

        ; Definition der Namen

        TH2         EQU     OCDH
        TL2         EQU     OCCH
        T2CON       EQU     OC8H
        TF2         EQU     OC6H
        T2I1        EQU     OC9H
        T2I0        EQU     OC8H
        CRCH        EQU     OCBH
        CRCL        EQU     OCAH
        ET2         EQU     OADH
        EAL         EQU     OAFH
        P5          EQU     OF8H

;------------------------------------------------------------------------------------

        ORG     8100H           ;Startadresse Hauptprogramm
        CLR     T2I1            ;Timer Nr.2
        CLR     T2I0            ;anhalten
        CLR     TF2             ;Overflow-Flag TF2 zurücksetzen
        CLR     P5.1            ;Port-Ausgang P5.1 auf LOW setzen
        MOV     TH2,#09EH       ;Start-Wert für Timer Nr. 2
        MOV     TL2,#058H       ;laden
        MOV     CRCH,#09EH      ;Reload-Wert für Timer Nr. 2
        MOV     CRCL,#058H      ;laden
        ANL     T2CON,#11110100B ;Bits zurücksetzen in Register T2CON
        SETB    ET2             ;Interrupt Timer Nr. 2 freischalten
        SETB    EAL             ;Generelle Interrupt-Freigabe
        ORL     T2CON,#10010001B ;Timer Nr. 2 starten
LOOP:   LJMP    LOOP            ;Simulation eines Hauptprogramms (Endlosschleife)

;**************************************************************************************

        ;Interrupt-Service-Routine
;------------------------------------------------------------------------------------

        ORG     802BH           ;Einsprung-Adresse Interrupt-Service-Routine
                                ;Vektor-Adresse Timer Nr. 2: 002BH + 8000H
        CLR     TF2             ;Overflow-Flag TF2 zurücksetzen
        CPL     P5.1            ;Port-Ausgang P5.1 invertieren
        RETI                    ;Rücksprung zum Hauptprogramm

;**************************************************************************************

        END
```

Übung 6.2-1: Symmetrisches Rechteck

Mit Hilfe der Auto-Reload-Funktion von Timer Nr. 2 soll an Port-Ausgang P5.3 eine symmetrische Rechteckspannung von 10 kHz ausgegeben werden. Die Oszillatorfrequenz beträgt 12 MHz, die intern wirksame Frequenz soll 500 kHz betragen.

Übung 6.2-2: Asymmetrisches Rechteck

Mit Hilfe der Auto-Reload-Funktion von Timer Nr.2 soll am Port-Ausgang P5.2 ein asymmetrisches Rechteck mit $f = 10$ kHz und einem $t_i/t_p = 3:1$ ausgegeben werden. Die Oszillatorfrequenz beträgt 12 MHz, die intern wirksame Frequenz soll 1 MHz betragen.

Übung 6.2.3: Signal mit zwei unterschiedlichen Frequenzen

Mit Hilfe der Auto-Reload-Funktion von Timer Nr.2 sollen am Port-Ausgang P5.4 in einem zeitlichen Wechsel von je 100 ms zwei verschiedene Frequenzen zyklisch ausgegeben werden ($f_1 = 5$ kHz, $f_2 = 10$ kHz).
Die Oszillatorfrequenz beträgt 12 MHz, die intern wirksame Frequenz soll 1 MHz betragen.

Programm-Listing zu Übung 6.2-1: Symmetrische Rechteckspannung

```
;*******************************************************************************
;
        ;Hauptprogramm                  : UEB6_2_1.A51
;*******************************************************************************
;
        ; Definition der Namen

        TH2         EQU     0CDH
        TL2         EQU     0CCH
        T2CON       EQU     0C8H
        TF2         EQU     0C6H
        T2I1        EQU     0C9H
        T2I0        EQU     0C8H
        CRCH        EQU     0CBH
        CRCL        EQU     0CAH
        ET2         EQU     0ADH
        EAL         EQU     0AFH
        P5          EQU     0F8H
;--------------------------------------------------------------------------------

        ORG     8100H               ;Startadresse Hauptprogramm
        CLR     T2I1                ;Timer Nr.2
        CLR     T2I0                ;anhalten
        CLR     TF2                 ;Overflow-Flag TF2 zurücksetzen
        CLR     P5.3                ;Port-Ausgang P5.3 auf LOW setzen
        MOV     TH2,#0FFH           ;Start-Wert für Timer Nr. 2
        MOV     TL2,#0E7H           ;laden
        MOV     CRCH,#0FFH          ;Reload-Wert für Timer Nr. 2
        MOV     CRCL,#0E7H          ;laden
        ANL     T2CON,#11110100B    ;Bits zurücksetzen in Register T2CON
        SETB    ET2                 ;Interrupt Timer Nr. 2 freischalten
        SETB    EAL                 ;Generelle Interrupt-Freigabe
        ORL     T2CON,#10010001B    ;Timer Nr. 2 starten
LOOP:   LJMP    LOOP                ;Simulation eines Hauptprogramms (Endlosschleife)
;*******************************************************************************
;
        ;Interrupt-Service-Routine
;--------------------------------------------------------------------------------
;
        ORG     802BH               ;Einsprung-Adresse Interrupt-Service-Routine
                                    ;Vektor-Adresse Timer Nr. 2: 002BH + 8000H
        CLR     TF2                 ;Overflow-Flag TF2 zurücksetzen
        CPL     P5.3                ;Port-Ausgang P5.3 invertieren
        RETI                        ;Rücksprung zum Hauptprogramm
;*******************************************************************************
;
        END
```

Programm-Listing zu Übung 6.2-2: Asymmetrische Rechteckspannung

```
;*********************************************************************************
            ;Hauptprogramm              : UEB6_2_2.A51
;*********************************************************************************

            ; Definition der Namen

            TH2      EQU      0CDH
            TL2      EQU      0CCH
            T2CON    EQU      0C8H
            TF2      EQU      0C6H
            CRCH     EQU      0CBH
            CRCL     EQU      0CAH
            T2I1     EQU      0C9H
            T2I0     EQU      0C8H
            ET2      EQU      0ADH
            EAL      EQU      0AFH
            P5       EQU      0F8H
            F0       EQU      0D5H
;--------------------------------------------------------------------------------

            ORG      8100H             ;Startadresse Hauptprogramm
            CLR      T2I1              ;Timer Nr.2
            CLR      T2I0              ;anhalten
            CLR      F0                ;Kontroll-Bit zurücksetzen
            CLR      TF2               ;Overflow-Flag TF2 zurücksetzen
            CLR      P5.2              ;Port-Ausgang P5.2 zurücksetzen
            MOV      CRCH,#0FFH        ;Auto-Reload-Wert
            MOV      CRCL,#0E7H        ;laden (tp)
            MOV      TH2,#0FFH         ;Start-Wert für Timer Nr. 2
            MOV      TL2,#0B5H         ;laden (ti)
            ANL      T2CON,#01110100B  ;Bits zurücksetzen in Register T2CON
            SETB     ET2               ;Interrupt Timer Nr. 2 freischalten
            SETB     EAL               ;Generelle Interrupt-Freigabe
            ORL      T2CON,#00010001B  ;Reload-Mode freigeben und Timer Nr. 2 starten
LOOP:       LJMP     LOOP              ;Simulation eines Hauptprogramms (Endlosschleife)

;*********************************************************************************
            ;Interrupt-Service-Routine
;--------------------------------------------------------------------------------

            ORG      802BH             ;Einsprung-Adresse Interrupt-Service-Routine
                                       ;Vektor-Adresse Timer Nr. 2: 002BH + 8000H
            CLR      TF2               ;Overflow-Flag TF2 zurücksetzen
            CPL      P5.2              ;Port-Ausgang P5.2 invertieren
            JB       F0,P_TIME         ;Sprung, wenn Kontroll-Bit F0 gesetzt
            MOV      CRCL,#0B5H        ;Auto-Reload-Wert laden (ti)
            CPL      F0                ;Kontroll-Bit invertieren
            RETI                       ;Rücksprung zum Hauptprogramm
P_TIME:     MOV      CRCL,#0E7H        ;Auto-Reload-Wert laden (tp)
            CPL      F0                ;Kontroll-Bit invertieren
            RETI                       ;Rücksprung zum Hauptprogramm
;*********************************************************************************

            END
```

Programm-Listing zu Übung 6.2-3: Signal mit unterschiedlichen Frequenzen

```
;***********************************************************************************
;      ;Hauptprogramm              :UEB6_2_3.A51
;***********************************************************************************


       ;Definition der Namen


       THO        EQU        8CH
       TLO        EQU        8AH
       TFO        EQU        8DH
       TRO        EQU        8CH
       TMOD       EQU        89H
       ETO        EQU        0A9H
       EAL        EQU        0AFH
       P5         EQU        0F8H
       FO         EQU        0D5H


       TH2        EQU        0CDH
       TL2        EQU        0CCH
       T2CON      EQU        0C8H
       TF2        EQU        0C6H
       T2I1       EQU        0C9H
       T2I0       EQU        0C8H
       CRCH       EQU        0CBH
       CRCL       EQU        0CAH
       ET2        EQU        0ADH


;--------------------------------------------------------------------------------------


       ORG   8100H              ;Startadresse Hauptprogramm
       CLR   TRO                ;Timer Nr.0 anhalten
       CLR   TFO                ;Overflow-Flag TF0 zurücksetzen
       CLR   P5.4               ;Port-Ausgang P5.4 auf LOW setzen
       ANL   TMOD,#11110000B    ;Alle Kontroll-Bits von Timer 0
                                ;innerhalb des SFR TMOD zurücksetzen
       ORL   TMOD,#00000010B    ;Betriebsart festlegen
       MOV   THO,#06H           ;Reload-Wert für Timer 0 laden
       MOV   TLO,#06H           ;Start-Wert für Timer 0 laden
       MOV   RO,#00H            ;1. Schleifenzähler setzen
       MOV   R1,#00H            ;2. Schleifenzähler setzen
       CLR   FO                 ;Kontroll-Bit zurücksetzen
       CLR   T2I1               ;Timer 2
       CLR   T2I0               ;anhalten
       CLR   TF2                ;Overflow-Flag TF2 zurücksetzen
       MOV   TH2,#0FFH          ;Start-Wert für
       MOV   TL2,#9CH           ;Timer 2 laden (f = 5 kHz)
       MOV   CRCH,#0FFH         ;Reload-Wert für
       MOV   CRCL,#9CH          ;Timer 2 laden (f = 5 kHz)
       MOV   R2,#0FFH           ;R2 und R3 werden innerhalb der ISR
       MOV   R3,#9CH            ;800BH (Timer 0) aktualisiert
       ANL   T2CON,#01110100B   ;Bits zurücksetzen in Reg. T2CON
       SETB  ETO                ;Interrupt Timer 0 freigeben
```

```
             SETB   ET2                      ;Interrupt Timer 2 freigeben
             SETB   EAL                      ;Generelle Interrupt-Freigabe
             ORL    T2CON,#00010001B         ;Timer 2 starten
             SETB   TR0                      ;Timer 0 starten
LOOP:        LJMP   LOOP                     ;Simulation eines Hauptprogramms (Endlosschleife)

;*****************************************************************************************
;                   ;Interrupt-Service-Routine: Timer 2
;---------------------------------------------------------------------------------------
             ORG    802BH                    ;Einsprung-Adresse Interrupt-Service-Routine
                                             ;Vektor-Adresse Timer 2: 002BH + 8000H
             CLR    TF2                      ;Overflow-Flag TF2 zurücksetzen
             CPL    P5.4                     ;Port-Pin P5.4 invertieren
             MOV    CRCH,R2                  ;Aktuellen Reload-Wert
             MOV    CRCL,R3                  ;bereitstellen
             RETI                            ;Rücksprung zum Hauptprogramm

;*****************************************************************************************
;                   ;Interrupt-Service-Routine: Timer 0
;---------------------------------------------------------------------------------------
             ORG    800BH                    ;Einsprung-Adresse Interrupt-Service-Routine
                                             ;Vektor-Adresse Timer 0: 000BH + 8000H
             CJNE   R0,#0C8H,MARKE1          ;Sprung, wenn noch nicht 200x durchlaufen
             CJNE   R1,#0C8H,MARKE2          ;Sprung, wenn noch nicht 200x durchlaufen
             JB     F0,MARKE3                ;Sprung, wenn Kontroll-Bit gesetzt
             MOV    R2,#0FFH                 ;Reload-Wert für
             MOV    R3,#0CEH                 ;f = 10 kHz bereitstellen
BACK:        CPL    F0                       ;Kontroll-Bit invertieren
             MOV    R0,#00H                  ;1.Schleifenzähler setzen
             MOV    R1,#00H                  ;2.Schleifenzähler setzen
             RETI                            ;Rücksprung zum Hauptprogramm

MARKE1:      INC    R0                       ;1.Schleifenzähler inkrementieren
             RETI                            ;Rücksprung zum Hauptprogramm

MARKE2:      INC    R1                       ;2.Schleifenzähler inkrementieren
             RETI                            ;Rücksprung zum Hauptprogramm

MARKE3:      MOV    R2,#0FFH                 ;Reload-Wert für
             MOV    R3,#9CH                  ;f = 5 kHz bereitstellen
             SJMP   BACK                     ;Sprung nach BACK

;*****************************************************************************************
             END
```

Compare-Funktion von Timer Nr. 2

Der Timer Nr. 2 besitzt vier 16-Bit-Register CRC, CC1, CC2 und CC3. Per Software läßt sich bestimmen, welches dieser vier Compare-Register mit dem Zählregister verglichen wird. Bei Übereinstimmung zwischen dem Inhalt des Zählregisters und dem aktivierten Compare-Register liefert ein 16-Bit-Vergleicher ein Compare-Signal, das eine von zwei verschiedenen Reaktionen (Mode 0, Mode 1) auslöst. Diese beiden Modi werden durch das Kontroll-Bit T2CM (T2CON.2) ausgewählt. In beiden Fällen wird der entsprechende Port-Ausgang P1.x (P1.0, P1.1, P1.2 bzw. P1.3) im gleichen Maschinen-Zyklus beeinflußt, in dem das interne Compare-Signal wirksam wird.

Die vier Register CRC, CC1, CC2 und CC3 werden innerhalb des Timers Nr. 2 in unterschiedlichen Funktionen verwendet. Die generelle Einstellung der gewünschten Funktion geschieht mit Hilfe des Special Function Registers **CCEN** (C1H).

Compare Mode 0

In der Betriebsart 0 (Mode 0) ist das Ausgangssignal am entsprechenden Port P1.x
solange LOW, bis der Wert des Zählregisters mit dem des aktiven Compare-
Registers übereinstimmt. Danach wechselt der Port-Pegel auf HIGH. Beim Zähler-
Überlauf (timer overflow) wechselt der Port-Pegel wieder auf LOW.

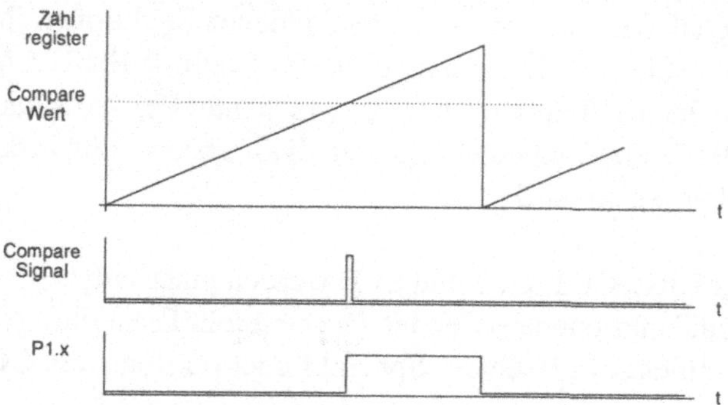

Bild 6.2-6: Verlauf des Port-Signal bei Compare-Mode 0

In dieser Betriebsart wird der Pegel-Zustand am entsprechenden Port-Pin P1.x
ausschließlich durch das Compare-Signal bestimmt. Ein softwaremäßiges Beschreiben dieses Ports bleibt ohne Wirkung.

Das entsprechende Port-Latch wird direkt beeinflußt durch das Compare-Signal
und das Timer-Overflow-Signal. Die Verbindung zwischen dem Port-Latch und
dem internen Daten-Bus ist unterbrochen, solange der Compare Mode 0 aktiv ist.

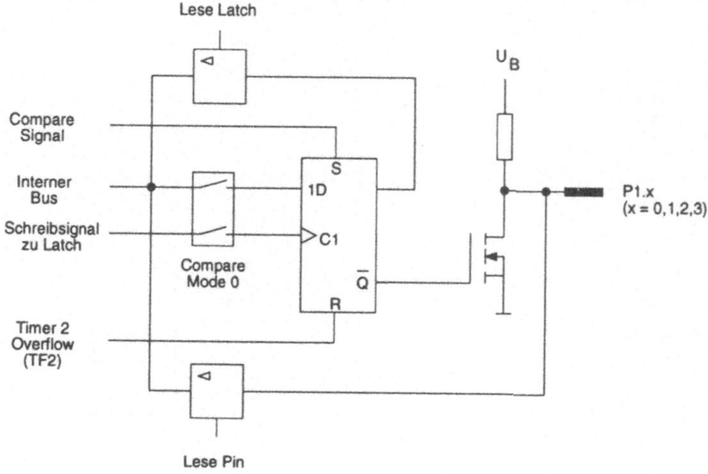

Bild 6.2-7: Port Latch in Compare Mode 0

Die Wirkungen des Compare Mode 0 unterscheiden sich bei Verwendung des Compare Registers CRC von Wirkungen bei Verwendung der Compare Register CC1, CC2 und CC3.

Wirkungsweise des Compare Mode 0 bei Verwendung des Registers CRC

Bei Übereinstimmung zwischen Inhalt des Zählregisters (TH2, TL2) und dem Compare Register CRC wird ein Compare-Signal erzeugt. Durch entsprechendes Setzen des Kontroll-Bits I3FR (T2CON.6) wird durch die positive bzw. durch die negative Flanke des Compare-Signals das Interrupt-Request-Flag IEX3 (IRCON.2) gesetzt. Das Compare-Signal setzt gleichzeitig den Port-Ausgang P1.0 (CC0) auf HIGH-Pegel.

Beim Überlauf des Zählregisters wird das Kontroll-Bit TF2 (IRCON.6) auf HIGH und der Port-Ausgang P1.0 (CC0) wieder auf LOW-Pegel gesetzt.

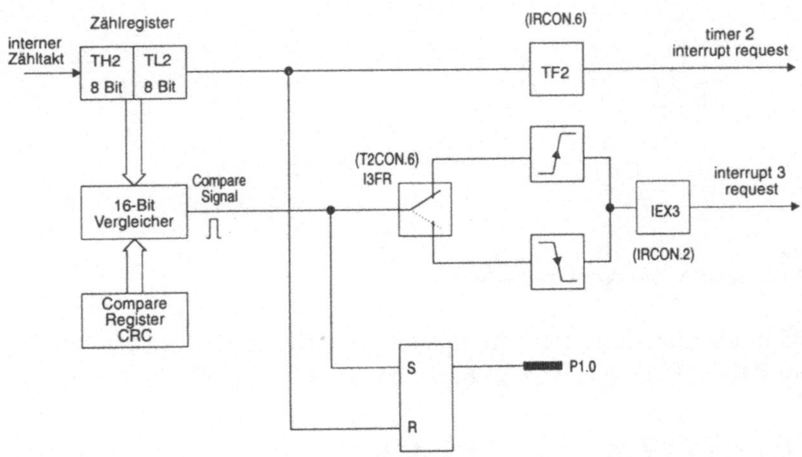

Bild 6.2-8: Timer 2 mit Register CRC im Compare Mode 0

In dem Zeitraum, in dem der Wert des Compare-Registers CRC dem Wert des Zählregisters entspricht, führt das Compare-Signal HIGH-Pegel.

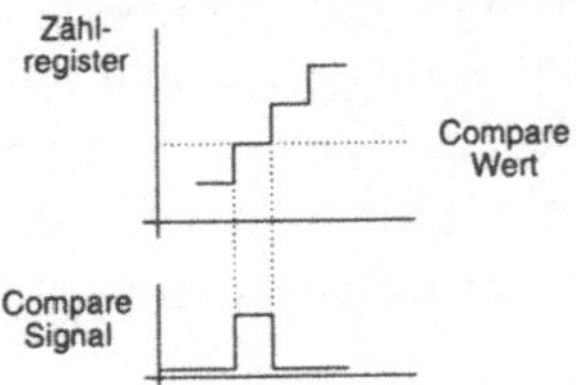

Bild 6.2-9: Zeitlicher Verlauf des Compare-Signals

Wirkungsweise des Compare Mode 0 bei Verwendung der Register CC1, CC2 und CC3

Die Wirkungsweise bei Verwendung dieser drei 16-Bit-Register ist gleich. Nachfolgend wird deshalb nur die Funktion von CC1 ausführlich beschrieben.

Bei Verwendung des Registers CC1 wird das Interrupt-Request-Flag IEX4 (IRCON.3) immer bei der positiven Flanke des Compare-Signals gesetzt. In gleicher Weise wird bei Verwendung von CC2 das Interrupt-Request-Flag IEX5 (IRCON.4), bei Verwendung von CC3 das Flag IEX6 (IRCON.5) gesetzt.

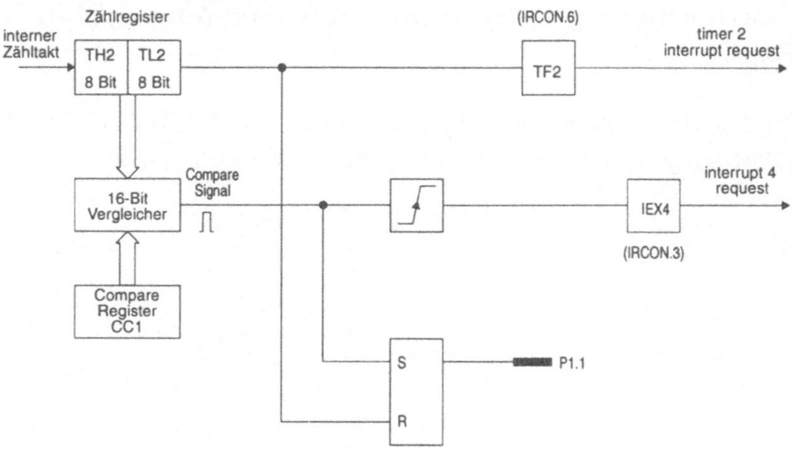

Bild 6.2-10: Timer 2 mit Register CC1 im Compare Mode 0

Das entsprechende Compare-Signal setzt gleichzeitig den entsprechenden Port-Ausgang P1.1 (CC1), P1.2 (CC2) bzw. P1.3 (CC3) auf HIGH-Pegel.

Beim Überlauf des Zählregisters wird das Kontroll-Bit TF2 (IRCON.6) auf HIGH und der entsprechende Port-Ausgang P1.x (CCx) wieder auf LOW-Pegel gesetzt.

Modulationsbereich

Durch Setzen eines bestimmten Referenzwertes im Compare-Register lassen sich unterschiedliche Impulsbreiten am Ausgang P1.x erzeugen, d.h., das pulsweitenmodulierte Signal kann zwischen einem Minimal- und einem Maximalwert eingestellt werden. Bei einer internen Zählfrequenz von 1 MHz ergibt sich ein vollständiger Zählzyklus von 65.536 µs; dies entspricht einer Ausgangsfrequenz am entsprechenden Port-Ausgang von 15,26 Hz.

Das größte Tastverhältnis (maximum duty cycle) stellt sich ein, wenn der Compare-Wert im zugeordneten Compare-Register (CC1, CC2, CC3 oder CRC) gleich 0000H ist. Bei jedem Timer-2-Überlauf wird das entsprechende Port-Latch auf LOW zurückgesetzt, um im nächsten Zyklus durch das Compare-Ereignis wieder auf HIGH gesetzt zu werden. Der entstehende Nadelimpuls hat etwa die Länge eines halben Maschinen-Zyklusses (bei f_{osc} = 12 MHz = 500 ns).

Arbeitet der Timer Nr. 2 im Reload-Mode (Reload-Wert steht im Register CRC), dann stellt sich das maximale Tastverhältnis auch dann ein, wenn der Inhalt des entsprechenden Compare-Registers (CC1, CC2 oder CC3) gleich dem Reload-Wert (CRC) ist.

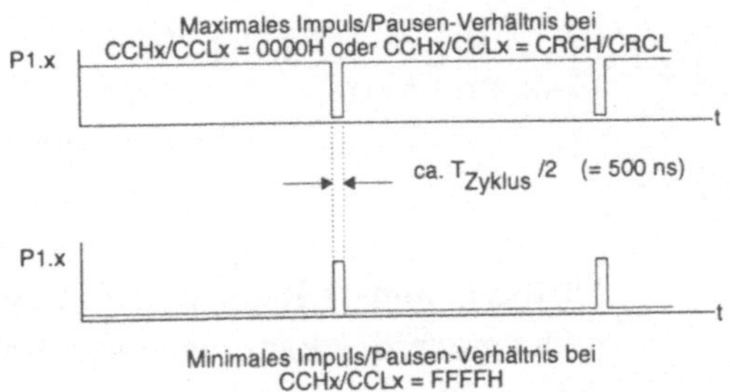

Bild 6.2-11: Modulationsbereich

Rechnerisch bestimmt sich das maximale Tastverhältnis τ_{max} zu:

$$\tau_{max} = t_i/T = (T - t_p)/T = 1 - t_p/T = 1 - 500\ ns/65{,}536\ ms = 99{,}99995\%$$

Das minimale Tastverhältnis (minimal duty cycle) stellt sich ein, wenn der Inhalt im zugeordneten Compare Register (CC1, CC2, CC3 oder CRC) gleich FFFFH ist. Bei jedem Timer-2-Überlauf wird das entsprechende Port-Latch auf LOW zurückgesetzt, um mit dem letzten Zähltakt durch das entstehende Compare-Ereignis wieder auf HIGH gesetzt zu werden. Im nächsten Zyklus wird der Port-Ausgang wieder LOW gesetzt. Der entstehende Nadelimpuls hat etwa die Länge eines halben Maschinen-Zyklusses (bei f_{osc} = 12 MHz = 500 ns).

Rechnerisch bestimmt sich das minimale Tastverhältnis τ_{min} zu:

$$\tau_{min} = t_i/T = 500\ ns/65{,}536\ ms = 0{,}000763$$

Beispiel 6.2-4:

Das aktive Compare-Register wird mit dem Wert 5C3AH geladen. Bestimmen Sie
das sich einstellende Tastverhältnis τ am Port-Ausgang P1.x!

Berechnung: Pausenzeit t_p = 5C3AH * 1 μs = 23.610 μs

$$\tau = t_i/T = (T - t_p)/T = 1 - t_p/T = 1 - 23.610/65.536 = 63,97\%$$

Beispiel 6.2-5:

Berechnen Sie den Wert des Compare Registers, damit sich ein Impuls/Pausen-
Verhältnis von 2/3 einstellt!

Berechnung: Compare-Wert   = Pausenzeit-Wert = 3/5 * 65.536
                                      = 39.321,6 (dez)   = 9999H

Hinweis: Da das Compare Register nur mit ganzzahligen Werten
                     geladen werden kann, lassen sich nicht alle beliebigen
                     Impuls/Pausen-Verhältnisse einstellen.

Die vier Compare-Register CRC, CC1, CC2 und CC3 werden durch das Special
Function Register **CCEN** (compare/capture enable) beeinflußt. Die Bedeutung der
einzelnen Kontroll-Bits sind am Ende dieses Kapitels ausführlich beschrieben.

Beispiel 6.2-6:
Die Compare/Capture-Register sind für folgende Betriebsfälle vorzubereiten:

☐   **CRC**   ⟹   Auto-Reload-Mode

☐   **CC1**   ⟹   Capture Mode 1

☐   **CC2**   ⟹   Compare Mode 0

☐   **CC3**   ⟹   Capture Mode 0

Notwendiges Bit-Muster: 01101100B

Erforderliche Befehlssequenz: ANL   CCEN,#01101100B
                                      ORL   CCEN,#01101100B

Zusammenfassung (Hinweise):

☐   Bei Übereinstimmung zwischen Inhalt des Zählregisters (TH2, TL2) und dem
    Compare Register CRC kann durch die positive Flanke (I3FR = 1) oder durch
    die negative Flanke (I3FR = 0) des Compare Signals der Interrupt 3 ausgelöst
    werden.

☐   Bei Übereinstimmung zwischen Inhalt des Zählregisters (TH2, TL2) und den
    Compare Registern CC1, CC2 oder CC3 kann durch die positive Flanke des
    Compare Signals der Interrupt 4, Interrupt 5 oder Interrupt 6 ausgelöst
    werden.

☐   Bei Überlauf des Zählregisters (TH2, TL2) kann der Timer 2 Interrupt
    ausgelöst werden.

☐   Der eingestellte Compare Mode gilt für alle im Compare Mode arbeitenden
    Register.

☐   Bei neuem Laden der Compare Register sollte der Compare Mode gesperrt
    sein.

Beispiel 6.2-7: Asymmetrisches Rechtecksignal
Am Port-Ausgang P1.2 soll mit Hilfe des Compare Mode 0 ein asymmetrisches
Rechtecksignal mit f = 1 kHz und einem Impuls/Pausen-Verhältnis von t_i/t_p=3/2
erzeugt werden.

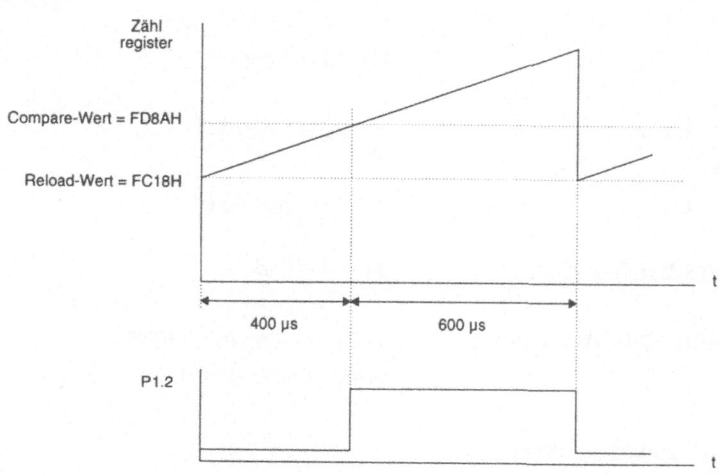

Lösung:

1.   Bestimmung der Initialisierungsdaten für Timer Nr. 2

T2CON	0	x	x	1	0	0	0	0/1

CCEN	x	x	1/0	0	x	x	x	x

2. **Berechnung der erforderlichen Start-, Reload- und Compare-Werte**

Ausgabe an Port-Pin P1.2 ⟹ Compare Register CC2

Erforderliche Maschinen-Zyklen:

$$z = f_{in} * T_x$$
$$= 1 \text{ MHz} * 1 \text{ ms}$$
$$z = 1.000 \text{ (Takt-Zyklen)}$$

Erforderlicher Start- bzw. Reload-Wert:

$$n = 65.536 - 1.000$$
$$= 64.536$$
$$n = \text{FC18H}$$

Erforderlicher Compare-Wert:

$$c = 64.536 + 400$$
$$= 64.936$$
$$c = \text{FDA8H}$$

⟹ Zähleranfangswert : **TH2 = FCH, TL2 = 18H**

⟹ Reload-Wert : **CRCH = FCH, CRCL = 18H**

⟹ Compare-Wert : **CC2H = FDH, CC2L = A8H**

3.   Programm-Ablaufplan

Die Erzeugung eines Rechtecksignals mit Compare Mode 0 benötigt keine spezielle Interrupt Service Routine, da der Port-Ausgang direkt von der internen Hardware bei Erreichen des Compare-Wertes automatisch gesetzt und beim Überlauf des Timers wieder zurückgesetzt wird. Der Timer beginnt den nächsten Zyklus (T = 1 ms) wieder mit dem vordefinierten Reload-Wert .

Hauptprogramm

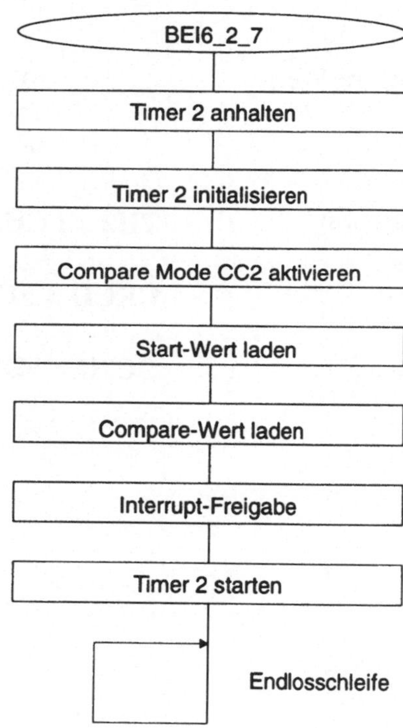

4. Programm-Listing

```
;*******************************************************************************
;Hauptprogramm                    : BEI6_2_7.A51
;*******************************************************************************
; Definition der Namen

        TH2       EQU       0CDH
        TL2       EQU       0CCH
        T2CON     EQU       0C8H
        CCEN      EQU       0C1H
        CRCH      EQU       0CBH
        CRCL      EQU       0CAH
        CCH2      EQU       0C5H
        CCL2      EQU       0C4H

;-------------------------------------------------------------------------------
        ORG   8100H                      ;Startadresse Hauptprogramm
        ANL   T2CON,#01110000B           ;Timer Nr.2 anhalten, Compare Mode 0
                                         ;und Auto-Reload vorbereiten
        MOV   TH2,#0FCH                  ;Start-Wert von Timer Nr. 2
        MOV   TL2,#18H                   ;setzen, T = 1 ms
        MOV   CRCH,#0FCH                 ;Reload-Wert
        MOV   CRCL,#18H                  ;laden
        MOV   CCH2,#0FDH                 ;Compare-Wert für CC2
        MOV   CCL2,#0A8H                 ;setzen, t_i = 600 µs, t_p = 400 µs
        ANL   CCEN,#11001111B            ;CC2 definiert auf NULL setzen
        ORL   CCEN,#00100000B            ;Compare-Mode 0 für CC2 aktivieren
        ORL   T2CON,#00010001B           ;Timer Nr. 2 starten
LOOP:   LJMP  LOOP                       ;Simulation eines Hauptprogramms (Endlosschleife)

;*******************************************************************************
        END
```

Übung 6.2-4: Generator mit unterschiedlichem Impuls/Pausen-Verhältnis

Mit Hilfe des Compare Mode 0 soll ein Rechteckgenerator realisiert werden, der bei einer konstanten Frequenz von 10 kHz an den Port-Ausgängen P1.1, P1.2 und P1.3 unterschiedliche Impuls/Pausen-Verhältnisse erzeugen soll:

P1.1 $t_i/t_p = 1:1$
P1.2 $t_i/t_p = 1:3$
P1.3 $t_i/t_p = 3:1$

Programm-Listing

```
;**********************************************************************************
;           Hauptprogramm              :UEB6_2_4.A51
;**********************************************************************************
            ;Definition der Namen
            TH2         EQU     0CDH
            TL2         EQU     0CCH
            T2CON       EQU     0C8H
            CCEN        EQU     0C1H
            CRCH        EQU     0CBH
            CRCL        EQU     0CAH
            CCH3        EQU     0C7H
            CCL3        EQU     0C6H
            CCH2        EQU     0C5H
            CCL2        EQU     0C4H
            CCH1        EQU     0C3H
            CCL1        EQU     0C2H
;------------------------------------------------------------    ----------------

            ORG    8100H               ;Startadresse Hauptprogramm
            ANL    T2CON,#01110000B    ;Timer Nr. 2 anhalten, Compare Mode 0
                                       ;und Auto-Reload aktivieren
            MOV    TH2,#0FFH           ;Start-Wert von Timer Nr. 2
            MOV    TL2,#9CH            ;setzen, f = 10 kHz
            MOV    CRCH,#0FFH          ;Reload-Wert
            MOV    CRCL,#9CH           ;laden
            MOV    CCH3,#0FFH          ;Compare-Wert für CC3
            MOV    CCL3,#0B5H          ;laden, ti/tp = 3:1
            MOV    CCH2,#0FFH          ;Compare-Wert für CC2
            MOV    CCL2,#0CEH          ;laden, ti/tp = 1:3
            MOV    CCH1,#0FFH          ;Compare-Wert für CC1
            MOV    CCL1,#0E7H          ;laden, ti/tp = 1:1
            ANL    CCEN,#00000011B     ;Compare-Mode Freigabe vorbereiten
            ORL    CCEN,#10101000B     ;Compare-Mode 0 für CC3,CC2 und CC1 aktivieren
            ORL    T2CON,#00010001B    ;Timer 2 starten
LOOP:       LJMP   LOOP                ;Simulation eines Hauptprogramms (Endlosschleife)

;**********************************************************************************
            END
```

Anwendungsmöglichkeiten Compare Mode 0

Am Ausgang P1.x läßt sich ein pulsweitenmoduliertes Signal erzeugen, dessen Impulslänge in 65.536 (16 Bit) Schritten mit einer Auflösung von 1 µs einstellbar ist. Damit können Motorsteuerungen, Regelungen oder auch Digital-Analog-Wandlungen (Zählverfahren) realisiert werden. Im folgenden werden zwei Beispiele ausführlicher beschrieben.

Beispiel 6.2-8: Digital-Analog-Wandlung nach dem Zählverfahren

Der Mikrocontroller 80(C)515/535 besitzt keine interne D/A-Wandler-Funktion. Um dennoch ohne externen D/A-Wandler-Baustein notwendige Umwandlungen durchführen zu können, wird der zu wandelnde Digitalwert in eine proportionale Impulsbreite umgewandelt. Durch einfaches Nachschalten eines Integrierers (Tiefpaß) erhält man einen Gleichspannungswert, der proportional dem Digitalwert ist.

Das folgende Bild verdeutlicht das Prinzip (hier dargestellt als 4-Bit-D/A-Wandler) nach dem Zählverfahren.

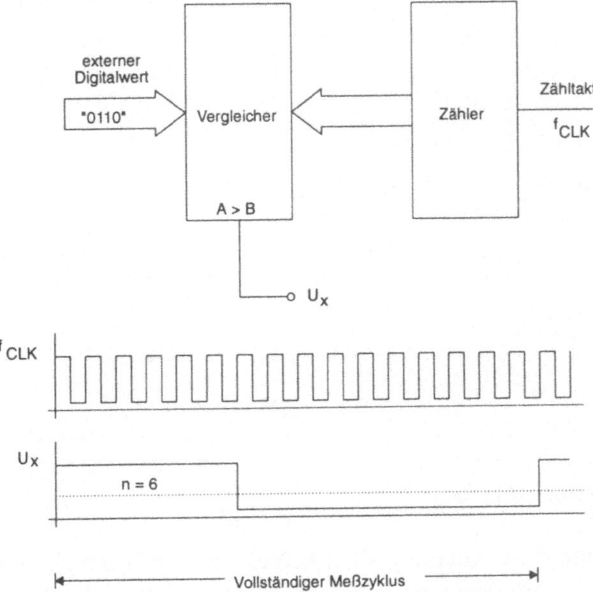

Bild 6.2-12: D/A-Wandlung nach dem Zählverfahren

Der anstehende Digitalwert (befindet sich im Compare-Register) wird mit einem zweiten Wert (Zählregister) verglichen, der durch einen Takt fortlaufend inkrementiert wird. Solange der Digitalwert größer als der aktuelle Zählerstand ist, liefert der Vergleicher HIGH-Signal, danach bis zum Überlauf LOW-Signal.

Man erhält ein pulsweitenmoduliertes Signal U_x (Meßzyklus = 65,536 ms), dessen Impulsbreite (mögliche Auflösung: 1 μs) abhängig vom zu wandelnden Digitalwert ist.

Führt man das Signal U_x einem Integrierer zu, ermittelt dieser den Mittelwert der anliegenden Spannung. Dieser Mittelwert stellt den analogen Wert des zu wandelnden Digitalwertes dar. Bei einer angenommenen Spannung von 5V bei HIGH am Port-Ausgang ergibt sich die mögliche Stufenbreite des Analogsignals (LSB) zu:

$$\text{LSB (least significant bit)} = U_{e,max}/2^n = 5V/2^{16} = 76{,}29\ \mu V/Bit$$

Dieses Prinzip läßt sich mit Compare Mode 0 einfach nachbilden. Der zu wandelnde Digitalwert wird über einen Port eingelesen und in das entsprechende Compare-Register geladen. Bei Verwendung von zwei Ports lassen sich auch 16-Bit-Werte umwandeln.

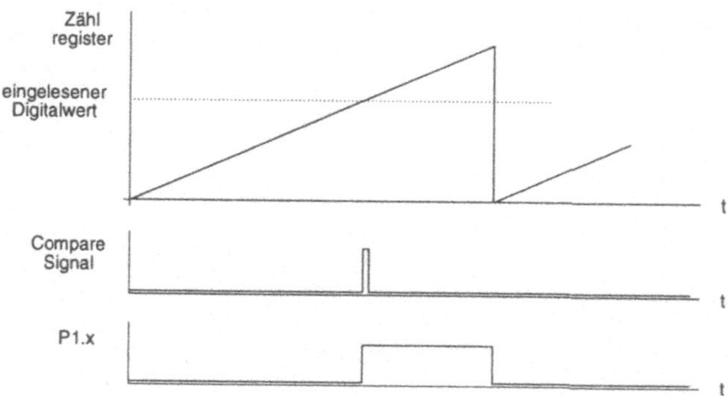

Bild 6.2-13: Pulsweitenmoduliertes Signal

Der entsprechende Port-Ausgang P1.x liefert nun ein Signal, dessen Pausendauer proportional dem eingelesenen Digitalwert ist. Durch externes Invertieren und anschließendes Integrieren ergibt sich ein proportionaler Analogwert.

Im folgenden konkret beschriebenen Programm wird ein 16-stelliger Digitalwert nach dem oben beschriebenen Verfahren in ein pulsweitenmoduliertes Signal umgesetzt. Der Digitalwert wird über die Port 4 (HOB) und Port 5 (LOB) eingelesen, das pulsweitenmodulierte Signal soll an P1.3 zur Verfügung stehen.

Lösung:

Der 16stellige Digitalwert wird eingelesen und als Compare-Wert verwendet.

1.   Bestimmung der Initialisierungsdaten für Timer Nr. 2

Timer Nr. 2, Standard-Funktion
Interne Zählfrequenz: 1 MHz
Compare Mode 0 (für CC3)

T2CON	0	x	x	0	x	0	0	0/1

CCEN	1/0	0	x	x	x	x	x	x

Das Compare-Ereignis setzt mit der positiven Flanke das Vorbereitungs-Flag IEX6 (IRCON) von Interrupt 6 (Vektor-Adresse: 006BH). Die Freigabe des Interrupt 6 erfolgt durch das Kontroll-Bit EX6 (IEN1).

2.   Programm-Ablaufplan

Hauptprogramm

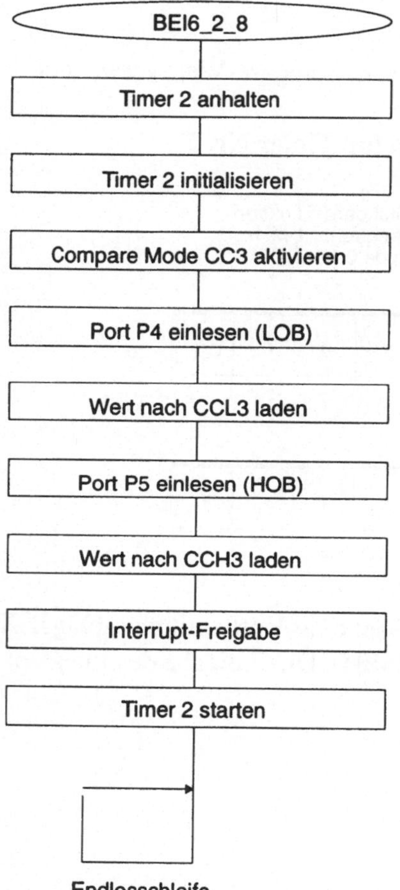

Interrupt Service Routine

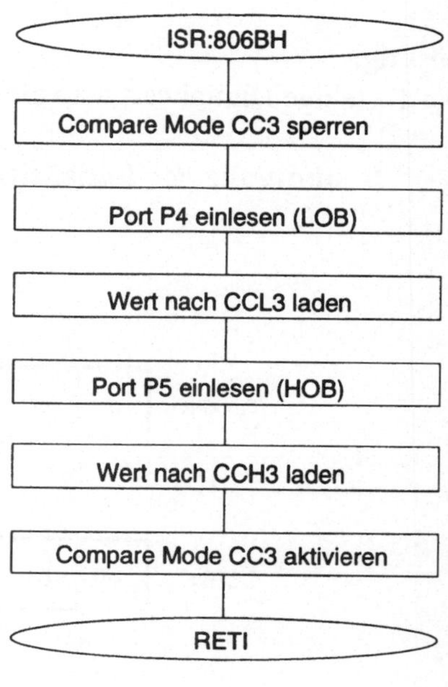

3. Programm-Listing

```
;****************************************************************************************
;
                  ;Hauptprogramm              : BEI6_2_8.A51
;****************************************************************************************
;
                  ; Definition der Namen
                  TH2         EQU        0CDH
                  TL2         EQU        0CCH
                  T2CON       EQU        0C8H
                  CCEN        EQU        0C1H
                  CC3H        EQU        0C7H
                  CC3L        EQU        0C6H
                  TF2         EQU        0C6H
                  ET2         EQU        0ADH
                  IEX6        EQU        0C5H
                  EX6         EQU        0BDH
                  EAL         EQU        0AFH
                  P4          EQU        0E8H
                  P5          EQU        0F8H
;--------------------------------------------------------------------------------------
         ORG    8100H                    ;Startadresse Hauptprogramm
         ANL    T2CON,#11111100B         ;Timer Nr.2 anhalten
         CLR    IEX6                     ;Compare-Ereignis-Flag zurücksetzen
         MOV    TH2,#00H                 ;Start-Wert von Timer Nr. 2
         MOV    TL2,#00H                 ;auf NULL setzen
         ANL    CCEN,#00111111B          ;CC3 definiert auf NULL setzen
         ORL    CCEN,#10000000B          ;Compare-Mode 0 für CC3 aktivieren
         MOV    A,P5                     ;LOB des Dig.-Wertes einlesen
         MOV    CCL3,A                   ;LOB des Compare-Wertes laden
         MOV    A,P4                     ;HOB des Dig.-Wertes einlesen
         MOV    CCH3,A                   ;HOB des Compare-Wertes laden
         SETB   EX6                      ;Externen Interrupt 6 freigeben
         SETB   EAL                      ;Generelle Interrupt-Freigabe
         ORL    T2CON,#00000001B         ;Timer Nr. 2 starten
LOOP:    LJMP   LOOP                     ;Simulation eines Hauptprogramms (Endlosschleife)

;****************************************************************************************
;
                  ;Interrupt-Service-Routine    :Compare-Ereignis (External Interrupt 6)
;--------------------------------------------------------------------------------------
;
         ORG    806BH                    ;Einsprung-Adresse Interrupt-Service-Routine
                                         ;Vektor-Adresse External Interrupt 6: 006BH + 8000H
         ANL    CCEN,#00111111B          ;Compare-Mode 0 für CC3 sperren
         MOV    A,P5                     ;LOB des Dig.-Wertes einlesen
         ADD    A,#01H                   ;Eingelesenen Wert inkrementieren
         MOV    CCL3,A                   ;LOB des Compare-Wertes laden
         MOV    A,P4                     ;HOB des Dig.-Wertes einlesen
         ADDC   A,#00H                   ;evtl. aufgetretener Übertrag addieren
         MOV    CCH3,A                   ;HOB des Compare-Wertes laden
         ORL    CCEN,#10000000B          ;Compare-Mode 0 für CC3 aktivieren
         RETI                            ;Rücksprung zum Hauptprogramm

;****************************************************************************************
;
         END
```

Compare Mode 1

In der Betriebsart 1 (Mode 1) nimmt der entsprechende Port-Ausgang P1.x bei jedem Compare Ereignis den Pegel an, der zuvor per Software definiert worden ist.

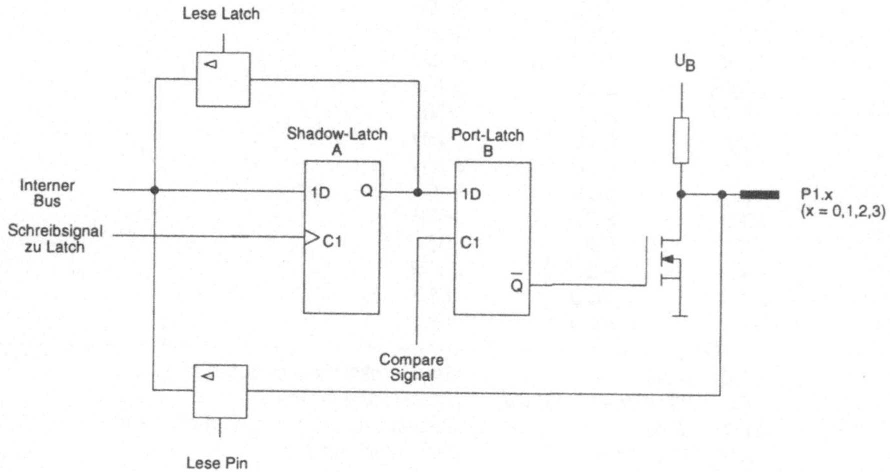

Bild 6.2-14: Port Latch im Compare Mode 1

In dieser Betriebsart besteht das Port Latch aus zwei verschiedenen Speichern. Wird per Programm z.B. HIGH-Pegel an das Port-Latch geschrieben, erscheint dieses Signal nicht direkt am Port-Pin, sondern wird erst im Shadow-Latch A zwischengespeichert. Bei Auftreten eines entsprechenden Compare-Ereignisses wird der zwischengespeicherte Wert in Latch B übernommen. Wird während des Compare-Ereignisses ein Wert per Programm in das Shadow-Latch A geschrieben, wird dieser Wert direkt an Latch B bzw. an den Port-Pin P1.x weitergegeben.

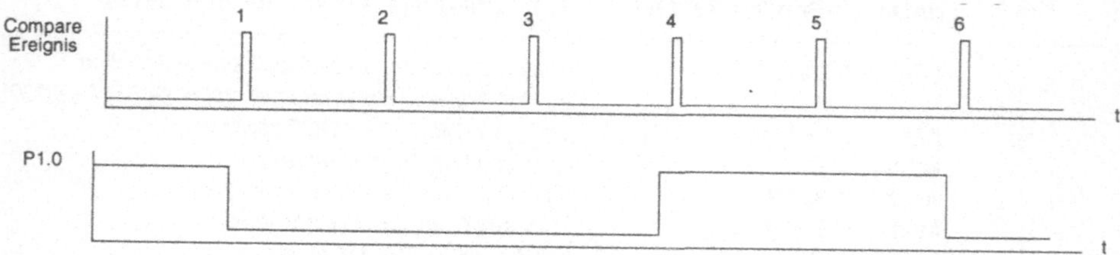

Bild 6.2-15: Mögliche Port-Signale bei Compare Mode 1

Die Wirkungen des Compare Mode 1 unterscheiden sich bei Verwendung des Compare Registers CRC von Wirkungen bei Verwendung der Compare Register CC1, CC2 und CC3.

Wirkungsweise des Compare Mode 1 bei Verwendung des Registers CRC

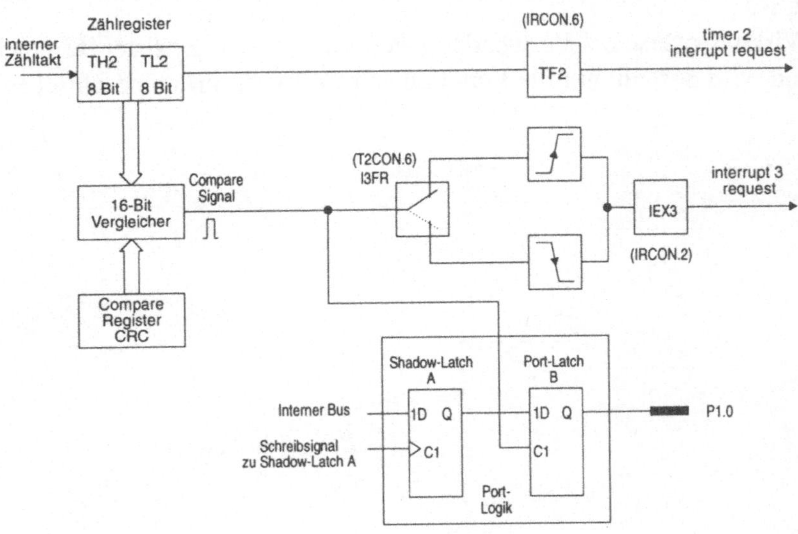

Bild 6.2-16: Timer 2 mit Register CRC im Compare Mode 1

Bei Übereinstimmung zwischen Inhalt des Zählregisters (TH2, TL2) und dem Compare Register CRC wird ein Compare-Signal erzeugt. Durch entsprechendes Setzen des Kontroll-Bits I3FR (T2CON.6) wird durch die positive bzw. durch die negative Flanke des Compare-Signals das Interrupt-Request-Flag IEX3 (IRCON.2) gesetzt.

Das Compare-Signal setzt gleichzeitig den Port-Ausgang P1.0 auf den Wert, der vorher per Software in das Shadow-Latch A abgespeichert wurde. Der Port-Ausgang kann erst beim nächsten Compare-Ereignis geändert werden.

Auf diese Weise können die Frequenz und das Impuls/Pausen-Verhältnis des Ausgangssignals sehr variabel beeinflußt werden.

Beim Überlauf des Zählregisters wird das Kontroll-Bit TF2 (IRCON.6) auf HIGH gesetzt.

Wirkungsweise des Compare Mode 1 bei Verwendung der Register CC1, CC2 und CC3

Die Wirkungsweise bei Verwendung dieser drei 16-Bit-Register ist gleich. Nachfolgend wird deshalb nur die Funktion von CC1 ausführlich beschrieben.

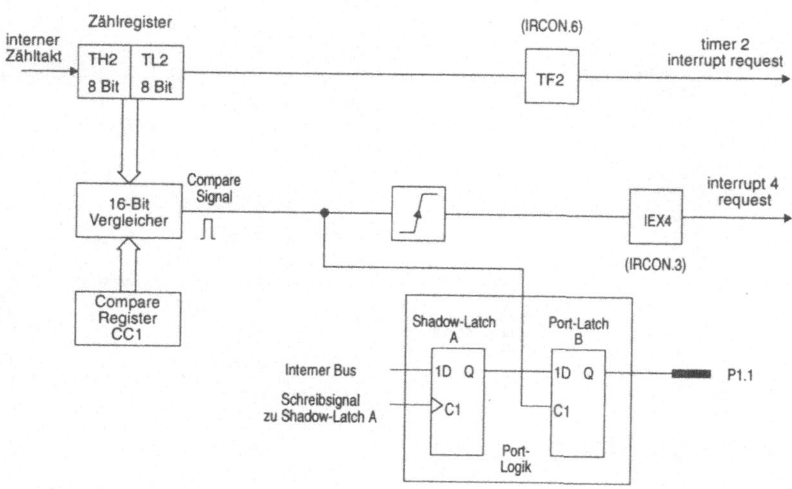

Bild 6.2-17: Timer 2 mit Register CC1 im Compare Mode 1

Bei Verwendung des Registers CC1 wird das Interrupt-Request-Flag IEX4 (IRCON.3) immer bei der positiven Flanke des Compare-Signals gesetzt. In gleicher Weise wird bei Verwendung von CC2 das Interrupt-Request-Flag IEX5 (IRCON.4), bei Verwendung von CC3 das Flag IEX6 (IRCON.5) gesetzt.

Das Compare-Signal setzt gleichzeitig den Port-Ausgang P1.1 auf den Wert, der vorher per Software in das Shadow-Latch A abgespeichert wurde. Der Port-Ausgang kann erst beim nächsten Compare-Ereignis geändert werden.

Auf diese Weise können die Frequenz und das Impuls/Pausen-Verhältnis des Ausgangssignals sehr variabel beeinflußt werden.

Beim Überlauf des Zählregisters wird das Kontroll-Bit TF2 (IRCON.6) auf HIGH gesetzt.

Beispiel 6.2-9: Asymmetrisches Rechtecksignal mit Compare Mode 1
Generieren Sie am Ausgang P1.1 mit Hilfe von Compare Mode 1 ein asymmetrisches Rechtecksignal mit einer Impulszeit $t_i = 90$ ms und einer Pausenzeit von $t_p = 60$ ms.

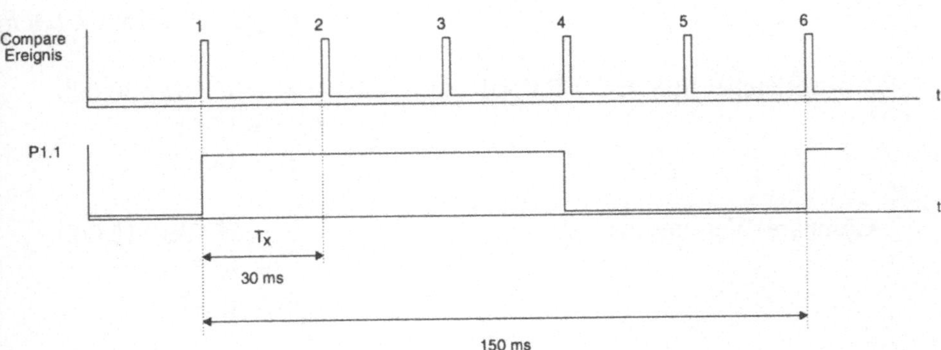

Lösung:

Als Compare-Register wird CC1 benutzt, das nach jeweils 30 ms einen Interrupt (Vektor-Adresse: 005BH) auslöst. Innerhalb dieser Interrupt Service Routine wird das Shadow-Latch für Port-Pin P1.2 entsprechend vorbereitet. Dreimal muß HIGH-Pegel und zweimal LOW-Pegel ausgegeben werden.

1.   Bestimmung der Initialisierungsdaten für Timer Nr. 2

Timer Nr. 2, Auto-Reload
Interne Zählfrequenz: 1 MHz
Compare Mode 1 (für CC1)

T2CON	0	x	x	1	0	1	0	0/1

CCEN	x	x	x	x	1/0	0	x	x

2.   Berechnung der erforderlichen Start-, Reload- und Compare-Werte

Ausgabe an Port-Pin P1.1   ➡   Compare Register CC1

Erforderliche Maschinen-Zyklen:

$$z = f_{in} * T_x$$
$$= 1 \text{ MHz} * 30 \text{ ms}$$
$$z = 30.000 \,(\text{Takt-Zyklen})$$

Erforderlicher Start- bzw. Reload-Wert:

$$n = 65.536 - 30.000$$
$$= 35.536$$
$$n = 8AD0H$$

Compare-Wert gesetzt auf:

$$c = 65.536 - 15.000$$
$$= 40.536$$
$$c = 9E58H$$

➡   **Zähleranfangswert   :   TH2 = 8AH   TL2 = D0H**

➡   **Reload-Wert   :   CRCH = 8AH   CRCL = D0H**

➡   **Compare-Wert   :   CC1H = 9EH   CC1L = 58H**

3.   Programm-Ablaufplan

Hauptprogramm

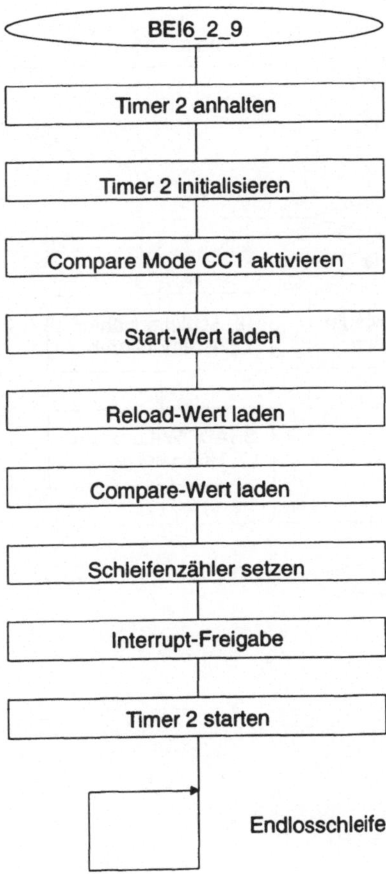

Interrupt Service Routine

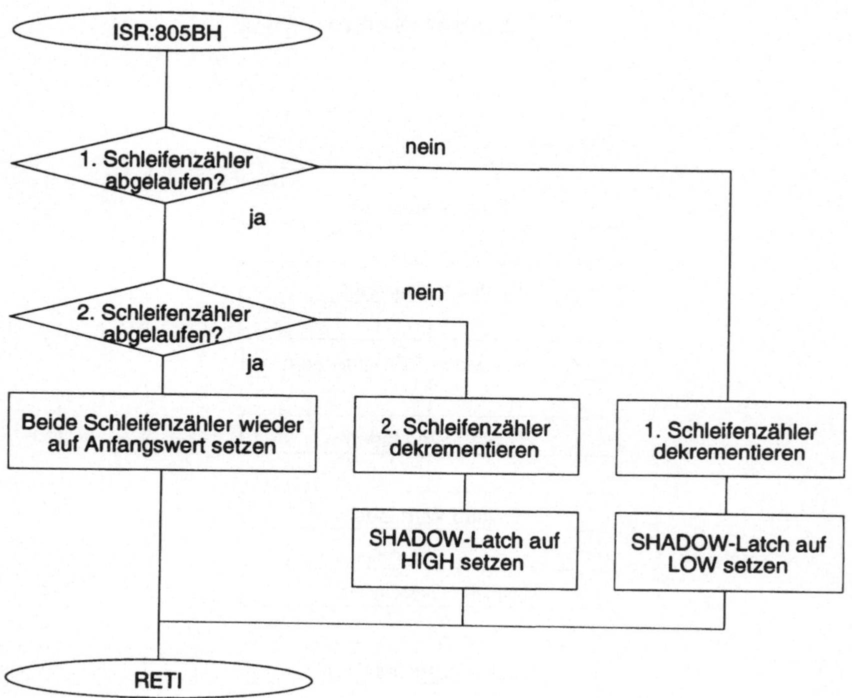

4. Programm-Listing

```
;*********************************************************************************
;
        ;Hauptprogramm                  : BEI6_2_9.A51
;*********************************************************************************
;
        ; Definition der Namen
        TH2        EQU        0CDH
        TL2        EQU        0CCH
        T2CON      EQU        0C8H
        CCEN       EQU        0C1H
        CRCH       EQU        0CBH
        CRCL       EQU        0CAH
        CCH1       EQU        0C3H
        CCL1       EQU        0C2H
        IEX4       EQU        0C3H
        EX4        EQU        0BBH
        EAL        EQU        0AFH
        P1         EQU        90H
;--------------------------------------------------------------------------------
        ORG    8100H                    ;Startadresse Hauptprogramm
        ANL    T2CON,#01110100B         ;Timer Nr.2 anhalten, Compare Mode 1  und Auto-
                                        ;Reload aktivieren
        CLR    IEX4                     ;Compare-Ereignis-Flag zurücksetzen
        MOV    TH2,#8AH                 ;Start-Wert von Timer Nr. 2
        MOV    TL2,#0D0H                 ;setzen, T = 30 ms
        MOV    CRCH,#8AH                ;Reload-Wert
        MOV    CRCL,#0D0H               ;laden
        MOV    CCH1,#09EH               ;Compare-Wert für CC1
        MOV    CCL1,#58H                ;setzen, Compare-Ereignis nach T/2
        ANL    CCEN,#11110011B          ;CC1 definiert auf NULL setzen
        ORL    CCEN,#00001000B          ;Compare-Mode 1 für CC1 aktivieren
        MOV    R0,#02H                  ;1. Schleifenzähler setzen
        MOV    R1,#02H                  ;2. Schleifenzähler setzen
        SETB   EX4                      ;Interrupt 4 (Compare-Ereignis) freischalten
        SETB   EAL                      ;Generelle Interrupt-Freigabe
        ORL    T2CON,#00010101B         ;Timer Nr. 2 starten
LOOP:   LJMP   LOOP                     ;Simulation eines Hauptprogramms (Endlosschleife)
;*********************************************************************************
;
        ;Interrupt-Service-Routine      :Compare-Ereignis (External Interrupt 4)
;--------------------------------------------------------------------------------
        ORG    805BH                    ;Einsprung-Adresse Interrupt-Service-Routine
                                        ;Vektor-Adresse External interrupt 4: 005BH + 8000H
        CJNE   R0,#00H,MARKE1           ;Sprung, solange nicht 2x durchlaufen
        CJNE   R1,#00H,MARKE2           ;Sprung, solange nicht 2x durchlaufen
        MOV    R0,#02H                  ;1.Schleifenzähler neu setzen
        MOV    R1,#02H                  ;2.Schleifenzähler neu setzen
        RETI                            ;Rücksprung zum Hauptprogramm
MARKE1: DEC    R0                       ;1.Schleifenzähler dekrementieren
        CLR    P1.1                     ;Shadow-Latch auf LOW setzen
        RETI                            ;Rücksprung zum Hauptprogramm
MARKE2: DEC    R1                       ;2.Schleifenzähler dekrementieren
        SETB   P1.1                     ;Shadow-Latch auf HIGH setzen
        RETI                            ;Rücksprung zum Hauptprogramm
;*********************************************************************************
;
        END
```

Verwendung der externen Interrupt-Eingänge in Kombination mit dem Compare Mode

Der Einsatz der externen Interrupt-Eingänge INT3#, INT4, INT5 und INT6 sind im Compare Mode direkt nicht mehr möglich. Die entsprechenden internen Verbindungen sind durch den Compare Mode unterbrochen (disable), so daß externe Interrupt-Aufforderungen die entsprechenden Interrupt-Flags IEX3, IEX4, IEX5 und IEX6 nicht mehr setzen.

Die entstehenden Compare-Interrupts können sehr effektiv dazu benutzt werden, den Inhalt der Compare Register bei Bedarf zu ändern oder den gewünschten Pegel am Port-Ausgang einzustellen.

Die entsprechende Interrupt-Service-Routine kann dann den nächsten Reload- bzw. Compare-Wert in das entsprechende Register laden.

Es existieren zwei Sonderfälle beim Einsatz der Compare Interrupts, die zu überraschenden Ergebnissen führen:

Sonderfall 1:
Die Tatsache, daß die Compare Interrupts flankenaktiv sind, wird wichtig, wenn Timer Nr. 2 mit einem sehr langsamen externen Takt inkrementiert wird. In diesem Fall muß besonders darauf geachtet werden, daß das Compare Signal solange aktiv ist, wie der Zählerstand gleich dem Compare-Register ist und daß das Compare Signal eine positive und eine negative Flanke besitzt. Solange das Compare Signal HIGH ist, solange ist in Mode 1 das Shadow Latch (Latch A) transparent. Dies kann dazu führen, daß sich der Pegel an Port-Ausgang P1.x unbeabsichtigt verändert.

Bei Verwendung des CRC-Registers kann die Interrupt-Auslösung durch die positive oder negative Flanke (I3FR) des Compare-Signals ausgewählt werden. Löst man den Interrupt durch die negative Flanke aus (empfehlenswert bei Sonderfall 1), ist das Compare Signal schon inaktiv und jeder Schreibvorgang an die Port-Latchs ändert nur noch den Zustand des Shadow-Latch, aber nicht den Zustand des Port-Ausgangs.

Sonderfall 2:

Bei Aktivierung des Interrupts durch die negative Flanke ist auf folgendes zu achten: führt das Port-Latch P1.0 HIGH-Signal, wird das Interrupt-Flag IEX2 sofort gesetzt, sobald der Compare Mode für das Register CRC aktiviert wird. Grund hierfür ist die Tatsache, daß der externe Interrupt-Eingang durch seinen Pin-Pegel gesteuert wird. Wird nun die Compare Funktion aktiviert, schaltet der Interrupt-Logik-Eingang vom externen Port-Pin auf das interne Compare Signal um, das zu Beginn wahrscheinlich LOW-Pegel hat. Die Interrupt-Logik "erkennt" eine negative Flanke und setzt das Interrupt-Flag IEX2.

Diese unbeabsichtigte Auslösung einer Interrupt-Anforderung kann dadurch vermieden werden, in dem das Interrupt-Flag IEX2 durch einen Software-Befehl zurückgesetzt wird, nachdem der Compare Mode aktiviert und der externe Interrupt-Eingang freigeschaltet (enable) wird, bevor die allgemeine Interrupt-Freigabe (EAL) erfolgt ist.

Capture-Funktion des Timer Nr. 2

Die Register CRC, CC1, CC2 und CC3 können in dieser Betriebsart dazu verwendet werden, den aktuellen Zählerstand des Zählregisters zu speichern (capture). Der entsprechende Speichervorgang kann durch ein externes Signal (Mode 0) oder durch einen Schreibbefehl (Mode 1) ausgelöst werden. Diese externen Signale werden über die Port-Pins P1.0, P1.1, P1.2 bzw. P1.3 eingelesen. Dazu ist wichtig, daß die entsprechenden Port-Latch vorher per Software auf HIGH gesetzt werden.

Wirkungsweise des Capture Mode 0 bei Verwendung des Registers CRC

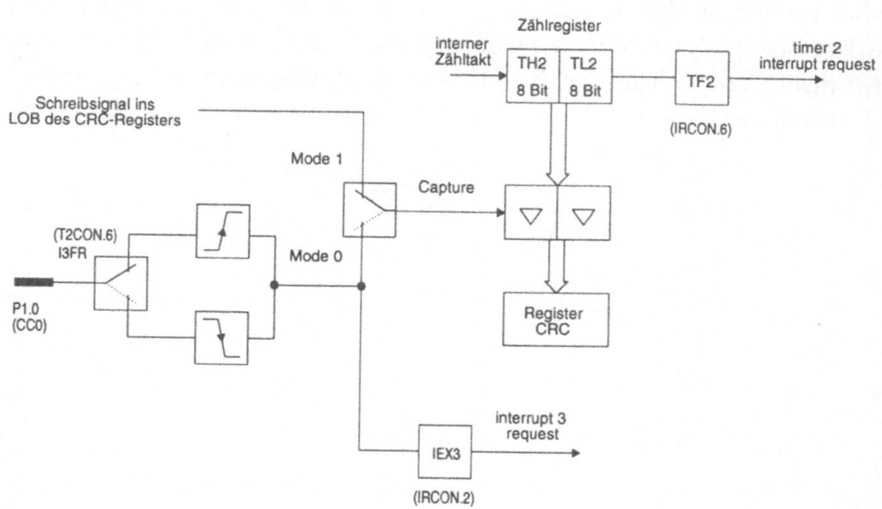

Bild 6.2-18: Timer 2 mit Register CRC im Capture Mode

Der entsprechende Eingang P1.0 wird bei jedem Zyklus abgefragt. Wird in einem Zyklus HIGH-Pegel, im nächsten Zyklus LOW-Pegel erkannt, wird die entsprechende negative Flanke erkannt. Die positive Flanke wird in umgekehrter Weise erkannt. Der Zählerstand des Zählregisters wird im nächsten Zyklus ausgelesen und in das Register CRC gespeichert.

Interrupt-Anforderung

Durch entsprechendes Setzen des Kontroll-Bit I3FR (T2CON.6) wird durch die positive bzw. durch die negative Flanke an P1.0 das Interrupt-Request-Flag IEX3 (IRCON.2) gesetzt.

Wirkungsweise des Capture Mode 1 bei Verwendung des Registers CRC

In dieser Betriebsart wird die Capture-Funktion durch einen Schreibbefehl in das Low Order Byte des Registers CRC (CRCL) ausgelöst. Der aktuelle Wert, der in das Register CRCL geschrieben wird, ist unwichtig. Der Inhalt des Zählregisters (T2H, T2L) wird mit dem Schreibbefehl des folgenden Zyklusses in das Capture-Register geladen.

In diesem Mode wird keine Interrupt-Aufforderung ausgelöst.

Wirkungsweise des Capture Mode 0 bei Verwendung der Register CC1, CC2 und CC3

Die im folgenden für das Register CC1 beschriebene Wirkungsweise gilt in gleicher Weise für die Register CC2 und CC3. Es ändern sich lediglich die Port-Pins (Capture-Eingang) und die externen Interrupt-Anforderungen. Die Capture-Funktion wird durch eine positive Flanke am entsprechenden Capture-Eingang ausgelöst.

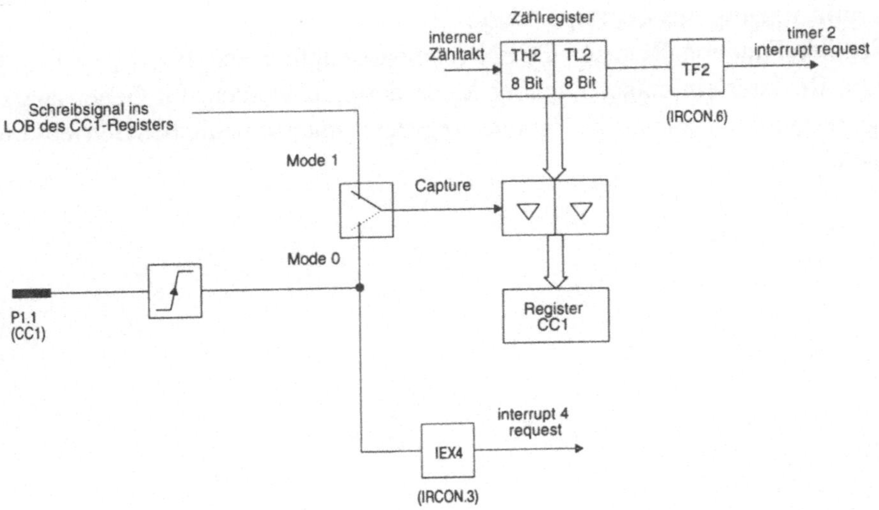

Bild 6.2-19: Timer 2 mit Register CC1 im Capture Mode

Der entsprechende Eingang P1.1 (CC1) wird bei jedem Zyklus abgefragt. Wird in einem Zyklus LOW-Pegel, im nächsten Zyklus HIGH-Pegel erkannt, wird die positive Flanke erkannt. Der Zählerstand des Zählregisters wird im nächsten Zyklus ausgelesen und in das Register CC1 gespeichert.

Bei jeder positiven Flanke wird bei Verwendung des Registers CC1 das Kontroll-Bit IEX4 (IRCON.3), bei Verwendung des Registers CC2 das Kontroll-Bit IEX5 (IRCON.4) und bei Verwendung des Registers CC3 das Kontroll-Bit IEX6 (IRCON.5) gesetzt.

Wirkungsweise des Capture Mode 1 bei Verwendung der Register CC1, CC2 und CC3

In dieser Betriebsart wird die Capture-Funktion durch einen Schreibbefehl in das Low Order Byte des entsprechenden Capture-Registers ausgelöst. Die im folgenden für das Register CC1 beschriebene Wirkungsweise gilt in gleicher Weise für die Register CC2 und CC3. Der aktuelle Wert, der in das Register CCL geschrieben wird, ist unwichtig. Der Inhalt des Zählregisters (T2H, T2L) wird im dem Schreibbefehl folgenden Zyklus in das Capture-Register geladen.

Interrupt-Anforderung

In diesem Mode wird keine Interrupt-Aufforderung ausgelöst.

Programmierung des Capture Mode

Im Special Function Register CCEN (compare/capture enable) kann für jedes Capture Register ein entsprechender Mode definiert werden. Im Gegensatz zur Compare-Funktion können die Capture-Register in unterschiedlichen Betriebsarten arbeiten.

Übersicht der verwendeten Interrupts

Zusammenfassend sind hier die von Timer Nr. 2 verwendeten Interrupts mit den entsprechenden Anforderungs- und Freigabe-Flags tabellarisch aufgelistet.

Auslösendes Ereignis	Anforderungs-Flag	Freigabe-Flag	Ausgelöster Interrupt	Vektor-Adresse
Timer 2 Overflow	TF2	ET2	Timer 2 Interrupt	002BH
Externes Reload (P1.5)	EXF2	EXEN2	Timer 2 Interrupt	002BH
Compare/Capture-Mode (CRC)	IEX3	EX3	Externer Interrupt 3	0053H
Compare/Capture-Mode (CC1)	IEX4	EX4	Externer Interrupt 4	005BH
Compare/Capture-Mode (CC2)	IEX5	EX5	Externer Interrupt 5	0063H
Compare/Capture-Mode (CC3)	IEX6	EX6	Externer Interrupt 6	006BH

Bild 6.2-20: Verwendete Interrupts von Timer Nr. 2

Übung 6.2-5: Impulsbreiten-Messung
Mit Hilfe der Capture-Funktion soll die Impulsbreite eines an Port P1.0 anliegenden Signals gemessen werden.

Lösung:
Ist das zu messende Signal zusätzlich an Port-Pin P1.7 (externe Timer-Freigabe) angeschlossen, wird während der Impulszeit das Zählregister von Timer Nr. 2 hochgezählt. Am Ende der Impulszeit ergibt sich eine negative Flanke, die dazu benutzt werden kann, den aktuellen Zählerstand in ein Capture-Register zu laden. Geeignet ist hier das Capture-Register CRC, da mit einer negativen Flanke an Port-Pin P1.0 (I3FR = 0) der Capture-Vorgang ausgelöst wird.

Im folgenden Programm wird innerhalb der Interrupt-Service-Routine das Zählregister wieder auf NULL gesetzt, um so auf die nächste Impulsbreiten-Messung vorbereitet zu sein.

Programm-Listing

```
;************************************************************************************************
;              Hauptprogramm                    :UEB6_2_5.A51
;************************************************************************************************

               ;Definition der Namen

               TH2          EQU          0CDH
               TL2          EQU          0CCH
               T2CON        EQU          0C8H
               T2I0         EQU          0C8H
               CCEN         EQU          0C1H
               P1           EQU          90H
               EX3          EQU          0BAH
               IEX3         EQU          0C2H
               EAL          EQU          0AFH
;----------------------------------------------------------------------------------

               ORG    8100H                    ;Startadresse Hauptprogramm
               ANL    T2CON,#00101100B         ;Timer Nr. 2 anhalten, Standard-Funktion
               MOV    TH2,#00H                 ;Start-Wert von Timer Nr. 2
               MOV    TL2,#00H                 ;setzen
               MOV    P1,#0FFH                 ;Port 1 auf Eingabe vorbereiten
               ANL    CCEN,#11111100B          ;Capture-Mode Freigabe für CRC vorbereiten
               ORL    CCEN,#10101000B          ;Capture-Mode 0 für CRC aktivieren
               CLR    IEX3                     ;Interrupt-Vorbereitungs-Flag zurücksetzen
               SETB   EX3                      ;Interrupt-3-Freigabe-Flag setzen
               SETB   EAL                      ;Generelle Interrupt-Freigabe
               ORL    T2CON,#000000011         ;Timer 2 als extern freigegebener Timer vorbereiten
LOOP:          LJMP   LOOP                     ;Simulation eines Hauptprogramms (Endlosschleife)

;************************************************************************************************
               ;Interrupt-Service-Routine    :Capture-Ereignis (External Interrupt 3)
;----------------------------------------------------------------------------------

               ORG    8053H                    ;Einsprung-Adresse Interrupt-Service-Routine
                                               ;Vektor-Adresse External Interrupt 3: 0053H + 8000H

               CLR    T2I0                     ;Timer 2 anhalten
               MOV    TH2,#00H                 ;Start-Wert von Timer Nr. 2
               MOV    TL2,#00H                 ;wieder auf NULL setzen
               SETB   T2I0                     ;Timer Nr. 2 wieder freigeben
               RETI
;************************************************************************************************

               END
```

Special Function Register IEN0

Das Register IEN0 (interrupt enable) enthält die für die Interrupt-Freigabe erforderlichen Flags EAl (enable all interrupt = generelle Interrupt-Freigabe), ET2, ET1 und ET0 (enable timer x = individuelle Freigabe von timer x interrupt).

AFH	AEH	ADH	ACH	ABH	AAH	A9H	A8H	
EAL	WDT	ET2	ES	ET1	EX1	ET0	EX0	IEN0 (A8H)

▢ Diese Bits werden zur Programmierung der Timer/Counter-Funktion nicht benötigt!

Bild 6.2-21: Special Function Register IEN0 (Adresse: A8H)

Dieses Register ist bitadressierbar, so daß die entsprechenden Interrupts mit entsprechenden SETB ...-Befehlen freigegeben bzw. mit CLR ...-Befehlen gesperrt werden können.

Nach jedem RESET ist der Inhalt von IEN0 = 00H, d.h., alle Interrupt-Möglichkeiten des Mikrocontroller-Systems sind unterdrückt (EAL = 0).

Bit	Funktion

EAL   **Generelle Interrupt-Freigabe des Mikrocontrollers**
EAL = 0   :   Generelle Interrupt-Sperrung
EAL = 1   :   Generelle Interrupt-Freigabe

ET2   **Interrupt-Freigabe des Timer 2 Interrupt**
ET2 = 0   :   Timer 2 Interrupt ist gesperrt
ET2 = 1   :   Timer 2 Interrupt ist freigegeben

ET1   **Interrupt-Freigabe des Timer 1 Interrupt**
ET1 = 0   :   Timer 1 Interrupt ist gesperrt
ET1 = 1   :   Timer 1 Interrupt ist freigegeben

ET0   **Interrupt-Freigabe des Timer 0 Interrupt**
ET0 = 0   :   Timer 0 Interrupt ist gesperrt
ET0 = 1   :   Timer 0 Interrupt ist freigegeben

Special Function Register T2CON

Das Register T2CON (timer 2 configuration) bestimmt die Betriebsart des Timers, definiert die wirksame Zählfrequenz und bietet die Möglichkeit, den Timer zu starten bzw. anzuhalten.

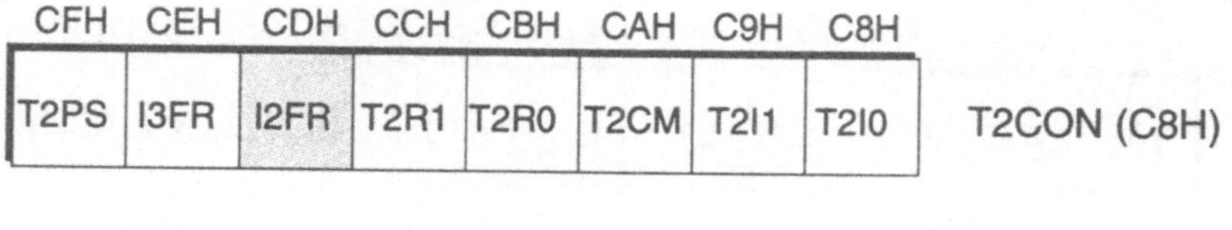

Bild 6.2-22: Special Function Register T2CON (Adresse: C8H)

Nach jedem RESET ist der Inhalt von T2CON = 00H.

Bit	Funktion

T2PS

Vorteiler-Auswahl-Bit
$T2PS = 0$: $f_{osc}/12$
$T2PS = 1$: $f_{osc}/24$

I3FR

Interrupt 3 Kontroll-Bit
Dieses Bit steuert die Funktion des externen Interrupt-3-Eingangs (P1.0), des Compare- und des Capture-Interrupts.
$I3FR = 0$:   Auslösung durch negative Flanke
$I3FR = 1$:   Auslösung durch positive Flanke

T2R1, T2R0

Reload-Mode-Auswahl
0x   Reload Mode gesperrt
10   Mode 0, Auto-Reload durch TF2
11   Mode 1, Reload durch negative Flanke an P1.5

T2CM

Compare-Mode-Auswahl
$T2CM = 0$: Compare Mode 0
$T2CM = 1$: Compare Mode 1

T2I1, T2I0   **Takt-Auswahl**

           00   Timer 2 wird angehalten

           01   Intern gesteuerter Zeitgeber (timer mode)

           10   Extern getakteter Zähler (event counter)
                  Externes Taktsignal an P1.7

           11   Extern freigegebener Zeitgeber (gated timer)
                  Externes Freigabe-Signal (HIGH-Pegel) an P1.7

Special Function Register CCEN

Das Register CCEN (compare/capture mode enable) legt die mögliche Betriebsart der Compare/Capture-Register CRC, CC1, CC2 und CC3 fest. Dabei ist zu beachten, daß alle Compare-Register entweder nur in Mode 0 oder Mode 1 geschaltet werden können (siehe Special Function Register T2CON, Kontroll-Bit T2CM).

COCA H3	COCA L3	COCA H2	COCA L2	COCA H1	COCA L1	COCA H0	COCA L0	CCEN (C1H)

Bild 6.2-23: Special Function Register CCEN (Adresse: C1H)

Nach jedem RESET ist der Inhalt von CCEN = 00H, d.h., alle Compare/Capture-Funktionen sind gesperrt.

Das Register ist nicht bitadressierbar; das gezielte Setzen oder Rücksetzen eines einzelnen Bits ist daher nur durch entsprechende logische Verknüpfungen (Maskierung) möglich.

Bit	Funktion

COCAH3, COCAL3   **Compare/Capture Mode für CC3**
    00 Compare/Capture Mode gesperrt (disable)
    01 Capture mit der neg. Flanke an P1.3 (Mode 0)
    10 Compare Mode aktiviert (enable)
    11 Capture durch Schreibbefehl in das LOB von CC3 (Mode 1)

COCAH2, COCAL2   **Compare/Capture Mode für CC2**
    00 Compare/Capture Mode gesperrt (disable)
    01 Capture mit der neg. Flanke an P1.2 (Mode 0)
    10 Compare Mode aktiviert (enable)
    11 Capture durch Schreibbefehl in das LOB von CC2 (Mode 1)

COCAH1, COCAL1   **Compare/Capture Mode für CC1**

00   Compare/Capture Mode gesperrt (disable)

01   Capture mit der neg. Flanke an P1.1 (Mode 0)

10   Compare Mode aktiviert (enable)

11   Capture durch Schreibbefehl in das LOB von CC1 (Mode 1)

COCAH0, COCAL0   **Compare/Capture Mode für CRC**

00   Compare/Capture Mode gesperrt (disable)

01   Capture mit der neg. Flanke an P1.0 (Mode 0)

10   Compare Mode aktiviert (enable)

11   Capture durch Schreibbefehl in das LOB von CRC (Mode 1)

Hinweis: Wird das Compare Register nach einem erfolgten Interrupt mit einem neuen Wert geladen, sollte der Compare Mode gesperrt (disable) sein (CCEN). Das Laden des Compare Registers geschieht in zwei Befehlen , so daß nach Laden des ersten Byte ein nichtgewolltes Compare Ergebnis entstehen kann, da das zweite Byte des Compare Registers noch den alten Wert hat.

Special Function Register IRCON

Das Register beinhaltet das Kontroll-Bit TF2 sowie die Interrupt-Vorbereitungs-Flags für die zusätzlichen Funktionen von Timer Nr. 2.

C7H	C6H	C5H	C4H	C3H	C2H	C1H	C0H	
EXF2	TF2	IEX6	IEX5	IEX4	IEX3	IEX2	IADC	IRCON (C0H)

☐ Diese Bits werden zur Programmierung der Timer/Counter-Funktion nicht benötigt!

Bild 6.2-24: Special Function Register IRCON (Adresse: C0H)

Dieses Register ist bitadressierbar, so daß die einzelnen Vorbereitungs-Flags mit SETB ... gesetzt bzw. mit CLR ... zurückgesetzt werden können.

Nach jedem RESET ist der Inhalt von IRCON = 00H, d.h., alle hier angesprochenen Interrupt-Quellen sind gesperrt.

Bit	Funktion

EXF2   **Externes Timer/Counter Nr. 2 Reload-Flag**

Ist dieses Flag gesetzt (EXF2 = 1), wird bei jeder negativen Flanke am Port-Eingang P1.5 das Überlauf-Flag TF2 gesetzt, sofern im Special Function Register IEN1 das Kontroll-Bit EXEN2 ebenfalls gesetzt ist (EXEN2 = 1).

TF2   **Timer/Counter Nr. 2 Überlauf-Flag**

Bei jedem Überlauf des Zählregisters wird dieses Flag automatisch gesetzt, wird aber nicht bei Annahme des Interrupts automatisch zurückgesetzt. Dieses Rücksetzen muß softwaremäßig mit CLR TF2 (in der Interrupt Service Routine) erfolgen.

TF2 = 0   :   Keine Interrupt-Anforderung
TF2 = 1   :   Interrupt-Anforderung

IEX6　　**Interrupt-Vorbereitungs-Flag für externen Interrupt 6**
Wird Timer Nr. 2 im Compare- oder Capture-Mode (Compare/
Capture-Register: CC3) betrieben, setzt das auftretende Compare/
Capture-Ereignis (positive Flanke) das Vorbereitungs-Flag IEX6 von
Interrupt 6 (Vektor-Adresse: 006BH) an. Die Freigabe des externen
Interrupt 6 erfolgt durch das Kontroll-Bit EX6 im Special Function
Register IEN1.

IEX5　　**Interrupt-Vorbereitungs-Flag für externen Interrupt 5**
Wird Timer Nr. 2 im Compare-oder Capture-Mode (Compare/Capture-
Register: CC2) betrieben, setzt das auftretende Compare/Capture-
Ereignis (positive Flanke) das Vorbereitungs-Flag IEX5 von Interrupt
5 (Vektor-Adresse: 0063H) an. Die Freigabe des externen Interrupt 5
erfolgt durch das Kontroll-Bit EX5 im Special Function Register
IEN1.

IEX4　　**Interrupt-Vorbereitungs-Flag für externen Interrupt 4**
Wird Timer Nr. 2 im Compare- oder Capture-Mode (Compare/
Capture-Register: CC1) betrieben, setzt das auftretende Compare/
Capture-Ereignis (positive Flanke) das Vorbereitungs-Flag IEX4 von
Interrupt 4 (Vektor-Adresse: 005BH) an. Die Freigabe des externen
Interrupt 4 erfolgt durch das Kontroll-Bit EX4 im Special Function
Register IEN1.

IEX3　　**Interrupt-Vorbereitungs-Flag für externen Interrupt 3**
Wird Timer Nr. 2 im Compare- oder Capture-Mode (Compare/
Capture-Register: CRC) betrieben, setzt das auftretende Compare/
Capture-Ereignis (positive oder negative Flanke, abhängig vom
Kontroll-Bit I3FR im Special Function Register T2CON) das
Vorbereitungs-Flag von Interrupt 3 (Vektor-Adresse: 0053H) an. Die
Freigabe des externen Interrupt 3 erfolgt durch das Kontroll-Bit EX3
im Special Function Register IEN1.

Special Function Register IEN1

Dieses Register beinhaltet das Kontroll-Bit EXEN2 (extern reload enable timer 2)
sowie die Interrupt-Freigabe-Bits für den Compare/Capture-Mode.

BFH	BEH	BDH	BCH	BBH	BAH	B9H	B8H	
EX EN2	SWDT	EX6	EX5	EX4	EX3	EX2	EADC	IEN1 (B8H)

Diese Bits werden zur Programmierung der
Timer/Counter-Funktion nicht benötigt!

Bild 6.2-25: Special Function Register IEN1 (Adresse: B8H)

Dieses Register ist bitadressierbar, so daß die einzelnen Interrupt-Freigabe-Flags
mit SETB ... gesetzt bzw. mit CLR ... zurückgesetzt werden können.

Nach jedem RESET ist der Inhalt von IEN1 = 00H, d.h., alle hier angesprochenen
Interrupt-Quellen sind gesperrt.

Bit	**Funktion**

EXEN2   **Interrupt-Freigabe für den externen Reload-Mode**
Das Nachladen des Zählregisters im Reload-Mode 1 erfolgt mit der
negativen Flanke an Port-Pin P1.5. Gleichzeitig kann diese negative
Flanke einen Timer 2 Interrupt auslösen, wenn die Kontroll-Bits
EXEN2 und EXF2 (IRCON) gesetzt sind.
EXEN2 = 0 :   Timer 2 Interrupt gesperrt
EXEN2 = 1 :   Timer 2 Interrupt freigegeben

EX6   **Freigabe-Bit von Interrupt 6**
EX6 = 0   :   Interrupt 6 ist gesperrt
EX6 = 1   :   Interrupt 6 ist freigegeben

EX5   **Freigabe-Bit von Interrupt 5**
EX5 = 0   :   Interrupt 5 ist gesperrt
EX5 = 1   :   Interrupt 5 ist freigegeben

EX4   **Freigabe-Bit von Interrupt 4**

EX4 = 0   :   Interrupt 4 ist gesperrt

EX4 = 1   :   Interrupt 4 ist freigegeben

EX3   **Freigabe-Bit von Interrupt 3**

EX3 = 0   :   Interrupt 3 ist gesperrt

EX3 = 1   :   Interrupt 3 ist freigegeben

Special Function Register IP0 und IP1

Dieses Registerpaar bestimmt die Priorität des entsprechenden Interrupts. Es
können jeder Interrupt-Quelle eine von vier Interrupt-Ebenen zugeordnet werden.

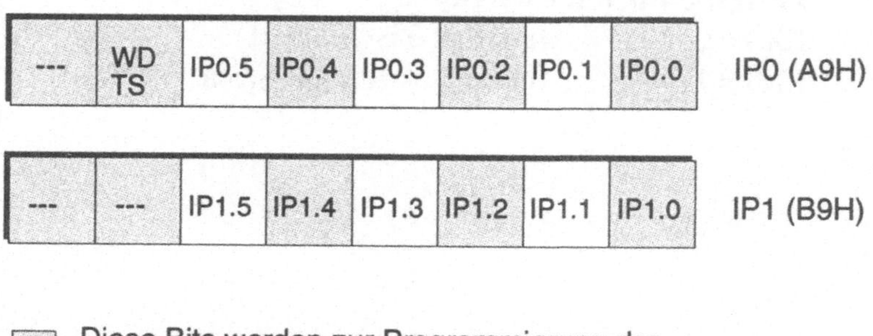

Bild 6.2-26: Special Function Register IP0 und IP1 (Adresse: A9H und B9H)

Nach jedem RESET ist der Inhalt von IP0 und IP1 = 00H, d.h., alle hier
angesprochenen Interrupt-Quellen haben die gleiche (niedrigste) Priorität.

Bit   **Funktion**

IP1.x/IP0.x   **Interrupt-Priorität**
                          00   Prioritäts-Stufe 0 (niedrigste Priorität)
                          01   Prioritäts-Stufe 1
                          10   Prioritäts-Stufe 2
                          11   Prioritäts-Stufe 3 (höchste Priorität)

Die entsprechenden Timer-Interrupts sind wie folgt zugeordnet:

❑   IP1.5/IP0.5   Timer Nr. 2

❑   IP1.3/IP0.3   Timer Nr. 1

❑   IP1.1/IP0.1   Timer Nr. 0

6.3 Timer/Counter-Funktionen 80C517/537

Der Mikrocontroller 80C517/537 besitzt drei unabhängige Timer/Counter-Funktionen:

☐   Timer Nr. 0

☐   Timer Nr. 1

☐   Compare/Capture Unit (CCU)

Neben den beiden Timern Nr. 0 und Nr. 1, die kompatibel den 8051/31-Funktionen sind, steht eine Compare/Capture-Einheit zur Verfügung, die aus zwei weiteren unabhängigen Timern besteht. In der CCU ist ein Timer Nr. 2 integriert, dem fünf Compare/Capture-Register fest zugeordnet sind. Ein weiterer Timer steht innerhalb der CCU zur Verfügung und wird als Compare Timer bezeichnet. Ein Satz von acht weiteren Compare-Registern kann mit Hilfe des Special Function Register CMSEL (7FH) dem Timer Nr. 2 oder dem Compare Timer zugeordnet werden.

Der Timer Nr. 2 ist aufwärtskompatibel zu den 80(C)515/535-Funktionen, d.h., alle 80(C)515/535-Anwendungen (Assembler-Programme) sind direkt lauffähig auf einem 80C517/537-Mikrocontroller. Neben den vier Compare/Capture-Registern CRC, CC1, CC2 und CC3 ist dem Timer Nr. 2 ein weiteres Compare/Capture-Register CC4 fest zugeordnet.

Dieses zusätzliche Compare-Register CC4, das dem Timer Nr. 2 fest zugeordnet ist, läßt sich in seinen Eigenschaften durch das Special Function Register CC4EN (C9H) beeinflussen.

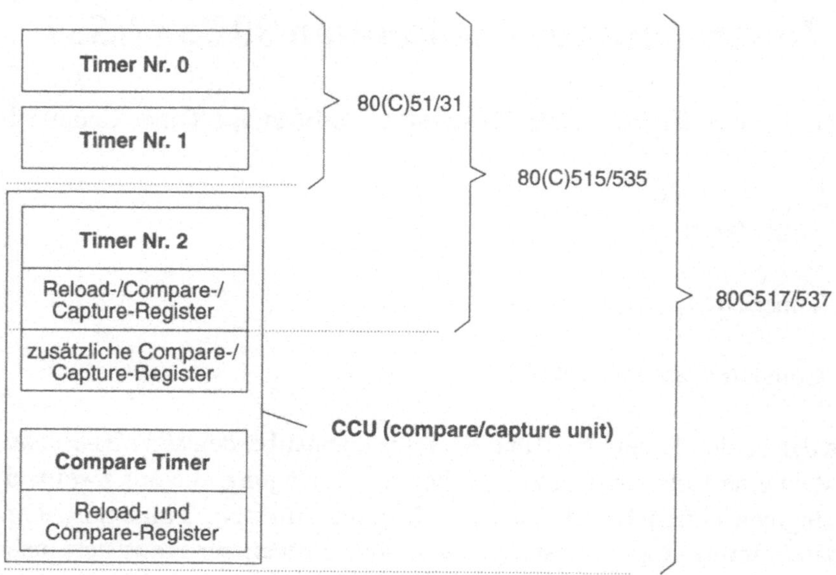

Bild 6.3-1: Timer/Counter-Funktionen des Mikrocontrollers 80C517/537

Wegen der Aufwärtskompatibilität zum 80(C)51/31 und 80(C)515/535 werden in diesem Kapitel lediglich die zusätzlichen Funktionen des Timer Nr. 2 und des Compare Timer ausführlich erläutert. Die Beschreibungen der kompatiblen Funktionen finden sich in Kap. 6.1 und 6.2.

Compare/Capture-Einheit

Die Compare/Capture Einheit (Compare Capture Unit) ist eine der leistungsstärksten Funktionseinheiten des Mikrocontrollers 80C517/537.

Die CCU besteht aus:

❏   einem 16-Bit-Timer/Counter (Timer Nr. 2) mit automatischen Reload-Eigenschaften und zwei verschiedenen Taktfrequenzen,

❏   einem 16-Bit-Timer/Counter (Compare Timer) mit automatischen Reload-Eigenschaften und acht verschiedenen Taktfrequenzen,

❏   dreizehn 16-Bit-Compare-Registern,

❏   fünf dieser Compare-Register können auch als Capture-Register verwendet werden,

❏   bis zu 21 Port-Ausgänge können beeinflußt werden (P1, P4, P5),

❏   sieben verschiedene Interrupt-Requests können ausgelöst werden.

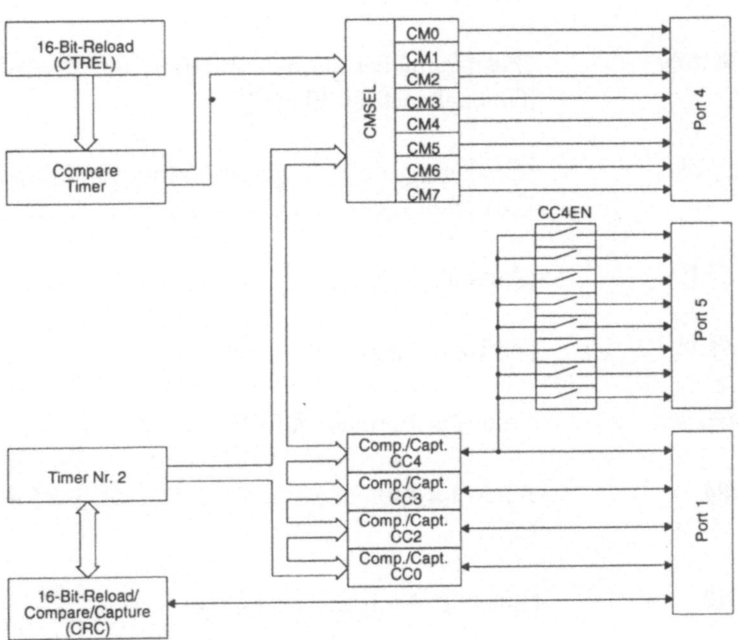

Bild 6.3-2: Blockschaltbild der Compare/Capture-Unit (CCU)

Hinweis: Das Register CRC wird bei Verwendung als Compare- oder Capture-Register häufig auch mit CC0 bezeichnet.

Zur Steuerung der CCU werden mehrere Special Function Register benötigt:

❏   **TH2, TL2**   (16-Bit-Zählregister Timer/Counter Nr. 2)

❏   **T2CON**   (Betriebsarten-Festlegung, Interne Zählfrequenz und Start/Stop für Timer Nr. 2)

❏   **CCEN**   (Festlegung der Compare/Capture-Funktion von CRC, CC1, CC2 und CC3)

❏   **CTCON**   (Festlegung der internen Zählfrequenz für den Compare Timer, Overflow-Flag CTF)

❏   **CC4EN**   (Festlegung der Compare/Capture-Funktion von CC4, Einstellung des concurrent mode)

❏   **CMSEL**   (Auswahl-Register)

❏   **CMEN**   (Freigabe-Register)

❏   **IEN0**   (Interrupt-Freigabe-Bits EAL, ET2)

❏   **IEN1**   (Interrupt-Freigabe-Bits EXEN2, EX6, EX5, EX4, EX3, EX2)

❏   **IEN2**   (Interrupt-Freigabe-Bit ECT)

❏   **IRCON**   (Overflow-Flag TF2 und die Interrupt-Freigabe-Bits) (EXF2, IEX6, IEX5, IEX4, IEX3, IEX2)

❏   **IP1, IP0**   (Interrupt-Prioritäts-Register)

Standard-Funktionen von Timer Nr. 2

Der Timer Nr. 2 bietet in seinen Standard-Funktionen eine Vielzahl von Steuerungsmöglichkeiten. Er besteht aus einem 16-Bit-Zählregister (TH2, TL2), das als intern gesteuerter Zeitgeber (Timer), als extern freigegebener Zeitgeber (gated timer) oder als extern getakteter Zähler (event counter) programmiert werden kann. In dieser Standard-Betriebsart entspricht der Timer Nr. 2 der Funktionsweise von Timer Nr. 0 und Nr. 1.

Diese Standard-Funktionen und die Reload-Eigenschaften (Mode 0, Mode 1) von Register CRC sind in Kap. 6.2 ausführlich beschrieben, so daß an dieser Stelle nicht weiter darauf eingegangen werden braucht.

Als zusätzliche Betriebsarten lassen sich bei Timer Nr. 2 nutzen:

☐ **RELOAD** Bei Überlauf des Zählregisters (TH2, TL2) wird der 16-Bit-Wert aus einem speziellen Register (CRC) als neuer Startwert nachgeladen (Auto-Reload). Diese Funktion ist vergleichbar mit der 8-Bit-Reload-Funktion bei Timer Nr. 0 und Nr. 1. Das Nachladen kann alternativ auch durch ein entsprechendes externes Signal ausgelöst werden (beschrieben in Kap. 6.2).

☐ **COMPARE** Dreizehn voneinander unabhängige pulsweitenmodulierte Ausgangssignale (PWM) können programmiert werden. Die Pulsbreite läßt sich bei Timer Nr. 2 in 65.536 Schritten mit 1 µs Auflösung bei f_{osc} = 12 MHz einstellen.

Die acht 16-Bit-Compare-Register CM0, CM1 bis CM7 können mit Hilfe des Special Function Register CMSEL (F7H) individuell dem Timer Nr. 2 oder dem Compare Timer zugeordnet werden. Die Pulsbreite läßt sich beim Compare Timer in 65.535 Schritten mit einer Auflösung von maximal 166,7 ns bei f_{osc} = 12 MHz einstellen.

☐ **CAPTURE** Fünf voneinander unabhängige Eingangssignale können den aktuellen Zählerstand (TH2, TL2) in ein entsprechendes Capture-Register laden.

Compare-Funktionen von Timer Nr. 2

Der Timer Nr. 2 besitzt fünf fest zugeordnete 16-Bit-Register CRC, CC1, CC2, CC3 und CC4 sowie weitere acht per Software zuschaltbare Register CM0, CM1, CM2, CM3, CM4, CM5, CM6 und CM7. Diese Register werden mit dem Zählregister (TH2, TL2) verglichen. Bei Übereinstimmung zwischen Inhalt des Zählregisters und dem aktivierten Compare-Register liefert ein 16-Bit-Vergleicher ein Compare-Signal, das eine von zwei möglichen Reaktionen (Mode 0, Mode 1) auslöst. In beiden Fällen werden der bzw. die entsprechenden Port-Ausgänge im gleichen Maschinen-Zyklus beeinflußt, in dem das interne Compare-Signal wirksam wird.

Die Wirkungen der vier Register CRC, CC1, CC2 und CC3 sind völlig kompatibel zu den 80(C)515/535-Funktionen und sind im Kap. 6.2 ausführlich erläutert.

Nachfolgend werden deshalb nur noch die Möglichkeiten des Compare/Capture-Registers CC4 und die Möglichkeiten der acht Compare-Register CM0 bis CM7 beschrieben.

Möglichkeiten des Registers CC4

Die Steuerung dieses Registers erfolgt über das Special Function Register CC4EN (C9H). Der zugeordnete Ausgang ist P1.4 (CC4). Das Register CC4 kann in drei verschiedenen Betriebsarten programmiert werden.

Compare-Funktion des Registers CC4 in Mode 0

In der Betriebsart 0 (Mode 0) ist das Ausgangssignal am zugeordneten Ausgang P1.4 solange LOW, bis der Wert des Zählregisters mit dem des Compare-Registers CC4 übereinstimmt. Danach wechselt der Port-Pegel auf HIGH. Beim Zählerüberlauf (timer 2 overflow) wechselt der Port wieder auf LOW.

In dieser Betriebsart wird der Pegel-Zustand am Ausgang P1.4 ausschließlich durch das Compare-Signal bestimmt. Ein softwaremäßiges Beschreiben dieses Ports bleibt ohne Wirkung.

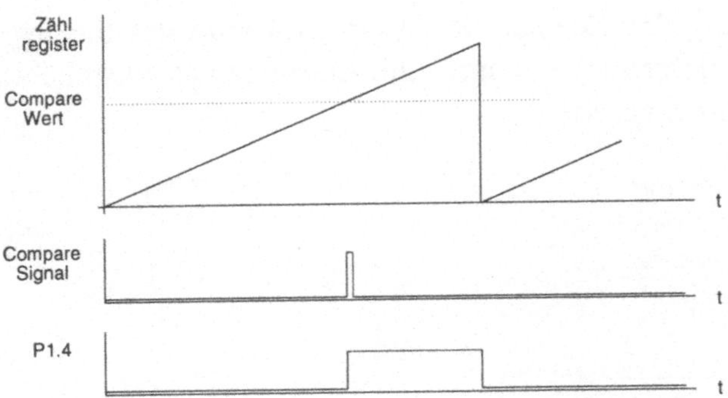

Bild 6.3-3: Verlauf des Port-Signals bei Compare-Mode 0

Das entsprechende Port-Latch wird direkt beeinflußt durch das Compare-Signal und das Timer-Overflow-Signal. Die Verbindung zwischen dem Port-Latch und dem internen Daten-Bus ist unterbrochen, solange der Compare Mode 0 aktiv ist.

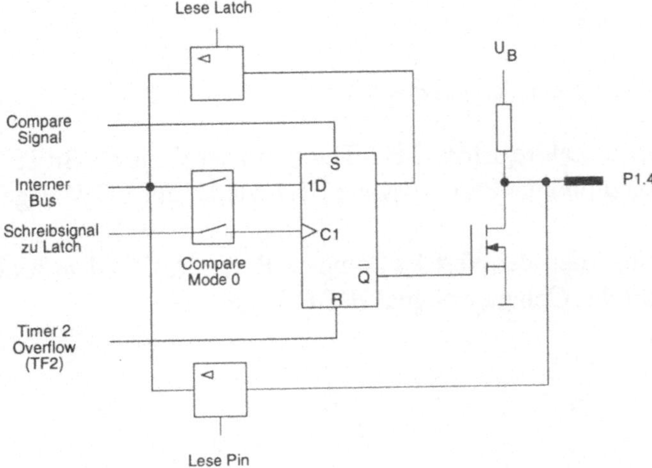

Bild 6.3-4: Port-Latch in Compare Mode 0

Bei Verwendung des Compare Registers CC4 wird das Interrupt-Request-Flag IEX2 (IRCON.1) gesetzt und durch die Annahme des entsprechenden Interrupts automatisch zurückgesetzt.

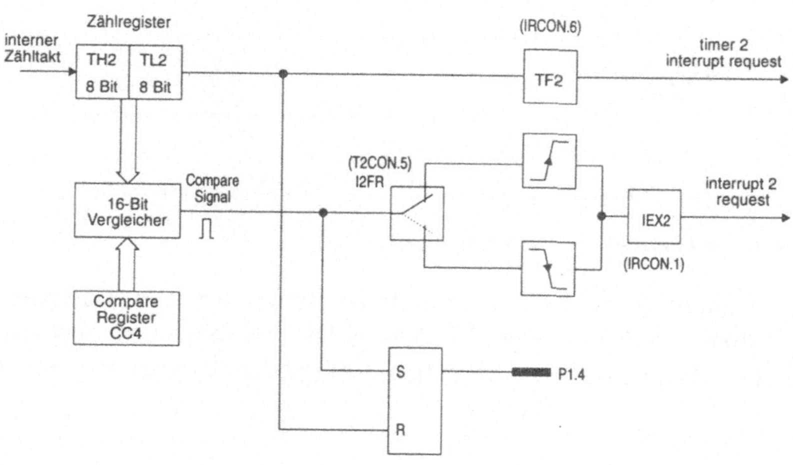

Bild 6.3-5: Timer 2 mit Register CC4 im Compare Mode 0

Beim Überlauf des Zählregisters (TH2, TL2) wird das Kontroll-Bit TF2 (IRCON.6) auf HIGH gesetzt und der Port-Ausgang P1.4 wieder auf LOW-Pegel gesetzt.

In dem Zeitraum, in dem der Wert des Compare-Registers CC4 dem des Zählregisters entspricht, führt das Compare-Signal HIGH-Pegel.

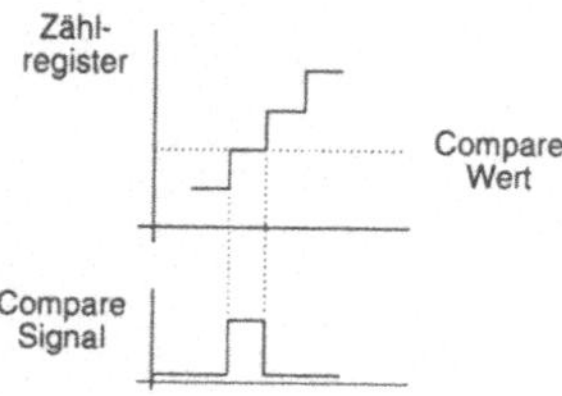

Bild 6.3-6: Zeitlicher Verlauf des Compare-Signals

Modulationsbereich

Durch die entsprechende Wahl des Compare-Wertes lassen sich unterschiedliche Impulsbreiten generieren, d.h., das pulsweitenmodulierte Signal kann zwischen einem Minimal- und einem Maximalwert eingestellt werden.

Das größte Tastverhältnis (maximum duty cycle) stellt sich ein, wenn der Compare-Wert im zugeordneten Compare-Register (CC1, CC2, CC3, CC4 oder CRC) gleich 0000H ist. Bei jedem Timer-2-Überlauf wird das entsprechende Port-Latch auf LOW zurückgesetzt, um im nächsten Zyklus durch das Compare-Ereignis wieder auf HIGH gesetzt zu werden. Der entstehende Nadelimpuls hat etwa die Länge eines halben Maschinen-Zyklusses (bei f_{osc} = 12 MHz → t = 500 ns).

Arbeitet der Timer Nr. 2 im Reload-Mode (Reload-Wert steht im Register CRC), dann stellt sich das maximale Tastverhältnis auch dann ein, wenn der Inhalt des entsprechenden Compare-Registers (CC1, CC2, CC3 oder CC4) gleich dem Reload-Wert (CRC) ist.

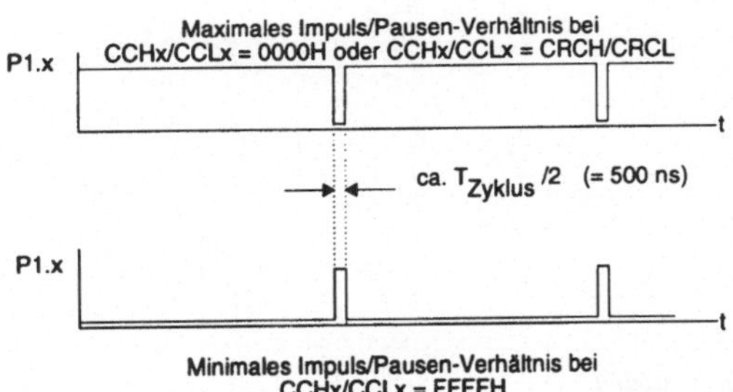

Bild 6.3-7: Modulationsbereich

Rechnerisch bestimmt sich das maximale Tastverhältnis τ_{max} zu:

$$\tau_{max} = t_i/T = (T - t_p)/T = 1 - t_p/T = 1 - 500 \text{ ns}/65{,}536 \text{ ms} = 99{,}99995\%$$

Das minimale Tastverhältnis (minimal duty cycle) stellt sich ein, wenn der Wert im zugeordneten Compare Register (CC1, CC2, CC3, CC4 oder CRC) gleich FFFFH ist. Bei jedem Timer-2-Überlauf wird das entsprechende Port-Latch auf LOW zurückgesetzt, um mit dem letzten Zähltakt durch das entstehende Compare-Ereignis wieder auf HIGH gesetzt zu werden. Im nächsten Zyklus wird der Port-Ausgang wieder LOW gesetzt. Der entstehende Nadelimpuls hat etwa die Länge eines halben Maschinen-Zyklusses (bei f_{osc} = 12 MHz → t = 500 ns).

Rechnerisch bestimmt sich das minimale Tastverhältnis τ_{min} zu:

$$\tau_{min} = t_i/T = 500 \text{ ns}/65{,}536 \text{ ms} = 0{,}000763\%$$

Compare-Funktion des Registers CC4 in Mode 1

In der Betriebsart 1 (Mode 1) nimmt der entsprechende Port-Ausgang P1.4 bei jedem Compare-Ereignis den Pegel an, der zuvor per Software definiert worden ist.

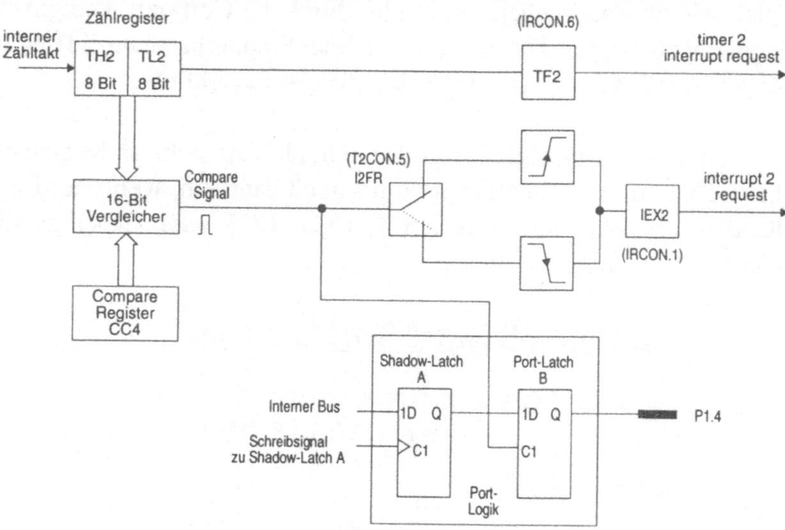

Bild 6.3-8: Port-Latch im Compare Mode 1

In dieser Betriebsart besteht das Port-Latch aus zwei verschiedenen Speichern. Wird per Programm z.B. HIGH-Pegel an das Port-Latch geschrieben, erscheint dieses Signal nicht direkt am Port-Pin, sondern wird erst im Shadow-Latch A zwischengespeichert. Bei Auftreten des Compare-Ereignisses wird der zwischengespeicherte Wert in Latch B übernommen. Wird während des Compare-Ereignisses ein Wert per Programm in das Shadow-Latch A geschrieben, wird dieser Wert direkt an Latch B bzw. an der Port-Pin P1.4 weitergegeben.

Bei Übereinstimmung zwischen Inhalt des Zählregisters (TH2, TL2) und dem Compare-Register CC4 wird ein Compare-Signal erzeugt. Durch entsprechendes Setzen des Kontroll-Bits I2FR (T2CON.5) wird durch die positive bzw. durch die negative Flanke des Compare-Signals das Interrupt-Request-Signal IEX2 (IRCON.1) gesetzt.

Das Compare-Signal setzt gleichzeitig den Port-Ausgang P1.4 auf den Wert, der vorher per Software in das Shadow-Latch A abgespeichert wurde. Der Port-Ausgang kann erst beim nächsten Compare-Ereignis geändert werden.

Auf diese Weise kann die Frequenz und das Impuls/Pausen-Verhältnis des Ausgangssignals P1.4 sehr variabel beeinflußt werden.

Concurrent-Compare-Funktion des Registers CC4 in Mode 1

Als zusätzliche Funktion (einstellbar im Special Function Register CC4EN) kann die gleichzeitige Pegeländerung an verschiedenen Port-Leitungen von Port 5 vorgenommen werden. Die Änderungen an den Port-Ausgängen erfolgen synchron (d.h. zur gleichen Zeit). Diese Betriebsart wird als **concurrent mode** bezeichnet.

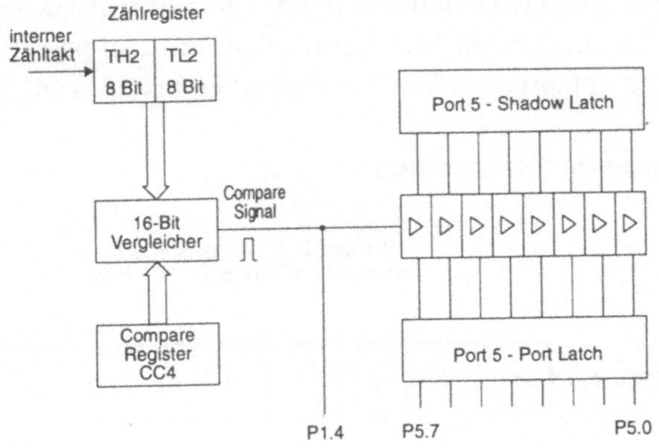

Bild 6.3-9: Concurrent Mode des Registers CC4

Auf diese Weise lassen sich bis zu 9 Port-Leitungen gleichzeitig setzen oder zurücksetzen. Diese Funktion ist immer dann sehr hilfreich, wenn mehrere synchrone Ausgangssignale (z.B. Ansteuerung von Schrittmotoren) erzeugt werden müssen.
Die concurrent-compare-Funktion wird aktiviert durch das Kontroll-Bit CC4EN.3(COCOEN = concurrent compare enable). Wird dieses Bit auf "1" gesetzt, schaltet das Compare Register CC4 automatisch auf Mode 1 um.

Mit Hilfe der Kontroll-Bits CC4EN.4, CC4EN.5 und CC4EN.6 lassen sich die beeinflußten Port-Leitungen von Port 5 bestimmen.

Beispiel 6.3-1:

Zur Steuerung eines Schrittmotors werden an den Port-Leitungen P5.0 bis P5.3 in
einem zeitlichen Abstand von 100 ms folgende Bit-Muster ausgegeben:

Schritt	P5.0	P5.1	P5.2	P5.3
0	1	0	0	1
1	1	0	1	0
2	0	1	1	0
3	0	1	0	1
0	1	0	0	1

Lösung:

Das auszugebende Bit-Muster für die Schrittmotor-Steuerung ist in einer externen
Datentabelle abgelegt. Nach jedem Compare-Ereignis werden die aktuellen Werte
in das Shadow-Latch geladen und beim nächsten Compare-Ereignis synchron
(zeitgleich) an den entsprechenden Port-Pins P5.0 bis P5.3 ausgegeben.

1.   Bestimmung der Betriebsart

Timer Nr. 2, Auto-Reload
Interne Zählfrequenz: 500 kHz

T2CON	1	x	0	1	0	1	0	0/1

CC4EN	x	0	1	1	1	1	0	1

2.   Berechnung des Zähleranfangs- und des Reload-Wertes

$t_{Zyklus} = 100$ ms $f_{int} = f_{osc}/24 = 500$ kHz

Erforderliche Maschinen-Zyklen:

$$z = t_{Zyklus} * f_{int}$$
$$= 100 \text{ ms} * 500 \text{ kHz}$$
$$z = 50.000$$

Erforderlicher Zähleranfangswert: $n = 65.536 - 50.000$
$= 15.536$
$n = 3CB0H$

Gewählter Compare-Wert $c = 15.536 + 25.000$
$= 40.536$
$c = 9E58H$

3.   Programm-Ablaufplan

Hauptprogramm

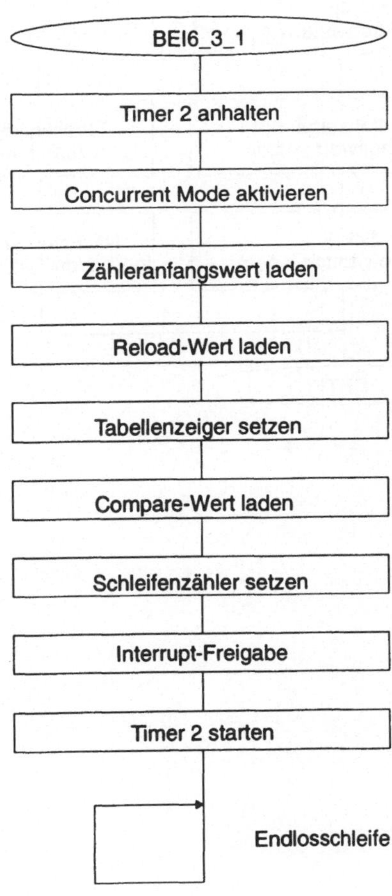

Interrupt Service Routine

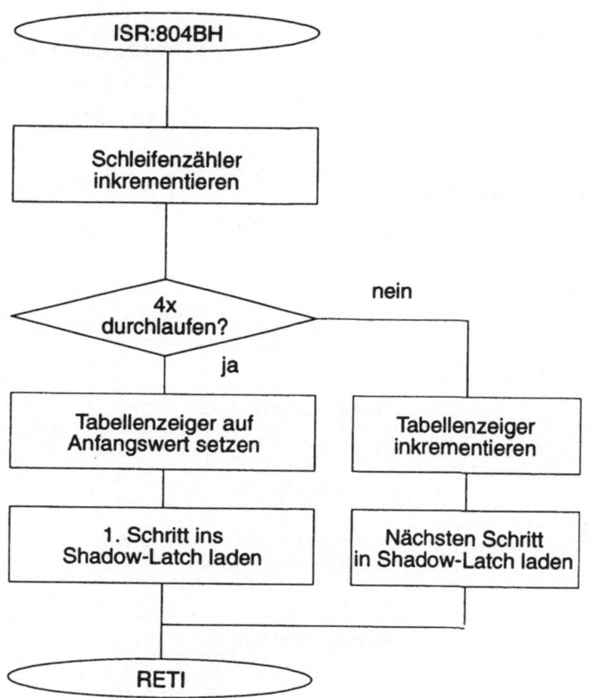

4. Programm-Listing

```
;**************************************************************************************
;          Hauptprogramm              :BEI6_3_1.A51
;**************************************************************************************
;

              ;Definition der Namen

              TH2        EQU        0CDH
              TL2        EQU        0CCH
              T2CON      EQU        0C8H
              CCEN       EQU        0C1H
              CC4EN      EQU        0C9H
              CRCH       EQU        0CBH
              CRCL       EQU        0CAH
              DPH        EQU        83H
              DPL        EQU        82H
              P5         EQU        0F8H
              EX2        EQU        0B9H
              IEX2       EQU        0C1H
              EAL        EQU        0AFH
;______________________________________________________________
              ;Datentabelle für Linkslauf

              ORG    8200
              DB     0F9H, 0F5H, 0F6H, 0FAH


              ORG    8100H          ;Startadresse Hauptprogramm
              ANL    T2CON,#11010100B   ;Timer Nr. 2 anhalten, Standard-Funktion
              ANL    CC4EN,#10111001B   ;Concurrent Mode 1
              ORL    CC4EN,#00111101B   ;vorbereiten
              MOV    TH2,#9EH           ;Start-Wert von Timer Nr. 2
              MOV    TL2,#58H           ;setzen
              MOV    CRCH,#9EH          ;Reload-Wert für
              MOV    CRCL,#58H          ;Timer Nr. 2 laden
              MOV    DPH,#82H           ;Tabellenzeiger auf
              MOV    DHL,#00H           ;Anfangswert setzen
              MOV    R0,#00H            ;Schleifenzähler setzen
              MOVX   A,@DPTR            ;1. Schrittwert
              MOV    P5,A               ;in das Shadow-Latch laden
              CLR    IEX2               ;Evtl. gesetztes Vorbereitungs-Flag löschen
              SETB   EX2                ;Freigabe-Flag setzen
              SETB   EAL                ;Generelle Interrupt-Freigabe
              ORL    T2CON,#10010101B   ;Timer Nr. 2 starten
LOOP:         LJMP   LOOP               ;Simulation eines Hauptprogramms (Endlosschleife)
```

```
;************************************************************************************
;     ;Interrupt-Service-Routine              :Concurrent Mode (External Interrupt 2)
;     ------------------------------------------------------------------------------

        ORG    804BH          ;Einsprung-Adresse Interrupt Service Routine
                              ;Vektor Adresse External interrupt 2: 004BH + 8000H
        INC    R0             ;Schleifenzähler inkrementieren
        CJNE   R0,#04H,MARKE  ;Sprung, solange noch nicht 4x durchlaufen
        MOV    DPL,#00H       ;Tabellenzeiger auf Anfangswert setzen
        MOVX   A,@DPTR        ;1. Schrittwert
        MOV    P5,A           ;in das Shadow-Latch laden
        RETI                  ;Rücksprung ins Hauptprogramm

MARKE:  INC    DPTR           ;Tabellenzeiger inkrementieren
        MOVX   A,@DPTR        ;Nächsten Schrittwert
        MOV    P5,A           ;in das Shadow-Latch laden
        RETI                  ;Rücksprung ins Hauptprogramm

;************************************************************************************
        END
```

Verwendung des externen Interrupt-Einganges INT2# in Kombination mit dem Compare Mode

Der Einsatz des externen Interrupt-Einganges INT2# ist im Compare Mode direkt nicht mehr möglich. Die entsprechende interne Verbindung ist durch den Compare Mode unterbrochen (disable), so daß die externe Interrupt-Aufforderung das entsprechende Interrupt-Flag IEX2 nicht mehr setzt.

Der entstehende Compare-Interrupt kann sehr effektiv dazu benutzt werden, den Inhalt des Compare Register CC4 bei Bedarf zu ändern oder den gewünschten Pegel am Port-Ausgang einzustellen.

Die entsprechende Interrupt-Service-Routine kann dann den nächsten Compare-Wert in das Register CC4 laden.

Es existieren zwei Sonderfälle beim Einsatz des Compare Interrupts, die zu überraschenden Ergebnissen führen:

Sonderfall 1:
Die Tatsache, daß die Compare Interrupts flankenaktiv sind, wird wichtig, wenn Timer Nr. 2 mit einem sehr langsamen externen Takt inkrementiert wird. In diesem Fall muß besonders darauf geachtet werden, daß das Compare Signal solange aktiv ist, wie der Zählerstand gleich dem Compare-Register ist und daß das Compare Signal eine positive und eine negative Flanke besitzt. Solange das Compare Signal HIGH ist, solange ist in Mode 1 das Shadow Latch (Latch A) transparent. Dies kann dazu führen, daß sich der Pegel - durch einen Schreibbefehl in das entsprechende Port-Register - an Port-Ausgang P1.4 unbeabsichtigt verändert.

Bei Verwendung des CC4-Registers kann zwischen Auslösung durch positive oder negative Flanke (I2FR) ausgewählt werden. Löst man den Interrupt durch die negative Flanke aus (empfehlenswert bei Sonderfall 1), ist das Compare Signal schon inaktiv und jeder Schreibvorgang an das Port-Latch ändert nur noch den Zustand des Shadow-Latch, aber nicht den Zustand des Port-Ausgangs.

Sonderfall 2:
Bei Aktivierung des Interrupts durch die negative Flanke ist auf folgendes zu achten: führt das Port-Latch P1.4 HIGH-Signal, wird das Interrupt-Flag IEX2 sofort gesetzt, sobald der Compare Mode für das Register CC4 aktiviert wird. Grund hierfür ist die Tatsache, daß der externe Interrupt-Eingang durch seinen Pin-Pegel gesteuert wird. Wird nun der Compare Funktion aktiviert, schaltet der Interrupt-Logik-Eingang vom externen Port-Pin auf das interne Compare Signal um, das zu Beginn wahrscheinlich LOW-Pegel hat. Die Interrupt-Logik "erkennt" eine negative Flanke und setzt das Interrupt-Flag IEX2.

Diese unbeabsichtigte Auslösung einer Interrupt-Anforderung kann dadurch vermieden werden, in dem das Interrupt-Flag IEX2 durch einen Software-Befehl zurückgesetzt wird, nachdem der Compare Mode aktiviert und der externe Interrupt-Eingang freigeschaltet (enable) ist.

Compare Funktionen der Register CM0 bis CM7

Diese acht Compare-Register können mit Hilfe des Special Function Registers CMSEL (F7H) dem Timer Nr. 2 einzeln zugeordnet werden. Die zugeordneten Compare Register können nur im Compare Mode 1 verwendet werden. Ein concurrent mode bei diesen Registern ist nicht möglich.

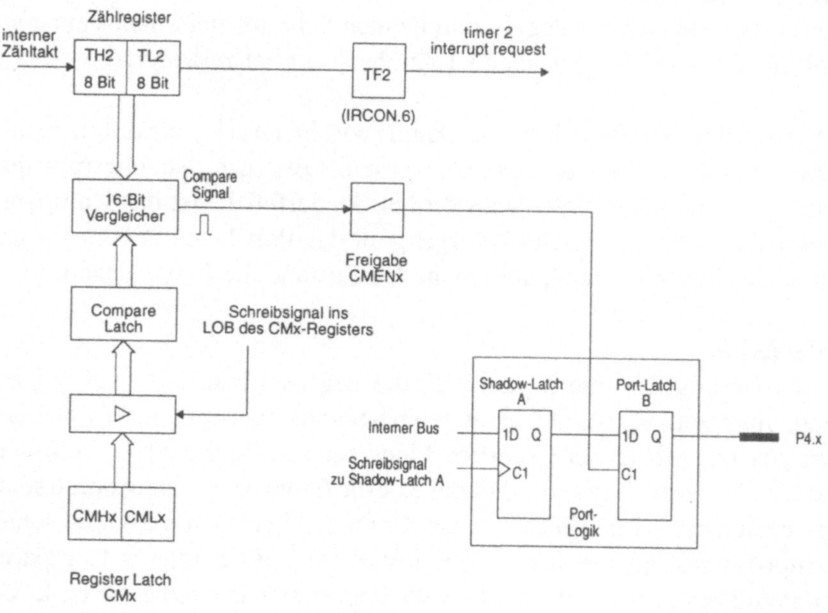

Bild 6.3-10: Timer Nr. 2 mit den Registern CMx in Mode 1

Der aktuelle Zählerstand von Timer Nr. 2 wird ständig verglichen mit dem Inhalt eines Compare Latchs; in dieses Compare-Latch wird der Wert des entsprechenden Compare-Register CMx übertragen. Diese Aktualisierung wird ausgelöst durch die entsprechende Schreiboperation in das Low-Order-Byte des entsprechenden Compare-Registers.

Die Register CMx sind den entsprechenden Port-Ausgängen P4.x zugeordnet, d.h., Register CM3 steuert P4.3 usw.

Nachdem die gewünschten Compare-Register dem Timer Nr. 2 zugeordnet sind, müssen die entsprechenden Port-Ausgänge mit Hilfe des Special Function Registers CMEN (F6H) noch freigeschaltet werden.

Interrupt-Anforderung
Bei Verwendung der Register CMx wird beim Compare-Ereignis kein Interrupt ausgelöst.

Capture-Funktionen von Timer Nr. 2

Der Timer Nr. 2 besitzt fünf festzugeordnete 16-Bit-Capture-Register. Die Wirkungen der Register CRC (häufig auch als CC0 bezeichnet), CC1, CC2 und CC3 sind völlig kompatibel zu den 80(C)515/535-Funktionen und sind im Kap. 6.2 ausführlich beschrieben.

Nachfolgend werden deshalb nur noch die Möglichkeiten des Capture-Registers CC4 beschrieben.

Capture-Funktion des Registers CC4

Das Register CC4 kann in dieser Betriebsart dazu verwendet werden, den aktuellen Zählerstand des Zählregisters zu speichern (capture). Der entsprechende Speichervorgang kann durch ein externes Signal (Mode 0) oder durch einen Schreibbefehl (Mode 1) ausgelöst werden. Dieses externe Signal wird über Port-Pin P1.4 eingelesen. Dazu ist wichtig, daß das entsprechende Port-Latch per Software vorher auf HIGH gesetzt wurde.

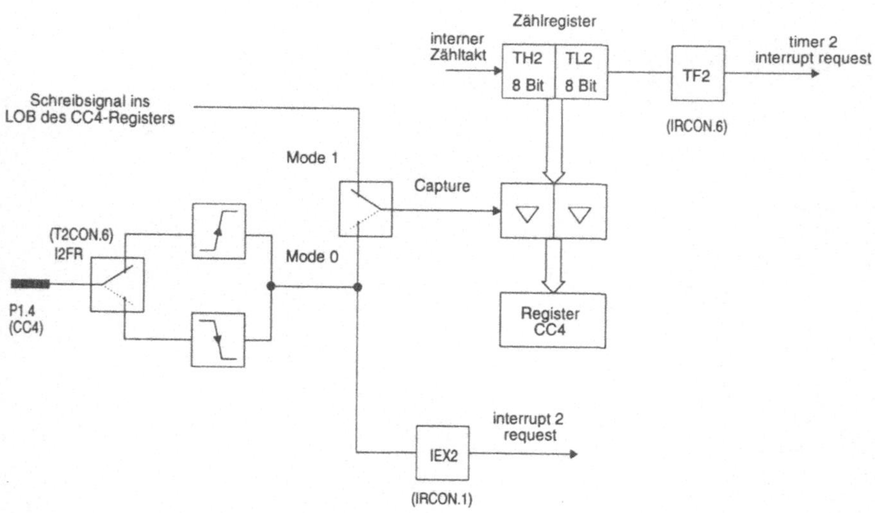

Bild 6.3-11: Timer Nr. 2 mit Register CC 4 im Capture Mode

Wirkungsweise des Capture Mode 0 bei Verwendung des Registers CC4
Der entsprechende Eingang P1.4 wird bei jedem Zyklus abgefragt. Wird in einem
Zyklus HIGH (LOW)-Pegel, im nächsten Zyklus LOW (HIGH)-Pegel erkannt,
wird die negative bzw. positive Flanke erkannt. Der Zählerstand des Zählregisters
wird im nächsten Zyklus ausgelesen und in das Register CC4 gespeichert.

Interrupt-Anforderung
Durch entsprechendes Setzen des Kontroll-Bits I2FR (T2CON.5) wird durch die
positive bzw. durch die negative Flanke an P1.4 das Interrupt-Request-Flag IEX2
(IRCON.1) gesetzt.

Wirkungsweise des Capture Mode 1 bei Verwendung des Registers CC4
In dieser Betriebsart wird die Capture-Funktion durch einen Schreibbefehl in das
Low Order Byte des Registers CC4 (CC4L) ausgelöst. Der aktuelle Wert, der in das
Register CC4L geschrieben wird, ist unwichtig. Der Inhalt des Zählregisters (T2H,
T2L) wird in dem dem Schreibbefehl folgenden Zyklus in das Capture-Register
geladen.

Interrupt-Anforderung
In diesem Mode wird keine Interrupt-Aufforderung ausgelöst.

Compare Timer

Der Compare Timer ist ein weiterer 16-Bit-Timer innerhalb der CCU, dem die Compare Register CM0 bis CM7 zugeordnet sind. Jedes CMx-Register, das dem Compare Timer zugeordnet ist, kann nur im Compare Mode 0 betrieben werden, d.h., ein Compare-Ereignis setzt den entsprechenden Port-Ausgang (P4.x) auf HIGH-Pegel, der bei jedem Timer-Überlauf wieder auf LOW-Pegel zurückgesetzt wird.

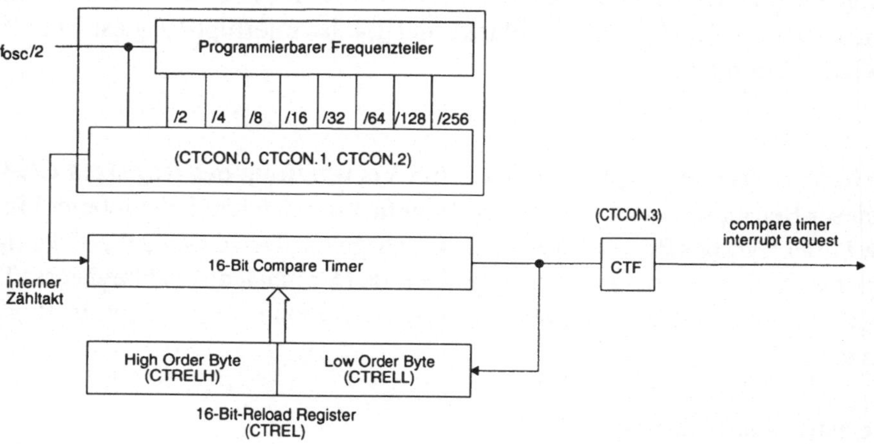

Bild 6.3-12: Compare Timer in Auto-Reload-Mode

Der Compare Timer arbeitet grundsätzlich im Auto-Reload-Mode. Die Inhalte der beiden Register CTRELH (DFH) und CTRELL (DEH) werden bei jedem Überlauf des Compare Timers im gleichen Maschinen-Zyklus als neuer Zähleranfangswert nachgeladen. Der Compare Timer wird gestartet durch das erstmalige Laden des Registers CTRELL (low order byte). Nach jedem Überlauf (compare timer overflow) wird die Reload-Funktion automatisch ausgelöst. Der Inhalt des 16-Bit-Registers CTREL (compare timer reload) wird als neuer Anfangswert für den Compare Timer übernommen. Das Nachladen des neuen Anfangswertes geschieht noch im gleichen Zyklus wie das Setzen von CTF. Wird während des laufenden Betriebes das Register CTRELL erneut geladen, startet der Timer sofort wieder mit dem neuen Reload-Wert. Um einen neuen 16stelligen Anfangswert zu setzen, muß daher zunächst das Register CTRELH (high order byte) und dann das Register CTRELL (low order byte) geladen werden.

Interrupt-Anforderung

Bei jedem Compare-Timer-Überlauf wird im Special Function Register CTCON (compare timer configuration, E1H) das Kontroll-Bit CTF (CTCON.3) auf HIGH gesetzt, das eine Interrupt-Aufforderung (compare timer interrupt request) auslöst. Das Flag CTF wird bei der Annahme des entsprechenden Interrupts nicht automatisch zurückgesetzt. Das Rücksetzen muß daher innerhalb der Interrupt-Service-Routine softwaremäßig erfolgen. Zur Annahme der Compare-Timer-Interrupt-Aufforderung muß zusätzlich das Kontroll-Bit ECT (IEN2.4) gesetzt sein.

Die Vektor-Adresse des compare timer interrupt lautet: 009BH

Eine weitere Besonderheit des Compare Timers liegt in der Programmierbarkeit des internen Zähltaktes. Innerhalb des Special Function Registers CTCON können durch drei Kontroll-Bits acht verschiedene Zähltakte eingestellt werden. Die höchster Zählrate beträgt $f_{osc}/2$, die kleinste Zählrate $f_{osc}/256$.

Beispiel 6.3-2: Symmetrisches Rechtecksignal

Mit Hilfe des Compare Timers ist ein symmetrisches Rechtecksignal mit $f = 5$ kHz an Port-Pin P5.3 zu erzeugen. Die intern wirksame Zählfrequenz soll auf $f_{osc}/2$ eingestellt werden.

1. Bestimmung der Initialisierungsdaten für Compare Timer

Compare Timer
Interne Zählfrequenz: fosc/2

CTCON	x	x	x	x	0	0	0	0

2. Berechnung des Zähleranfangs- und des Reload-Wertes

$$t_{Zyklus} = 100\ \mu s \qquad f_{int} = f_{osc}/2 = 6\ MHz$$

Erforderliche Maschinen-Zyklen:

$$\begin{aligned} z &= t_{Zyklus} * f_{int} \\ &= 100\ \mu s * 6\ MHz \\ z &= 600 \end{aligned}$$

Erforderlicher Zähleranfangswert:

$$\begin{aligned} n &= 65.536 - 600 \\ &= 64.936 \\ n &= FDA8H \end{aligned}$$

3.   Programm-Ablaufplan

Hauptprogramm

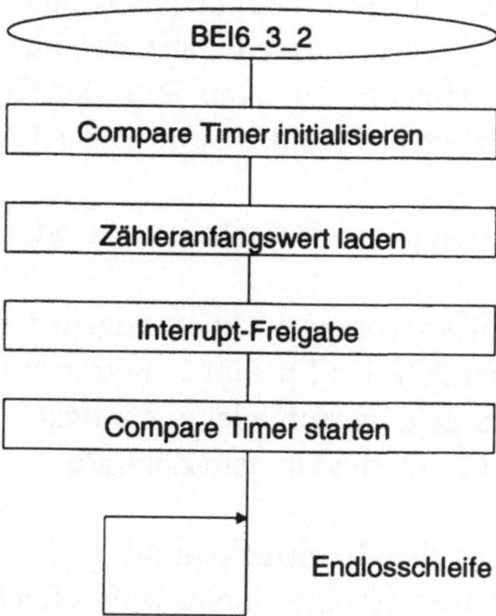

Interrupt Service Routine

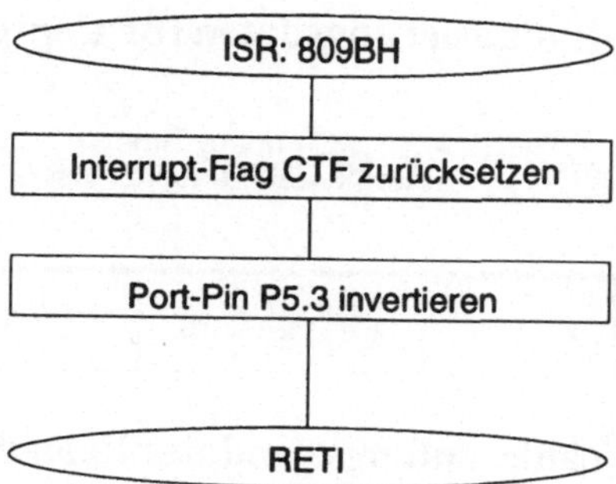

4. Programm-Listing

```
;*******************************************************************************
;
;          Hauptprogramm              : BEI6_3_2.A51
;
;*******************************************************************************
;

          ;Definition der Namen

          CTRELH    EQU       0DFH
          CTRELL    EQU       0DEH
          CTCON     EQU       0E1H
          P5        EQU       0F8H
          IEN2      EQU       09AH
          EAL       EQU       0AFH
;------------------------------------------------------------------------------


          ORG   8100H            ;Startadresse Hauptprogramm
          ANL   CTCON,#11110000B ;Compare Timer auf fosc/2 einstellen und
                                 ;Interrupt-Vorbereitungs-Flag CTF löschen
          SETB  P5.3             ;Port-Pin P5.3 auf LOW zurücksetzen
          SETB  IEN2.3           ;Interrupt-Freigabe-Flag ECT setzen
          MOV   CTRELH,#0FDH     ;Zähleranfangswert für Compare Timer laden
          SETB  EAL              ;Generelle Interrupt-Freigabe
          MOV   CTRELL,#0A8H     ;LOB des Zähleranfangswertes laden und Compare
                                 ;Timer starten
LOOP:     LJMP  LOOP             ;Simulation eines Hauptprogramms (Endlosschleife)


;*******************************************************************************
;
          ;Interrupt-Service-Routine    :009BH
;------------------------------------------------------------------------------
;
          ORG   809BH            ;Einsprung-Adresse Interrupt-Service-Routine
                                 ;Vektor-Adresse Compare Timer: 009BH + 8000H
          ANL   CTCON,#11110111B ;Interrupt-Vorbereitungs-Flag CTF löschen
          CPL   P5.3             ;Port-Pin P5.3 invertieren
          RETI                   ;Rücksprung zum Hauptprogramm


;*******************************************************************************
;
          END
```

Compare-Funktionen des Compare Timers (Mode 0)

Dem Compare Timer sind die acht 16-Bit-Compare-Register CM0 bis CM7 fest
zugeordnet. Sie können nur im Compare Mode 0 betrieben werden. Die Zuordnung
bzw. die Aktivierung erfolgt mit Hilfe der Special Function Register CMSEL (F7H)
und CMEN (F6H).

In dieser Betriebsart ist das Ausgangssignal am zugeordneten Ausgang P4.x
solange LOW, bis der Wert des Compare Timers mit dem des Compare Registers
CMx übereinstimmt. Danach wechselt der Port-Pegel auf HIGH. Beim Zählerüberlauf
(compare timer overflow) wechselt der Port-Pegel wieder auf LOW.

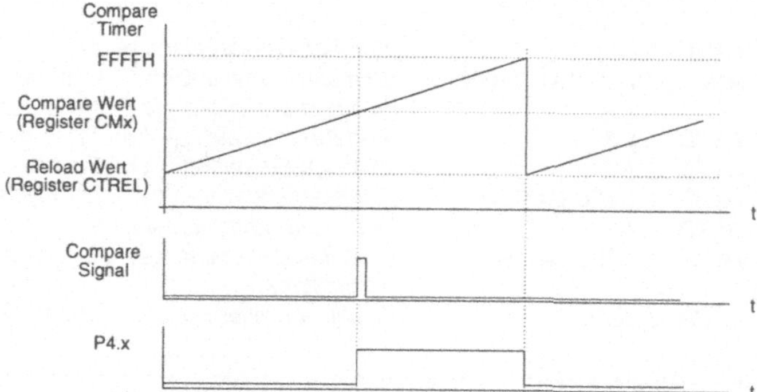

Bild 6.3-13: Verlauf des Port-Signals P4.x bei Compare-Mode 0 (Compare Timer)

Der Pegel-Zustand am Ausgang P4.x wird ausschließlich durch das Compare-
Signal bestimmt. Ein softwaremäßiges Beschreiben dieses Ports bleibt ohne
Wirkung.

Das entsprechende Port-Latch wird beeinflußt durch das Compare-Signal und das
Compare-Timer-Overflow-Signal. Die Verbindung zwischen dem Port-Latch und
dem internen Daten-Bus ist unterbrochen, solange der Compare Mode 0 aktiv ist.

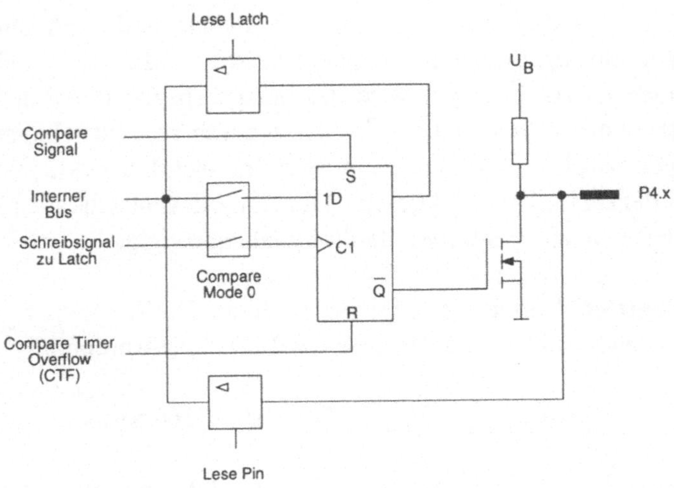

Bild 6.3-14: Port-Latch P4.x im Compare Mode 0

Modulationsbereich

Durch die entsprechende Wahl des Compare-Wertes läßt sich das Tastverhältnis am Ausgang des zugehörigen Ports (P4.x) beeinflussen. Beim Compare-Timer läßt sich dieses Verhältnis variieren zwischen fast 0% bis 100%.

Der zugehörige Port-Ausgang wird konstant auf HIGH-Signal gesetzt, wenn der Reload-Wert (CTREL) gleich dem Compare-Wert (CMx) ist.

Das maximale Tastverhältnis t_{max} (maximum duty cycle) beträgt somit:

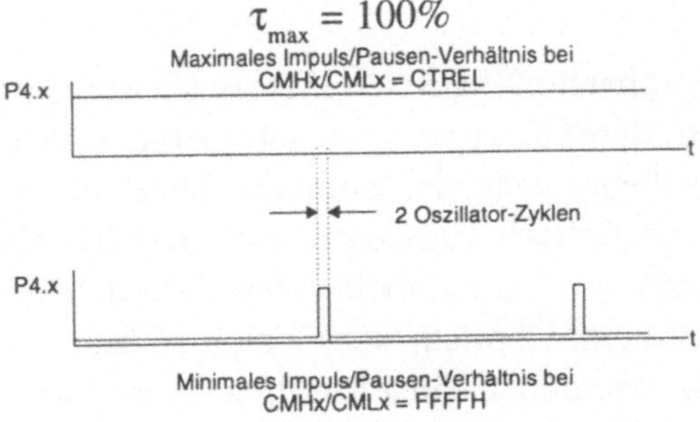

Bild 6.3-15: Modulationsbreite eines PWM-Signal bei Verwendung des Compare Timers

Das minimale Tastverhältnis (minimal duty cycle) stellt sich ein, wenn der Compare-Wert im zugeordneten Compare Register (CMx) gleich FFFFH ist. Bei jedem Compare-Timer-Überlauf wird das entsprechende Port-Latch auf LOW zurückgesetzt, um mit dem letzten Zähltakt durch das entstehende Compare-Ereignis wieder auf HIGH gesetzt zu werden. Im nächsten Zyklus wird der Port-Ausgang wieder auf LOW zurückgesetzt. Die Länge des entstehenden Nadelimpulses ist von der wirksamen internen Zählfrequenz abhängig.

Bei ausgeschaltetem Vorteiler beträgt die maximale Zählfrequenz $f_{osc}/2$. Bei einer Oszillatorfrequenz von $f = 12$ MHz ergibt sich die Impulsbreite zu

$$t_i = T_{CLK/max} = 1/_{fosc/2} = 1/6 \text{ MHz} = 166{,}67 \text{ ns.}$$

Rechnerisch bestimmt sich das minimale Tastverhältnis τ_{min} zu:

$$\tau_{min} = t_i/T = 166{,}67 \text{ ns}/65{,}536 \text{ ms} = 0{,}000254\%$$

Interrupt-Anforderung

Bei Zuordnung der Compare-Register zum Compare Timer wird beim Compare-Ereignis kein spezieller Interrupt ausgelöst. Um dennoch nach jedem Überlauf (compare timer overflow) einen neuen Compare-Wert laden zu können, wird ein spezielles Verfahren beim Nachladen des Compare-Wertes eingesetzt. Dieses Verfahren wird als **timer overflow controlled loading** (TOC loading) bezeichnet. Dabei wird durch eine spezielle Hardware innerhalb der CCU das Nachladen gesteuert.

Dem eigentlichen Komparator-Register (CMx) ist ein Komparator-Latch (Shadow-Latch) vorgeschaltet. Dieses Komparator-Latch übernimmt den Inhalt des Compare-Registers CMx nur dann, wenn der Compare Timer überläuft (compare timer overflow). Wird nun per Software ein Compare-Wert in das entsprechende Compare Register CMx geladen, wird der aktuelle Wert des Komparator-Latchs dadurch nicht beeinflußt; erst beim Überlauf des Compare Timers wird der Wert in das Komparator-Latch übernommen. Gleichzeitig wird das Kontroll-Bit CTF gesetzt, mit dem eine Interrupt-Service-Routine gestartet werden kann. Dieses Programm bereitet dann den nächsten Compare-Wert vor, falls dies erforderlich ist.

Die Aktivierung des TOC-Loadings ist nur möglich, wenn vor dem Compare Timer Overflow der Inhalt des entsprechenden Low-Order-Byte-Registers (CMLx) geändert wurde. Wird zuerst das High-Order-Byte geladen, kann - unabhängig von einem evtl. auftretenden Überlauf des Compare Timers - das Low-Order-Byte geladen werden. Erst jetzt kann der nächste Überlauf diesen 16stelligen Wert in das Komparator-Latch übernehmen.

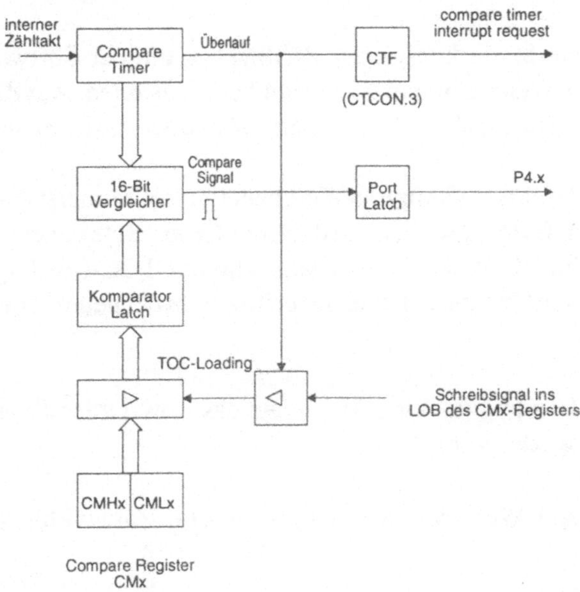

Bild 6.3-16:   TOC-Loading bei der Kombination Compare Timer/Compare Register CMx

Dieser Mechanismus des Nachladens entlastet den Mikrocontroller erheblich. Mit Hilfe der Compare-Register können bis zu acht verschiedene pulsweitenmodulierte Signale erzeugt werden, deren Tastverhältnisse sich bei jedem Durchlauf auch noch ändern können. Diese Veränderungen der Compare-Werte können alle in der gleichen Interrupt Service Routine vorbereitet werden.

Im Gegensatz dazu stellt die Erzeugung pulsweitenmodulierter Signale mit Hilfe von Timer Nr. 2 größere Ansprüche an den Controller. Bei jedem Compare-Ereignis wird ein eigener Interrupt ausgelöst, mit dem dann der neue Compare-Wert vorbereitet werden kann. Wegen der Laufzeit der einzelnen Interrupt Service Routine ist damit ein zeitliches Limit verbunden.

Zusammenfassend läßt sich das TOC-Loading beschreiben mit:

❏ Die Inhalte der Compare-Register CMx werden - wenn sie dem Compare
    Timer zugeordnet sind - nicht direkt dem Komparator zugeführt. Ein
    zwischengeschaltetes Komparator-Latch ermöglicht das Nachladen nur bei
    einem Compare-Timer-Überlauf.

❏ Somit verbleibt ein kompletter Zählzyklus, um per Software einen neuen
    Compare-Wert im Compare-Register bereitzustellen. Auf diese Weise wird
    verhindert, daß der aktuelle Compare-Wert überschrieben wird.

❏ Wird ein 16stelliger Compare-Wert benötigt, sollte zuerst das entsprechende
    High-Order-Byte, anschließend das Low-Order-Byte geladen werden. Durch
    das Schreiben des Low-Order-Bytes wird das TOC-Loading aktiviert, d.h.,
    beim nächsten Compare-Timer-Overflow wird der neue Compare-Wert über-
    nommen.

❏ Das TOC-Loading ist nur aktiv, wenn das Low-Order-Byte des Compare-
    Registers geladen wird.

❏ Alle Compare-Werte werden erst im nächsten Zählzyklus wirksam.

Initialisierung des Komparator-Latchs

Das Komparator-Latch kann per Software nicht direkt beschrieben werden; wie
oben erwähnt, ist dies nur durch den Compare-Timer-Overflow möglich. Dennoch
ist es in vielen Anwendungen erwünscht bzw. sogar erforderlich, beim ersten
Zählzyklus schon mit einem gültigen Komparator-Wert zu starten.

Diese anfängliche Initialisierung läßt sich durch folgende Vorgehensweise realisieren: Als erstes aktiviert man für das entsprechende Compare Register den Compare
Mode 1 (CMSEL.x = 1). Anschließend kann per Software der Compare-Wert
geladen werden (zuerst High-Order-Byte, dann Low-Order-Byte). In Compare
Mode 1 wird das Komparator-Latch durch den Schreibbefehl in das Register CMLx
direkt geladen (siehe Bild 6.3-10). Schaltet man das Compare Register nun in den
Compare Mode 0 (CMSEL.x = 0), kann per Software der nächste Compare-Wert
im Compare Register bereitgestellt werden. Abschließend wird die Compare-
Funktion freigegeben (CMEN.x = 1). Nach diesen Vorbereitungen wird der
Compare Timer gestartet (durch Laden des gewünschten Reload-Wertes, CTRELL).

Übersicht der verwendeten Interrupts

Zusammenfassend sind hier die vom Mikrocontroller 80C517/537 verwendeten Timer-Interrupts mit den entsprechenden Anforderungs- und Freigabe-Flags tabellarisch aufgelistet.

Auslösendes Ereignis	Anforderungs-Flag	Freigabe-Flag	Ausgelöster Interrupt	Vektor-Adresse
Timer 0 Overflow	TF0	ET0	Timer 0 Interrupt	000BH
Timer 1 Overflow	TF1	ET1	Timer 1 Interrupt	001BH
Timer 2 Overflow	TF2	ET2	Timer 2 Interrupt	002BH
Externes Reload (P1.5)	EXF2	EXEN2	Timer 2 Interrupt	002BH
Compare/Capture-Mode (CRC)	IEX3	EX3	Externer Interrupt 3	0053H
Compare/Capture-Mode (CC1)	IEX4	EX4	Externer Interrupt 4	005BH
Compare/Capture-Mode (CC2)	IEX5	EX5	Externer Interrupt 5	0063H
Compare/Capture-Mode (CC3)	IEX6	EX6	Externer Interrupt 6	006BH
Compare/Capture-Mode (CC4)	IEX2	EX2	Externer Interrupt 2	004BH
Compare Timer Overflow	CTF	ECT	Compare Timer Interrupt	009BH

Bild 6.3-17: Verwendete Timer-Interrupts von 80C517/537

Beispiel 6.3-3: Asymmetrisches Rechteck

Mit Hilfe der Compare Funktion soll der Compare Timer an Port-Pin P4.6 ein asymmetrisches Rechteck mit $f = 50$ kHz und einem $t_i/t_p = 3\!:\!1$ erzeugen. Die intern wirksame Zählfrequenz soll auf $f_{osc}/4$ eingestellt sein.

Lösung:

        Ausgabe an P4.6 ➡   Compare Register CM6

1.   **Bestimmung der Initialisierungsdaten für Compare Timer**

Compare Timer
Wirksame Zählfrequenz: fosc/4

CTCON	x	x	x	x	0	0	0	1

2.   **Berechnung des Zähleranfangs- und des Reload-Wertes**

$$t_{Zyklus} = 20 \ \mu s \qquad f_{int} = f_{osc}/4 = 3 \ \text{MHz}$$

Erforderliche Maschinen-Zyklen:
$$\begin{aligned} z &= t_{Zyklus} * f_{int} \\ &= 20 \ \mu s * 3 \ \text{MHz} \\ z &= 60 \end{aligned}$$

Erforderlicher Zähleranfangswert:
$$\begin{aligned} n &= 65.536 - 60 \\ &= 65.476 \\ n &= \text{FFC4H} \end{aligned}$$

Erforderlicher Compare-Wert:
$$\begin{aligned} c &= 65.476 + 15 \\ &= 65.491 \\ c &= \text{FFD3H} \end{aligned}$$

3.   Programm-Ablaufplan

Hauptprogramm

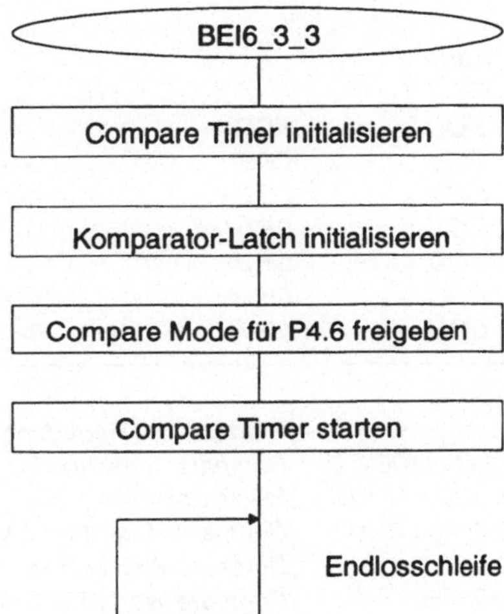

4.   Programm-Listing

```
;********************************************************************************
;
;         Hauptprogramm                    :BEI6_3_3.A51
;********************************************************************************
;

          ;Definition der Namen

          CTRELH      EQU         0DFH
          CTRELL      EQU         0DEH
          CTCON       EQU         0E1H
          CMSEL       EQU         0F7H
          CMEN        EQU         0F6H
          CMH6        EQU         0F3H
          CML6        EQU         0F2H
;--------------------------------------------------------------------------------

          ORG   8100H                  ;Startadresse Hauptprogramm
          ANL   CTCON,#11110001B       ;Compare Timer auf
          ORL   CTCON,#00000001B       ;fosc/4 einstellen
          ORL   CMSEL,#01000000B       ;Compare Mode 1 für CM6 einstellen, damit
                                       ;Compare Wert softwaremäßig geladen werden kann
          MOV   CMH6,#0FFH             ;Compare Wert FFD3H in das
          MOV   CML6,#0DH              ;Compare Register CM6 laden
          ANL   CMSEL,#10111111B       ;Compare Mode 0 für CM6 einstellen; neues Nachla-
                                       ;den nur bei Compare Timer Overflow möglich
          ORL   CMEN,#01000000B        ;Compare Funktion für P4.6 freigeben
          MOV   CTRELH,#0FFH           ;Zähleranfangswert für Compare Timer
          MOV   CTRELL,#0C4H           ;laden und Compare Timer starten
LOOP:     LJMP  LOOP                   ;Simulation eines Hauptprogramms (Endlosschleife)

;********************************************************************************
          END
```

Special Function Register IEN0

Das Register IEN0 (interrupt enable) enthält die für die Interrupt-Freigabe erforderlichen Flags EAl (enable all interrupt = generelle Interrupt-Freigabe), ET2, ET1 und ET0 (enable timer x = individuelle Freigabe von timer x interrupt).

AFH	AEH	ADH	ACH	ABH	AAH	A9H	A8H	
EAL	WDT	ET2	ES	ET1	EX1	ET0	EX0	IEN0 (A8H)

☐ Diese Bits werden zur Programmierung der Timer/Counter-Funktion nicht benötigt!

Bild 6.3-18: Special Function Register IEN0 (Adresse: A8H)

Dieses Register ist bitadressierbar, so daß die entsprechenden Interrupts mit entsprechenden SETB ...-Befehlen freigegeben bzw. mit CLR ...-Befehlen gesperrt werden können.

Nach jedem RESET ist der Inhalt von IEN0 = 00H, d.h. ,alle Interrupt-Möglichkeiten des Mikrocontroller-Systems sind unterdrückt (EAL = 0).

Bit	Funktion

EAL   **Generelle Interrupt-Freigabe des Mikrocontrollers**

| EAL = 0 | : | Generelle Interrupt-Sperrung |
| EAL = 1 | : | Generelle Interrupt-Freigabe |

ET2   **Interrupt-Freigabe des Timer 2 Interrupt**

| ET2 = 0 | : | Timer 2 Interrupt ist gesperrt |
| ET2 = 1 | : | Timer 2 Interrupt ist freigegeben |

ET1   **Interrupt-Freigabe des Timer 1 Interrupt**

| ET1 = 0 | : | Timer 1 Interrupt ist gesperrt |
| ET1 = 1 | : | Timer 1 Interrupt ist freigegeben |

ET0   **Interrupt-Freigabe des Timer 0 Interrupt**

| ET0 = 0 | : | Timer 0 Interrupt ist gesperrt |
| ET0 = 1 | : | Timer 0 Interrupt ist freigegeben |

Special Function Register IEN1

Dieses Register beinhaltet das Kontroll-Bit EXEN2 (extern reload enable timer 2)
sowie die Interrupt-Freigabe-Bits für den Compare/Capture-Mode.

BFH	BEH	BDH	BCH	BBH	BAH	B9H	B8H	
EX EN2	SWDT	EX6	EX5	EX4	EX3	EX2	EADC	IEN1 (B8H)

Diese Bits werden zur Programmierung der
Timer/Counter-Funktion nicht benötigt!

Bild 6.3-19: Special Function Register IEN1 (Adresse: B8H)

Dieses Register ist bitadressierbar, so daß die einzelnen Interrupt-Freigabe-Flags
mit SETB ... gesetzt bzw. mit CLR ... zurückgesetzt werden können.

Nach jedem RESET ist der Inhalt von IEN1 = 00H, d.h., alle hier angesprochenen
Interrupt-Quellen sind gesperrt.

Bit　　　　　**Funktion**

EXEN2　　　**Interrupt-Freigabe für den externen Reload-Mode**
Das Nachladen des Zählregisters im Reload-Mode 1 erfolgt mit der
negativen Flanke an Port-Pin P1.5. Gleichzeitig kann diese negative
Flanke einen Timer 2 Interrupt auslösen, wenn die Kontroll-Bits
EXEN2 und EXF2 (IRCON) gesetzt sind.
EXEN2 = 0 :　　　Timer 2 Interrupt gesperrt
EXEN2 = 1 :　　　Timer 2 Interrupt freigegeben

EX6　　　　**Freigabe-Bit von Interrupt 6**
EX6 = 0　　:　　　Interrupt 6 ist gesperrt
EX6 = 1　　:　　　Interrupt 6 ist freigegeben

EX5　　　　**Freigabe-Bit von Interrupt 5**
EX5 = 0　　:　　　Interrupt 5 ist gesperrt
EX5 = 1　　:　　　Interrupt 5 ist freigegeben

EX4 **Freigabe-Bit von Interrupt 4**
EX4 = 0   :   Interrupt 4 ist gesperrt
EX4 = 1   :   Interrupt 4 ist freigegeben

EX3 **Freigabe-Bit von Interrupt 3**
EX3 = 0   :   Interrupt 3 ist gesperrt
EX3 = 1   :   Interrupt 3 ist freigegeben

EX2 **Freigabe-Bit von Interrupt 2**
EX2 = 0   :   Interrupt 2 ist gesperrt
EX2 = 1   :   Interrupt 2 ist freigegeben

Special Function Register IEN2

Dieses Register beinhaltet das Kontroll-Bit ECT (enable compare timer interrupt).

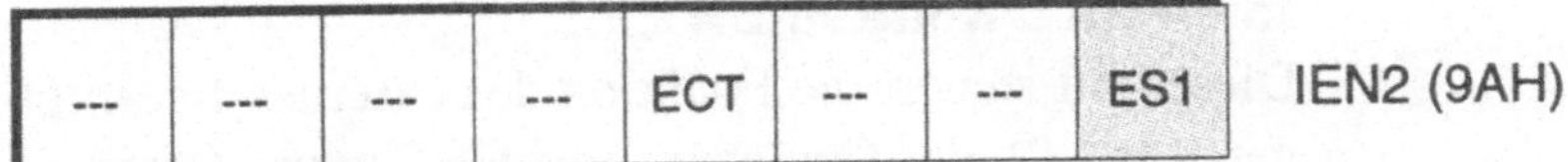

Dieses Bit wird zur Programmierung der Timer/Counter-Funktion nicht benötigt!

Bild 6.3-20: Special Function Register IEN1 (Adresse: B8H)

Dieses Register ist nicht bitadressierbar, so daß das Interrupt-Freigabe-Flag ECT durch eine entsprechende Maskierung gesetzt bzw. zurückgesetzt werden muß.

Nach jedem RESET ist der Inhalt von IEN2 = 00H, d.h., die Compare Timer Interrupt-Quelle ist gesperrt.

Bit **Funktion**

ECT **Freigabe-Bit von Compare Timer Interrupt**
ECT = 0   :   Compare Timer Interrupt ist gesperrt.
ECT = 1   :   Compare Timer Interrupt ist freigegeben.

Special Function Register T2CON

Das Register T2CON (timer 2 configuration) bestimmt die Betriebsart des Timers, definiert die wirksame Zählfrequenz und bietet die Möglichkeit, den Timer zu starten bzw. anzuhalten.

CFH	CEH	CDH	CCH	CBH	CAH	C9H	C8H
T2PS	I3FR	I2FR	T2R1	T2R0	T2CM	T2I1	T2I0

T2CON (C8H)

Bild 6.3-21: Special Function Register T2CON (Adresse: C8H)

Nach jedem RESET ist der Inhalt von T2CON = 00H.

Bit   **Funktion**

T2PS   **Vorteiler-Auswahl-Bit**
                         T2PS = 0: $f_{osc}/12$
                         T2PS = 1: $f_{osc}/24$

I3FR   **Interrupt 3 Kontroll-Bit**
                         Dieses Bit steuert die Funktion des externen Interrupt-3-Eingangs (P1.0), des Compare- und des Capture-Interrupt.
                         I3FR = 0:   Auslösung durch negative Flanke
                         I3FR = 1:   Auslösung durch positive Flanke

I2FR   **Interrupt 2 Kontroll-Bit**
                         Dieses Bit steuert die Funktion des externen Interrupt-2-Eingangs (P1.4), des Compare- und des Capture-Interrupt von Register CC4.
                         I2FR = 0:   Auslösung durch negative Flanke
                         I2FR = 1:   Auslösung durch positive Flanke

T2R1, T2R0   **Reload-Mode-Auswahl**
                         0x   Reload Mode gesperrt
                         10   Mode 0, Auto-Reload durch TF2
                         11   Mode 1, Reload durch negative Flanke an P1.5

T2CM   **Compare-Mode-Auswahl**
T2CM = 0:   Compare Mode 0
T2CM = 1:   Compare Mode 1

T2I1, T2I0   **Takt-Auswahl**
00   Timer 2 wird angehalten

01   Intern gesteuerter Zeitgeber (timer mode)

10   Extern getakteter Zähler (event counter)
Externes Taktsignal an P1.7

11   Extern freigegebener Zeitgeber (gated timer)
Externes Freigabe-Signal (HIGH-Pegel) an P1.7

Special Function Register CCEN

Das Register CCEN (compare/capture mode enable) legt die mögliche Betriebsart der Compare/Capture-Register CRC, CC1, CC2 und CC3 fest. Dabei ist zu beachten, daß alle Compare-Register entweder nur in Mode 0 oder Mode 1 geschaltet werden können (siehe Special Function Register T2CON, Kontroll-Bit T2CM).

COCA H3	COCA L3	COCA H2	COCA L2	COCA H1	COCA L1	COCA H0	COCA L0

CCEN (C1H)

Bild 6.3-22: Special Function Register CCEN (Adresse: C1H)

Nach jedem RESET ist der Inhalt von CCEN = 00H, d.h., alle Compare/Capture-Funktionen sind gesperrt.

Das Register ist nicht bitadressierbar; das gezielte Setzen oder Rücksetzen eines einzelnen Bits ist daher nur durch entsprechende logische Verknüpfungen (Maskierung) möglich.

Bit   **Funktion**

COCAH3, COCAL3   **Compare/Capture Mode für CC3**
- **00**   Compare/Capture Mode gesperrt (disable)
- **01**   Capture mit der neg. Flanke an P1.3 (Mode 0)
- **10**   Compare Mode aktiviert (enable)
- **11**   Capture durch Schreibbefehl in das LOB von CC3 (Mode 1)

COCAH2, COCAL2   **Compare/Capture Mode für CC2**
- **00**   Compare/Capture Mode gesperrt (disable)
- **01**   Capture mit der neg. Flanke an P1.2 (Mode 0)
- **10**   Compare Mode aktiviert (enable)
- **11**   Capture durch Schreibbefehl in das LOB von CC2 (Mode 1)

COCAH1, COCAL1   **Compare/Capture Mode für CC1**
                                               00   Compare/Capture Mode gesperrt (disable)
     01   Capture mit der neg. Flanke an P1.1 (Mode 0)
     10   Compare Mode aktiviert (enable)
     11   Capture durch Schreibbefehl in das LOB von CC1 (Mode 1)

COCAH0, COCAL0   **Compare/Capture Mode für CRC**
     00   Compare/Capture Mode gesperrt (disable)
     01   Capture mit der neg. Flanke an P1.0 (Mode 0)
     10   Compare Mode aktiviert (enable)
     11   Capture durch Schreibbefehl in das LOB von CRC (Mode 1)

Hinweis: Wird das Compare Register nach einem erfolgten Interrupt mit einem neuen Wert geladen, sollte der Compare Mode gesperrt (disable) sein (CCEN). Das Laden des Compare Registers geschieht in zwei Befehlen , so daß nach Laden des ersten Byte ein nichtgewolltes Compare Ergebnis entstehen kann, da das zweite Byte des Compare Registers noch den alten Wert hat.

Special Function Register CC4EN

Das Register CC4EN (compare/capture mode enable für CC4) legt die mögliche Betriebsart des Compare/Capture-Registers CC4 fest. Weiterhin wird hier der concurrent compare mode eingestellt sowie die zusätzlichen Compare-Port-Ausgänge.

-----	COCON2	COCON1	COCON0	COCOEN	COCAH4	COCAL4	COMO	CC4EN (C9H)

Bild 6.3-23: Special Function Register CC4EN (Adresse: C9H)

Nach jedem RESET ist der Inhalt von CC4EN = 00H, d.h., alle Compare/Capture-Funktionen sind gesperrt.

Das Register ist nicht bitadressierbar; das gezielte Setzen oder Rücksetzen eines einzelnen Bits ist daher nur durch entsprechende logische Verknüpfungen (Maskierung) möglich.

Bit   **Funktion**

COCON2   **Beeinflußter Concurrent-Compare-Port-Ausgang**
COCON1
COCON0   000 P5.0
            001 P5.0 bis P5.1
            010 P5.0 bis P5.2
            011 P5.0 bis P5.3
            100 P5.0 bis P5.4
            101 P5.0 bis P5.5
            110 P5.0 bis P5.6
            111 P5.0 bis P5.7

COCOEN   **Concurrent Mode**
            0   Concurrent Mode nicht aktiviert
            1   Aktiviert für das Register CC4 Compare Mode 1 und schaltet den bzw. die aktivierten Concurrent-Compare-Ausgänge frei.

COCAH4, COCAL4   **Compare/Capture Mode für CC4**

    00   Compare/Capture Mode gesperrt (disable)

    01   Capture mit der negativer (I2FR = 0) bzw. mit positiver (I2FR = 1) Flanke an P1.4 (Mode 0)

    10   Compare Mode aktiviert (enable)

    11   Capture durch Schreibbefehl in das LOB von CC4 (Mode 1)

COMO   **Compare Mode Kontroll-Bit für CC4**

    0   Aktiviert Mode 0

    1   Aktiviert Mode 1

Special Function Register CMSEL

Mit Hilfe der einzelnen Bits in diesem Register werden die 16-Bit-Compare-Register CMx entweder dem Timer Nr. 2 oder dem Compare Timer zugeordnet.

CM SEL7	CM SEL6	CM SEL5	CM SEL4	CM SEL3	CM SEL2	CM SEL1	CM SEL0

CMSEL (F7H)

Bild 6.3-24: Special Function Register CMSEL (Adresse: F7H)

Nach jedem RESET ist der Inhalt von CMSEL = 00H, d.h., alle Compare-Register sind dem Timer Nr. 2 zugeordnet.

Bit   **Funktion**

CMSELx   **Register-Zuordnung**
               0   Register CMx wird Timer Nr. 2 zugeordnet und arbeitet im Compare Mode 1.

               1   Register CMx wird dem Compare Timer zugeordnet und arbeitet im Compare Mode 0.

Special Function Register CMEN

Mit Hilfe der einzelnen Bits in diesem Register werden die Compare-Funktionen des angesprochenen Compare-Registers freigeschaltet (enabled).

CM EN7	CM EN6	CM EN5	CM EN4	CM EN3	CM EN2	CM EN1	CM EN0

CMEN (F6H)

Bild 6.3-25: Special Function Register CMEN (Adresse: F6H)

Nach jedem RESET ist der Inhalt von CMEN = 00H, d.h., alle Compare-Funktionen sind gesperrt.

Bit   **Funktion**

CMEN   **Freigabe des Compare Mode**
               0   Sperrt den Compare Mode für das Register CMx.
               1   Aktiviert den Compare Mode für das Register CMx.

Special Function Register CTCON

Dieses Register beinhaltet das Interrupt-Vorbereitungs-Flag CTF des Compare Timers sowie die Kontroll-Bits zur Festlegung der intern wirksamen Zählfrequenz.

---	---	---	---	CTF	CLK2	CLK1	CLK0	CTCON (E1H)

Bild 6.3-26: Special Function Register CTCON (Adresse: E1H)

Dieses Register ist nicht bitadressierbar, so daß das Interrupt-Vorbereitungs-Flag CTF sowie die Kontroll-Bits für die interne Zählfrequenz durch entsprechende Maskierung gesetzt bzw. zurückgesetzt werden müssen.

Bit   **Funktion**

CTF   **Compare Timer Überlauf Flag**
Bei jedem Überlauf des Compare Timers wird dieses Kontroll-Bit automatisch gesetzt. Durch die Annahme des entsprechenden Interrupts wird dieses Bit aber nicht automatisch zurückgesetzt, d.h., das Rücksetzen muß innerhalb der Interrupt Service Routine automatisch erfolgen.

CLK2   **Intern wirksame Zählfrequenz**
CLK1   000 $f_{osc}/2$
CLK0   001 $f_{osc}/4$
               010   $f_{osc}/8$
               011   $f_{osc}/16$
               100   $f_{osc}/32$
               101   $f_{osc}/64$
               110   $f_{osc}/128$
               111   $f_{osc}/256$

Special Function Register IRCON

Das Register beinhaltet das Kontroll-Bit TF2 sowie die Interrupt-Vorbereitungs-Flags für die zusätzlichen Funktionen von Timer Nr. 2.

C7H	C6H	C5H	C4H	C3H	C2H	C1H	C0H
EXF2	TF2	IEX6	IEX5	IEX4	IEX3	IEX2	IADC

IRCON (C0H)

☐ Dieses Bit wird zur Programmierung der Timer/Counter-Funktion nicht benötigt!

Bild 6.3-26: Special Function Register IRCON (Adresse: C0H)

Dieses Register ist bitadressierbar, so daß die einzelnen Vorbereitungs-Flags mit SETB ... gesetzt bzw. mit CLR ... zurückgesetzt werden können.

Nach jedem RESET ist der Inhalt von IRCON = 00H, d.h., alle hier angesprochenen Interrupt-Quellen sind gesperrt.

Bit   **Funktion**

EXF2   **Externes Timer/Counter Nr. 2 Reload-Flag**
Ist dieses Flag gesetzt (EXF2 = 1), wird bei jeder negativen Flanke am Port-Eingang P1.5 das Überlauf-Flag TF2 gesetzt, sofern im Special Function Register IEN1 das Kontroll-Bit EXEN2 ebenfalls gesetzt ist (EXEN2 = 1).

TF2   **Timer/Counter Nr. 2 Überlauf-Flag**
Bei jedem Überlauf des Zählregisters wird dieses Flag automatisch gesetzt, wird aber nicht bei Annahme des Interrupts automatisch zurückgesetzt. Dieses Rücksetzen muß softwaremäßig mit CLR TF2 (in der Interrupt Service Routine) erfolgen.
TF2 = 0   :   Keine Interrupt-Anforderung
TF2 = 1   :   Interrupt-Anforderung

IEX6

Interrupt-Vorbereitungs-Flag für externen Interrupt 6
Wird Timer Nr. 2 im Compare- oder Capture-Mode (Compare/
Capture-Register: CC3) betrieben, setzt das auftretende Compare/
Capture-Ereignis (positive Flanke) das Vorbereitungs-Flag IEX6 von
Interrupt 6 (Vektor-Adresse: 006BH) an. Die Freigabe des externen
Interrupt 6 erfolgt durch das Kontroll-Bit EX6 im Special Function
Register IEN1.

IEX5

Interrupt-Vorbereitungs-Flag für externen Interrupt 5
Wird Timer Nr. 2 im Compare- oder Capture-Mode (Compare/Capture-
Register: CC2) betrieben, setzt das auftretende Compare/Capture-
Ereignis (positive Flanke) das Vorbereitungs-Flag IEX5 von Interrupt
5 (Vektor-Adresse: 0063H) an. Die Freigabe des externen Interrupt 5
erfolgt durch das Kontroll-Bit EX5 im Special Function Register
IEN1.

IEX4

Interrupt-Vorbereitungs-Flag für externen Interrupt 4
Wird Timer Nr. 2 im Compare- oder Capture-Mode (Compare/
Capture-Register: CC1) betrieben, setzt das auftretende Compare/
Capture-Ereignis (positive Flanke) das Vorbereitungs-Flag IEX4 von
Interrupt 4 (Vektor-Adresse: 005BH) an. Die Freigabe des externen
Interrupt 4 erfolgt durch das Kontroll-Bit EX4 im Special Function
Register IEN1.

IEX3

Interrupt-Vorbereitungs-Flag für externen Interrupt 3
Wird Timer Nr. 2 im Compare- oder Capture-Mode (Compare/
Capture-Register: CRC) betrieben, setzt das auftretende Compare/
Capture-Ereignis (positive oder negative Flanke, abhängig vom
Kontroll-Bit I3FR im Special Function Register T2CON) das
Vorbereitungs-Flag von Interrupt 3 (Vektor-Adresse: 0053H) an. Die
Freigabe des externen Interrupt 3 erfolgt durch das Kontroll-Bit EX3
im Special Function Register IEN1.

IEX2   **Interrupt-Vorbereitungs-Flag für externen Interrupt 2**
Wird Timer Nr. 2 im Compare- oder Capture-Mode (Compare/
Capture-Register: CC4) betrieben, setzt das auftretende Compare/
Capture-Ereignis (positive oder negative Flanke, abhängig vom
Kontroll-Bit I2FR im Special Function Register T2CON) das
Vorbereitungs-Flag von Interrupt 2 (Vektor-Adresse: 004BH) an. Die
Freigabe des externen Interrupt 2 erfolgt durch das Kontroll-Bit EX2
im Special Function Register IEN1.

Special Function Register IP0 und IP1

Dieses Registerpaar bestimmt die Priorität des entsprechenden Interrupts. Es können jeder Interrupt-Quelle eine von vier Interrupt-Ebenen zugeordnet werden.

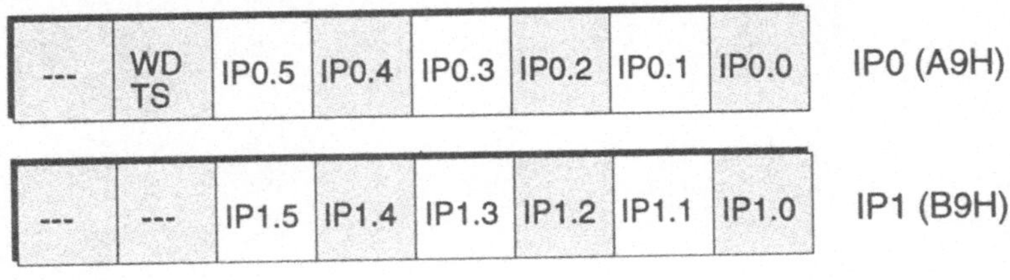

Bild 6.3-27: Special Function Register IP0 und IP1 (Adresse: A9H und B9H)

Nach jedem RESET ist der Inhalt von IP0 und IP1 = 00H, d.h., alle hier angesprochenen Interrupt-Quellen haben die gleiche (niedrigste) Priorität.

Hinweis:　　Timer Nr. 1 und der Compare Timer werden über die gleichen Bitstellen in ihrer Priorität anderen Interrupts gegenüber eingestellt. Bei gleichzeitiger Interrupt-Anforderung von Timer Nr. 1 und Compare Timer wird der Timer-1-Interrupt vorrangig abgearbeitet.

Bit　　　　　　　　**Funktion**

IP1.x/IP0.x　　　**Interrupt-Priorität**
　　　　　　　　　　00　　Prioritäts-Stufe 0 (niedrigste Priorität)
　　　　　　　　　　01　　Prioritäts-Stufe 1
　　　　　　　　　　10　　Prioritäts-Stufe 2
　　　　　　　　　　11　　Prioritäts-Stufe 3 (höchste Priorität)

Die entsprechenden Timer-Interrupts sind wie folgt zugeordnet:

❏　　IP1.5/IP0.5　　　Timer Nr. 2

❏　　IP1.3/IP0.3　　　Timer Nr. 1/Compare Timer

❏　　IP1.1/IP0.1　　　Timer Nr. 0

7 Serielle Schnittstelle

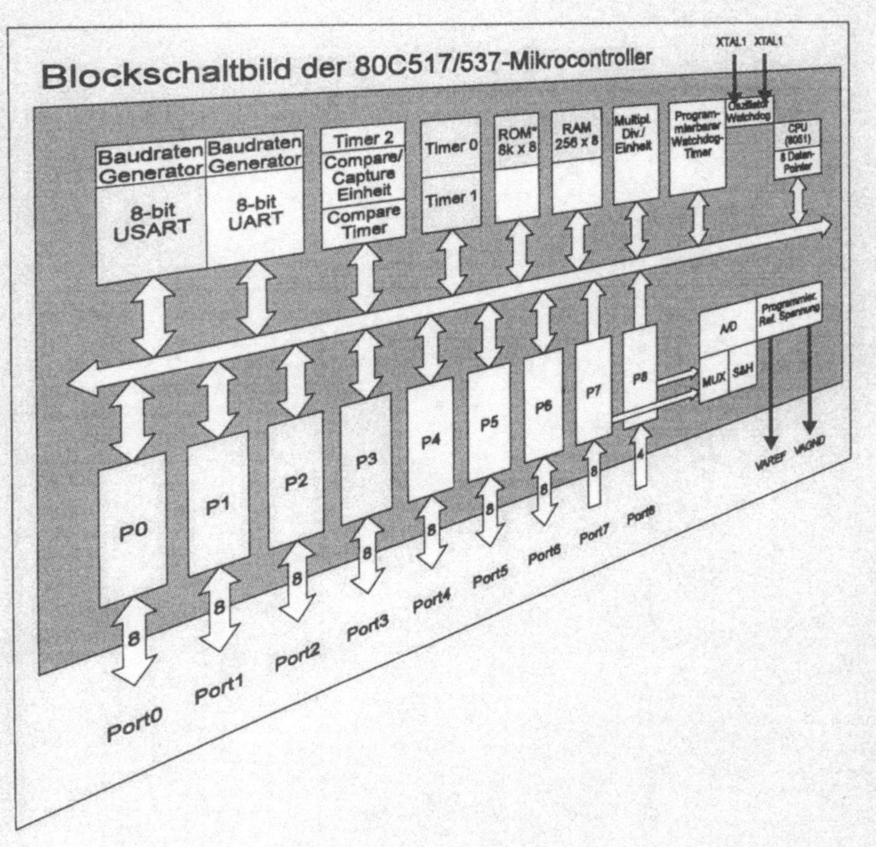

7.1 Serielle Schnittstelle 80(C)51/31

Damit ein Mikrocontroller Daten über eine serielle Leitung transportieren kann, muß senderseitig eine Parallel-Serien-Wandlung, empfängerseitig eine Serien-Parallel-Wandlung erfolgen. Diese Wandler werden realisiert als Schieberegister mit paralleler Eingabe und serieller Ausgabe (Senderegister) bzw. als Schieberegister mit serieller Eingabe und paralleler Ausgabe (Empfangsregister). Die Geschwindigkeit wird durch die an den Schieberegistern wirksamen Taktsignale (Sende- bzw. Empfangstakt) bestimmt.

Der Sende- bzw. der Empfangstakt legt die zeitliche Folge des Datenstromes fest. Hierbei ist zwischen der Schrittgeschwindigkeit und der Übertragungsgeschwindigkeit zu unterscheiden.

Die Schrittgeschwindigkeit (Baud-Rate) gibt an, wieviel Zustandsänderungen pro Sekunde auf dem Übertragungskanal stattfinden. Die Einheit dieser Größe wird mit Schritte pro Sekunde oder Bd (Baud) angegeben. Arbeitet z.B. ein Sender mit einer Baud-Rate von 1.200 Bd, werden pro Sekunde 1.200 Schritte durchgeführt, die Schiebefrequenz beträgt also 1,2 kHz.

Die Übertragungsgeschwindigkeit gibt an, wieviel Bit pro Sekunde übertragen werden. Bei Signalen, die pro Schritt immer nur ein Bit übertragen, ist die Schrittgeschwindigkeit identisch mit der Übertragungsgeschwindigkeit. Bei vielen MODEMs und FAX-Geräten werden aber bei Schrittgeschwindigkeiten über 1.200 Bd in der Regel vier, acht oder noch mehr Bits übertragen. Die Übertragungsgeschwindigkeit bei 1.200 Bd und vier Bits pro Schritt beträgt somit 4.800 Bits/s.

Die im Mikrocontroller 80(C)51/31 verfügbare serielle Schnittstelle kann immer nur ein Bit pro Schritt transportieren, d.h., bei dieser Schnittstelle sind Baud-Rate und Übertragungsgeschwindigkeit identisch.

Damit bei einer Datenübertragung zwischen zwei Stationen ein Datenaustausch stattfinden kann, müssen Vereinbarungen über die Länge und den Aufbau der zu übertragenden Bytes getroffen werden. Diese Vereinbarungen bezeichnet man als Datenübertragungsformat oder Frame.

Bei der seriellen Datenübertragung wird ein Gleichlauf zwischen Sender und Empfänger benötigt, damit der Empfänger in der Lage ist, Anfang und Ende einer Nachricht zu erkennen. In der Technik wird hier zwischen synchroner und asynchroner Datenübertragung unterschieden.

Bei synchroner Datenübertragung werden mehrere Daten-Bytes zu einem Block zusammengefaßt. Vor Beginn dieses Blocks wird ein spezielles Synchronisations-Byte und nach dem Block ein entsprechendes Ende-Byte zugefügt. Innerhalb des Datenblocks werden die Daten-Bytes nacheinander ohne weitere Kennzeichnungen übertragen. Ein Empfänger benötigt ein festgelegtes Zeitraster, damit diese Daten ordnungsgemäß eingelesen werden können. Dazu wird über eine zweite Leitung der Sendetakt übertragen, den der Empfänger als Empfangstakt verwenden kann. Dies bringt vor allem bei räumlich weit auseinander liegendem Sender und Empfänger technische Probleme. Die Übertragung innerhalb der Daten-Bytes beginnt immer mit der niederwertigsten Bitstelle (least significant bit, LSB).

| SYN | Byte 1 | Byte 2 | Byte 3 | Byte 4 | Byte 5 | END |

Bild 7.1-1: Synchrone Datenübertragung

Die asynchrone Datenübertragung ist die häufigste Übertragungsart. Dem zu übertragenden Daten-Byte wird ein spezielles Start-Bit vorgestellt, mit dem der Empfänger den Start der Übertragung eindeutig feststellen kann. Ebenso wird das Ende durch ein (oder zwei) Stopp-Bits gekennzeichnet. Die Synchronisierung findet also bei jedem einzelnen Daten-Byte statt. Ebenfalls möglich ist das Hinzufügen eines weiteren Kontroll-Bits, z.B. als Parity-Bit. Wichtig ist, daß der vereinbarte Übertragungsrahmen beim Sender und beim Empfänger gleich ist. Auch hier beginnt die Übertragung des Daten-Bytes immer mit der niederwertigsten Bitstelle (least significant bit, LSB).

| START | Byte 1 | STOP | START | Byte 2 | STOP | START | Byte 3 | STOP |

Bild 7.1-2: Asynchrone Datenübertragung

Innerhalb des Übertragungsrahmens ist die Länge eines Datenwortes festgelegt. Diese Länge variiert von 5 Bit (Fernschreibcode) über 7 Bit (ASCII-Code) bis 8 Bit (allgemeine Datenübertragung).

Im folgenden Bild ist der zeitliche Ablauf einer asynchronen Datenübertragung dargestellt, bei der folgender Datenübertragungsrahmen vereinbart ist:

☐   1 Start-Bit, 8 Daten-Bits, 1 Stopp-Bit

☐   Zu übertragendes Zeichen: 6BH = 0110 1011B

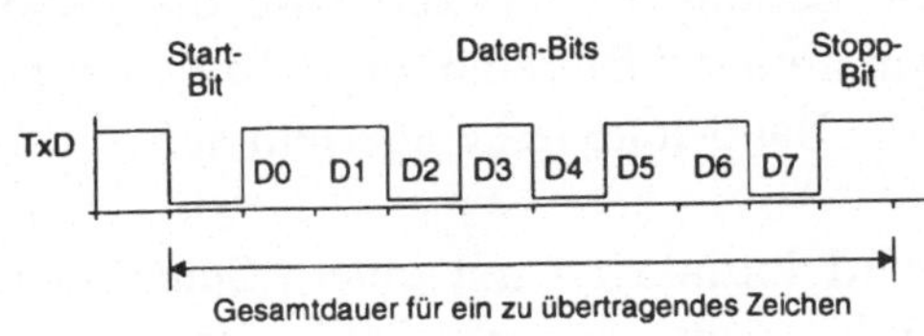

Bild 7.1-3: Asynchrone Datenübertragung

Wichtig ist auch, in welcher Richtung die gewünschte Datenübertragung möglich ist. Beim SIMPLEX-Betrieb können Daten immer nur in einer Richtung übertragen werden. In dieser Betriebsart ist kein gegenseitiger Datenaustausch möglich. Beim HALB-DUPLEX-Betrieb ist dieser Datenaustausch zwar möglich, doch nicht gleichzeitig, d.h., während der Sender sendet, kann er nicht gleichzeitig empfangen. Das gleichzeitige Senden und Empfangen ist nur im VOLL-DUPLEX-Betrieb möglich. Man benötigt dazu zwei serielle Leitungen.

Die Sendeleitung wird mit TxD (transmit data), die Empfangsleitung mit RxD (receive data) bezeichnet.

Die im Mikrocontroller 80(C)51/31 verfügbare serielle Schnittstelle ist voll-duplex-fähig. Der Eingang ist gepuffert, so daß ein weiteres Byte empfangen werden kann, bevor das vorherige ausgewertet ist. Beim Senden und auch beim Empfangen wird über das Special Function Register SBUF auf das Senderegister oder das physikalisch getrennte Empfangsregister zugegriffen. Ein Schreibbefehl in das Special Function Register SBUF lädt das Senderegister, ein Lesevorgang liest das Empfangsregister.

Die Datenkommunikation erfolgt über die beiden Port-Pins P3.0 (RxD) und P3.1 (TxD). Die serielle Schnittstelle kann vier verschiedene Betriebsarten annehmen, eine synchrone und drei asynchrone Übertragungsformen.

Mögliche Betriebsarten der seriellen Schnittstelle

Mode 0 (synchron, 8 Bit, feste Baud-Rate)

Die seriellen Daten werden eingelesen und ausgegeben über den gleichen Port-Pin P3.0 (RxD). Über die Leitung P3.1 (TxD) wird die Baud-Rate (shift clock) ausgegeben. Es werden immer 8 Bits empfangen bzw. gesendet (zuerst LSB). In dieser Betriebsart ist die Baud-Rate fest eingestellt auf $f_{osc}/12$.

Der Sendevorgang wird initialisiert mit einem Schreibbefehl in das Special Function Register SBUF. Zum Zeitpunkt S6P2 wird die neunte Bit-Stelle des Sende-Schieberegisters gesetzt und der Tx-CONTROL-Block erhält das Startsignal, mit der Datenübertragung zu beginnen. Das interne Timing ist so eingestellt, daß zwischen dem Schreibbefehl ins SBUF-Register und der Aktivierung des SEND-Signal ein vollständiger Maschinen-Zyklus vergeht.

Dieses SEND-Signal schaltet sowohl den Sende-Ausgang P3.0 (RxD) als auch den Takt-Ausgang P3.1 (TxD) frei. Der Schiebetakt (Baud-Rate) ist während der Maschinen-Zyklen S3, S4 und S5 LOW und während S6, S1 und S2 HIGH, solange die Datenübertragung aktiv ist. Vor und nach jeder Übertragung führt dieser Ausgang HIGH-Pegel. Während das SEND-Signal aktiv ist, wird zum Zeitpunkt S6P2 innerhalb jeden Maschinen-Zyklusses der Inhalt des Sende-Schieberegisters um eine Stelle nach rechts verschoben.

Während die einzelnen Daten-Bits nach rechts verschoben werden, füllt der Tx-CONTROL-Block die vorderen Bit-Stellen mit Nullen. Ist die höherwertigste Bit-Stelle (MSB) an der Ausgabe-Position des Sende-Schieberegisters, steht eine Position links davon das zu Beginn gesetzte neunte Bit auf HIGH. Alle anderen Bit-Stellen links davon sind NULL. Dies ist für den Tx-CONTROL-Block das Zeichen, einen letzten Schiebetakt auszuführen, bevor das SEND-Signal deaktiviert (LOW) wird. Gleichzeitig wird im Special Function Register SCON (98H) das Interrupt-Anforderungs-Flag TI (SCON.1) gesetzt. Beide Aktionen finden zum Zeitpunkt S1P1 des 10. Maschinen-Zyklusses statt, der seit dem Schreibbefehl ins SBUF-Register vergangen ist.

Der Empfangsvorgang wird initialisiert durch Setzen des Kontroll-Bits SEN (SCON.4) und Rücksetzen des Kontroll-Bits RI (SCON.0). Zum Zeitpunkt S6P2 des nächsten Maschinen-Zyklusses schreibt der Rx-CONTROL-Block das Bit-Muster 1111 1110 in das Empfangs-Schieberegister und aktiviert im folgenden Maschinen-Zyklus das RECEIVE-Signal.

Dieses RECEIVE-Signal schaltet das Empfangs-Schieberegister auf die Port-Leitung P3.0 (RxD) und den Schiebetakt auf die Port-Leitung P3.1. Der Pegel des Schiebetaktes wird innerhalb eines Maschinen-Zyklusses zum Zeitpunkt S3P1 und S6P1 invertiert.

Während das RECEIVE-Signal aktiv ist, wird zum Zeitpunkt S6P2 innerhalb jeden Maschinen-Zyklusses der Inhalt des Empfangs-Schieberegisters um eine Stelle nach links verschoben. Der Wert, der von rechts in das Empfangsregister eingetaktet wird, entspricht dem Wert, der zum Zeitpunkt S5P2 desselben Maschinen-Zyklusses an Port P3.0 abgetastet wurde.

Für jedes eingelesene Daten-Bit wird eine EINS links aus dem Empfangs-Schiebe-register ausgetaktet. Gelangt die zu Beginn an die niederwertigste Stelle gesetzte NULL ans Ende des Empfangs-Schieberegisters, wird ein letzter Schiebetakt durchgeführt und abschließend der Inhalt des Empfangs-Schieberegisters in das Empfangsregister (SBUF) übertragen. Zum Zeitpunkt S1P1 des folgenden zehnten Maschinen-Zyklusses wird das RECEIVE-Signal zurückgesetzt und das Interrupt-Anforderungs-Flag RI (SCON.0) gesetzt.

Die Baud-Rate in Mode 0 ist fest eingestellt auf $f_{osc}/12$.

Blockschaltbild: Mode 0 der seriellen Schnittstelle

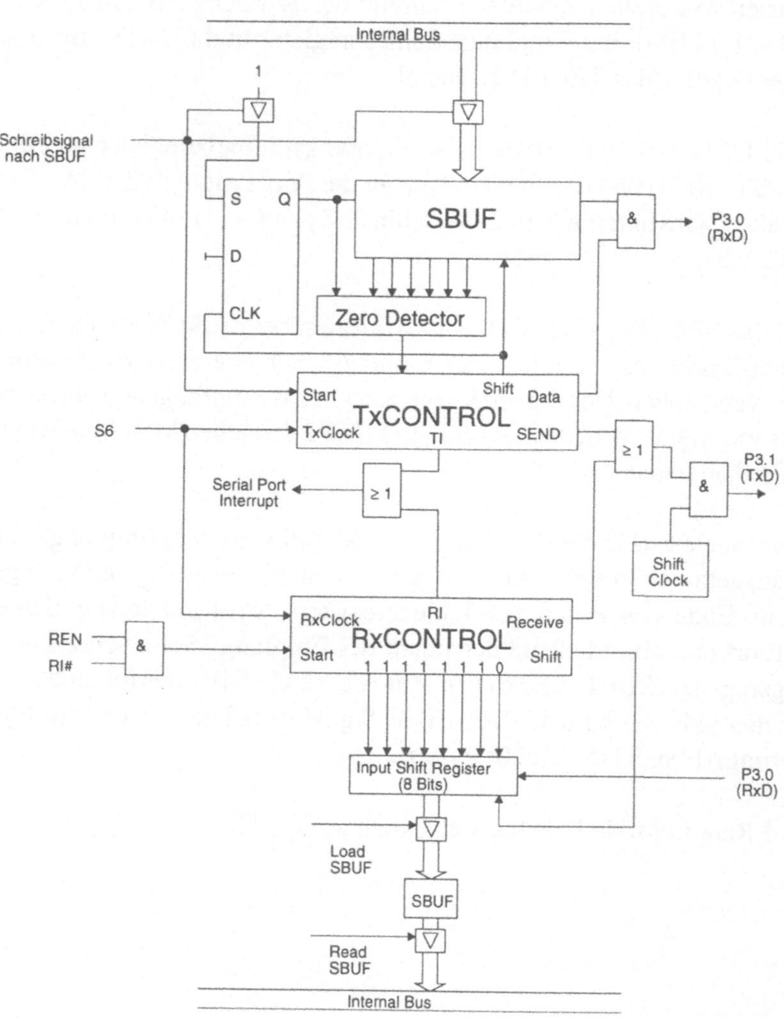

7.1-4: Mode 0 der seriellen Schnittstelle

Timing Diagramm: Mode 0 der seriellen Schnittstelle

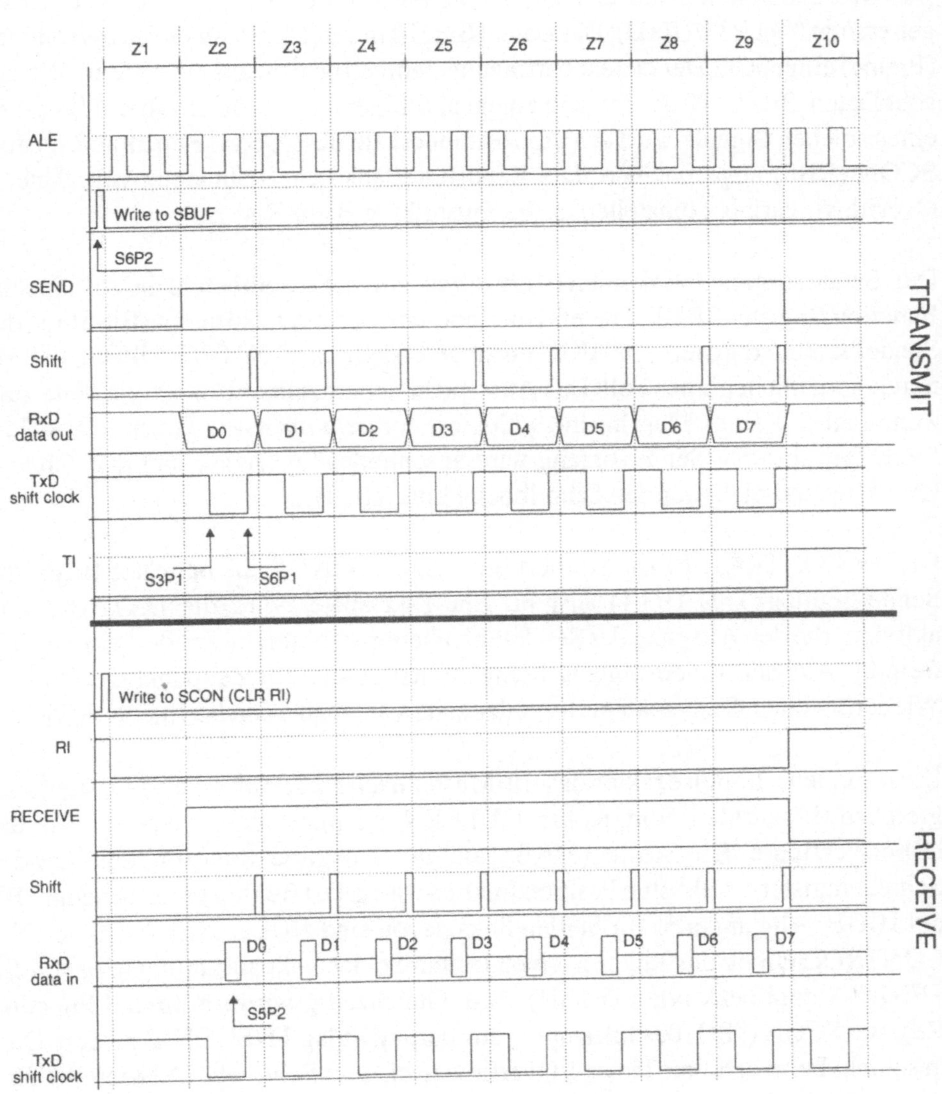

Bild 7.1-5: Timing Diagramm Mode 0

Mode 1 (asynchron, 10 Bit, einstellbare Baud-Rate)

Das Aussenden von Daten erfolgt über die Port-Leitung P3.1 (TxD), das Empfangen erfolgt über P3.0 (RxD). Das Daten-Byte ist in einen Datenübertragungsrahmen (Frame) eingepaßt. Der Datenübertragungsrahmen besteht aus einem Start-Bit, aus acht Daten-Bits (LSB zuerst) und einem abschließenden Stop-Bit. Beim Empfang eines solchen Signals wird das Stop-Bit innerhalb des Special Function Registers SCON (RB8) abgespeichert. Die Baud-Rate läßt sich - abhängig von Timer 1 Overflow - variabel einstellen (siehe Einstellung Baud-Rate).

Der Sendevorgang wird initialisiert durch einen Schreibbefehl in das Special Function Register SBUF. Dieser Schreibbefehl setzt auch die neunte Bit-Stelle des Sende-Schieberegisters auf HIGH und meldet dem Tx-CONTROL-Block, daß ein Sendevorgang beginnen soll. Das Aussenden der einzelnen Bits erfolgt dann zum Zeitpunkt S1P1 des Maschinen-Zyklusses, der dem nächsten Timer 1 Overflow folgt. Der gesamte Sendevorgang wird anschließend getriggert auf den Timer 1 Overflow und nicht auf den Schreibbefehl nach SBUF.

Der Tx-CONTROL-Block aktiviert die Leitung SEND#, die das Start-Bit an die Sende-Leitung TxD (P3.1) ausgibt. Ein Takt später wird die DATA-Leitung aktiviert, die den Ausgang des Sende-Schieberegisters auf die Sende-Leitung TxD freigibt. Auf der Sende-Leitung befindet sich zu diesem Zeitpunkt das Bit D0. Wiederum einen Takt später erfolgt der erste von neun Schiebe-Impulsen (Shift).

Diese Schiebe-Impulse takten das Bit-Muster nach rechts über die Sende-Leitung, gleichzeitig werden von rechts NULLEN nachgeschoben (D-FF). Ist die höherwertigste Bit-Stelle (MSB) an der Ausgabe-Position des Sende-Schieberegisters, steht eine Position links davon das zu Beginn gesetzte neunte Bit auf HIGH. Alle anderen Bit-Stellen links davon sind NULL. Dies ist für den Tx-CONTROL-Block das Zeichen, einen letzten Schiebetakt auszuführen, bevor das SEND#-Signal deaktiviert (HIGH) wird. Gleichzeitig wird im Special Function Register SCON (98H) das Interrupt-Anforderungs-Flag TI (SCON.1) gesetzt. Dies geschieht beim zehnten Timer 1 Overflow nach dem Schreibbefehl nach SBUF.

Der Empfangsvorgang wird initialisiert durch das Erkennen einer negativen Flanke (Start-Bit) an der Empfangs-Leitung RxD (P3.0). Diese Leitung wird mit dem 16fachen Wert der eingestellten Baud-Rate abgetastet. Erkennt die Schaltung eine negative Flanke, wird der Timer 1 sofort zurückgesetzt und in das Empfangs-Schieberegister wird der Wert 1FFH geschrieben.

Durch das Rücksetzen des Timers wird die zeitliche Synchronisation der einkommenden Signale gewährleistet. Die Abtastung der einzelnen Bits erfolgt auf folgende Weise. Die interne Abtastrate besitzt eine 16mal höhere Frequenz als die außen wirksame Baud-Rate. Der Abstand zwischen zwei TxCLOCK-Signalen ist dadurch in sechszehn gleiche Teile unterteilt. Im 7., 8. und 9. Teil wird die Empfangs-Leitung RxD abgetastet. Der in zwei der drei Abtastungen erkannte Wert wird akzeptiert. Dies reduziert die Rauschempfindlichkeit des Empfangs-Einganges. Wird bei der ersten dieser drei Abtastungen HIGH-Pegel erkannt, wird die Empfangs-Schaltung zurückgesetzt und wartet auf erneute negative Flanke. Diese Maßnahme schützt vor fehlerhaften Start-Bits.

Wird das Start-Bit anerkannt, wird es in das Empfangs-Schieberegister geschoben und der Empfang der folgenden Bits wird durchgeführt. Für jedes eingelesene Daten-Bit wird der Inhalt des Empfangs-Schieberegisters um eine Stelle nach links verschoben. Der Wert, der von links eingetaktet wird, entspricht dem in zwei der drei durchgeführten Abtastungen erkannten Wert.

Für jedes eingelesene Daten-Bit wird eine EINS links aus dem Empfangs-Schieberegister ausgetaktet. Gelangt das Start-Bit in die äußerst linke Position (das Empfangs-Schieberegister ist in Mode 1 9stellig), wird ein letzter Schiebetakt durchgeführt. Ob der Inhalt des Empfangs-Schieberegisters übernommen wird, hängt von zwei Bedingungen ab.

Das Signal, das abschließend das Empfangsregister SBUF lädt, das Kontroll-Bit RB8 (SCON.2) mit dem Stop-Bit füllt und RI setzt, wird nur dann erzeugt, wenn zum Zeitpunkt des letzten Schiebetaktes

1.   RI = 0
        und
2.   entweder das Kontroll-Bit SM2 (SCON.5) zurückgesetzt (SM2 = 0)
        oder das Empfangs-Stop-Bit = 1 ist.

Hinweis: Falls nur eine der beiden Bedingungen erfüllt ist, geht das empfangene Datenpaket verloren.

Damit ist ein Empfangszyklus abgeschlossen und die Empfangseinheit wartet auf die nächste negative Flanke (Start-Bit des folgenden Datenpaketes).

Blockschaltbild: Mode 1 der seriellen Schnittstelle

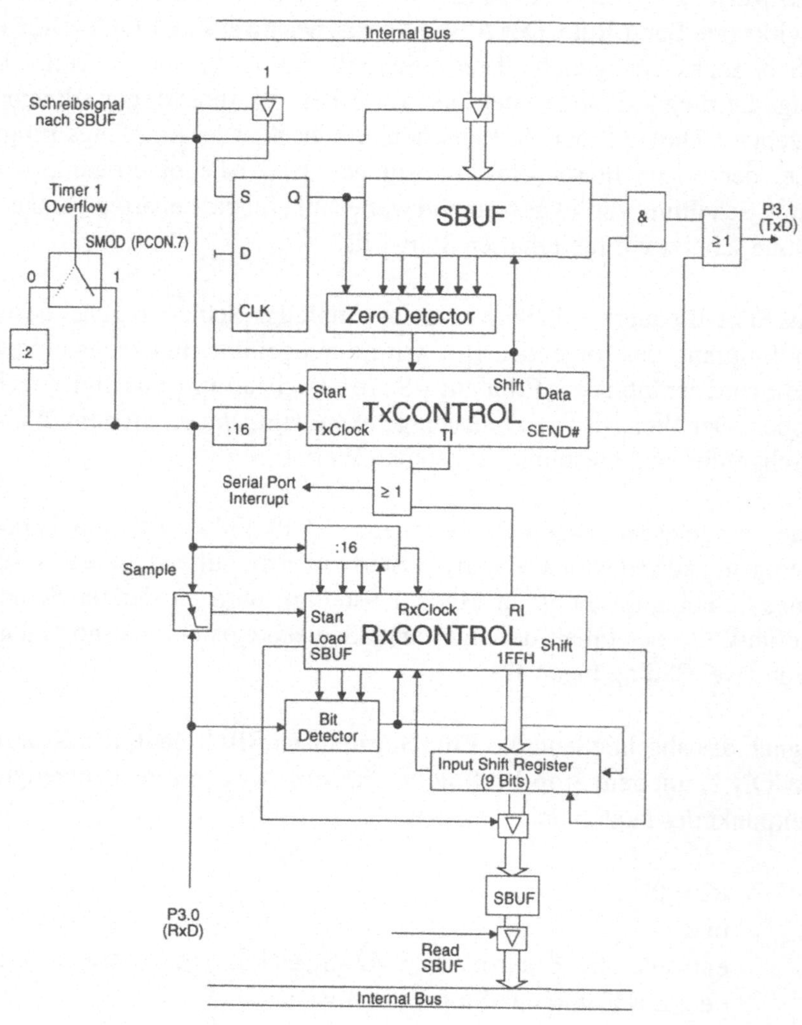

7.1-6: Mode 1 der seriellen Schnittstelle

Timing Diagramm: Mode 1 der seriellen Schnittstelle

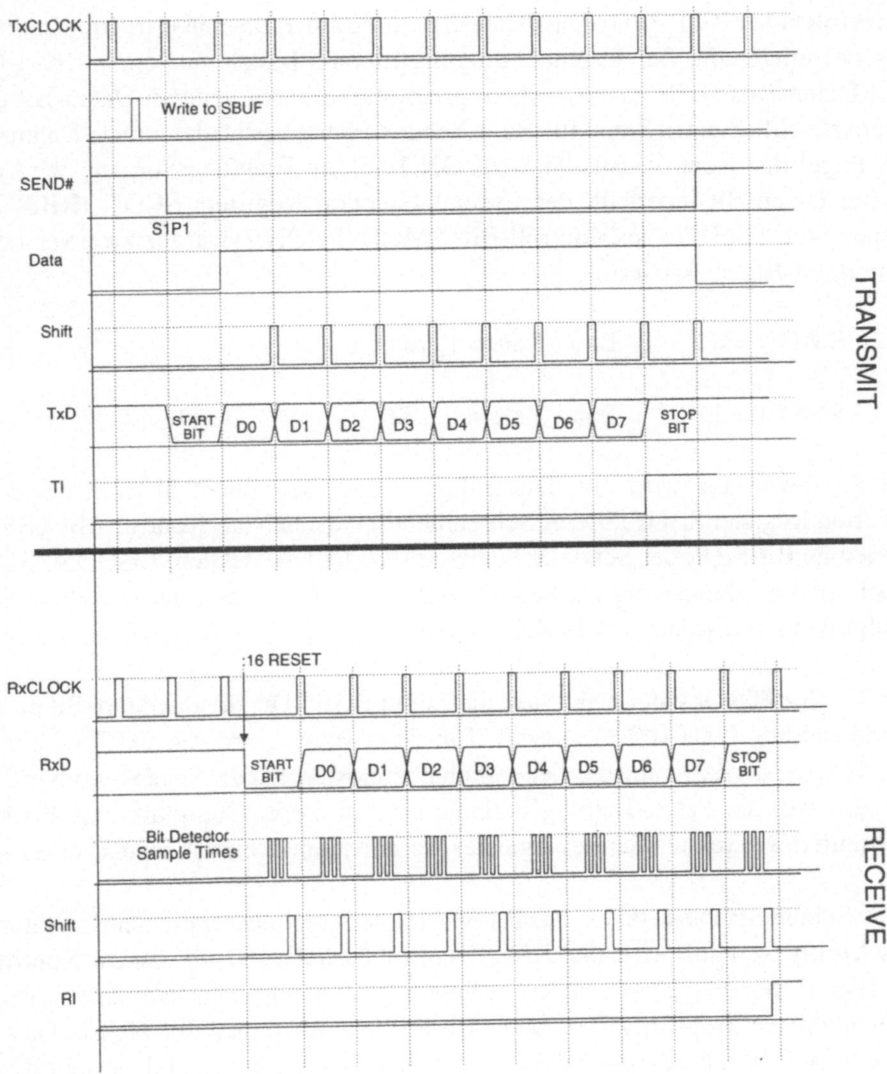

Bild 7.1-7: Timing Diagramm Mode 1

Mode 2 (asynchron, 11 Bit, feste Baud-Raten)

Das Aussenden von Daten erfolgt über die Port-Leitung P3.1 (TxD), das Empfangen erfolgt über P3.0 (RxD). Das Daten-Byte ist in einen Datenübertragungsrahmen (Frame) eingepaßt. Der Datenübertragungsrahmen besteht aus einem Start-Bit, acht Daten-Bits (LSB zuerst), einem programmierbaren neunten Daten-Bit und einem abschließenden Stop-Bit. Beim Sendevorgang besitzt das neunte Daten-Bit den Pegel des Kontroll-Bits TB8 (SCON.3). Beim Empfangsvorgang wird das neunte Daten-Bit innerhalb des Special Function Registers SCON (RB8) abgespeichert. Mit Hilfe des Kontroll-Bits SMOD (PCON.7) werden zwei verschiedene Baud-Raten aktiviert:

❏   SMOD = 0   Baud-Rate = $f_{osc}/64$

❏   SMOD = 1   Baud-Rate = $f_{osc}/32$

Der Sendevorgang wird initialisiert durch einen Schreibbefehl in das Special Function Register SBUF. Dieser Schreibbefehl lädt auch das Kontroll-Bit TB8 an die neunte Bit-Stelle des Sende-Schieberegisters und meldet dem Tx-CONTROL-Block, daß ein Sendevorgang beginnen soll. Das Aussenden der einzelnen Bits erfolgt dann mit jedem TxCLOCK-Signal.

Der Tx-CONTROL-Block aktiviert die Leitung SEND#, die das Start-Bit an die Sende-Leitung TxD (P3.1) ausgibt. Ein Takt später wird die DATA-Leitung aktiviert, die den Ausgang des Sende-Schieberegisters auf die Sende-Leitung TxD freigibt. Auf der Sende-Leitung befindet sich zu diesem Zeitpunkt das Bit D0. Während des gesamten Sendevorganges werden neun Schiebe-Impulse erzeugt.

Diese Schiebe-Impulse takten das Bit-Muster nach rechts über die Sende-Leitung, gleichzeitig werden von rechts NULLEN nachgeschoben (D-FF). Ist das Kontroll-Bit TB8 an der Ausgabe-Position des Sende-Schieberegisters, steht eine Position links davon das Stop-Bit. Alle anderen Bit-Stellen links davon sind NULL. Dies ist für den Tx-CONTROL-Block das Zeichen, einen letzten Schiebetakt auszuführen, bevor das SEND#-Signal deaktiviert (HIGH) wird. Gleichzeitig wird im Special Function Register SCON (98H) das Interrupt-Anforderungs-Flag TI (SCON.1) gesetzt. Dies geschieht beim elften TxCLOCK nach dem Schreibbefehl nach SBUF.

Der Empfangsvorgang wird initialisiert durch das Erkennen einer negativen Flanke (Start-Bit) an der Empfangs-Leitung RxD (P3.0). Diese Leitung wird mit dem 16fachen Wert der eingestellten Baud-Rate abgetastet. Erkennt die Schaltung eine negative Flanke, wird das Signal RxCLOCK sofort zurückgesetzt und in das Empfangs-Schieberegister der Wert 1FFH geschrieben.

Durch das Rücksetzen von RxCLOCK wird die zeitliche Synchronisation der einkommenden Signale gewährleistet. Die Abtastung der einzelnen Bits erfolgt auf folgende Weise. Die interne Abtastrate besitzt eine 16mal höhere Frequenz als die außen wirksame Baud-Rate. Der Abstand zwischen zwei RxCLOCK-Signalen ist dadurch in sechszehn gleiche Teile unterteilt. Im 7., 8. und 9. Teil wird die Empfangs-Leitung RxD abgetastet. Der in zwei der drei Abtastungen erkannte Wert wird akzeptiert. Dies reduziert die Rauschempfindlichkeit des Empfangs-Einganges. Wird bei der ersten dieser drei Abtastungen HIGH-Pegel erkannt, wird die Empfangs-Schaltung zurückgesetzt und wartet auf erneute negative Flanke. Diese Maßnahme schützt vor fehlerhaften Start-Bits.

Wird das Start-Bit anerkannt, wird es in das Empfangs-Schieberegister geschoben und der Empfang der folgenden Bits wird durchgeführt. Für jedes eingelesene Daten-Bit wird der Inhalt des Empfangs-Schieberegisters um eine Stelle nach links verschoben. Der Wert, der von links eingetaktet wird, entspricht dem in zwei der drei durchgeführten Abtastungen erkannten Wert.

Für jedes eingelesene Daten-Bit wird eine EINS links aus dem Empfangs-Schieberegister ausgetaktet. Gelangt das Start-Bit in die äußerst linke Position (das Empfangs-Schieberegister ist in Mode 2 9stellig), wird ein letzter Schiebetakt durchgeführt. Ob der Inhalt des Empfangs-Schieberegisters übernommen wird, hängt von zwei Bedinungen ab.

Das Signal, das abschließend das Empfangsregister SBUF lädt, das Kontroll-Bit RB8 (SCON.2) mit dem neunten empfangenen Daten-Bit füllt und RI setzt, wird nur dann erzeugt, wenn zum Zeitpunkt des letzten Schiebetaktes

1.   RI = 0
        und

2.   entweder das Kontroll-Bit SM2 (SCON.5) zurückgesetzt (SM2 = 0)
        oder das Empfangs-Stop-Bit = 1 ist.

Hinweis: Falls nur eine der beiden Bedingungen erfüllt ist, geht das empfangene Datenpaket verloren.

Damit ist ein Empfangszyklus abgeschlossen und die Empfangseinheit wartet auf die nächste negative Flanke (Start-Bit des folgenden Datenpaketes).

Blockschaltbild: Mode 2 der seriellen Schnittstelle

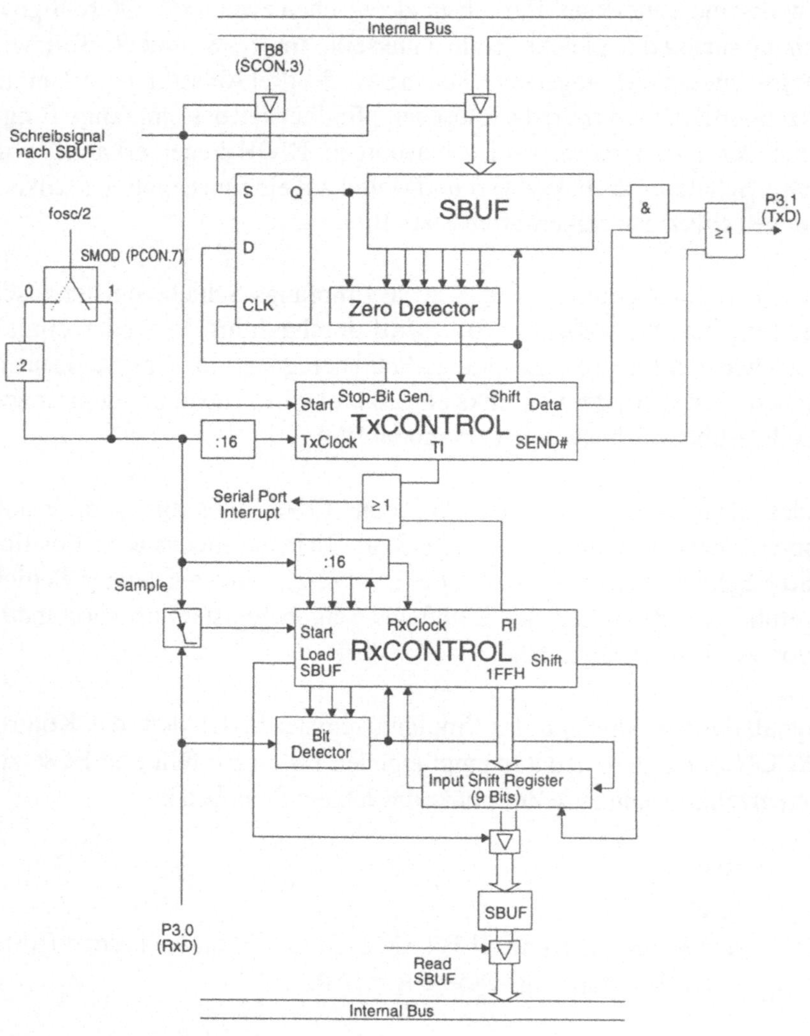

Bild 7.1-8: Mode 2 der seriellen Schnittstelle

Timing Diagramm: Mode 2 der seriellen Schnittstelle

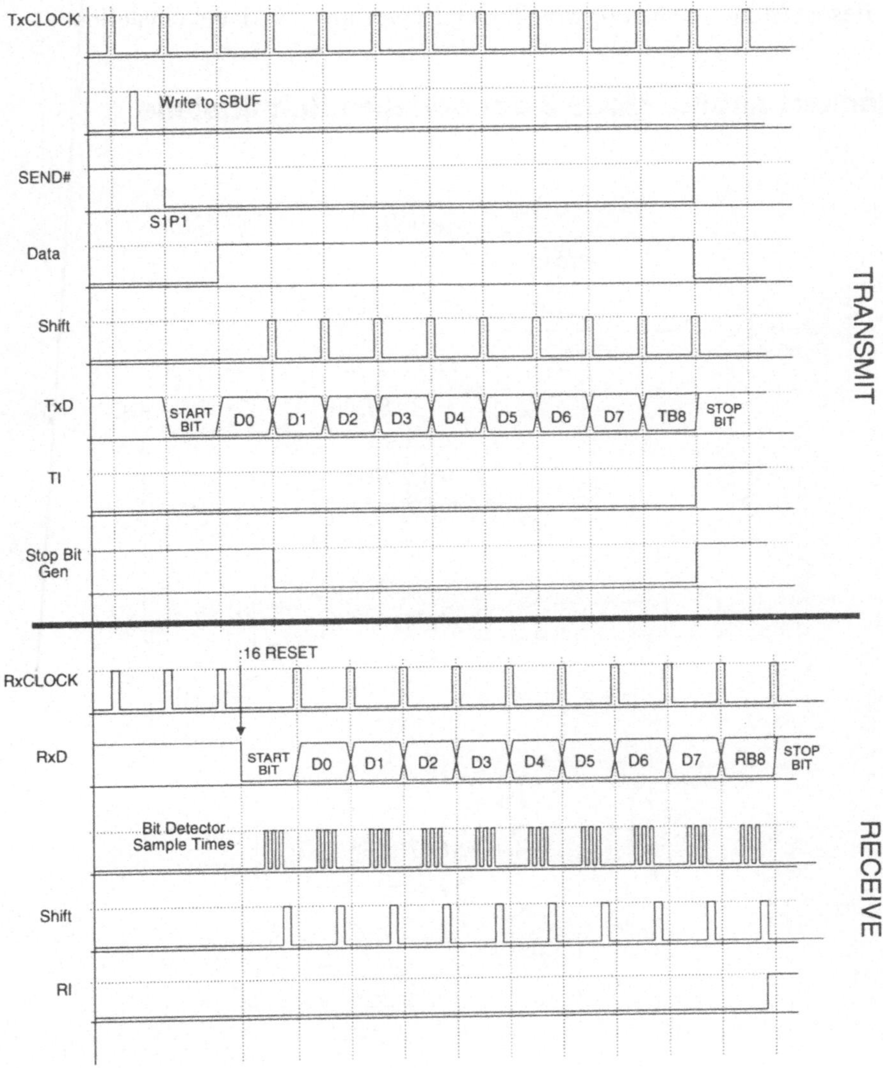

Bild 7.1-9: Timing Diagramm Mode 2

Mode 3 (asynchron, 11 Bit, einstellbare Baud-Raten)

Mode 3 ist seiner Funktion gleich mit Mode 2. Lediglich die Baud-Rate läßt sich in diesem Mode - abhängig von Timer 1 Overflow - variabel einstellen.

Blockschaltbild: Mode 3 der seriellen Schnittstelle

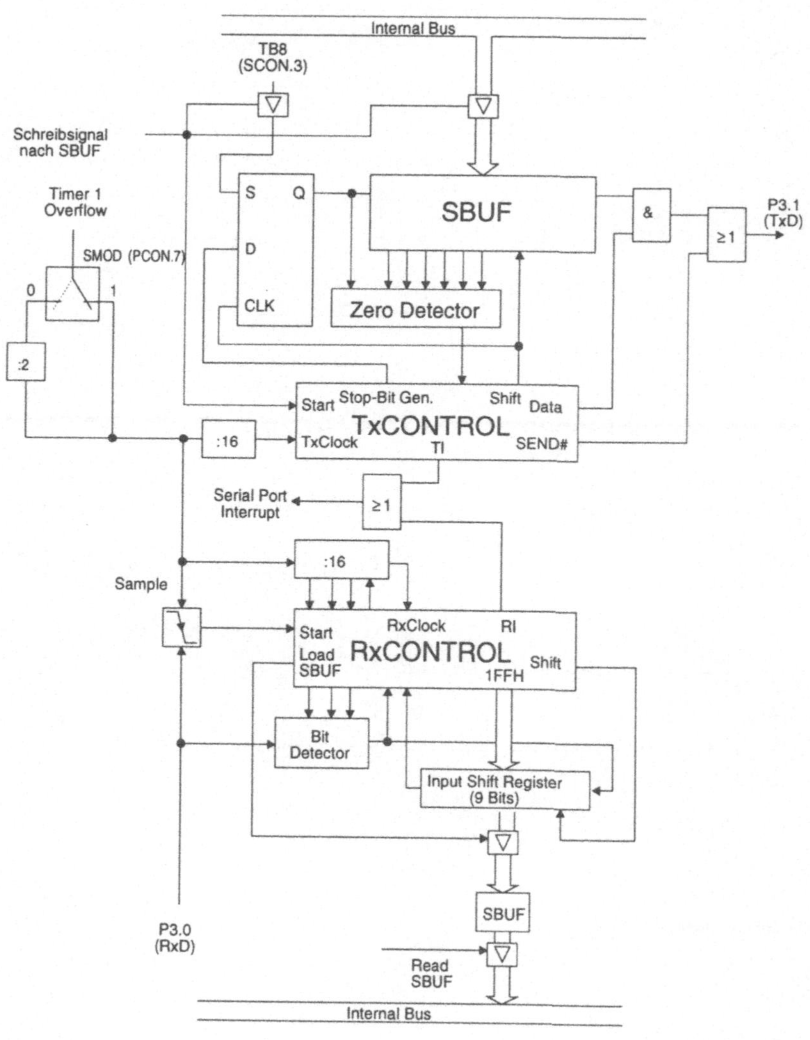

Bild 7.1-10: Mode 3 der seriellen Schnittstelle

Timing Diagramm: Mode 3 der seriellen Schnittstelle

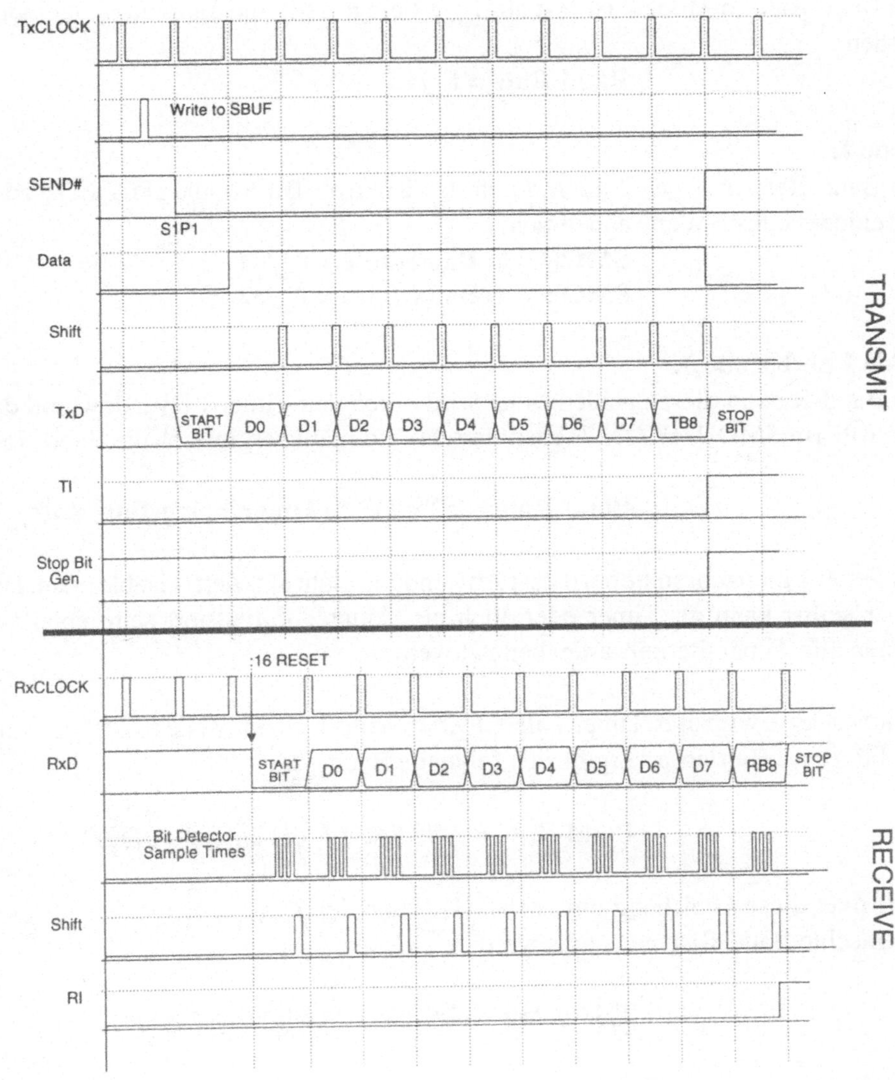

Bild 7.1-11: Timing Diagramm Mode 3

Einstellung der Baud-Raten

Mode 0:

Die Baud-Rate in Mode 0 ist fest auf $f_{osc}/12$ eingestellt und kann nicht verändert werden.

$$\textbf{Baud-Rate} = \textbf{f}_{osc}\textbf{/12}$$

Mode 2:

Die Baud-Rate in Mode 2 kann durch das Kontroll-Bit SMOD (PCON.7) zwei verschiedene feste Werte annehmen:

$$\textbf{SMOD} = \textbf{0: Baud-Rate} = \textbf{f}_{osc}\textbf{/64}$$
$$\textbf{SMOD} = \textbf{1: Baud-Rate} = \textbf{f}_{osc}\textbf{/32}$$

Mode 1 und Mode 3:

Die Baud-Rate in diesen beiden Modi wird durch den Timer 1 Overflow und das Kontroll-Bit SMOD (PCON.7) bestimmt. Formelmäßig ergibt sich die Baud-Rate zu:

$$\textbf{Baud-Rate} = \textbf{2}^{\textbf{SMOD}}\textbf{/32} * \textbf{(Timer 1 Overflow Rate)}$$

Der Timer 1 Interrupt sollte bei dieser Anwendung nicht aktiviert (disable) sein. Der Timer selbst kann als Timer oder auch als Counter initialisiert sein, ebenfalls können alle Timer-Betriebsarten benutzt werden.

Üblicherweise wird aber Timer 1 als Timer im Auto-Reload-Mode (8 Bit) verwendet. Für diese Betriebsart ergibt sich folgende Baud-Rate:

$$\textbf{Baud-Rate} = \textbf{2}^{\textbf{SMOD}}\textbf{/32} * \textbf{f}_{osc}\textbf{/[12x(256 - (TH1)]}$$

Stellt man diese Gleichung um nach TH1, kann der Zähleranfangswert für eine gewünschte Baud-Rate berechnet werden:

$$\textbf{TH1} = \textbf{256} - \textbf{[(2}^{\textbf{SMOD}}\textbf{*f}_{osc}\textbf{)/(384*Baud-Rate)]}$$

Für sehr niedrige Baud-Raten programmiert man den Timer als 16-Bit-Timer und gibt den Interrupt frei. Bei jedem Überlauf wird der Timer softwaremäßig wieder auf den gewünschten Anfangswert gesetzt.

Hinweis: Bei einer festen Oszillatorfrequenz kann nicht jede beliebige Baud-Rate eingestellt werden.

Zusammenfassend sind im folgenden Bild alle Formeln zur Berechnung der Baud-Raten zusammengefaßt:

Baud-Rate, abgeleitet von	Interface Mode	Formel zur Berechnung der Baud-Rate
Oszillatorfrequenz	0	$\dfrac{f_{osc}}{12}$
Timer 1 (16 Bit)	1,3	$\dfrac{2^{SMOD}}{2} * \dfrac{1}{16} *$ (timer 1 overflow rate)
Timer 1 (8-Bit-Auto-Reload)	1,3	$\dfrac{2^{SMOD}}{2} * \dfrac{1}{16} * \dfrac{f_{osc}}{12 * [256 - (TH1)]}$
Oszillatorfrequenz	2	$\dfrac{2^{SMOD}}{2} * \dfrac{1}{16} * \dfrac{f_{osc}}{2}$

Bild 7.1-12: Formeln zur Berechnung der Baud-Rate

Beispiel 7.1-1:

Die serielle Schnittstelle wird in Mode 1 betrieben, das Kontroll-Bit SMOD ist gesetzt (SMOD = 1) und Timer 1 arbeitet im Auto-Reload-Mode mit TH1 = B9H. Die Oszillatorfrequenz beträgt 12 MHz.

Bestimmen Sie die sich einstellende Baud-Rate!

Lösung:

$$\text{Baud-Rate} = 2^{SMOD}/32 * f_{osc}/[12 \text{x}(256 - (TH1)]$$
$$= 2/32 * 12\,\text{MHz}/[12\text{x}(256-185)]$$
$$\textbf{Baud-Rate} = \textbf{880,28 Bd}$$

Beispiel 7.1-2:

Der Sendetakt TxCLOCK der seriellen Schnittstelle soll auf eine Baud-Rate von 9.600 Bd eingestellt werden. Die Oszillatorfrequenz beträgt 12 MHz, das Kontroll-Bit SMOD ist zurückgesetzt (SMOD = 0).

Bestimmen Sie den Zähleranfangswert bzw. den Reload-Wert TH1 für Timer 1 (Auto-Reload)!

Lösung:

$$\mathbf{TH1} = 256 - [(2^{\text{SMOD}} * f_{osc})/(384 * \textbf{Baud-Rate})]$$
$$= 256 - [(1 * 12 \text{ MHz})/384 * 9.600 \text{ Hz})]$$
$$= 256 - 3,255$$
$$\mathbf{TH1} = \mathbf{252,74}$$

Da nur ganzzahlige Werte in das TH1-Register geladen werden können, ergibt sich eine Abweichung der gewünschten Baud-Rate von der tatsächlich realisierten.

Bei einem Reload-Wert von 253D (FDH) ergibt sich eine tatsächliche Baud-Rate von ca. 10.417 Bd., bei einem Reload-Wert von 252 (FCH) ergibt sich eine tatsächliche Baud-Rate von 7.812,5 Bd.

Multiprozessor-Kommunikation

Die Betriebsarten 2 und 3 sind geeignet, die Datenkommunikation zwischen mehreren Controllern zu organisieren. Mit Hilfe des 9. Daten-Bits, das innerhalb des Special Function Registers SCON (RB8) gespeichert wird, kann ein Interrupt ausgelöst werden, vorausgesetzt, der Pegel dieses Bits ist HIGH. Bei LOW-Pegel wird der Interrupt nicht ausgelöst. Diese Eigenschaft läßt sich aktivieren durch Setzen des Kontroll-Bits SM2 (SCON.5).

Will ein Master-Controller einen Datenblock an einen von mehreren Slave-Controllern übertragen, sendet er zuerst ein Adreß-Byte, um die gewünschten Slave-Controller auszuwählen. Die Unterscheidung zwischen einem Adreß-Byte und einem Daten-Byte erfolgt durch das schon erwähnte 9. Daten-Bit. Ein Adreß-Byte wird gekennzeichnet durch einen HIGH-Pegel, die Daten-Byte führen LOW-Pegel. Ist das Kontroll-Bit SM2 gesetzt, wird bei HIGH-Pegel an allen Slave-Controllern ein Interrupt ausgelöst. Innerhalb der dann ablaufenden Interrupt Service Routine kann jeder Slave-Controller entscheiden, ob die folgende Nachricht für ihn ist oder nicht. Der angesprochene Slave-Controller löscht sein SM2-Bit und bereitet sich auf den Empfang der nun folgenden Daten-Byte vor. Die nicht angesprochenen Slave-Controller lassen das SM2-Bit gesetzt und setzen ihre unterbrochene Arbeit fort.

Special Function Register PCON

In diesem Special Function Register befindet sich das Kontroll-Bit SMOD, mit dem die Baud-Rate der seriellen Schnittstelle in den Modi 1, 2 und 3 verdoppelt werden kann.

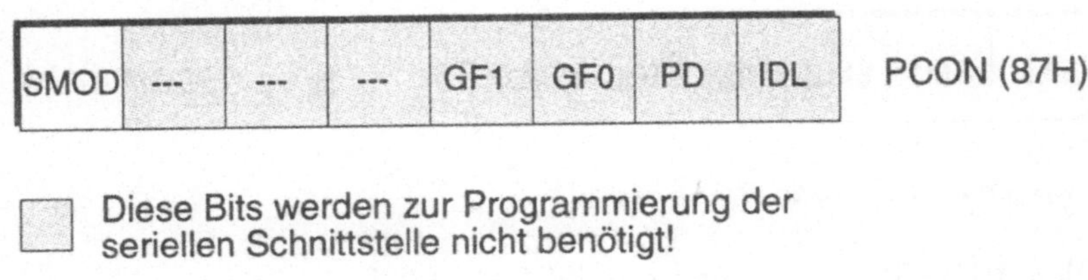

Bild 7.1-13: Special Function Register PCON (Adresse: 87H)

Nach jedem RESET ist der Inhalt von PCON = 0xxxxxxxB (8051/31) bzw. 0xxx0000B (80C51/31).

Bit	Funktion
SMOD	**Faktor für Baud-Rate**

SMOD **Faktor für Baud-Rate**
    0   Wirksamer Faktor = 1
    1   Wirksamer Faktor = 2

Special Function Register SCON

Dieses Special Function Register enthält die Kontroll-Bits zur Einstellung der gewünschten Betriebsart, das 9. Datenbit für Sende- und Empfangsbetrieb (TB8 und RB8) sowie die beiden Interrupt-Anforderungs-Flags RI und TI.

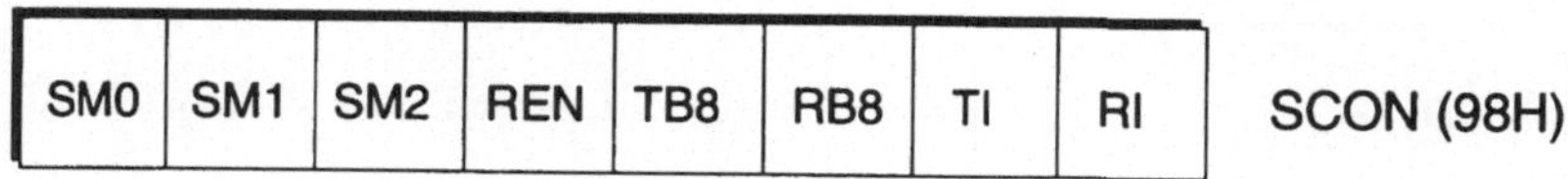

Bild 7.1-14: Special Function Register SCON (Adresse: 98H)

Nach jedem RESET ist der Inhalt von SCON = 00H.

Bit	Funktion

SM0, SM1   **Auswahl-Bits für Betriebsart**

00   Mode 0: synchron, 8 Bit, feste Baud-Rate

01   Mode 1: asynchron, 10 Bits, einstellbare Baud-Rate

10   Mode 2: asynchron, 11 Bits, feste Baud-Rate

11   Mode 3: asynchron, 11 Bits, einstellbare Baud-Rate

SM2   **Aktivierung Multiprozessor Kommunikation**

0   Interrupt-Anforderungs-Flag RI wird in Mode 2 und 3 nicht gesetzt, wenn das 9. empfangene Daten-Bit NULL ist. In Mode 1 wird RI nicht gesetzt, wenn kein gültiges Stop-Bit empfangen wurde. In Mode 0 sollte SM2 immer zurückgesetzt sein.

1   Interrupt-Anforderungs-Flag RI wird in Mode 2 und 3 gesetzt, wenn das 9. empfangene Daten-Bit NULL ist. In Mode 1 wird RI nur gesetzt, wenn ein gültiges Stop-Bit empfangen wurde.

REN   **Empfängeraktivierung**

Dieses Kontroll-Bit wird per Software gesetzt und zurückgesetzt.

0   Empfängerfunktion gesperrt (disable)

1   Empfängerfunktion freigegeben (enable)

TB8   **Zusätzliches Sende-Bit**

In Mode 2 und 3 wird TB8 als neuntes Daten-Bit gesendet. Dieses Bit wird per Software gesetzt und zurückgesetzt.

RB8   **Zusätzliches Empfangs-Bit**

In Mode 2 und 3 nimmt RB8 den Wert des neunten empfangenen Daten-Bits an.

In Mode 1 wird das Stop-Bit in RB8 abgespeichert, wenn SM2 = 0 ist.

TI   **Sende-Interrupt-Anforderungs-Flag**

In Mode 0 wird dieses Flag nach dem 8. Sende-Bit von der Hardware automatisch gesetzt.

In den anderen Modi erfolgt das Setzen zu Beginn des Stop-Bits. Dieses Flag muß per Software zurückgesetzt werden.

RI   **Empfangs-Interrupt-Anforderungs-Flag**

In Mode 0 wird dieses Flag nach dem 8. Empfangs-Bit von der Hardware automatisch gesetzt.

In den anderen Modi erfolgt das Setzen in der Mitte des Stop-Bits (Ausnahme siehe bei SM2). Dieses Flag muß per Software zurückgesetzt werden.

7.2 Serielle Schnittstelle 80(C)515/535

Die beim Mikrocontroller 80(C)515/535 integrierte serielle Schnittstelle ist völlig kompatibel zu der in Kap. 7.1 beschriebenen Schnittstelle des Mikrocontrollers 80(C)51/31.

Der einzige Unterschied besteht in der Erzeugung der Baud-Rate. Der Mikrocontroller 80(C)515/535 besitzt einen zusätzlichen integrierten Baud-Raten-Generator, der in den Modi 1 und 3 verwendet werden kann.

In diesem Kapitel wird deshalb lediglich die zusätzliche Nutzung des Baud-Raten-Generators beschrieben.

Wie im Beispiel 7.1-2 beschrieben, kann bei Verwendung des Timer-1-Overflow-Signals nicht jede beliebige Baud-Rate eingestellt werden. Deshalb bietet der Baud-Raten-Generator die Möglichkeit, bei einer Oszillatorfrequenz von 12 MHz die häufig verwendeten Baud-Raten 4.800 Bd und 9.600 Bd einzustellen.

Programmierung des Baudraten-Generators

In Mode 1 und 3 kann die Baud-Rate nicht nur durch den Timer 1 Overflow eingestellt werden, sondern auch durch die Nutzung des internen Baudraten-Generators. Um diesen Generator zu aktivieren, muß das Kontroll-Bit BD (ADCON.7) im Special Function Register ADCON gesetzt sein.

Der Baudraten-Generator teilt die Oszillatorfrequenz durch 2500.

Formelmäßig ergibt sich die Baud-Rate zu:

$$\textbf{Baud-Rate} = 2^{SMOD}/\textbf{2500}* \, f_{osc}$$

Mit Hilfe des Kontroll-Bits SMOD (PCON.7) kann die entstehende Baud-Rate verdoppelt werden.

Beispiel 7.2-1:

Bestimmen Sie die einstellbaren Baud-Raten bei $f_{osc} = 12$ MHz!

Lösung: **SMOD = 0**

$$\textbf{Baud-Rate} = \textbf{2}^{\textbf{SMOD}}\textbf{/2500}* \textbf{f}_{\textbf{osc}}$$
$$= 1/2500 * 12 \text{ MHz}$$
$$\textbf{Baud-Rate} = \textbf{4.800 Bd}$$

SMOD = 1

$$\textbf{Baud-Rate} = \textbf{2}^{\textbf{SMOD}}\textbf{/2500}* \textbf{f}_{\textbf{osc}}$$
$$= 2/2500 * 12 \text{ MHz}$$
$$\textbf{Baud-Rate} = \textbf{9.600 Bd}$$

Zusammenfassend sind im folgenden Bild alle Formeln zur Berechnung der Baud-Raten zusammengefaßt:

Baud-Rate, abgeleitet von	Interface Mode	Formel zur Berechnung der Baud-Rate
Oszillatorfrequenz	0	$\dfrac{f_{osc}}{12}$
Timer 1 (16 Bit)	1,3	$\dfrac{2^{SMOD}}{2} * \dfrac{1}{16} *$ (timer 1 overflow rate)
Timer 1 (8-Bit-Auto-Reload)	1,3	$\dfrac{2^{SMOD}}{2} * \dfrac{1}{16} * \dfrac{f_{osc}}{12 * [256 - (TH1)]}$
Baudraten-Generator	1,3	$\dfrac{2^{SMOD}}{2} * \dfrac{f_{osc}}{1250}$
Oszillatorfrequenz	2	$\dfrac{2^{SMOD}}{2} * \dfrac{1}{16} * \dfrac{f_{osc}}{2}$

Bild 7.2-1: Formeln zur Berechnung der Baud-Rate

7.3 Serielle Schnittstellen 80C517/537

Der Mikrocontroller 80C517/537 besitzt zwei serielle Schnittstellen, die sich in ihren Funktionen recht ähnlich sind.

☐　　**Serielle Schnittstelle 0**　　　　　(kompatibel zu 80(C)515/535)

☐　　**Serielle Schnittstelle 1**

Die serielle Schnittstelle 0 ist völlig kompatibel zu der in Kap. 7.1 und 7.2 beschriebenen Schnittstelle. Lediglich die Bezeichnungen der Special Function Register und der Kontroll-Bits haben sich geringfügig geändert. Alle Register-Adressen und Bit-Adressen sind aber unverändert, so daß Programme, die auf den Mikrocontrollern 80(C)51/31 und 80(C)515/535 lauffähig sind, ohne jede Änderung auch dem 80C517/537 ablaufen können.

Mögliche Betriebsarten der seriellen Schnittstelle 1

Die serielle Schnittstelle 1 kann zwei verschiedene Betriebsarten annehmen. Das Aussenden der Daten erfolgt über die Port-Leitung P6.0 (TxD1), das Empfangen der Daten erfolgt über die Port-Leitung P6.1 (RxD1). Die serielle Schnittstelle 1 hat ihre eigenen Interrupt-Anforderungs-Flags TI1 und RI1, die den serial port interrupt 1 auslösen können. Die Baud-Rate wird durch einen eigenen, auf dem Chip integrierten Baudraten-Generator erzeugt.

Mode A (asynchron, 11 Bit, einstellbare Baud-Raten)

Dieser Mode ist identisch mit Mode 2 oder Mode 3 der seriellen Schnittstelle 0. Lediglich die Baud-Rate wird durch einen eigenen Baudraten-Generator erzeugt.

Mode B (asynchron, 10 Bit, einstellbare Baud-Raten)

Dieser Mode ist identisch mit Mode 1 der seriellen Schnittstelle 0. Auch hier wird die Baud-Rate durch den eigenen Baudraten-Generator erzeugt.

Die Funktionen der einzelnen Modi wurden ausführlich in den Kap. 7.1 und 7.2 beschrieben. Im folgenden werden deshalb nur die für den Mikrocontroller 80C517/537 gültigen Blockschaltbilder und Timing-Diagramme dargestellt.

Blockschaltbild: Mode 0 der seriellen Schnittstelle 0

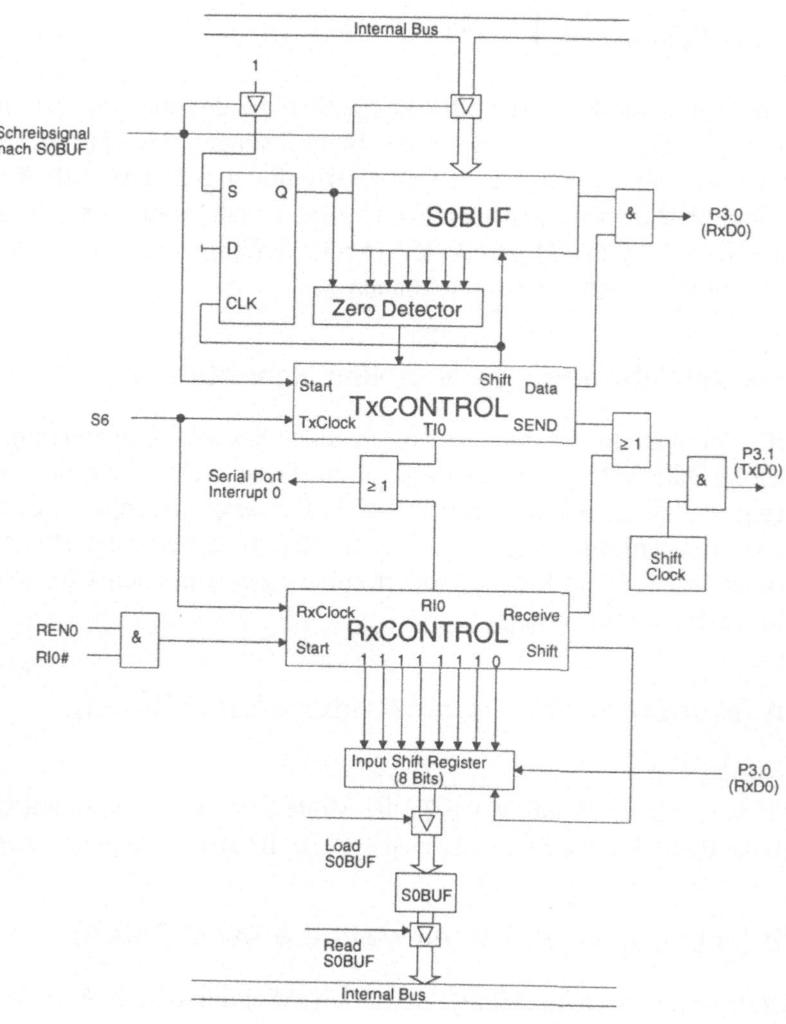

7.3-1: Blockschaltbild der seriellen Schnittstelle 0 - Mode 0

Timing Diagramm: Mode 0 der seriellen Schnittstelle 0

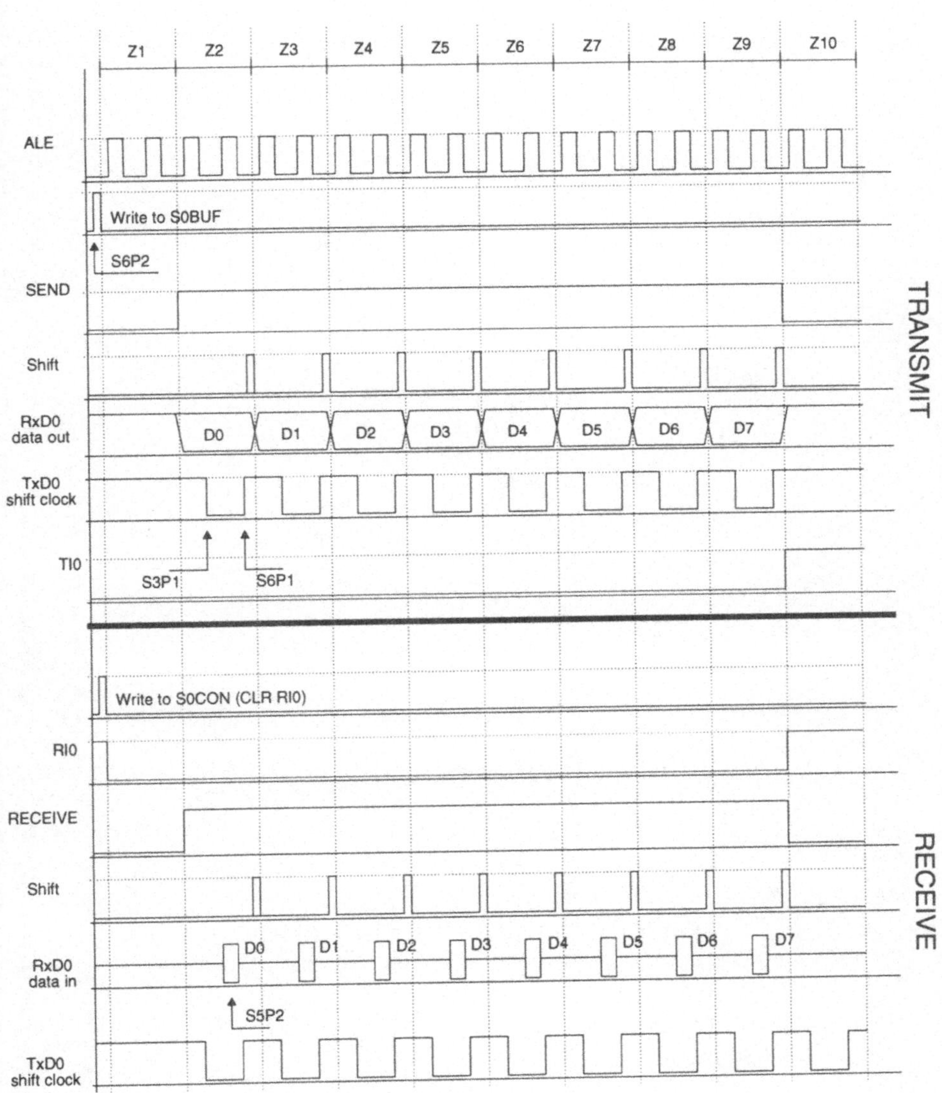

Bild 7.3-2: Timing Diagramm Serielle Schnittstelle 0 - Mode 0

Blockschaltbild: Mode 1 der seriellen Schnittstelle 0
Mode B der seriellen Schnittstelle 1

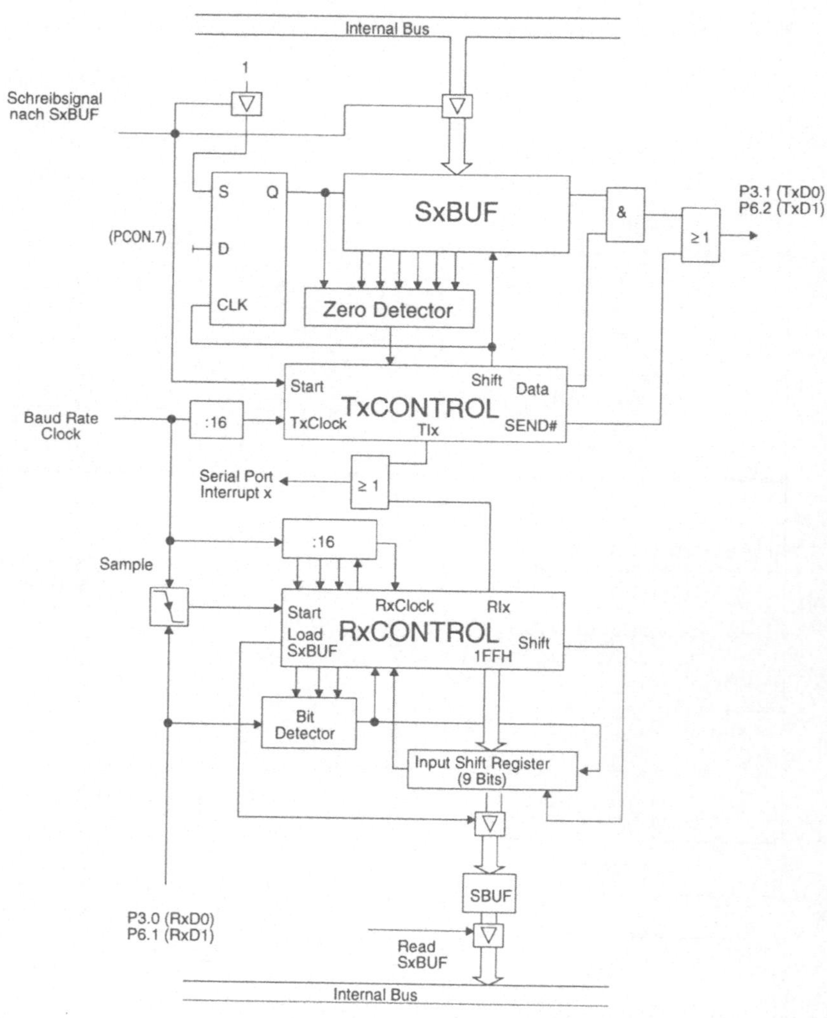

7.3-3: Blockschaltbild der seriellen Schnittstelle 0 - Mode 1 und der seriellen Schnittstelle 1 - Mode B

Timing Diagramm: Mode 1 der seriellen Schnittstelle 0
Mode B der seriellen Schnittstelle 1

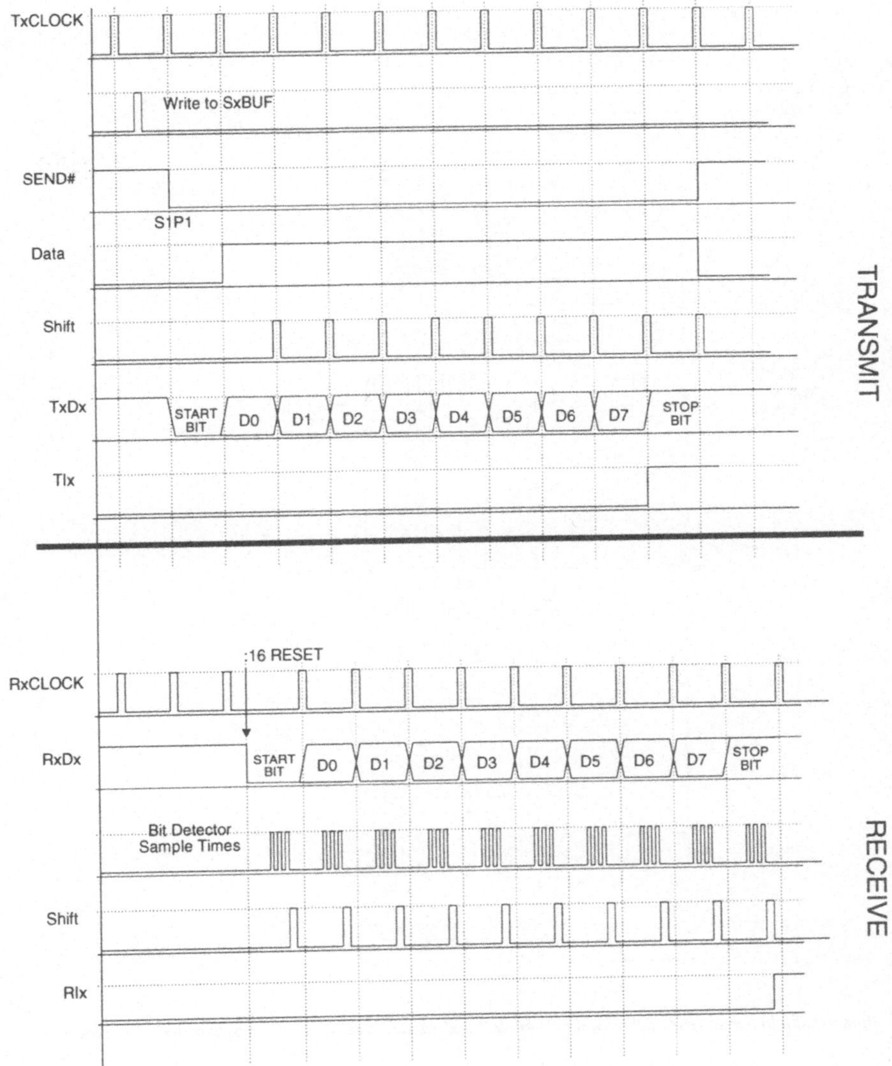

Bild 7.3-4: Timing Diagramm Serielle Schnittstelle 0 - Mode 1 und Serielle Schnittstelle 1 - Mode B

Blockschaltbild: Mode 2 und 3 der seriellen Schnittstelle 0
Mode A der seriellen Schnittstelle 1

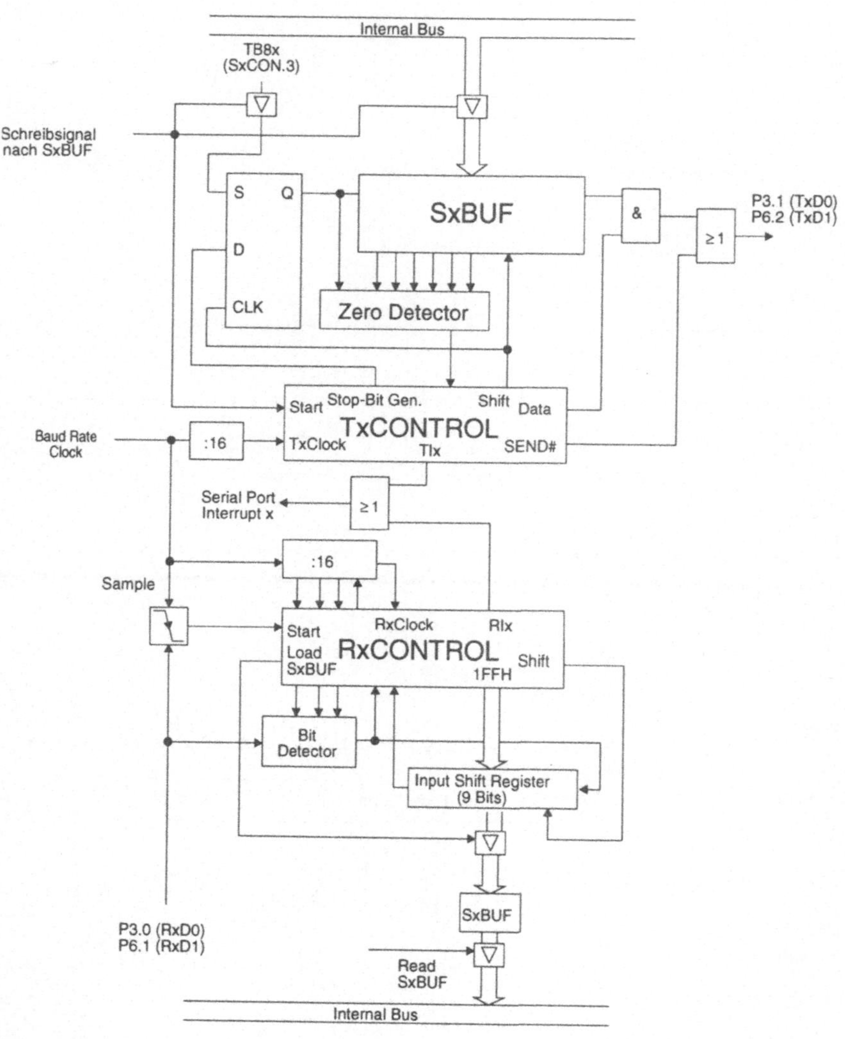

7.3-5: Blockschaltbild der seriellen Schnittstelle 0 - Mode 2 und Mode 3 und der seriellen Schnittstelle 1 - Mode A

Timing-Diagramm: Mode 2 und 3 der seriellen Schnittstelle 0
Mode A der seriellen Schnittstelle 1

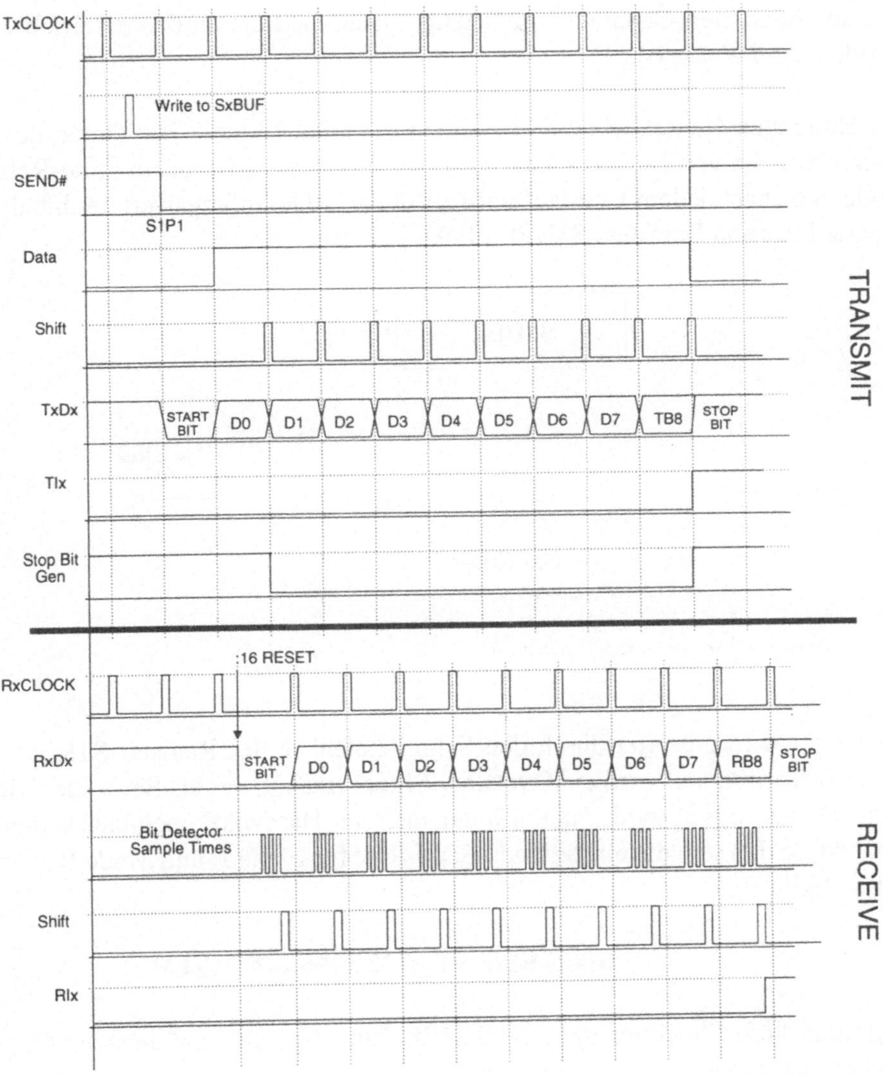

Bild 7.3-6: Timing Diagramm Serielle Schnittstelle 0 - Mode 2 und Mode 3 und Serielle Schnittstelle 1 - Mode A

Einstellung der Baud-Raten bei der seriellen Schnittstelle 1

Wie eingangs schon erwähnt, besitzt die serielle Schnittstelle 1 einen eigenen, internen Baudraten-Generator zur Erzeugung der Taktrate für beide Betriebsarten (Mode A und Mode B).

Der Baudraten-Generator besteht aus einem freilaufenden 8-Bit-Timer, der mit einer Frequenz von $f_{osc}/2$ getaktet wird. Dieser Timer arbeitet im Auto-Reload-Mode, d.h., nach jedem Überlauf wird als neuer Zähleranfangswert der Inhalt des Special Function Registers S1REL (9DH) geladen.

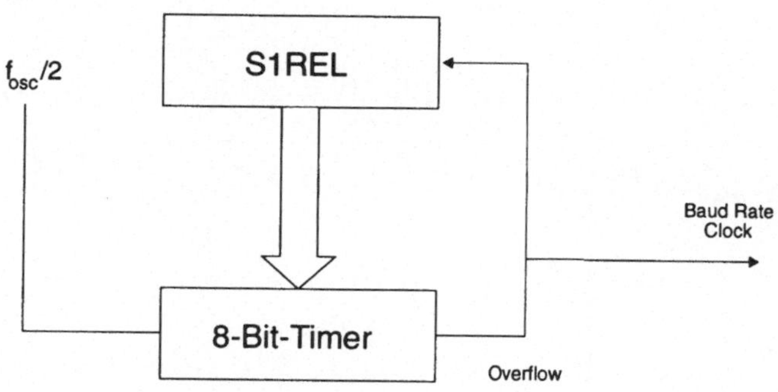

Bild 7.3-7: Baudraten-Generator für serielle Schnittstelle 1

Der Timer wird gestartet durch den Schreibbefehl in das Register S1REL. Bei jedem Zählerüberlauf wird ein Overflow-Signal erzeugt, das als Baud Clock Rate dient. Dieses Signal wird innerhalb der internen Hardware nochmals durch 16 dividiert, so daß sich die einstellende Baud-Rate für Mode A und Mode B formelmäßig ergibt zu:

$$\text{Baud-Rate} = f_{osc}/[32 \times (256 - (S1REL))]$$

Stellt man diese Gleichung um nach S1REL, kann der Zähleranfangswert für eine gewünschte Baud-Rate berechnet werden:

$$S1REL = 256 - f_{osc}/[(32 * \text{Baud-Rate})]$$

Hinweis: Bei einer festen Oszillatorfrequenz kann nicht jede beliebige Baud-Rate eingestellt werden.

Das Register S1REL kann jederzeit neu beschrieben werden; es wird sofort ein Reload ausgelöst und der Timer startet wieder von vorne. Das Timer Register läßt sich softwaremäßig nicht auslesen, ebenso wird beim Überlauf keine Interrupt-Anforderung ausgelöst.

Beispiel 7.3-1:
Der Sendetakt TxCLOCK der seriellen Schnittstelle 1 soll auf eine Baud-Rate von 9.600 Bd eingestellt werden. Die Oszillatorfrequenz beträgt 12 MHz.

Bestimmen Sie den erforderlichen Inhalt für das Special Function Register S1REL!

Lösung:

$$\text{S1REL} = 256 - f_{osc}/[(32*\text{Baud-Rate})]$$
$$= 256 - 12\ \text{MHz}/[32*9.600\ \text{Hz})]$$
$$= 256 - 39{,}06$$
$$\text{S1REL} = 216{,}94$$

Da nur ganzzahlige Werte in das S1REL-Register geladen werden können, ergibt sich eine Abweichung der gewünschten Baud-Rate von der tatsächlich realisierten.

Bei einem Reload-Wert von 217D (D9H) ergibt sich die tatsächliche Baud-Rate zu 9.615,4 Bd.

Die Programmierung des Timers erfolgt mit dem Befehl:

MOV S1REL,#0D9H

Multiprozessor-Kommunikation

Die Betriebsarten A und B sind ebenfalls geeignet, die Datenkommunikation zwischen mehreren Controllern zu organisieren. Da sich beide Modi völlig identisch zu den Betriebsarten 1 und 3 der seriellen Schnittstelle 0 verhalten, wird hier auf die dortige Beschreibung verwiesen.

Special Function Register S0CON

Dieses Special Function Register enthält die Kontroll-Bits zur Einstellung der seriellen Schnittstelle 0. Es werden die gewünschte Betriebsart, das 9. Datenbit für Sende- und Empfangsbetrieb (TB80 und RB80) sowie die beiden Interrupt-Anforderungs-Flags RI0 und TI0 eingestellt.

SM0	SM1	SM20	REN0	TB80	RB80	TI0	RI0	S0CON (98H)

Bild 7.3-8: Special Function Register S0CON (Adresse: 98H)

Nach jedem RESET ist der Inhalt von S0CON = 00H.

Serielle Schnittstelle 0:

Bit   **Funktion**

SM0, SM1   **Auswahl-Bits für Betriebsart**
       00   Mode 0: synchron, 8 Bit, feste Baud-Rate
       01   Mode 1: asynchron, 10 Bits, einstellbare Baud-Rate
       10   Mode 2: asynchron, 11 Bits, feste Baud-Rate
       11   Mode 3: asynchron, 11 Bits, einstellbare Baud-Rate

SM20   **Aktivierung Multiprozessor Kommunikation**
       0   Multiprozessor Kommunikation ist gesperrt. Interrupt-Anforderungs-Flag RI0 wird in Mode 2 und 3 nicht gesetzt, wenn das 9. empfangene Daten-Bit NULL ist. In Mode 1 wird RI0 nicht gesetzt, wenn kein gültiges Stopp-Bit empfangen wurde. In Mode 0 sollte SM20 immer zurückgesetzt sein.

       1   Multiprozessor Kommunikation ist freigegeben. Interrupt-Anforderungs-Flag RI0 wird in Mode 2 und 3 gesetzt, wenn das 9. empfangene Daten-Bit NULL ist. In Mode 1 wird RI0 nur gesetzt, wenn ein gültiges Stopp-Bit empfangen wurde.

REN0   **Empfängeraktivierung**
Dieses Kontroll-Bit wird per Software gesetzt und zurückgesetzt.
0   Empfängerfunktion gesperrt (disable)
1   Empfängerfunktion freigegeben (enable)

TB80   **Zusätzliches Sende-Bit**
In Mode 2 und 3 wird TB80 als neuntes Daten-Bit gesendet. Dieses Bit wird per Software gesetzt und zurückgesetzt.

RB80   **Zusätzliches Empfangs-Bit**
In Mode 2 und 3 nimmt RB80 den Wert des neunten empfangenen Daten-Bits an.

In Mode 1 wird das Stop-Bit in RB80 abgespeichert, wenn SM20 = 0 ist.

TI0   **Sende-Interrupt-Anforderungs-Flag**
In Mode 0 wird dieses Flag nach dem 8. Sende-Bit von der Hardware automatisch gesetzt.

In den anderen Modi erfolgt das Setzen zu Beginn des Stopp-Bits. Dieses Flag muß per Software zurückgesetzt werden.

RI0   **Empfangs-Interrupt-Anforderungs-Flag**
In Mode 0 wird dieses Flag nach dem 8. Empfangs-Bit von der Hardware automatisch gesetzt.

In den anderen Modi erfolgt das Setzen in der Mitte des Stopp-Bits (Ausnahme siehe bei SM20). Dieses Flag muß per Software zurückgesetzt werden.

Special Function Register S1CON

Dieses Special Function Register enthält die Kontroll-Bits zur Einstellung der seriellen Schnittstelle 1. Es werden die gewünschte Betriebsart, das 9. Datenbit für Sende- und Empfangsbetrieb (TB81 und RB81) sowie die beiden Interrupt-Anforderungs-Flags RI1 und TI1 eingestellt.

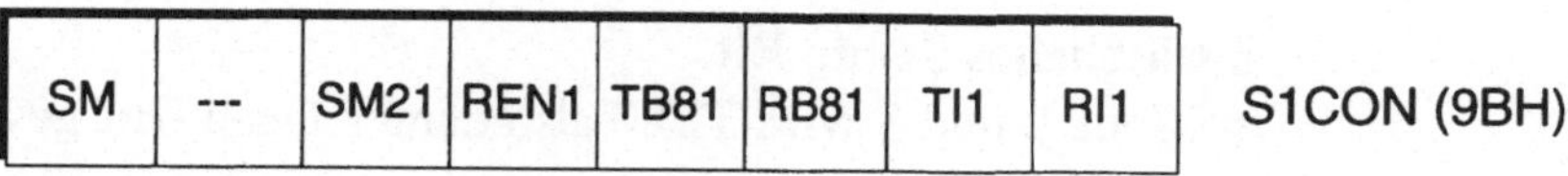

Bild 7.3-9: Special Function Register S1CON (Adresse: 9BH)

Nach jedem RESET ist der Inhalt von S1CON = 00H.

Serielle Schnittstelle 1:

Bit	Funktion

SM   **Auswahl-Bits für Betriebsart**
0   Mode A: asynchron, 11 Bits, einstellbare Baud-Rate
1   Mode B: asynchron, 10 Bits, einstellbare Baud-Rate

SM21   **Aktivierung Multiprozessor Kommunikation**
0   Multiprozessor Kommunikation ist gesperrt.
Das Interrupt-Anforderungs-Flag RI1 wird in Mode A und B nicht gesetzt, wenn das 9. empfangene Daten-Bit NULL ist. In Mode B wird RI1 nicht gesetzt, wenn kein gültiges Stopp-Bit empfangen wurde.
1   Multiprozessor Kommunikation ist freigegeben.
Das Interrupt-Anforderungs-Flag RI1 wird in Mode A und B gesetzt, wenn das 9. empfangene Daten-Bit NULL ist. In Mode B wird RI1 nur gesetzt, wenn ein gültiges Stopp-Bit empfangen wurde.

REN1   **Empfängeraktivierung**
Dieses Kontroll-Bit wird per Software gesetzt und zurückgesetzt.
0   Empfängerfunktion gesperrt (disable)
1   Empfängerfunktion freigegeben (enable)

TB81   **Zusätzliches Sende-Bit**
In Mode A wird TB81 als neuntes Daten-Bit gesendet. Dieses
Bit wird per Software gesetzt und zurückgesetzt.

RB81   **Zusätzliches Empfangs-Bit**
In Mode A nimmt RB81 den Wert des neunten empfangenen
Daten-Bits an.
In Mode B wird das Stopp-Bit in RB81 abgespeichert, wenn
SM21 = 0 ist.

TI1   **Sende-Interrupt-Anforderungs-Flag**
In beiden Modi erfolgt das Setzen zu Beginn des Stopp-Bits.
Dieses Flag muß per Software zurückgesetzt werden.

RI0   **Empfangs-Interrupt-Anforderungs-Flag**
In beiden Modi erfolgt das Setzen in der Mitte des Stopp-Bits
(Ausnahme siehe bei SM21). Dieses Flag muß per Software
zurückgesetzt werden.

Special Function Register PCON

In diesem Special Function Register befindet sich das Kontroll-Bit SMOD, mit dem die Baud-Rate der seriellen Schnittstelle 0 in den Modi 1, 2 und 3 verdoppelt werden kann.

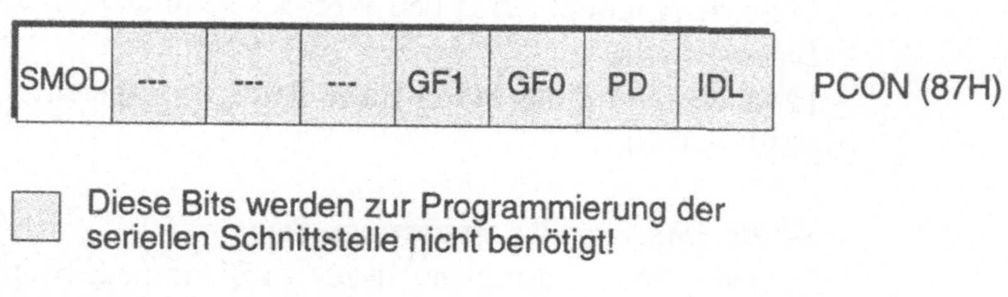

Bild 7.3-10: Special Function Register PCON (Adresse: 87H)

Nach jedem RESET ist der Inhalt von PCON = 00H.

Bit   **Funktion**

SMOD   **Faktor für Baud-Rate**
      0   Wirksamer Faktor = 1
      1   Wirksamer Faktor = 2

8 A/D-Wandler

Blockschaltbild der 80C517/537-Mikrocontroller
XTAL1 XTAL1
Baudraten Generator
Baudraten Generator
8-bit USART
8-bit UART
Timer 2
Compare/ Capture Einheit
Compare Timer
Timer 0
Timer 1
ROM* 8k x 8
RAM 256 x 8
Multipl. Div./ Einheit
Programmierbarer Watchdog-Timer
Oszillator Watchdog
CPU (8051)
8 Daten-Pointer
A/D
Programmier. Ref. Spannung
MUX S&H
P0
P1
P2
P3
P4
P5
P6
P7
P8
VAREF VAGND
Port0
Port1
Port2
Port3
Port4
Port5
Port6
Port7
Port8
8
8
8
8
8
8
8
8
8

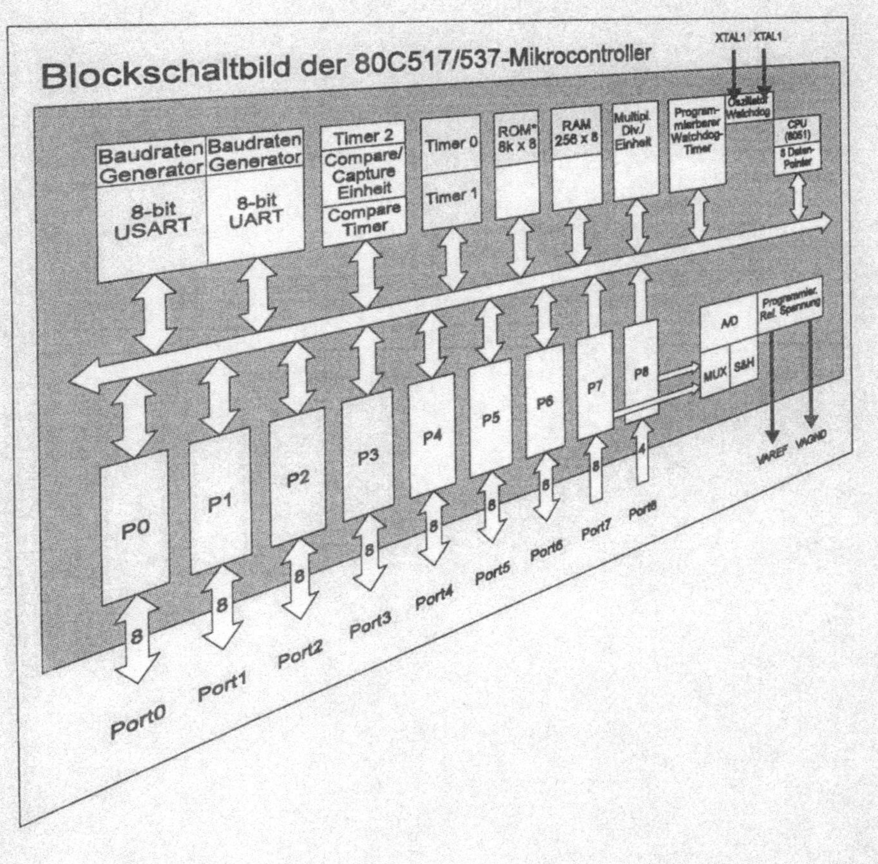

8.1 A/D-Wandler 80(C)515/535

Die Mikrocontroller 80515/535 und 80C515/535 besitzen einen internen 8-Bit-A/D-Wandler mit folgenden Eigenschaften:

- Acht gemultiplexte Eingangskanäle (P6)
- Programmierbare interne Referenzspannung (16 Stufen)
- 8-Bit-Auflösung innerhalb des eingestellten Referenzspannungs-Bereiches
- Umwandlung (conversion time) in 13 bzw. 15 Maschinen-Zyklen
- Software-Start der Umwandlung
- Interrupt-Anforderung nach jeder Umwandlung

Der interne A/D-Wandler arbeitet nach dem Prinzip der sukzessiven Approximation und benötigt 13 (80C515/535) bzw. 15 (80515/535) Maschinen-Zyklen zur Digitalisierung.

Beim 80515/535 werden die Analogsignale über den analogen Eingabe-Port P6 (AN0 bis AN7) eingelesen.

Beim 80C515/535 kann dieser Eingabe-Port als digitaler Eingabe-Port verwendet werden. Voraussetzung ist allerdings, daß die dort angeschlossenen Spannungen die Pegel-Bedingungen für TTL-Signale erfüllen. Die eingelesenen Digitalwerte stehen im Special Function Register P6 (DBH) zur Verfügung. Da der Port aber kein internes Latch besitzt, ist der Inhalt von P6 von den anstehenden Pegeln direkt abhängig. Port 6 arbeitet grundsätzlich nur als Eingabe-Port; entsprechende Ausgabe-Befehle bleiben wirkungslos. Port 6 ist nicht bitadressierbar, bei einem Einlese-Befehl werden alle acht Eingangspegel eingelesen. Bei Verwendung als digitaler Eingabe-Port ist darauf zu achten, daß undefinierte Eingangspegel durch eine entsprechende Maskierung ausgefiltert werden. Bei gemischter Verwendung, also bei teilweisem Einlesen digitaler und analoger Signale, sollten benachbarte Leitungen während eines Wandlungsvorganges ihren Pegel nicht verändern.

Bei beiden Mikrocontroller-Typen werden die anliegenden Analogsignale mit Hilfe des intern vorhandenen Multiplexers ausgewählt und dem internen 8-Bit-A/D-Wandler zugeführt.

Die Digitalisierung erfolgt mit Hilfe eines Kondensator-Netzwerkes, so daß die Eingänge die dort angeschlossenen Signale kapazitiv belasten (typ. 25 pF).

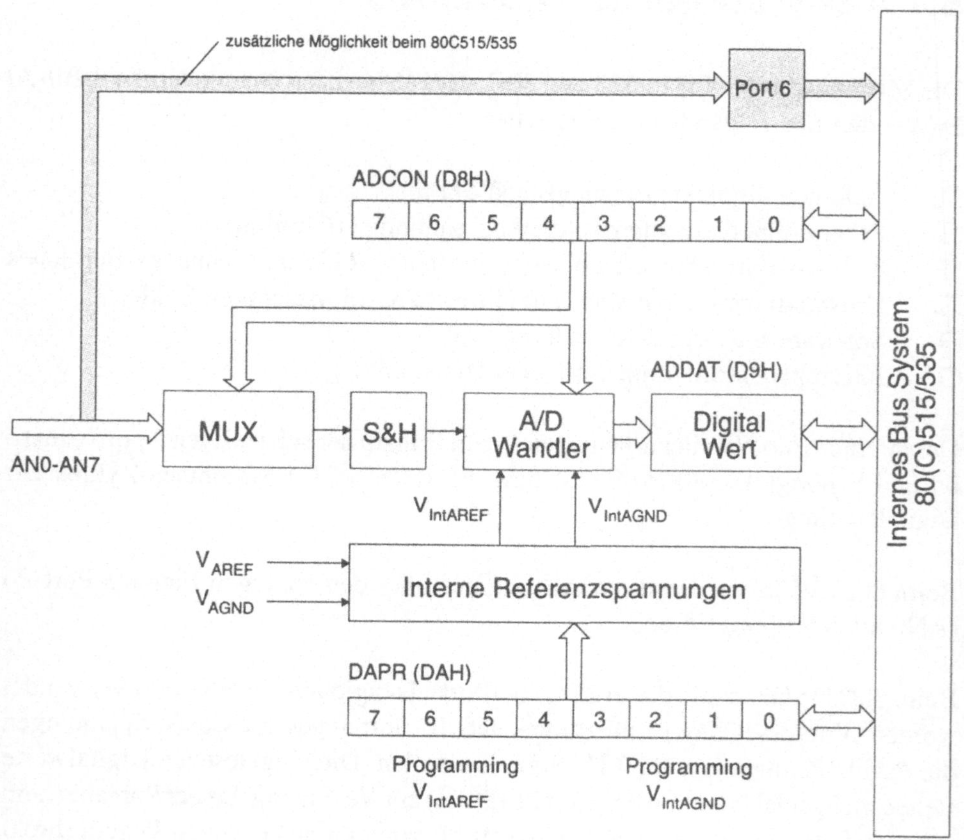

Bild 8.1-1: Aufbau des internen A/D-Wandlers

Die A/D-Wandler-Hardware erhält eine eigene externe Spannungsversorgung V_{AREF} (PIN 11) und V_{AGND} (Pin 12), die in Abhängigkeit der vorhandenen Versorgungsspannung V_{cc} (Pin 37) und V_{ss} (Pin 38) folgende Werte einhalten muß:

☐ $V_{cc} = 5V \pm 10\%$ $V_{ss} = 0V$

☐ $V_{AREF} = V_{cc} \pm 5\%$ $V_{AGND} = V_{ss} \pm 0{,}2\ V$

Dieser externe Spannungsbereich legt den maximalen Wandlungsbereich fest, in dem ein außen anliegender Analogwert sich befinden darf. Das Besondere an der integrierten A/D-Wandler-Hardware besteht darin, den Spannungsbereich per Software zu verringern, um somit eine höhere Auflösung zu erreichen.

Die Programmierung der internen A/D-Wandler-Hardware ist bei beiden Mikro-controller-Typen gleich und erfolgt mit Hilfe der beiden Special Function Register ADCON (D8H) und DAPR (DAH). Das Umwandlungsergebnis befindet sich im Register ADDAT (D9H).

Initialisierung und Eingangskanal-Auswahl

Die Kontroll-Bits MX2 (ADCON.2), MX1 (ADCON.1) und MX0 (ADCON.0) wirken auf den Multiplexer und legen fest, welcher Analog-Eingang dem internen A/D-Wandler zugeführt wird. Mit Kontroll-Bit ADM (ADCON.4) wird eingestellt, ob die A/D-Wandlung nach dem Startsignal lediglich einmal oder fortlaufend durchgeführt werden soll. In jedem Falle wird am Ende des Digitalisierungsvorganges das Interrupt-Anforderungs-Flag IADC (IRCON.0) von der Hardware automatisch gesetzt. Das digitalisierte Ergebnis steht im Special Function Register ADDAT (D9H) zur Verfügung. Bei fortlaufend eingestellter Umwandlung wird dieses Register jeweils am Ende des Wandlungsvorganges mit dem neuen Digitalwert überschrieben.

Das Kontroll-Bit BSY (ADCON.4) wird durch die interne Hardware solange auf HIGH-Pegel gesetzt, bis die Digitalisierung abgeschlossen ist. Danach wird es automatisch zurückgesetzt. Dieses Bit kann nur gelesen werden, ein Schreibbefehl bleibt ohne Wirkung. Dieses Bit kann dazu verwendet werden, per Software abzufragen (polling), ob die laufende Digitalisierung schon abgeschlossen ist.

Das Startsignal für den A/D-Wandler wird durch jeden Schreibbefehl in das Special Function Register DAPR (DAH) gegeben. Der Inhalt dieses Registers bestimmt aber auch den Referenzspannungs-Bereich des A/D-Wandlers, so daß Start der Umwandlung und Festlegung des Referenzbereiches gleichzeitig durchgeführt wird.

Die Bedeutung der Kontroll-Bits im Special Function Register ADCON:

DFH	DEH	DDH	DCH	DBH	DAH	D9H	D8H
BD	CLK	---	BSY	ADM	MX2	MX1	MX0

ADCON (D8H)

☐ Diese Bits werden zur Programmierung des A/D-Wandlers nicht benötigt!

Bild 8.1-2: Special Function Register ADCON0 (Adresse : D8H)

Nach jedem RESET ist der Inhalt von ADCON = 00H.

Bit   **Funktion**

MX2,MX1,MX0   **Auswahlbits für Analogeingang**

MX2	MX1	MX0	80515/535	80C515/535
0	0	0	AN0	P6.0
0	0	1	AN1	P6.1
0	1	0	AN2	P6.2
0	1	1	AN3	P6.3
1	0	0	AN4	P6.4
1	0	1	AN5	P6.5
1	1	0	AN6	P6.6
1	1	1	AN7	P6.7

ADM   **Kontroll-Bit zur Betriebsart-Auswahl**
0:      Die Digitalisierung wird nur einmal durchgeführt. Zur erneuten Wandlung muß durch einen Schreibbefehl in das DAPR-Register der Wandler wieder gestartet werden.
1:      Die Digitalisierung wird fortlaufend durchgeführt.

BSY   **Busy-Flag**
0:      Keine Umwandlung in Arbeit
1:      Eine Umwandlung wird z.Zt. durchgeführt

Referenzspannungs-Bereich

Eine Besonderheit der bei diesen Mikrocontrollern vorhandenen A/D-Wandler-Hardware besteht darin, aus der extern angelegten Referenzspannung per Software den oberen ($V_{IntAREF}$) wie unteren internen (V_{IntGND}) Referenzwert zu bilden. Dies geschieht durch ein entsprechendes Bit-Muster innerhalb des Special Function Registers DAPR (DAH).

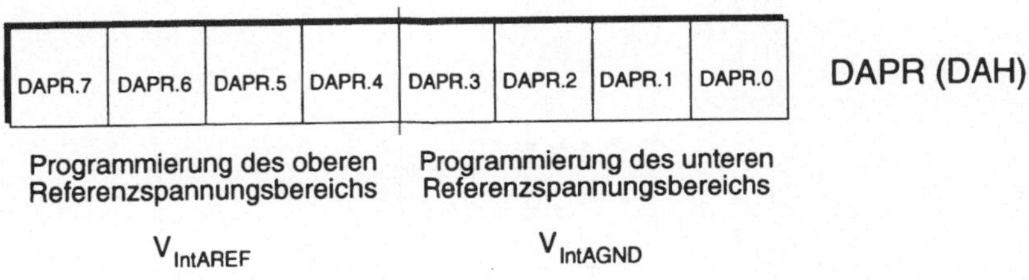

Bild 8.1-3: Special Function Register DAPR (Adresse: DAH)

Die niederwertigen vier Bit (low order nibble) dieses Registers (DAPR.3 bis DAPR.0) bestimmen den unteren internen Referenzwert V_{IntGND}, die höherwertigen vier Bit (high order nibble) des Registers (DAPR.7 bis DAPR.4) bestimmen den oberen internen Referenzwert V_{IntREF}.

Dies geschieht durch einen internen Spannungsteiler, der die extern angeschlossene Referenzspannung in 16 gleiche Spannungshübe unterteilt. Bei einer externen Referenzspannung $V_{AREF} = 5$ V und $V_{AGND} = 0$ V ergibt sich eine Spannungsstufe von 0,3125 V.

Damit ergeben sich die in Bild 8.1-4 angegebenen Zuordnungen. Die vorhandene A/D-Wandler-Hardware läßt sich auf diese Weise auf die spannungsmäßigen Gegebenheiten des Analogsignals einstellen.

Hinweis: Die Differenz zwischen V_{IntREF} und V_{IntGND} muß mindestens 1 V betragen.

Bei einer externen Referenzspannung $V_{AREF} = 5$ V und $V_{AGND} = 0$ V ergeben sich folgende Einstellungsmöglichkeiten:

Bit-Muster DAPR (.3 bis .0) DAPR (.7 bis .4)	$V_{IntAGND}$ /V	$V_{IntAREF}$ /V
0000	0.0	5.0
0001	0.3125	---
0010	0.625	---
0011	0.9375	---
0100	1.25	1.25
0101	1.5625	1.5625
0110	1.875	1.875
0111	2.1875	2.1875
1000	2.5	2.5
1001	2.815	2.815
1010	3.125	3.125
1011	3.4375	3.4375
1100	3.75	3.75
1101	---	4.0625
1110	---	4.375
1111	---	4.68754

Bild 8.1-4: Einstellungsmöglichkeiten für die interne Referenzspannungen

Beispiel 8.1-1:

Bestimmen Sie den erforderlichen Inhalt des Special Function Registers DAPR für folgende Referenzspannungs-Bereiche:

a) $V_{IntREF} = 5$ V   und $V_{IntGND} = 0$ V

b) $V_{IntREF} = 3{,}75$ V   und $V_{IntGND} = 0{,}625$ V

c) $V_{IntREF} = 1{,}875$ V   und $V_{IntGND} = 0{,}3125$ V

d) $V_{IntREF} = 4{,}375$ V   und $V_{IntGND} = 2{,}5$ V

Lösung:

zu a)	$\langle$DAPR$\rangle$ = 0000 0000B	⇒	MOV DAPR,#00H
zu b)	$\langle$DAPR$\rangle$ = 1100 0010B	⇒	MOV DAPR,#0C2H
zu c)	$\langle$DAPR$\rangle$ = 0110 0001B	⇒	MOV DAPR,#61H
zu d)	$\langle$DAPR$\rangle$ = 1110 1000B	⇒	MOV DAPR,#0E8H

Erhöhung der Auflösung

Die Programmierbarkeit des Spannungsbereiches bewirkt eine Erhöhung der Auflösung des zu digitalisierenden Wertes. Der eingestellte Spannungsbereich wird immer in 255 Teile (8 Bit) unterteilt.

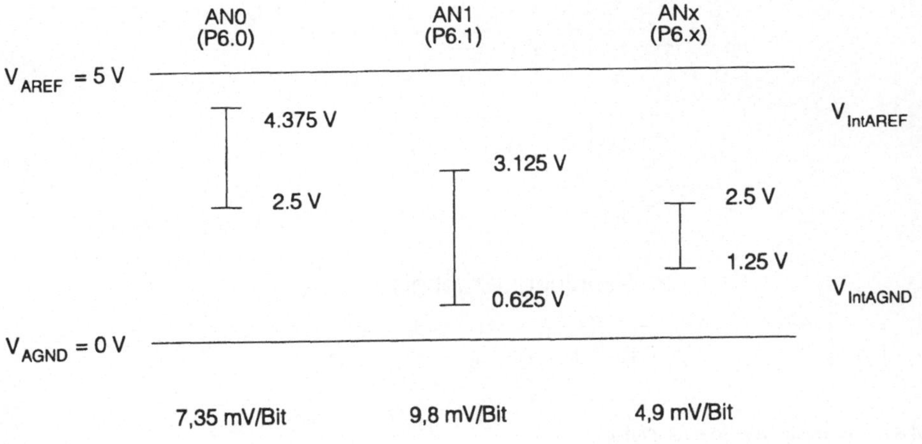

Bild 8.1-5: Mögliche Einstellwerte für die interne Referenzspannungen

Bei einem Spannungsbereich von 5 V ergibt sich eine Auflösung von 19,6 mV (5V/255); bei einem Bereich zwischen 4,375 V und 2,5 V beträgt die Auflösung 7,35 mV.

Die größte Auflösung ergibt sich somit bei der kleinsten erlaubten Differenz zwischen V_{IntREF} und V_{IntGND}. Sie beträgt dann 4,9 mV (1,25V/255).

Ist das anliegende Analogsignal größer als der obere Referenzwert, ist das Umwandlungsergebnis FFH; unterschreitet der Wert des Analogsignals den unteren Referenzwert, ist das Ergebnis 00H.

Erzielung einer 10-Bit-Auflösung

Durch die Einengung des Meßbereiches läßt sich eine A/D-Wandlung mit einer Auflösung bis zu 10 Bit erreichen.

Dazu wird in einer ersten Umsetzung bei einem Referenzspannungs-Bereich von 0 V bis 5 V die Höhe der Analogspannung mit einer 8-Bit-Auflösung ermittelt. Wertet man von diesem Ergebnis die Bitstellen 2^7 und 2^6 aus, lassen sich vier verschiedene Referenzbereiche unterscheiden.

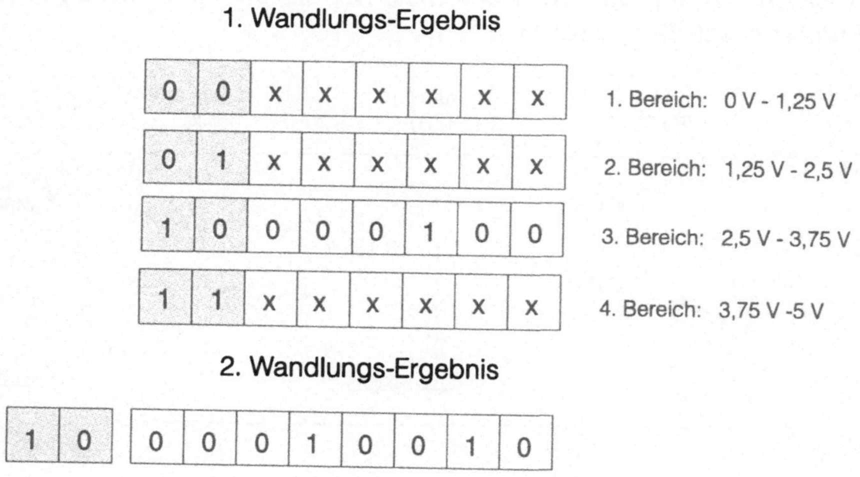

Bild 8.1-6: Erzielung einer 10-Bit-Auflösung

In einer zweiten Umwandlung wählt man den entsprechenden Referenzspannungs-Bereich aus und ermittelt in dieser Stufe den Analogwert wiederum mit einer 8-Bit-Auflösung. Setzt man anschließend beide Teilergebnisse zusammen, ergibt sich eine effektive Auflösung von 10 Bit.

Folgende Überlegungen sollen dies verdeutlichen:

Ein Analogwert von 2,59 V soll mit einer effektiven 10-Bit-Auflösung zur Verfügung gestellt werden. Bei einem Spannungsbereich von 0 V - 5 V (4,88 mV/Bit) ergäbe sich ein theoretischer Digitalwert von 1000010010B. Dieser Wert kann nun durch eine zweifache Umwandlung mit dem 8-Bit-A/D-Wandler ermittelt werden.

1. Schritt:

Bei der ersten Umwandlung (Referenzbereich 0 V - 5 V, 19,6 mV/Bit) liefert der A/D-Wandler das Ergebnis 1000 0100B. Die Auswertung der vorderen beiden Bits erlaubt die Zuordnung in den Referenzspannungs-Bereich 2,5 V - 3,75 V. Die vorderen beiden Bits werden maskiert und stehen als Bitstelle 2^9 und 2^8 schon fest.

2. Schritt:

Anschließend wird die analoge Spannung (2,59 V) innerhalb des eingestellten Referenzspannungs-Bereiches ein zweites Mal digitalisiert. In diesem Bereich beträgt die wirksame Auflösung 4,88 mV/Bit, so daß der A/D-Wandler das Ergebnis 00010010B liefert.

3. Schritt:

Setzt man beide Teilergebnisse nun zusammen, erhält man einen 10stelligen Digitalwert.

Hinweis: Während der gesamten Zeit muß der anliegende Analogwert konstant sein.

Die programmiertechnische Vorgehensweise wird in Beispiel 8.1-3 dargestellt.

Zeitverhalten der A/D-Wandlung

Die im folgenden dargestellten zeitlichen Abläufe beziehen sich auf den Mikrocontroller 80C515/535.

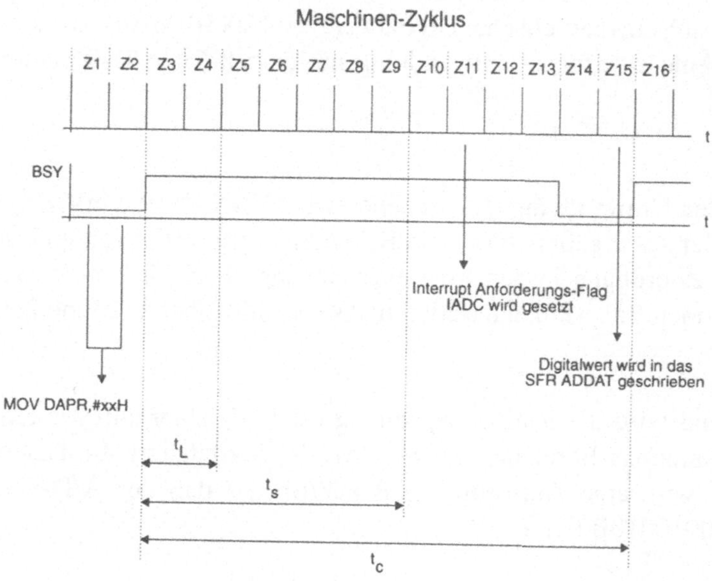

Bild 8.1-7: Zeitverhalten der A/D-Wandlung beim Mikrocontroller 80C515/535

Gestartet wird der Digitalisierungsvorgang durch einen beliebigen Schreibbefehl in das Special Function Register DAPR (DAH). Läuft zu diesem Zeitpunkt bereits ein Digitalisierungsvorgang, wird dieser abgebrochen und erneut gestartet. Die Umwandlung beginnt mit dem nächsten Maschinen-Zyklus (Z3), gleichzeitig wird das BSY-Flag (ADCON.4) gesetzt.

Load time (t_L) [2 Maschinen-Zyklen]

Während dieser Phase wird die Eingangskapazität aufgeladen. Die treibende Signalquelle muß einen entsprechend kleinen Innenwiderstand ($\leq 5\ \text{k}\Omega$) besitzen, damit innerhalb dieser zwei Maschinen-Zyklen der Endwert erreicht werden kann.

Sample time (t_s) [7 Maschinen-Zyklen]
Innerhalb dieser Zeit ist der ausgewählte Analogeingang mit dem internen Kondensator-Netzwerk verbunden. Nach Ablauf der load time darf die anliegende Eingangsspannung während der restlichen sample time ihren Wert nicht (oder nur unwesentlich) ändern. Die Genauigkeit der durchgeführten Digitalisierung wird dadurch geringer. Der Hersteller gibt aber an, daß Eingangsspannungs-Änderungen im Bereich 0,2 bis 0,3 V keine wesentlichen Ungenauigkeiten verursachen würden.

Conversion time (t_c) [13 Maschinen-Zyklen]
Die conversion time gibt die Zeitdauer einer vollständigen A/D-Wandlung an. Nach Ablauf der sample time wird die eigentliche Digitalisierung nach dem Verfahren der sukzessiven Approximation durchgeführt. Im letzten Maschinen-Zyklus wird das Umwandlungsergebnis in das Register ADDAT geschrieben. Das BSY-Flag ist schon vorher zurückgesetzt.

Das Interrupt-Anforderungs-Flag IADC wird schon gesetzt, noch ehe der digitalisierte Wert zur Verfügung steht. Diese auf den ersten Blick zu früh erscheinende Interrupt-Auslösung gewährleistet aber bei genauerem Hinsehen die schnellstmögliche Verfügbarkeit des Digitalwertes innerhalb der Interrupt Service Routine, da die kürzeste Reaktionszeit auf die Interrupt-Anforderung etwas mehr als drei Takt-Zyklen beträgt.

Hinweis: Der Mikrocontroller 80515/535 benötigt für die A/D-Wandlung insgesamt 15 Maschinen-Zyklen.

Beispiel 8.1-2:

Ein am Analog-Eingang P6.4 (AN4) angeschlossenes Analogsignal ist mit Hilfe des internen A/D-Wandlers fortlaufend zu digitalisieren und an Port 5 auszugeben.

Der mögliche Spannungsbereich geht von 0 V bis 5 V.

Lösung:

1.   Programm-Ablaufplan

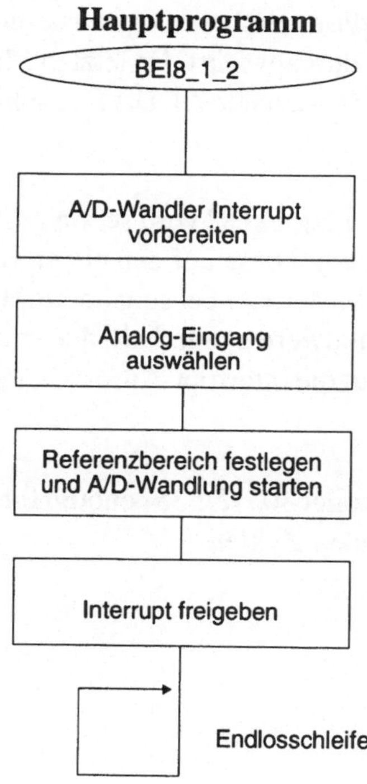

Interrupt Service Routine

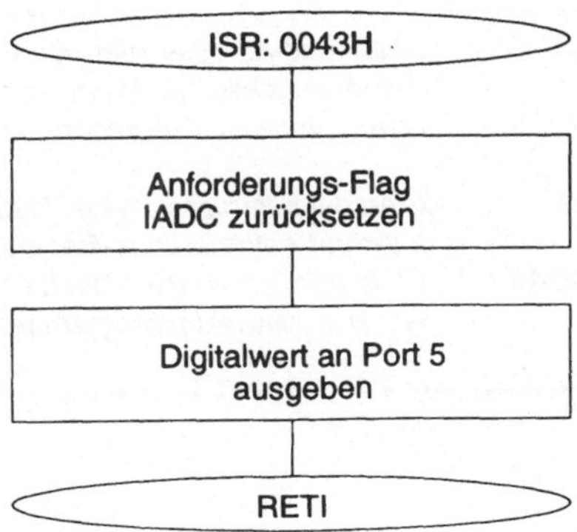

2.   Assembler-Listing

```
;**********************************************************************************
;
;          Hauptprogramm              :BEI8_1_2.A51
;**********************************************************************************
;


          ;Definition der Namen

          P5          EQU          0F8H
          EAL         EQU          0AFH
          EADC        EQU          0B8H
          IADC        EQU          0C0H
          ADCON       EQU          0D8H
          DAPR        EQU          0DAH
          ADDAT       EQU          0D9H
;---------------------------------------------------------------------------------

          ORG   8100H                  ;Startadresse Hauptprogramm
          SETB  EADC                   ;Freigabe-Bit A/D-Wandler Interrupt setzen
          ANL   ADCON,#11111100B       ;Analog-Eingang auswählen und
          ORL   ADCON,#00001100B       ;fortlaufende A/D-Wandlung einstellen
          MOV   DAPR,#00000000B        ;Referenzspannungsbereich definieren
                                       ;und A/D-Wandlung starten
          SETB  EAL                    ;Interrupt freigeben
LOOP:     LJMP  LOOP                   ;Simulation eines Hauptprogramms (Endlosschleife)


;**********************************************************************************
;
```

```
;*******************************************************************************
           ;Interrupt Service Routine A/D-Wandler Interrupt      :0043H
;-------------------------------------------------------------------------------
       ORG    8043H      ;Einsprung-Adresse Interrupt Service Routine
                         ;Vektor-Adresse A/D-Wandler Interrupt 0: 0043H + 8000H
       LJMP   8150H      ;Sprungverteiler, Programm-Fortsetzung bei 8150H

       ORG    8150H      ;Start der Interrupt Service Routine bei Adresse 8200H
       CLR    IADC       ;Interrupt-Anforderungs-Flag IADC zurücksetzen
       MOV    P5,ADDAT   ;Digitalisierten Wert an Port 5 ausgeben
       RETI              ;Rückkehr ins Hauptprogramm

;*******************************************************************************
       END
```

Beispiel 8.1-3:

Ein an P6.4 anliegendes Analogsignal soll mit einer Auflösung von 10 Bit digitalisiert werden. Das Ergebnis soll fortlaufend in den Registern R1 und R0 abgespeichert werden.

Lösung:

1.   Initialisierungsdaten A/D-Wandler

Einmalige A/D-Wandlung, Port P6.4 ➡ <ADCON> = xxxx0100B

1. Bereich: 0 V - 1,25 V   ➡ <DAPR>= 01000000B
2. Bereich: 1,25 V - 2,5 V   ➡ <DAPR>= 01000000B
3. Bereich: 2,5 V - 3,75 V   ➡ <DAPR>= 01000000B
4. Bereich: 3,75 V - 5 V   ➡ <DAPR>= 01000000B

2.   Programm-Ablaufplan

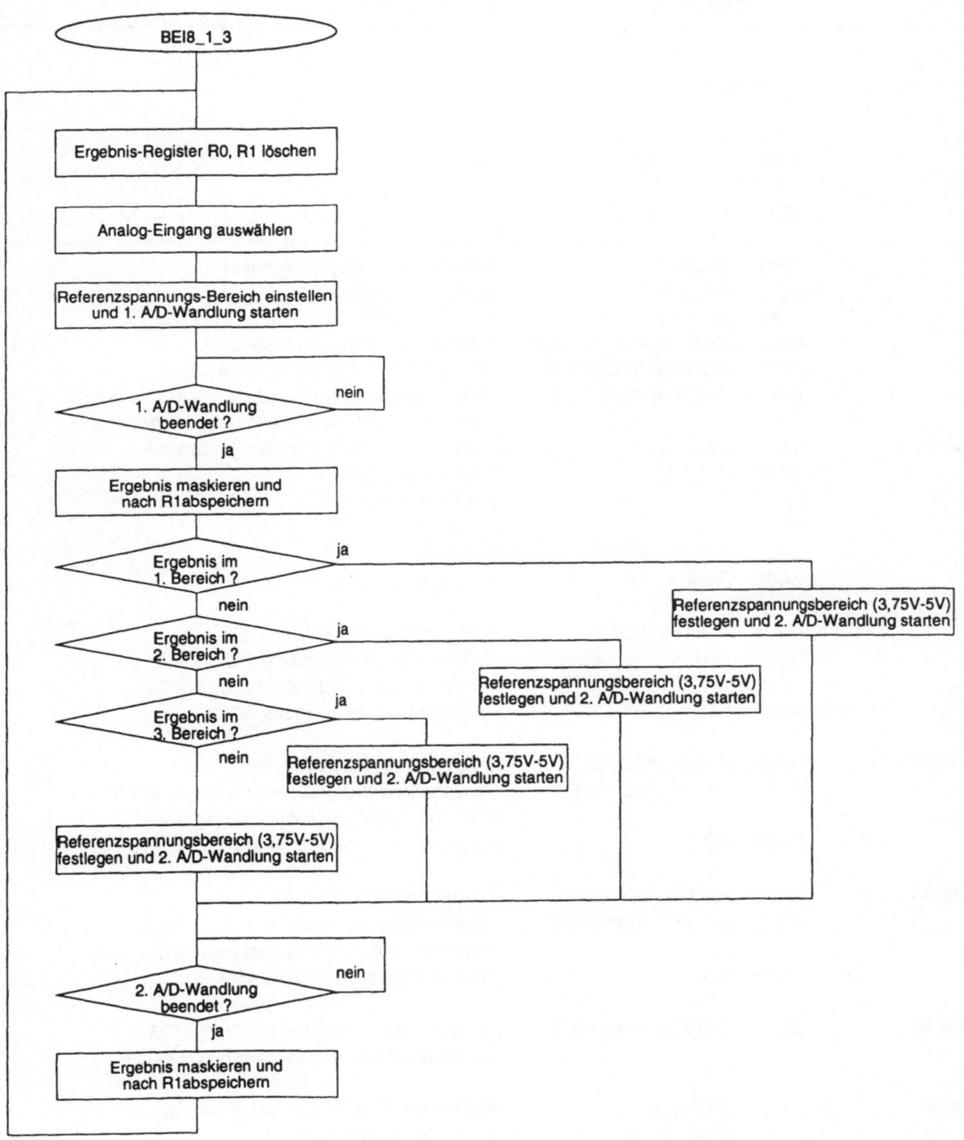

3.   Assembler-Listing

```
;**************************************************************************************************
;
;             Hauptprogramm                    :BEI8_1_3.A51
;
;**************************************************************************************************


              ;Definition der Namen


              ADCON       EQU       0D8H
              DAPR        EQU       0DAH
              ADDAT       EQU       0D9H
              BSY         EQU       0DCH
;------------------------------------------------------------------------------------------------
              ORG    8100H             ;Startadresse Hauptprogramm
              MOV    R0,#00H           ;Ergebnis-Register R0
              MOV    R1,#00H           ;und R1 löschen
              ANL    ADCON,#11110100B  ;Analog-Eingang auswählen und
              ORL    ADCON,#00000100B  ;einmalige A/D-Wandlung einstellen
              MOV    DAPR,#00000000B   ;Referenzspannungsbereich 0 V - 5 V
                                       ;einstellen und 1. A/D-Wandlung starten
AD1:          JB     BSY,AD1           ;Warten, bis 1. A/D-Wandlung beendet
              MOV    A,ADDAT           ;9. und 8. Bitstelle
              RL     A                 ;des Ergebnisses
              RL     A                 ;maskieren
              ANL    A,#00000011B      ;und nach
              MOV    R1,A              ;R1 abspeichern

              CJNE   A,#00H,NEXT1      ;1. Spannungsbereich ?
              MOV    DAPR,#01000000B   ;Referenzspannungsbereich 0 V - 1,25 V
                                       ;einstellen und 2. A/D-Wandlung starten
              SJMP   AD2               ;Programmfortsetzung bei AD2

NEXT1:        CJNE   A,#01H,NEXT2      ;2. Spannungsbereich ?
              MOV    DAPR,#10000100B   ;Referenzspannungsbereich 1,25 V - 2,5 V
                                       ;einstellen und 2. A/D-Wandlung starten
              SJMP   AD2               ;Programmfortsetzung bei AD2

NEXT2:        CJNE   A,#02H,NEXT3      ;3. Spannungsbereich ?
              MOV    DAPR,#11001000B   ;Referenzspannungsbereich 2,5 V - 3,75 V
                                       ;einstellen und 2. A/D-Wandlung starten
              SJMP   AD2               ;Programmfortsetzung bei AD2

NEXT3:        MOV    DAPR,#00001100B   ;Referenzspannungsbereich 3,75 V - 5 V
                                       ;einstellen und 2. A/D-Wandlung starten

AD2:          JB     BSY,AD2           ;Warten, bis 2. A/D-Wandlung beendet
              MOV    R0,ADDAT          ;Ergebnis abspeichern in R0
              LJMP   8100H             ;Nächste 10-Bit-Wandlung durchführen
;**************************************************************************************************
              END
```

8.2 A/D-Wandler 80C517/537

Der Mikrocontroller 80C517/537 besitzt einen internen 8-Bit-A/D-Wandler mit folgenden Eigenschaften:

- Zwölf gemultiplexte Eingangskanäle (P7, P8)
- Programmierbare interne Referenzspannung (16 Stufen)
- 8-Bit-Auflösung innerhalb des eingestellten Referenzspannungs-Bereiches
- Umwandlung (conversion time) in 13 Maschinen-Zyklen
- Software- oder Hardware-Start der Umwandlung
- Interrupt-Anforderung nach jeder Umwandlung

Beim 80C517/537 werden die Analogsignale über den Eingabe-Port P7 (AN0 bis AN7) und über Eingabe-Port P8 (AN8 bis AN11) eingelesen. Mit Hilfe des intern vorhandenen Multiplexers werden die anliegenden Analogsignale ausgewählt und dem internen 8-Bit-A/D-Wandler zugeführt. Dieser Wandler arbeitet nach dem Prinzip der sukzessiven Approximation und benötigt 13 Maschinen-Zyklen zur Digitalisierung.

Die Digitalisierung erfolgt mit Hilfe eines Kondensator-Netzwerkes, so daß die Eingänge die dort angeschlossenen Signale kapazitiv belasten (typ. 25 pF).

Die A/D-Wandler-Hardware erhält eine eigene externe Spannungsversorgung V_{AREF} (PIN 11) und V_{AGND} (Pin 12), die in Abhängigkeit der vorhandenen Versorgungsspanung V_{cc} (Pin 37) und V_{ss} (Pin 38) folgende Werte einhalten muß:

- $V_{cc} = 5V \pm 10\%$ $V_{ss} = 0V$

- $V_{AREF} = V_{cc} \pm 5\%$ $V_{AGND} = V_{ss} \pm 0{,}2\ V$

Dieser externe Spannungsbereich legt den maximalen Wandlungsbereich fest, in dem sich ein außen anliegender Analogwert befinden darf. Das Besondere an der integrierten A/D-Wandler-Hardware besteht darin, den Spannungsbereich per Software zu verringern, um somit eine höhere Auflösung zu erreichen.

Die Programmierung der internen A/D-Wandler-Hardware erfolgt mit Hilfe der Special Function Register ADCON0 (D8H), ADCON1 (DCH) und DAPR (DAH). Das Umwandlungsergebnis befindet sich im Register ADDAT (D9H).

Der schematische Aufbau der internen A/D-Wandler-Hardware ist der folgenden
Abbildung zu entnehmen:

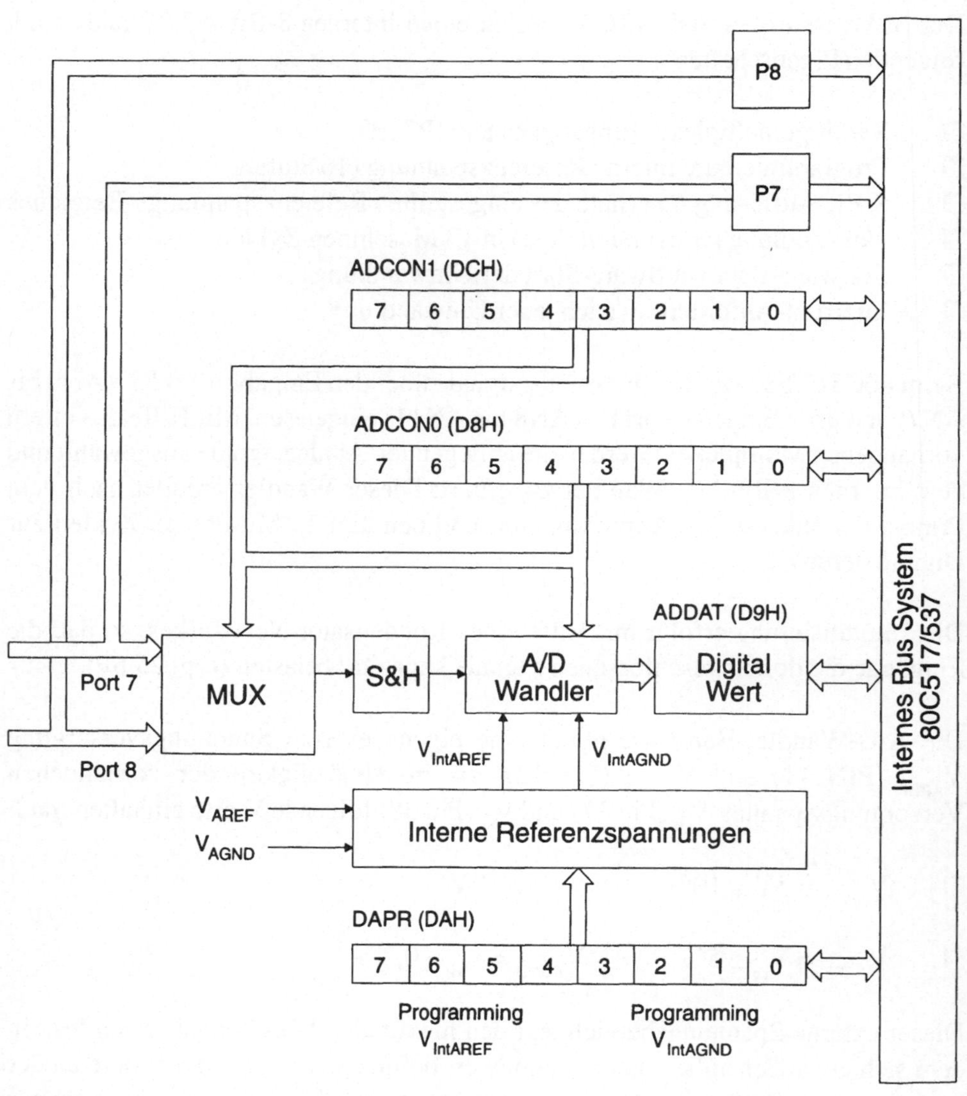

Bild 8.2-1: Aufbau des internen A/D-Wandlers

Initialisierung und Eingangskanal-Auswahl

Die Wandler-Hardware hat den gleichen Aufbau wie beim Mikrocontroller 80(C)515/535, besitzt aber nun zwölf gemultiplexte Eingänge, die softwaremäßig ausgewählt werden können. Um die Kompatibilität zum 80(C)515/535 zu erhalten, wurde das Special Function Register ADCON umbenannt in ADCON0 bei Beibehaltung der Adresse. Dies bedeutet, daß alle Programme des 80(C)515/535 ohne irgendeine Änderung auf dem 80C517/537 lauffähig sind. Auch bzgl. der Port-Adressen wurde auf diese Kompatibilität geachtet. Beim 80(C)515/535 haben die acht analogen Eingänge den symbolischen Namen P6, beim 80C517/537 hingegen den Namen P7. Da die internen Adressen aber die gleichen sind, sind auch hier keine Programmänderungen erforderlich.

Mit Hilfe des Special Function Registers ADCON1 können alle zwölf Analog-Eingänge ausgewählt werden. Innerhalb dieses Registers existiert neben den Kontroll-Bits MX0, MX1 und MX2 auch eine viertes Kontroll-Bit MX3.

Der Multiplexer läßt sich somit auf zwei verschiedene Weisen programmieren. Werden lediglich die unteren acht Analog-Eingänge benötigt, kann die Leitungsauswahl sowohl mit ADCON0 als auch mit ADCON1 erfolgen. Diese Kontroll-Bits MX2, MX1 und MX0 liegen parallel, d.h., wird ein Bit in einem Register gesetzt, so ist es automatisch auch in dem anderen Register gesetzt.

Werden allerdings alle zwölf Eingänge benutzt (bzw. die oberen vier Analog-Eingänge), so geschieht die Auswahl zweckmäßigerweise mit Hilfe des Special Function Registers ADCON1.

Die Bedeutung der Kontroll-Bits im Special Function Register ADCON0:

DFH	DEH	DDH	DCH	DBH	DAH	D9H	D8H	
BD	CLK	ADEX	BSY	ADM	MX2	MX1	MX0	ADCON0 (D8H)

☐ Diese Bits werden zur Programmierung des
A/D-Wandlers nicht benötigt!

Bild 8.2-2: Special Function Register ADCON0 (Adresse : D8H)

Nach jedem RESET ist der Inhalt von ADCON0 = 00H.

Bit   **Funktion**

MX2,MX1,MX0   **Auswahlbits für Analogeingang**

MX2	MX1	MX0	Port-Pin
0	0	0	P7.0
0	0	1	P7.1
0	1	0	P7.2
0	1	1	P7.3
1	0	0	P7.4
1	0	1	P7.5
1	1	0	P7.6
1	1	1	P7.7

ADM   **Kontroll-Bit zur Betriebsart-Auswahl**
0:    Die Digitalisierung wird nur einmal durchgeführt.
Zur erneuten Wandlung muß durch einen
Schreibbefehl in das DAPR-Register der Wandler
wieder gestartet werden.
1:    Die Digitalisierung wird fortlaufend durchgeführt.

BSY   **Busy-Flag**
0:    Keine Umwandlung in Arbeit
1:    Eine Umwandlung wird z.Zt. durchgeführt

ADEX   **Interner oder externer Start der Umwandlung**
           0:      Interner Start durch Schreibbefehl in das Register
                    DAPR
           1:      Externer Start durch negative Flanke an Port-Pin
                    P6.0

Innerhalb des Special Function Registers ADCON0 (D8H) wird durch die Kontroll-Bits MX2 (ADCON0.2), MX1 (ADCON0.1) und MX0 (ADCON0.0) der ausgewählte Analog-Eingang von Port 7 dem A/D-Wandler zugeführt. Weiterhin kann mit dem Kontroll-Bit ADM (ADCON0.4) festgelegt werden, ob die Digitalisierung nach dem Startsignal nur einmal oder fortlaufend durchgeführt werden soll.

Das Startsignal kann intern durch einen Schreibbefehl in das Register DAPR erfolgen oder aber durch ein externes Hardware-Signal an Port-Pin P6.0 (ADST#).

Bei Einstellung auf externe Auslösung (ADEX = 1) wird nach Erkennen einer negativen Flanke an P6.0 die Umwandlung gestartet.

Wird eine fortlaufende Umwandlung gewünscht, muß das entsprechende Kontroll-Bit ADM gesetzt sein. Bei externer Auslösung wird die Umwandlung mit der negativen Flanke gestartet und fortlaufend durchgeführt, solange am Port-Eingang P6.0 LOW-Pegel anliegt. Wechselt der Pegel auf HIGH, wird die noch in Arbeit befindliche Umwandlung zu Ende ausgeführt und dann beendet.

In jedem Falle wird am Ende des Digitalisierungsvorganges das Interrupt-Anforderungs-Flag IADC (IRCON.0) von der Hardware automatisch gesetzt. Das digitalisierte Ergebnis steht im Special Function Register ADDAT (D9H) zur Verfügung.

Das Kontroll-Bit BSY (ADCON0.4) wird durch die intere Hardware solange auf HIGH-Pegel gesetzt, bis die Digitalisierung abgeschlossen ist. Danach wird es zurückgesetzt. Dieses Bit kann nur gelesen werden, ein Schreibbefehl bleibt ohne Wirkung.

Das digitalisierte Ergebnis wird im Special Function Register ADDAT (D9H) abgespeichert; der nächste Wandlungsvorgang überschreibt den Registerinhalt mit dem neuen Wert.

Die Bedeutung der Kontroll-Bits im Special Function Register ADCON1:

| --- | --- | --- | --- | MX3 | MX2 | MX1 | MX0 | ADCON1 (DCH) |

Diese Bits werden zur Programmierung des
A/D-Wandlers nicht benötigt!

Bild 8.2-3: -Special Function Register ADCON1 (Adresse: DCH)

Nach einem RESET ist der Inhalt von ADCON1 = 00H.

Mit Hilfe der Kontroll-Bits dieses Registers lassen sich die angegebenen Eingangskanäle auf der Wandler schalten:

MX3	MX2	MX1	MX0	Selektierter Eingang	Port-Pin
0	0	0	0	Analog-Eingang 0	P7.0
0	0	0	1	Analog-Eingang 1	P7.1
0	0	1	0	Analog-Eingang 2	P7.2
0	0	1	1	Analog-Eingang 3	P7.3
0	1	0	0	Analog-Eingang 4	P7.4
0	1	0	1	Analog-Eingang 5	P7.5
0	1	1	0	Analog-Eingang 6	P7.6
0	1	1	1	Analog-Eingang 7	P7.7
1	x	0	0	Analog-Eingang 8	P8.0
1	x	0	1	Analog-Eingang 9	P8.1
1	x	1	0	Analog-Eingang 10	P8.2
1	x	1	1	Analog-Eingang 11	P8.3

Die mit x bezeichneten Pegel bei MX2 können beliebig auf LOW oder HIGH
gesetzt werden.

Referenzspannungs-Bereich

Die Besonderheit der bei diesem Mikrocontroller vorhandenen A/D-Wandler-Hardware besteht darin, aus der extern angelegten Referenzspannung per Software den oberen ($V_{IntAREF}$) wie unteren internen (V_{IntGND}) Referenzwert zu bilden. Die Programmierung dieses Spannungs-Bereiches ist völlig kompatibel zum Mikrocontroller 80(C)515/535 und ist in Kap. 8.1 ausführlich beschrieben.

Erhöhung der Auflösung

Auch die Erhöhung der Auflösung erfolgt in gleicher Weise wie in Kap. 8.1 beschrieben.

Zeitverhalten der A/D-Wandlung

Die im folgenden dargestellten zeitlichen Abläufe beziehen sich auf den Mikrocontroller 80C517/537.

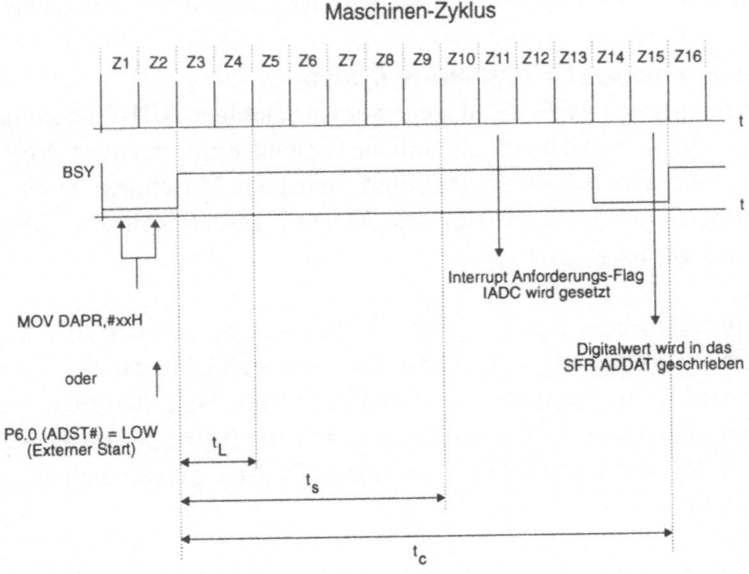

Bild 8.2-8: Zeitverhalten der A/D-Wandlung beim Mikrocontroller 80C517/537

Gestartet wird der Digitalisierungsvorgang durch einen beliebigen Schreibbefehl in das Special Function Register DAPR (DAH) oder durch eine externe Flanke an Port-Pin P6.0. Läuft zu diesem Zeitpunkt bereits ein Digitalisierungsvorgang, wird dieser abgebrochen und erneut gestartet. Die Umwandlung beginnt mit dem nächsten Maschinen-Zyklus (Z3), gleichzeitig wird das BSY-Flag (ADCON0.4) gesetzt.

Load time (t_L) [2 Maschinen-Zyklen]

Während dieser Phase wird die Eingangskapazität aufgeladen. Die treibende Signalquelle muß einen entsprechend kleinen Innenwiderstand ($\leq 5\ k\Omega$) besitzen, damit innerhalb dieser zwei Maschinen-Zyklen der Endwert erreicht werden kann.

Sample time (t_s) [7 Maschinen-Zyklen]

Innerhalb dieser Zeit ist der ausgewählte Analogeingang mit dem internen Kondensator-Netzwerk verbunden. Nach Ablauf der load time darf die anliegende Eingangsspannung während der restlichen sample time ihren Wert nicht (oder nur unwesentlich) ändern. Die Genauigkeit der durchgeführten Digitalisierung wird dadurch geringer. Der Hersteller gibt aber an, daß Eingangsspannungs-Änderungen im Bereich 0,2 bis 0,3 V keine wesentlichen Ungenauigkeiten verursachen würden.

Conversion time (t_c) [13 Maschinen-Zyklen]

Die conversion time gibt die Zeitdauer einer vollständigen A/D-Wandlung an. Nach Ablauf der sample time wird die eigentliche Digitalisierung nach dem Verfahren der sukzessiven Approximation durchgeführt. Im letzten Maschinen-Zyklus wird das Umwandlungsergebnis in das Register ADDAT geschrieben. Das BSY-Flag ist schon vorher zurückgesetzt.

Das Interrupt-Anforderungs-Flag IADC wird schon gesetzt, noch ehe der digitalisierte Wert zur Verfügung steht. Diese auf den ersten Blick zu früh erscheinende Interrupt-Auslösung gewährleistet aber bei genauerem Hinsehen die schnellstmögliche Verfügbarkeit des Digitalwertes innerhalb der Interrupt Service Routine, da die kürzeste Reaktionszeit auf die Interrupt-Anforderung etwas mehr als drei Takt-Zyklen beträgt.

Führt das Kontroll-Bit ADM (ADCON0.3) LOW-Pegel, wird die Umwandlung nur einmal durchgeführt; eine erneute Umwandlung muß wieder durch einen Schreibbefehl (ADEX = 0) in das DAPR-Register oder durch eine negative Flanke (ADEX = 1) an P6.0 ausgelöst werden. Führt das Kontroll-Bit ADM hingegen HIGH-Pegel, schließt sich an die erfolgte Umwandlung unmittelbar die nächste an.

9 Interrupt-Technik

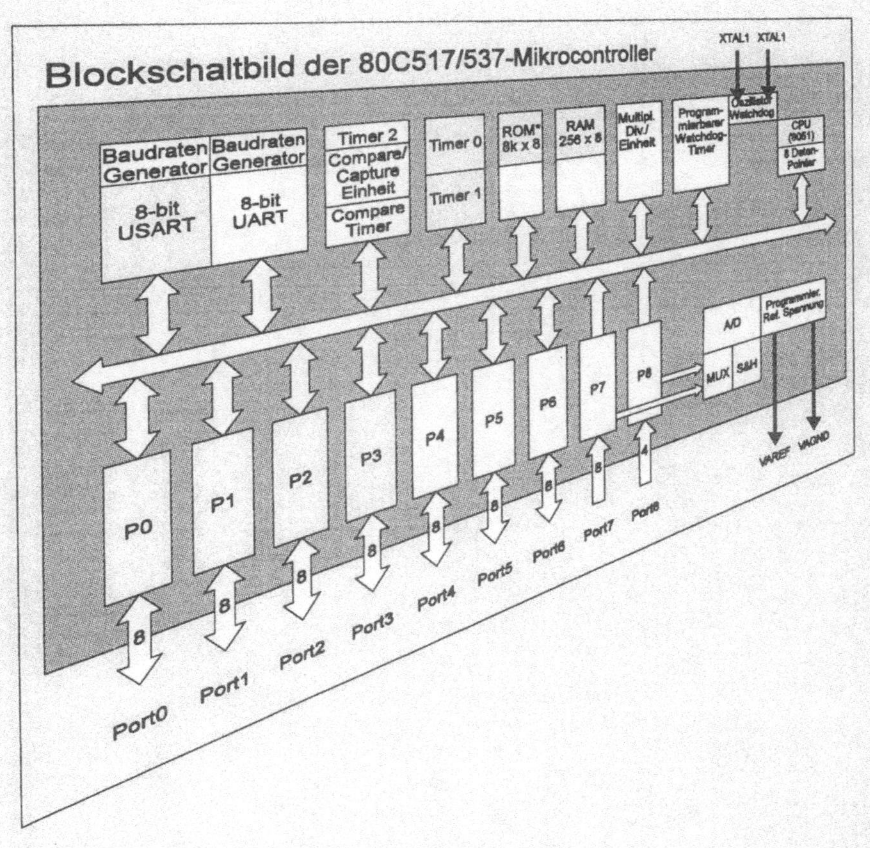

9.1 Funktion eines Interrupt-Systems

Wesentlicher Bestandteil der Mikrocontroller-Hardware ist die implementierte Interrupt-Logik. Diese Hardware löst eine Unterbrechungs-Anforderung (interrupt request) aus, wenn dem Mikrocontroller das Eintreten eines bestimmten Ereignisses gemeldet wird. Die Meldung kann durch Betätigung eines Tasters, das Ablaufen einer voreingestellten Zeit oder durch eine Meldung eines angeschlossenen Gerätes erfolgen. Ein Interrupt ist ein Unterprogramm-Aufruf (LCALL xxxx), der von der Hardware aufgelöst wird. Die Einsprungadresse (xxxx) dieses Aufrufs (interrupt vector address) ist durch die Mikrocontroller-Hardware fest vorgegeben und kann daher vom Programmierer nicht geändert werden.

Jeder Mikrocontroller besitzt mehrere Interrupt-Quellen, die jeweils eine fest definierte Einsprungadresse besitzen. Man unterscheidet zwischen externen und internen Interrupts.

Externe Interrupts werden ausgelöst durch von außen angelegte elektrische Signale. Per Software läßt sich einstellen, ob die Auslösung pegel- und/oder flankengetriggert erfolgen soll.

Interne Interrupts werden vom Mikrocontroller selbst erzeugt. So wird z.B. durch einen Timer 0 Überlauf das entsprechende Overflow-Flag TF0 gesetzt und der Timer 0 Interrupt angefordert.

Jede Interrupt-Quelle besitzt ein eigenes Anforderungs-Flag. Das Anforderungs-Flag (Kontroll-Bit innerhalb eines Special Function Registers) wird von der jeweiligen Interrupt-Quelle gesetzt. Damit ist eine Interrupt-Anforderung angemeldet, die von der internen Interrupt-Logik in einer fest vorgegebener Weise bearbeitet wird.

Jeder Interrupt-Quelle ist noch ein entsprechendes Freigabe-Flag zugeordnet (Kontroll-Bit in einem anderen Special Function Register), mit dem dieser Interrupt individuell freigeschaltet werden kann. Zusätzlich zu den individuellen Freigabe-Bits existiert ein generelles Freigabe-Bit, mit dem die Interrupt-Logik des entsprechenden Mikrocontrollers aktiviert werden muß. Ohne diese Aktivierung werden keine Interrupt-Anforderungen bearbeitet.

Nach jedem RESET ist die Interrupt-Logik gesperrt (disable) und muß per Software aktiviert werden (enable). Ebenso sind alle individuellen Freigabe-Bits gelöscht.

Im folgenden Bild ist dieser Zusammenhang noch einmal grafisch dargestellt.

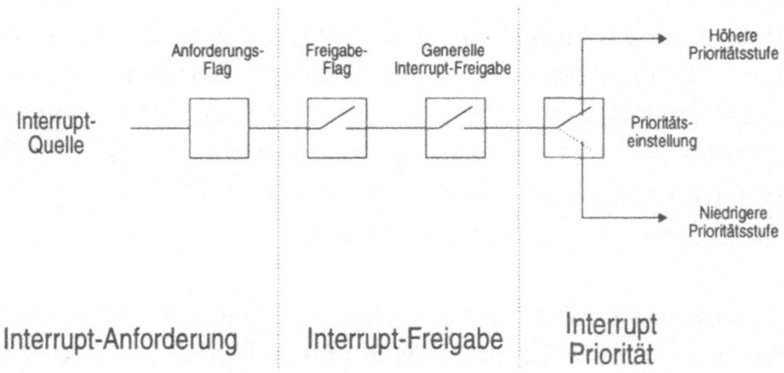

Bild 9.1-1: Voraussetzungen für die Ausführung eines Interrupts

Ein angenommener Interrupt ähnelt einem Unterprogramm-Aufruf (LCALL). Die Rücksprung-Adresse wird auf dem Stack abgespeichert und das Programm (Interrupt Service Routine) an der entsprechenden Einsprungadresse fortgesetzt.

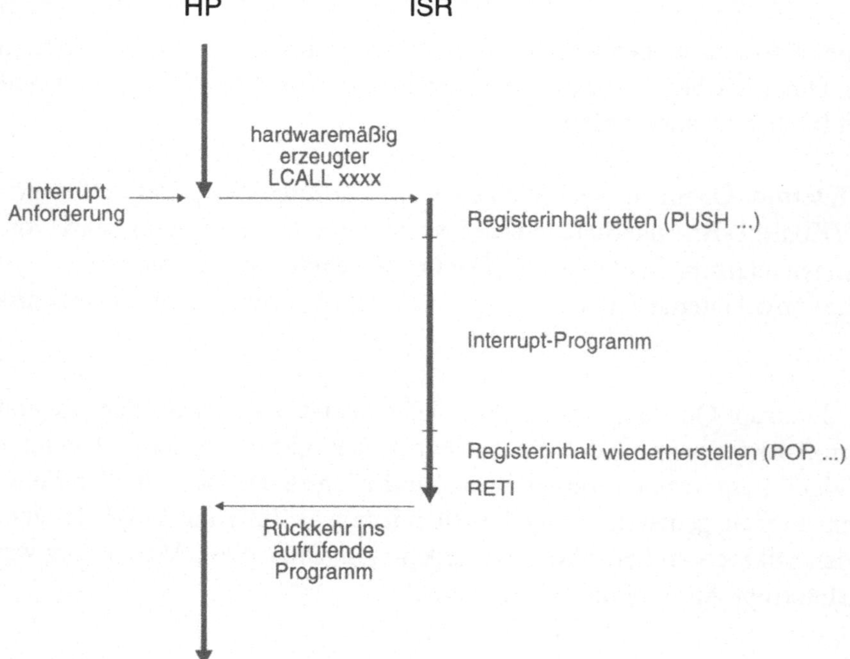

Bild 9.1-2: Abarbeitung eines einfachen Interrupt-Aufrufs

Interrupt Service Routinen werden softwaremäßig genau so realisiert wie andere Unterprogramme auch. Aufgabe des Programmierers ist es, die für das Hauptprogramm wichtigen Registerinhalte zu sichern (PUSH ...) und vor Rückkehr ins Hauptprogramm wieder herzustellen (POP ...). Automatisch wird durch die interne Hardware nur die Rücksprungadresse gesichert. Die Rückkehr ins aufrufende Hauptprogramm muß allerdings mit dem Befehl RETI (return from interrupt) erfolgen.

Interrupt-Priorität

Eine laufende Interrupt Service Routine kann durch weitere Interrupt-Anforderungen nur dann unterbrochen werden, wenn diese eine höhere Priorität besitzen. Die in diesem Buch beschriebenen Mikrocontroller besitzen unterschiedliche Prioritätsstufen, die mit Hilfe von Special Function Registern programmiert werden können.

Beim Mikrocontroller 80(C)51/31 erfolgt die Prioritätssteuerung mit Hilfe des Special Function Registers IP (interrupt priority). Es ist bitadressierbar und besitzt die Adresse B8H. Jeder Interrupt-Quelle kann eine von zwei verschiedenen Prioritätsebenen zugeordnet werden.

Die Prioritätssteuerung bei den Mikrocontrollern 80(C)515/535 und 80(C)517/537 ist inkompatibel zum 80(C)51/31. Das Special Function Register mit der Adresse B8H hat bei diesen Mikrocontrollern eine andere Bedeutung. Das als IEN1 (B8H) bezeichnete Special Function Register beinhaltet die Freigabe-Bits der zusätzlich verfügbaren Interrupt-Quellen.

Die insgesamt zwölf (80(C)515/535) bzw. vierzehn (80(C)517/537) Interrupt-Quellen können vier verschiedene Prioritätsstufen annehmen. Die entsprechende Programmierung erfolgt durch die Special Function Register IP0 (A9H) und IP1 (B9H).

Werden zwei Interrupt-Anforderungen mit unterschiedlicher Prioritätsstufe zum gleichen Zeitpunkt wirksam, wird die Anforderung mit der höheren Priorität zuerst abgearbeitet.

Haben die beiden Interrupt-Anforderungen aber die gleiche Priorität, entscheidet die interne Abfragefolge (internal polling sequence) des Mikrocontrollers über die Reihenfolge der Abarbeitung. Die einzelnen Anforderungs-Flags werden von der internen Interrupt-Logik in einer vorgegebenen Reihenfolge abgefragt, so daß bei mehreren gleichzeitigen Interrupt-Anforderungen mit gleicher Priorität die Interrupt-Quelle als erste bedient wird, die in dieser Abfragefolge an vorderer Stelle steht.

In Abhängigkeit dieser Prioritätsstufen unterscheiden sich die Abläufe der verschiedenen Interrupt Service Routinen, die an folgenden Beispielen verdeutlicht werden sollen.

Beispiel 9.1-1:
Zum gleichen Zeitpunkt werden zwei Interrupt-Anforderungen wirksam (IRQ1 und IRQ2), wobei IRQ1 in der internen Abfragefolge (polling sequence) an vorderer Stelle steht. Beide Interrupt-Quellen besitzen die gleiche Priorität.

Dann ergibt sich folgender Ablauf:

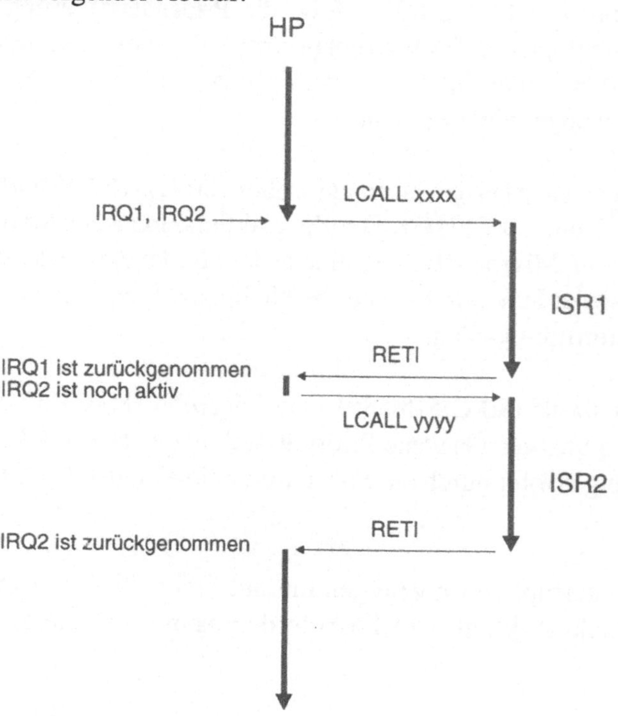

Bild 9.1-3: Abarbeitung von zwei Interrupt Service Routinen mit gleicher Priorität

Die Interrupt Service Routine ISR1 wird zuerst ausgeführt, da sie in der internen Abfragefolge an vorderer Stelle steht. Während der aktuellen Abarbeitung kann sie von der Interrupt-Quelle 2 (IRQ2) nicht unterbrochen werden. Innerhalb der Interrupt Service Routine 1 (ISR1) muß die Interrupt-Anforderung IRQ1 zurückgesetzt werden. Dies erfolgt in den meisten Fällen automatisch durch die interne Interrupt-Logik; bei einigen Interrupt-Quellen muß dieses Zurücksetzen allerdings durch den Programmierer softwaremäßig erfolgen.

Die Interrupt Service Routine muß mit dem Befehl RETI (return from interrupt) beendet werden; es erfolgt der Rücksprung in das aufrufende Programm (Adresse steht im Stack) und der Interrupt-Logik wird mitgeteilt, daß die aktuelle Prioritätsstufe verlassen wurde.
Würde die Interrupt Service Routine lediglich mit dem Befehl RET beendet, unterbliebe die Rückmeldung bzgl. des Verlassens der Prioritätsstufe und weitere Interrupts mit gleicher oder niedrigerer Priorität würden nicht mehr ausgeführt.

Nach Rückkehr ins Hauptprogramm werden die anstehenden Interrupt-Anforderungen in der schon vorher erwähnten Abfragefolge abgearbeitet. Wäre jetzt innerhalb der Interrupt Service Routine 1 (ISR1) das entsprechende Anforderungs-Flag nicht zurückgesetzt worden, würde die Interrupt Service Routine 1 erneut aufgerufen.

Bei zurückgesetztem Anforderungs-Flag IRQ1 und noch aktivem Anforderungs-Flag IRQ2 erfolgt nun der Aufruf der Interrupt Service Routine 2 (ISR2), die nach gleichem Muster abgearbeitet wird.

Hinweis:
Die Anforderungs-Flags der einzelnen Interrupt-Quellen sind Kontroll-Bits innerhalb einzelner Special Function Register. Sie werden normalerweise durch das Interrupt-Ereignis gesetzt und durch die Annahme des Interrupts wieder zurückgesetzt. Es ist aber genau so möglich, das Setzen dieser Kontroll-Bits softwaremäßig auszulösen (Software-Interrupt). Die Abarbeitung der einzelnen Interrupt Service Routinen erfolgt dann genau so wie bei einer Auslösung durch die Hardware (Hardware-Interrupt).

In gleicher Weise können anstehende Interrupt-Anforderungen softwaremäßig wieder gelöscht werden.

Beispiel 9.1-2:

Während der Abarbeitung der Interrupt Service Routine 1 (ISR1) erfolgt die Interrupt-Anforderung 2 (IRQ2). Die Interrupt-Quelle 2 (IRQ2) besitzt eine höhere Priorität gegenüber der Interrupt-Quelle 1 (IRQ1).

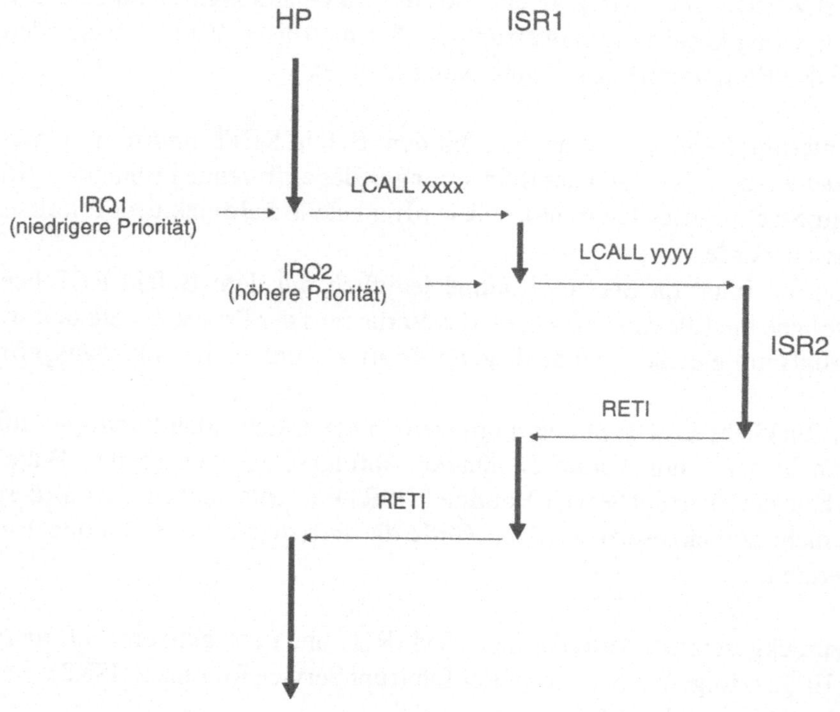

Bild 9.1-4: Abarbeitung von zwei Interrupt Service Routinen mit unterschiedlicher Priorität

Das Hauptprogramm wird durch die niederpriore Interrupt-Anforderung IRQ1 an der entsprechenden Vektor-Adresse (xxxx) fortgesetzt. Wird nun während der Abarbeitung dieser Interrupt Service Routine eine weitere Interrupt-Anforderung ausgelöst (mit höherer Priorität), wird die aktuelle Interrupt Service Routine unterbrochen und das Programm an der entsprechenden Vektor-Adresse (yyyy) fortgesetzt. Nach vollständiger Abarbeitung dieser höherprioren Routine wird die Programmabarbeitung innerhalb der Interrupt Service Routine 1 fortgesetzt. Durch den Befehl RETI wird der Interrupt-Logik mitgeteilt, daß das Programm die höherwertige Prioritätsstufe verlassen hat.

Die zuvor unterbrochene Interrupt Service Routine 1 (ISR1) wird nun weiterbearbeitet, kann aber wieder durch eine Interrupt-Anforderung mit höherer Priorität jederzeit unterbrochen werden. Mit Ende der Interrupt Service Routine 1 wird das Hauptprogramm fortgesetzt.

Beispiel 9.1-3:
Während der Abarbeitung der Interrupt Service Routine 2 (ISR2) erfolgt die Interrupt-Anforderung 1 (IRQ1). Die Interrupt-Quelle 2 (IRQ2) besitzt eine höhere Priorität gegenüber der Interrupt-Quelle 1 (IRQ1).

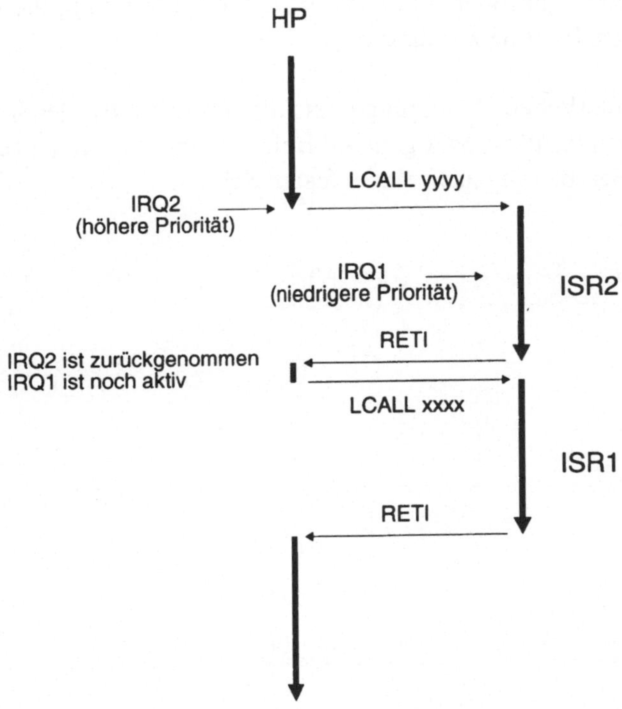

Bild 9.1-5: Abarbeitung von zwei Interrupt Service Routinen mit unterschiedlicher Priorität

Das Hauptprogramm wird durch die höherpriore Interrupt-Anforderung IRQ2 unterbrochen und an der entsprechenden Vektor-Adresse (yyyy) fortgesetzt. Wird nun während der Abarbeitung dieser Interrupt Service Routine eine weitere Interrupt-Anforderung ausgelöst (mit gleicher oder niedriger Priorität), wird die aktuelle Interrupt Service Routine nicht unterbrochen, sondern erst vollständig abgearbeitet. Mit Rückkehr ins aufrufende Hauptprogramm durch RETI wird das Verlassen der höheren Prioritätsstufe mitgeteilt. Ist die Interrupt-Anforderung IRQ1 noch wirksam, erfolgt erst jetzt die Programmfortsetzung an der entsprechenden Vektor-Adresse (xxxx).

Zeitlicher Ablauf der Interrupt-Bearbeitung

Ein wichtiges Beurteilungskriterium für die interne Interrupt-Hardware ist die Reaktionszeit auf eine Interrupt-Anforderung. Mit anderen Worten: wie lange braucht der Mikrocontroller, um nach erfolgter Anforderung die entsprechende Interrupt Service Routine zu starten?

Sind alle erforderlichen Bedingungen erfüllt (Freigabe-Bit der Interrupt-Quelle gesetzt und die Interrupt-Logik generell freigegeben), erfolgt der zeitliche Ablauf der Interrupt-Bearbeitung nach einem festen Schema.

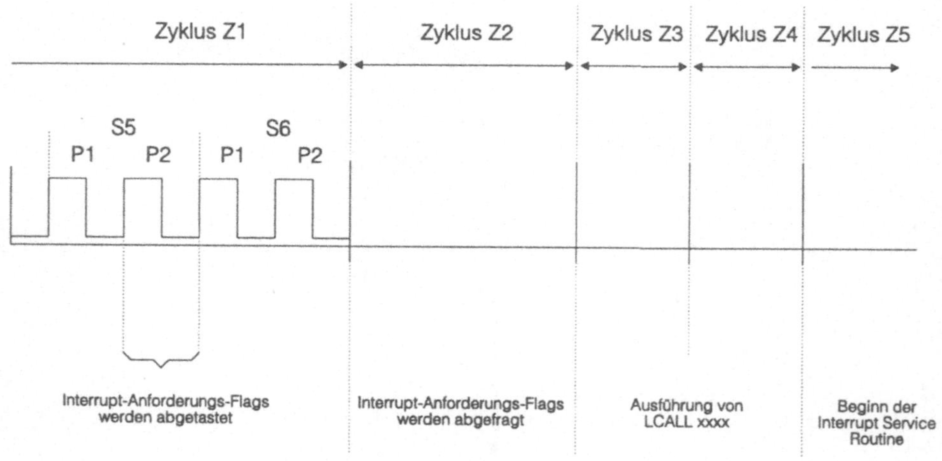

Bild 9.1-6: Abarbeitung einer Interrupt-Anforderung

In jedem Maschinen-Zyklus wird die Abfrage der Anforderungs-Flags durchgeführt. Zum Zeitpunkt S5P2 im Zyklus Z1 werden die Zustände der Interrupt-Anforderungs-Flags festgestellt (sample). Im folgenden Zyklus Z2 werden alle Anforderungs-Flags in einer festgelegten Reihenfolge abgefragt, d.h., die abgefragten Zustände entsprechen den Werten aus dem vorherigen Maschinen-Zyklus. Bei Annahme des Interrupts erfolgt in den Zyklen Z3 und Z4 der LCALL-Aufruf zur

Interrupt Service Routine. Im Zyklus Z5 wird dann mit der Abarbeitung der aktivierten Interrupt Service Routine begonnen. Die kürzeste Reaktionszeit auf eine Interrupt-Anforderung beträgt also etwas mehr als drei vollständige Zyklen (38 Oszillatorperioden).

Bei einer angenommenen externen Oszillatorfrequenz von 12 MHz ergibt sich die minimale Reaktionszeit zu 3,8 µs.

Ausnahmen

Es existieren drei Ausnahmen, bei denen der Interrupt zunächst nicht ausgeführt wird, auch wenn die erforderlichen Bedingungen (Anforderungs- und Freigabe-Bits gesetzt) erfüllt sind:

☐ Ein Interrupt mit gleicher oder höherer Priorität wird ausgeführt.

☐ Der aktuelle Maschinen-Zyklus ist nicht der letzte Zyklus des Befehls.

☐ Der in Arbeit befindliche Befehl ist ein RETI oder ein Schreibbefehl in ein die Interrupt-Logik beeinflussendes Special Function Register.

Jede dieser drei Bedingungen unterbindet zunächst den entsprechenden LCALL-Aufruf.

Die erste Bedingung stellt sicher, daß eine laufende Interrupt Service Routine nicht durch einen Interrupt-Aufruf gleicher oder niedrigerer Priorität unterbrochen werden kann. Auf diese Weise ist es dem Mikrocontroller möglich, zwischen wichtigen und weniger wichtigen Interrupt-Anforderungen zu unterscheiden.

Die zweite Bedingung stellt sicher, daß der in Arbeit befindliche Befehl vollständig abgearbeitet wird. So wird z.B. ein Multiplikations-Befehl (erfordert vier Maschinen-Zyklen) komplett durchgeführt, bevor zur entsprechenden Interrupt Service Routine verzweigt wird.

Die dritte Bedingung bewirkt, daß nach einem RETI oder nach irgendeinem Schreibzugriff auf die Special Function Register, die die Interrupt-Logik beeinflussen, mindestens noch ein weiterer Befehl abgearbeitet wird, bevor in die nächste Interrupt Service Routine verzweigt werden kann. Diese zeitliche Verzögerung garantiert, daß der Mikrocontroller irgendwelche Änderungen beim Interrupt-Status sicher erkennt.

Damit wird deutlich, daß die tatsächlichen Reaktionszeiten (Zeitraum zwischen Interrupt-Anforderung und Interrupt-Auslösung) zeitlich sehr unterschiedlich sein können.

Hinweis: Wird ein anstehender Interrupt durch eine der oben angegebenen Bedingungen nicht ausgeführt, muß das entsprechende Anforderungs-Flag solange gesetzt sein, bis die Interrupt Service Routine ausgeführt werden kann. Dies bedeutet, eine Anforderung wird nicht gespeichert, bis sie bedient wird, sondern die Anforderung muß zum Zeitpunkt der internen Abfrage aktiv sein.

Die bisher dargestellte Interrupt-Verarbeitung ist bei den in diesem Buch beschriebenen Mikrocontrollern gleich. Die implementierte Interrupt-Logik bei den einzelnen Mikrocontrollern unterscheidet sich in Anzahl der Interrupt-Quellen und den möglichen Prioritätsstufen.

Die entsprechenden Interrupt-Systeme werden durch folgende Angaben charakterisiert:

❑   Anzahl der internen Interrupt-Quellen

❑   Anzahl der externen Interrupt-Quellen

❑   Reaktionszeit bzgl. einer auftretenden Interrupt-Anforderung

❑   Vorhandene Prioritätsstufen

❑   Generelle bzw. gezielte Freigabe oder Sperrung des Interrupt-Systems

❑   Abarbeitung vorliegender Interrupt-Anforderungen

In den folgenden Kapiteln werden diese Angaben ausführlich erläutert.

9.2 Interrupt-Technik 80(C)51/31

Der Mikrocontroller 80(C)51/31 besitzt fünf Interrupt-Quellen (zwei externe, drei interne Interrupt-Quellen) mit zwei Prioritätsebenen:

☐   zwei externe Interrupts,

☐   zwei interne Timer Interrupts,

☐   einen internen Interrupt, ausgelöst durch die serielle Schnittstelle.

Externe Interrupts INT0# und INT1#

Die externen Interrupts INT0# (P3.2) und INT1# (P3.3) können per Software zustandsgetriggert (low-active) oder negativ flankengetriggert eingestellt werden. Dies geschieht innerhalb des Special Function Registers TCON mit den Kontroll-Bits IT0 (TCON.0) und IT1 (TCON.2).

Bei zustandsgetriggerter Auslösung muß das anliegende Signal an P3.2 bzw. P3.3 solange auf LOW-Pegel gehalten werden, bis die zugehörige Interrupt Service Routine aufgerufen wird. Innerhalb dieser Interrupt Service Routine muß dann dafür gesorgt werden, daß das externe Anforderungssignal wieder HIGH-Pegel annimmt, bevor die Interrupt Service Routine wieder verlassen wird. Liegt nach Rückkehr ins aufrufende Programm weiterhin LOW-Pegel an, wird der Interrupt erneut ausgelöst. Grund hierfür ist, daß bei zustandsgetriggerter Auslösung die beiden Anforderungs-Flags IE0 bzw. IE1 direkt von dem extern anliegenden LOW-Pegel auf HIGH (durch internen Inverter) gesetzt werden. Dieser Pegel ist durch die interne Interrupt-Logik nicht änderbar.

Bei flankengetriggerter Auslösung wird das Anforderungs-Flag IE0 bzw. IE1 durch die negative Flanke an P3.2 bzw. P3.3 gesetzt. Das am Port-Eingang anliegende Signal wird zum Zeitpunkt S5P2 in jedem Maschinen-Zyklus abgetastet. Ist der festgestellte Pegel HIGH und im nächsten Zyklus LOW, wird das entsprechende Anforderungs-Flag gesetzt. Damit die negative Flanke am Eingang sicher erkannt werden kann, muß sowohl der HIGH- als auch der LOW-Pegel die Länge von mindestens einem Maschinen-Zyklus besitzen. Die Anforderungs-Flags IE0 bzw. IE1 werden bei flankengetriggerter Auslösung durch Annahme des Interrupts von der internen Interrupt-Logik automatisch zurückgesetzt.

Zur Freigabe der beiden externen Interrupts müssen die beiden Freigabe-Bits EX0 (IE.0) und EX1 (IE.2) gesetzt werden. Diese Freigabe-Bits befinden sich im Special Function Register IE (interrupt enable). Ebenfalls in diesem Register befindet sich das generelle Interrupt-Freigabe-Bit EA (IE.7), mit dem die gesamte Interrupt-Logik aktiviert wird.

Hinweis: Die Anforderungs-Flags IE0 bzw. IE1 werden von der Interrupt-Logik nur dann automatisch zurückgesetzt, wenn sie auf Flankentriggerung eingestellt sind.

Für die beiden externen Interrupt-Quellen ergibt sich folgende Interrupt-Struktur:

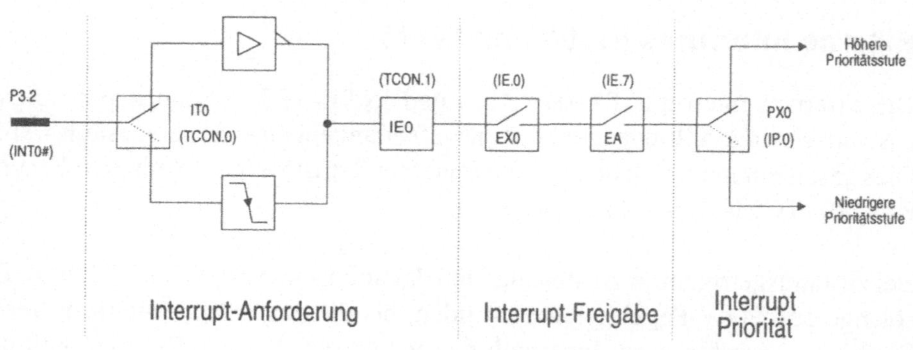

Bild 9.2-1: Interrupt-Struktur Externer Interrupt INT0#

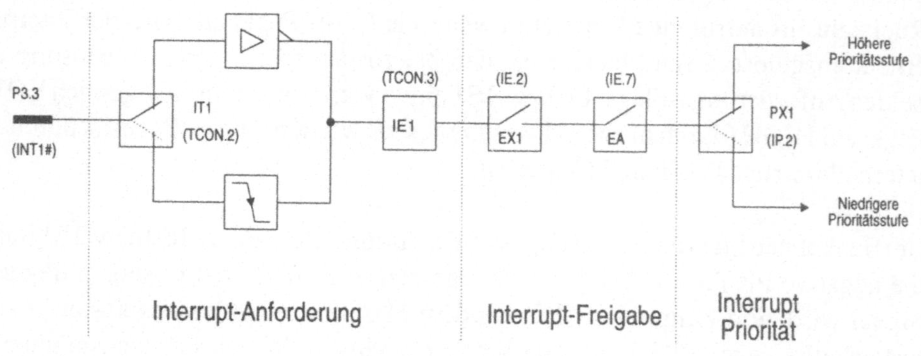

Bild 9.2-2: Interrupt-Struktur Externer Interrupt INT1#

Hinweis: Bei Verwendung der beiden externen Interrupts ist darauf zu achten, daß die entsprechenden Port-Latchs (P3.2 und P3.3) softwaremäßig auf HIGH gesetzt sind!

Interne Timer Interrupts

Bei jedem Überlauf von Timer Nr. 0 und Nr. 1 wird das Anforderungs-Flag TF0 bzw. TF1 im Special Function Register TCON gesetzt. Zur Freigabe der beiden Timer Interrupts müssen im Special Function Register IE die beiden Freigabe-Bits ET0 (IE.1) und ET2 (IE.3) sowie das generelle Freigabe-Bit EA (IE.7) gesetzt werden. Wird der angeforderte Interrupt ausgelöst, wird das Anforderungs-Flag TF0 bzw. TF1 automatisch durch die Interrupt-Hardware zurückgesetzt.

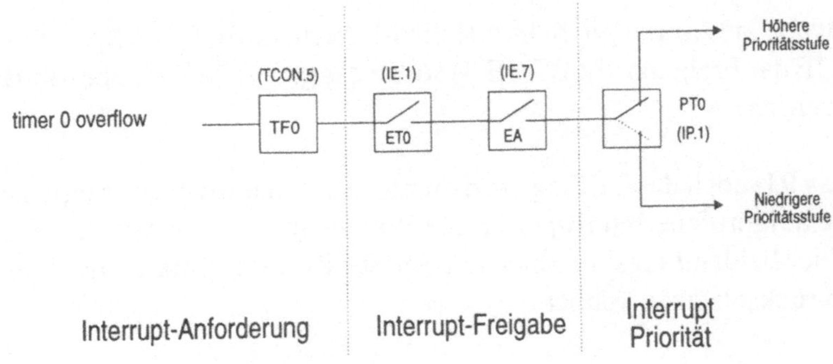

Bild 9.2-3: Interrupt-Struktur Interner Timer Interrupt 0

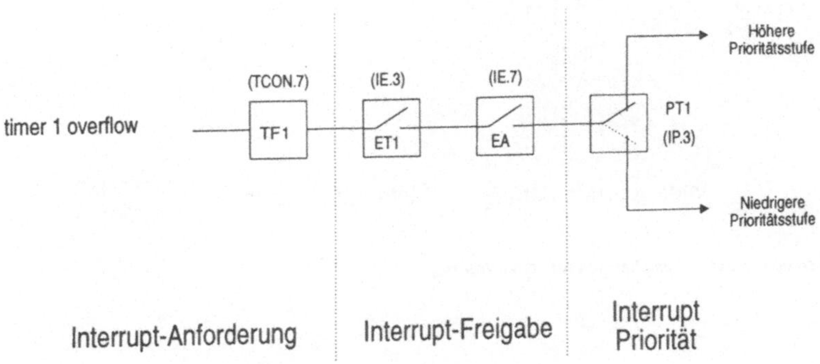

Bild 9.2-4: Interrupt-Struktur Interner Timer Interrupt 1

Serieller Schnittstellen-Interrupt (serial port interrupt)

Der serielle Schnittstellen-Interrupt wird ausgelöst durch das Kontroll-Bit RI (receive interrupt, SCON.0) oder durch das Kontroll-Bit TI (transceive interrupt, SCON.1) im Special Function Register SCON. Diese beiden Kontroll-Bits werden in Abhängigkeit der aktivierten Betriebsart der seriellen Schnittstelle nach dem 8. Daten-Bit oder durch das Stop-Bit gesetzt. Dies gilt sowohl für den Sende- als auch für den Empfangsbetrieb.

Zur Freigabe des seriellen Schnittstellen-Interrupts muß im Special Function Register IE das Freigabe-Bit ES (IE.4) sowie das generelle Freigabe-Bit EA (IE.7) gesetzt werden.

Weder das RI- noch das TI-Flag wird durch die interne Interrupt-Logik zurückgesetzt. Die aufgerufene Interrupt Service Routine muß softwaremäßig feststellen, welches der beiden Flags die Interrupt Service Routine gestartet hat, um es dann wieder zurücksetzen zu können.

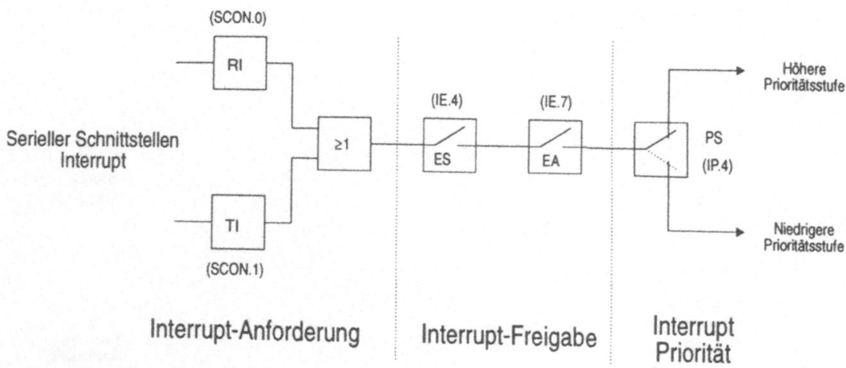

Bild 9.2-5: Interrupt-Struktur Serieller Schnittstellen Interrupt

Übersicht der verfügbaren Interrupts

Zusammenfassend sind hier die beim Mikrocontroller 80(C)51/31 verfügbaren Interrupt-Quellen mit den entsprechenden Anforderungs- und Freigabe-Flags tabellarisch dargestellt:

Auslösendes Ereignis	Anforderungs-Flag	Freigabe-Flag	Ausgelöster Interrupt	Vektor-Adresse
Externes Signal an P3.2	IE0	EX0	Externer Interrupt 0	0003H
Externes Signal an P3.3	IE1	EX1	Externer Interrupt 1	0013H
Timer 0 Overflow	TF0	ET0	Timer 0 Interrupt	000BH
Timer 1 Overflow	TF1	ET1	Timer 1 Interrupt	001BH
Serielle Schnittstelle	RI oder TI	ES	Serial Port Interrupt	0023H

Bild 9.2-6: Verfügbare Interrupt-Quellen

Hinweis: Das generelle Freigabe-Bit EA (IE.7) muß grundsätzlich gesetzt sein, wenn ein entsprechender Interrupt ausgelöst werden soll.

Alle Anforderungs-Flags können auch softwaremäßig gesetzt bzw. zurückgesetzt werden. Dadurch werden die gleichen Reaktionen ausgelöst wie bei der entsprechenden hardwaremäßigen Auslösung. Dies bedeutet, Interrupts können auch softwaremäßig ausgelöst und anstehende Interrupts (pending interrupts) softwaremäßig wieder zurückgesetzt werden.

Wie in Bild 9.2-6 ersichtlich, liegen die Einsprungadressen (Vektor-Adressen) der einzelnen Interrupt-Quellen im unteren Adreßbereich relativ eng beieinander (jeweils 8 Byte Abstand). Bei Verwendung mehrerer Interrupt-Quellen innerhalb eines Steuerungsprogramms ist darauf zu achten, daß die einzelnen Interrupt Service Routinen nicht andere Einsprungadressen überschreiten.

Aus diesem Grunde können die Start-Adressen der einzelnen Interrupt Service Routinen mit Hilfe von Sprungverteilern (LJMP-Befehle) in freie Bereiche verlegt werden.

Beispiel 9.2-1:
Die Interrupt Service Routine, die durch Auslösen des externen Interrupts 0 ausgeführt werden soll, hat die Start-Adresse 8200H.

Lösung:
Folgende Programmsequenz definiert den entsprechenden Sprungverteiler:

```
ORG    0003H          ;Einsprungadresse Externer Interrupt 0
LJMP   8200H          ;Sprungverteiler, Programm-Fortsetzung bei Adresse 8200H

ORG    8200H          ;Start-Adresse
PUSH   PSW            ;Beginn
....
....
....
....
POP    PSW            ;Ende
RETI                  ;Rückkehr ins Hauptprogramm
```

Interrupt-Prioritäten

Jede Interrupt-Quelle kann softwaremäßig mit Hilfe des Special Function Registers IP (interrupt priority) zwei unterschiedliche Prioritätsstufen (priority level) annehmen. Wird das entsprechende Kontroll-Bit auf HIGH gesetzt, entspricht dies der höheren Priorität (level 1), die niedrigere Priorität (level 0) erhält man durch Rücksetzen des entsprechenden Kontroll-Bits.

Eine Interrupt Service Routine mit niedriger Priorität (level 0) kann nur durch einen Interrupt höherer Priorität (level 1) unterbrochen werden. Interrupt Service Routinen mit gleicher Priorität können sich nicht gegenseitig unterbrechen. Dies bedeutet auch, daß eine Interrupt Service Routine mit höherer Priorität (level 1) nicht mehr durch eine anderen Interrupt unterbrochen werden kann.

Werden zwei Interrupt-Anforderungen mit unterschiedlicher Prioritätsstufe zum gleichen Zeitpunkt wirksam, wird die Anforderung mit der höherer Priorität zuerst bearbeitet.

Haben die beiden Interrupt-Anforderungen aber die gleiche Priorität, entscheidet die interne Abfragefolge (internal polling sequence) über die Reihenfolge der Abarbeitung.

Wie in Kap. 9.1 dargestellt, werden die Anforderungs-Flags in einer fest vorgegebenen Reihenfolge von der internen Interrupt-Logik abgefragt. Auf diese Weise ergibt sich innerhalb einer Prioritätsstufe eine interne Rangfolge der Interrupts (priority within-level structure). Diese Rangfolge ist in Bild 9.2-7 dargestellt.

Interrupt-Quelle	Anforderungs-Flag	Abfragefolge
Externer Interrupt 0	IE0	
Timer 0 Overflow	TF0	
Externer Interrupt 1	IE1	Polling Sequence
Timer 1 Overflow	TF1	
Serielle Schnittstelle	RI oder TI	

Bild 9.2-7 Priority-Within-Level-Structure

Beispiel 9.2-2:

Die Interrupt-Quellen Timer Nr. 0 und die serielle Schnittstelle haben die Priorität 1, die anderen drei Interrupt-Quellen haben die Priorität 0.

Bestimmen Sie die Reihenfolge der Interrupt-Abarbeitung, wenn alle Interrupt-Anforderungen im gleichen Zeitaugenblick auftreten würden! Bei diesem Beispiel wird vorausgesetzt, daß die Anforderungs-Flags der ausgeführten Interrupts anschließend zurückgesetzt sind und bleiben.

Lösung:

Als erstes wird der Timer 0 Interrupt ausgelöst, da er die höhere Priorität und innerhalb dieser Prioritätsstufe Vorrang vor dem seriellen Interrupt besitzt, der als zweite Routine abgearbeitet wird. Danach werden die Interrupt-Quellen der niedrigen Priorität abgearbeitet und zwar in der Reihenfolge Externer Interrupt 0, Externer Interrupt 1 und zum Schluß Timer 1 Interrupt.

Beispiel 9.2-3:

Bestimmen Sie den erforderlichen Inhalt des Special Function Registers IP, damit die Interrupt-Quellen Timer 0 und Timer 1 Prioritätsstufe 0, die beiden externen Interrupt-Quellen INT0# und INT1# sowie die serielle Schnittstelle die Prioritätsstufe 1 annehmen.

Lösung:

			PS	PT1	PX1	PT0	PX0	
---	---	---	1	0	1	0	1	IP (B8H)

Erforderliches Bit-Muster: xxx10101B

Erforderliche Befehlssequenz:

```
ANL   IP,11110101B
ORL   IP,00010101B
```

Beispiel 9.2-4:

Bestimmen Sie den Inhalt des Special Function Registers IE, damit nur die Anforderungs-Flags TF1 und IE0 einen entsprechenden Interrupt auslösen können.

Lösung:

Notwendiges Bit-Muster: 1xx01001B

Erforderliche Befehlssequenz:

```
ANL   IE,#11101001B
ORL   IE,#10001001B
```

Sollen mehrere Bits innerhalb eines Registers gezielt gesetzt bzw. zurückgesetzt werden, ist es auch bei bitadressierbaren Special Function Registern durchaus sinnvoll, diese durch eine entsprechende logische Maskierung zu beeinflussen.

Beispiel 9.2-5:

Mit Hilfe des externen Interrupts INT0# soll eine an Port-Pin P1.0 angeschlossene Leuchtdiode für die Dauer von 1 s eingeschaltet werden. Die Interrupt-Anforderung erfolgt durch einen Taster und soll flankengetriggert sein.

Die Initialisierung der Interrupt-Logik soll nur den externen Interrupt 0 zulassen.

Die ausgelöste Interrupt Service Routine hat die Start-Adresse 8200H.

Lösung:

1.   Bestimmung der Initialisierungsdaten für die Interrupt-Logik

IE | 1 | --- | --- | 0 | 0 | 0 | 0 | 1 | = 81H

2.   Programm-Ablaufplan

Hauptprogramm

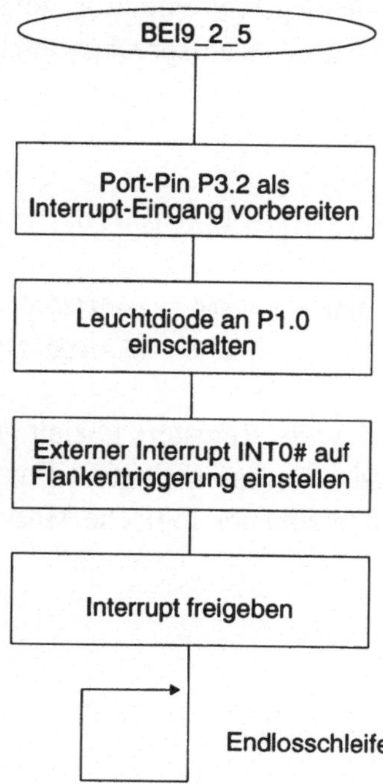

Interrupt Service Routine

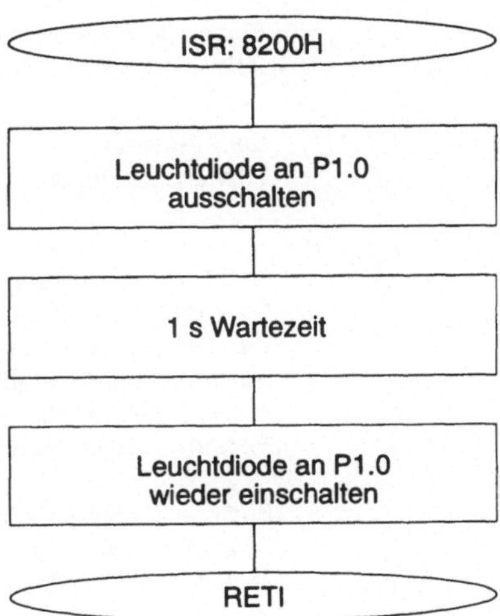

3.   Programm-Listing

```
;*********************************************************************************
;
;            Hauptprogramm               :BEI9_2_5.A51
;*********************************************************************************
;


            ;Definition der Namen
            P3          EQU         0B0H
            P1          EQU         090H
            IE          EQU         0A8H
            IT0         EQU         088H
            PSW         EQU         0D0H
            R0          EQU         00H
            R1          EQU         01H
            R2          EQU         02H
;------------------------------------------------------------------------------------


            ORG    8100H              ;Startadresse Hauptprogramm
            SETB   P3.2               ;Port-Pin P3.2 als Interrupt-Eingang vorbereiten
            SETB   P1.0               ;Leuchtdiode an P1.0 einschalten
            SETB   IT0                ;Externer Interrupt 0 auf Flankentriggerung einstellen
            MOV    IE,#81H            ;Interrupt zulassen
LOOP:       LJMP   LOOP               ;Simulation eines Hauptprogramms (Endlosschleife)

;*********************************************************************************
;
```

```
;********************************************************************************
                   ;Interrupt Service Routine    :0003H
;--------------------------------------------------------------------------------
             ORG   8003H              ;Einsprung-Adresse Interrupt Service Routine
                                      ;Vektor-Adresse External Interrupt 0: 0003H + 8000H

             ORG   8200H              ;Start-Adresse
             PUSH  PSW                ;Verwendete Register
             PUSH  R0                 ;
             PUSH  R1                 ;
             PUSH  R2                 ;im STACK zwischenspeichern
             CLR   P1.0               ;Leuchtdiode an P1.0 ausschalten
             MOV   R0,#0FFH           ;Die gewünschte Zeitverzögerung von 1s
             MOV   R1,#0FFH           ;wird in diesem Programm softwaremäßig
             MOV   R2,#05H            ;mit Hilfe der drei Register R0, R1 und R2 realisiert
ZEIT:        DJNZ  R0,ZEIT            ;Beginn der Zeitschleife
             DJNZ  R1,ZEIT            ;
             DJNZ  R2,ZEIT            ;Ende der Zeitschleife
             SETB  P1.0               ;Leuchtdiode an P1.0 wieder einschalten
             POP   R2                 ;Verwendete Register
             POP   R1                 ;
             POP   R2                 ;
             POP   PSW                ;wieder herstellen
             RETI                     ;Rücksprung zum Hauptprogramm

;********************************************************************************
             END
```

Übung 9.2-1:

Die Interrupt-Auslösung aus Beispiel 9.2-5 soll zustandsgetriggert erfolgen!

Lösung:

Da sich nur die Art der Interrupt-Auslösung ändert, bleibt die eigentliche Interrupt
Service Routine unverändert. Lediglich die Initialisierungsdaten für die Interrupt-
Logik müssen verändert werden. Das Kontroll-Bit IT0 muß im Hauptprogramm
von Flankentriggerung auf Zustandstriggerung umgestellt werden, d.h., die Zeile

```
SETB        IT0
```

muß ersetzt werden durch

```
CLR         IT0.
```

Übung 9.2-2:

Entwickeln Sie ein Programm, das an Port 1 einen 8-Bit-Dualzähler realisiert, dessen Zählerstand nach jeweils 1s inkrementiert wird. Mit Hilfe eines Tasters wird der externe Interrupt INT1# (Flankentriggerung) ausgelöst, der den Dualzähler startet, stoppt und wieder zurücksetzt. Die einzelnen Interrupt-Auslösungen sollen folgende Wirkung haben:

1. Auslösung:	Dualzähler wird gestartet	(Start-Funktion)
2. Auslösung:	Dualzähler wird angehalten	(Stop-Funktion)
3. Auslösung:	Dualzähler wird zurückgesetzt	(Reset-Funktion)

Die Start-Adresse der Interrupt Service Routine liegt bei 8200H.

Lösung:

1.   Bestimmung der Initialisierungsdaten für die Interrupt-Logik

Im Special Function Register TCON muß das Kontroll-Bit IT1 (TCON.2) gesetzt werden, die Freigabe des Interrupts erfolgt im Special Function Register IE mit dem Befehl MOV IE,#84H.

2.   Programm-Ablaufplan

Hauptprogramm

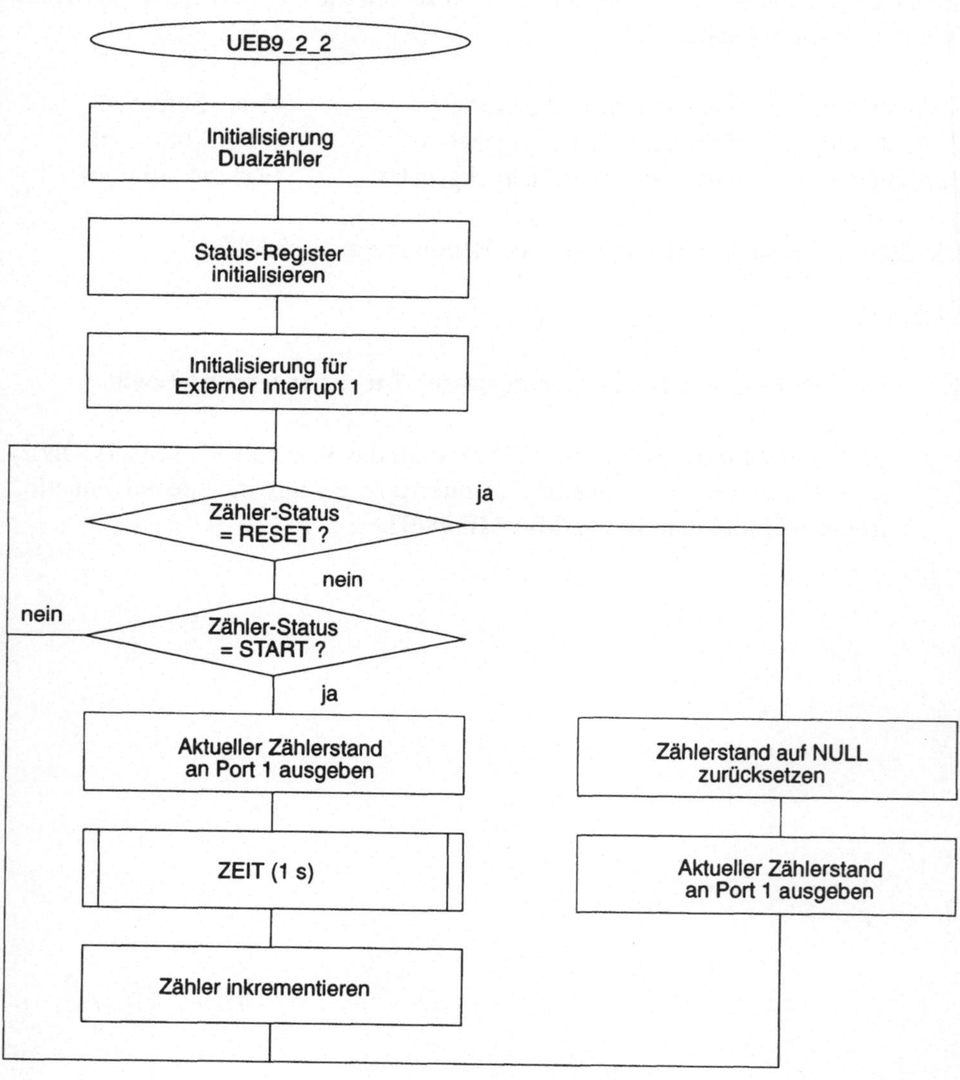

Unterprogramm ZEIT

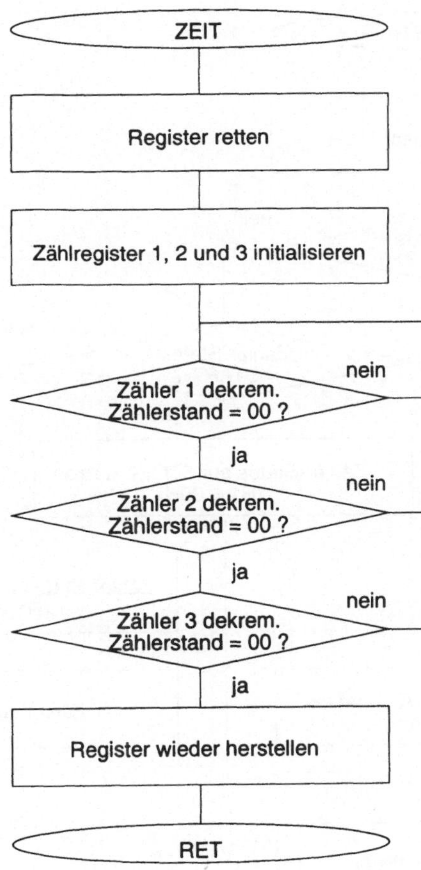

Interrupt Service Routine

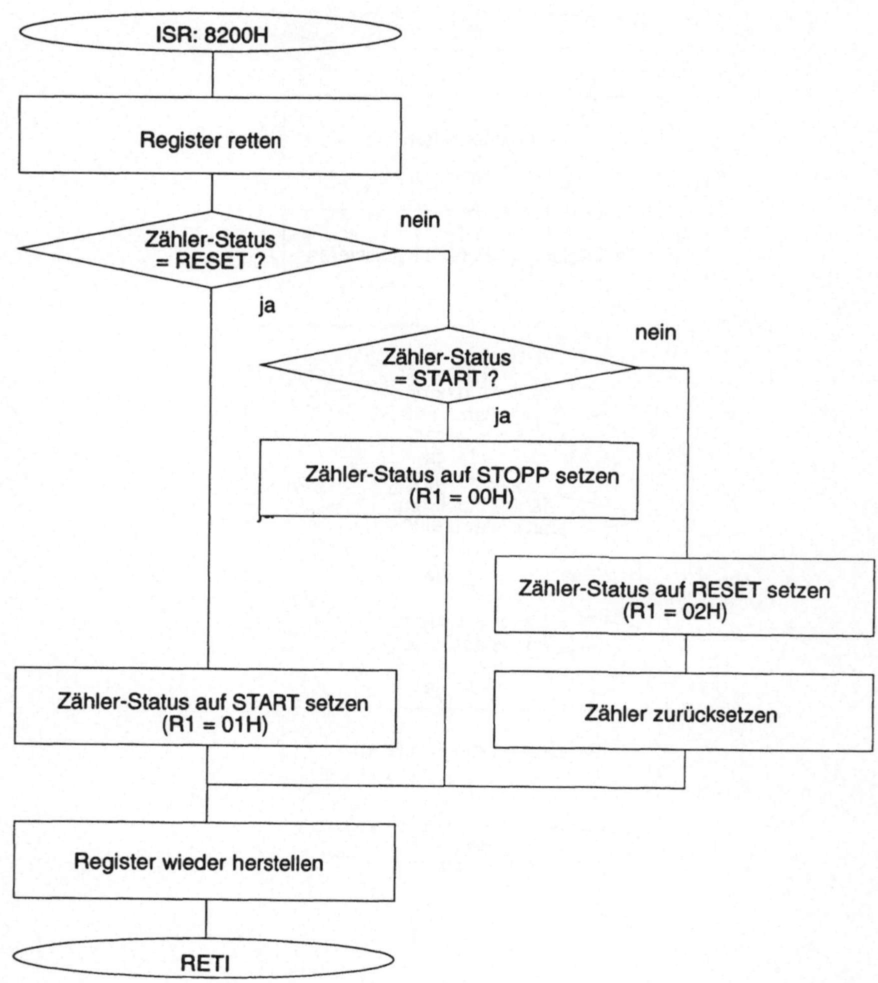

3. Programm-Listing

```
;*************************************************************************************
;
             ;Hauptprogramm              :UEB9_2_2.A51
;*************************************************************************************
;
      ;Definition der Namen
             P1            EQU      090H
             P3            EQU      0B0H
             IE            EQU      0A8H
             IT1           EQU      08AH
             PSW           EQU      0D0H
             R2            EQU      02H
             R3            EQU      03H
             R4            EQU      04H
;------------------------------------------------------------------------------------
             ORG    8100H           ;Startadresse Hauptprogramm
             MOV    R0,#00H         ;Register R0 für Dualzähler auf 00H setzen
             MOV    R1,#02H         ;Register R1 für Zählstatus
                                    ;<R1>=00H —> STOPP
                                    ;<R1>=01H —> START
                                    ;<R1>=02H —> RESET
             SETB   IT1             ;Externer Interrupt 1 auf Flankentriggerung einstellen
             SETB   P3.3            ;Port-Pin 3.3 als Interrupt-Eingang vorbereiten
             MOV    IE,#84H         ;Interrupt zulassen
LOOP:        CJNE   R1,#02H,COUNT   ;Zähler-Status = RESET ?
             MOV    P5,#00H         ;wenn ja, dann Port-Ausgang und
             MOV    R0,#00H         ;Zählerstand zurücksetzen
             LJMP   LOOP            ;Auf Tastenbetätigung warten
COUNT:       CJNE   R1,#01H,LOOP    ;Zähler-Status = START ?
             MOV    P5,R0           ;wenn ja, dann aktuellen Zählerstand ausgeben
             ACALL  ZEIT            ;ca. 1 s warten
             INC    R0              ;Zählerstand erhöhen
             LJMP   LOOP            ;Auf Tastenbetätigung warten
;------------------------------------------------------------------------------------
             ;Zeitunterprogramm ZEIT für ca. 1s
;------------------------------------------------------------------------------------
             ORG    8150H           ;Startadresse Unterprogramm
ZEIT:        PUSH   PSW             ;Verwendete Register retten
             PUSH   R2              ;
             PUSH   R3              ;
             PUSH   R4              ;
             MOV    R3,#0FFH        ;Zeitschleife von ca. 1s wird mit Hilfe
             MOV    R4,#0FFH        ;der drei Register R3, R4 und R5
             MOV    R5,#05H         ;realisiert
U1:          DJNZ   R3,U1           ;Schleifenanfang
             DJNZ   R4,U1           ;
             DJNZ   R5,U1           ;Schleifenende
             POP    R4              ;Verwendete Hilfsregister
             POP    R3              ;
             POP    R2              ;
             POP    PSW             ;wieder herstellen
             RET                    ;Unterprogramm-Ende
;*************************************************************************************
;
```

```
;*********************************************************************************
;
                ;Interrupt Service Routine    :0013H
;-------------------------------------------------------------------------------
        ORG     8013H           ;Einsprung-Adresse Interrupt Service Routine
                                ;Vektor-Adresse External Interrupt 1: 0013H + 8000H
        LJMP    8200H           ;Sprungverteiler, Programm-Fortsetzung bei 8200H

        ORG     8200H           ;Start-Adresse
        PUSH    PSW             ;Verwendete Register retten
        CJNE    R1,#02H,I1      ;Zähler-Status = RESET ?
        DEC     R1              ;wenn ja, Zähler-Status = START
        SJMP    I3              ;Sprung ans Ende der ISR
I1:     CJNE    R1,#01H,I2      ;Zähler-Status = START ?
        DEC     R1              ;wenn ja, Zähler-Status = STOPP
        SJMP    I3              ;Sprung ans Ende des ISR
I2:     MOV     R1,#02H         ;Zähler-Status = RESET  setzen
        MOV     R0,#00H         ;Zähler zurücksetzen
I3:     POP     PSW             ;Verwendete Register wieder herstellen
        RETI                    ;Rücksprung zum Hauptprogramm

;*********************************************************************************
;
        END
```

Special Function Register IP

Das Register IP (interrupt priority) bestimmt die Prioritätsstufe der entsprechenden Interrupt-Quelle. Es können jeder Interrupt-Quelle eine von zwei verschiedenen Prioritäts-Ebenen zugeordnet werden.

BFH	BEH	BDH	BCH	BBH	BAH	B9H	B8H	
---	---	---	PS	PT1	PX1	PT0	PX0	IP (B8H)

Bild 9.2-8: Special Function Register IP (Adresse: B8H)

Nach jedem RESET ist der Inhalt von IP = xxx00000B, d.h., alle hier aufgelisteten Interrupt-Quellen haben die gleiche (niedrige) Priorität.

Bit	Funktion

PS　　　**Prioritäts-Bit Serielle Schnittstelle**
PS = 0:　　　Niedrige Priorität (level 0)
PS = 1:　　　Höhere Priorität (level 1)

PT1　　　**Prioritäts-Bit Timer 1 Interrupt**
PT1 = 0:　　Niedrige Priorität (level 0)
PT1 = 1:　　Höhere Priorität (level 1)

PX1　　　**Prioritäts-Bit Externer Interrupt 1**
PX1 = 0:　　Niedrige Priorität (level 0)
PX1 = 1:　　Höhere Priorität (level 1)

PT0　　　**Prioritäts-Bit Timer 0 Interrupt**
PT0 = 0:　　Niedrige Priorität (level 0)
PT0 = 1:　　Höhere Priorität (level 1)

PX0　　　**Prioritäts-Bit Externer Interrupt 0**
PX0 = 0:　　Niedrige Priorität (level 0)
PX0 = 1:　　Höhere Priorität (level 1)

Special Function Register IE

Das Register IE (interrupt enable) enthält das für die Interrupt-Freigabe generell erforderliche Kontroll-Bit EA (enable all interrupt = generelle Interrupt-Freigabe) sowie die individuellen Freigabe-Bits aller Interrupt-Quellen.

AFH	AEH	ADH	ACH	ABH	AAH	A9H	A8H
EA	---	---	ES	ET1	EX1	ET0	EX0

IE (A8H)

Bild 9.2-9: Special Function Register IE (Adresse: A8H)

Dieses Register ist bitadressierbar, so daß die entsprechenden Interrupts mit entsprechenden SETB ...-Befehlen freigegeben bzw. mit CLR ...-Befehlen gesperrt werden können.

Nach jedem RESET ist der Inhalt von IE = 00H, d.h., alle Interrupt-Möglichkeiten des Mikrocontroller-Systems sind unterdrückt (EA = 0).

Bit   **Funktion**

EA   **Generelle Interrupt-Freigabe des Mikrocontrollers**
                 EA = 0   :   Generelle Interrupt-Sperrung
                 EA = 1   :   Generelle Interrupt-Freigabe

ES   **Interrupt-Freigabe des Seriellen Schnittstellen Interrupts**
                 ES = 0   :   Serieller Schnittstellen Interrupt ist gesperrt
                 ES = 1   :   Serieller Schnittstellen Interrupt ist freigegeben

ET1   **Interrupt-Freigabe des Timer 1 Interrupts**
                 ET1 = 0   :   Timer 1 Interrupt ist gesperrt
                 ET1 = 1   :   Timer 1 Interrupt ist freigegeben

EX1   **Interrupt-Freigabe des Externen Interrupts 1**
                 EX1 = 0   :   Externer Interrupt 1 ist gesperrt
                 EX1 = 1   :   Externer Interrupt 1 ist freigegeben

ET0   **Interrupt-Freigabe des Timer 0 Interrupts**
ET0 = 0   :   Timer 0 Interrupt ist gesperrt
ET0 = 1   :   Timer 0 Interrupt ist freigegeben

EX0   **Interrupt-Freigabe des Externen Interrupts 0**
EX0 = 0   :   Externer Interrupt 1 ist gesperrt
EX0 = 1   :   Externer Interrupt 1 ist freigegeben

Special Function Register TCON

Das Register TCON beinhaltet verschiedene Interrupt-Anforderungs-Flags sowie die Kontroll-Bits zur Einstellung der Interrupt-Auslösung der beiden externen Interrupt-Eingänge.

8FH	8EH	8DH	8CH	8BH	8AH	89H	88H	
TF1	TR1	TF0	TR0	IE1	IT1	IE0	IT0	TCON (88H)

☐ Diese Bits werden zur Interrupt-Steuerung nicht benötigt!

Bild 9.2-10: Special Function Register TCON (Adresse: 88H)

Nach jedem RESET ist der Inhalt von TCON = 00H.

Bit   **Funktion**

TF1   **Interrupt-Anforderungs-Flag Timer 1 Interrupt**
(Vektor-Adresse: 001BH)
Bei jedem Überlauf von Timer/Counter Nr. 1 wird dieses Interrupt-Anforderungs-Flag automatisch gesetzt. Wird der Interrupt ausgelöst, wird dieses Bit von der internen Interrupt-Logik automatisch wieder zurückgesetzt.

TF0   **Interrupt-Anforderungs-Flag Timer 0 Interrupt**
(Vektor-Adresse: 000BH)
Bei jedem Überlauf von Timer/Counter Nr. 0 wird dieses Interrupt-Anforderungs-Flag automatisch gesetzt. Wird der Interrupt ausgelöst, wird dieses Bit von der internen Interrupt-Logik automatisch wieder zurückgesetzt.

IE1 **Interrupt-Anforderungs-Flag Externer Interrupt INT1#**
(Vektor-Adresse: 0013H)
Bei zustandsgetriggerter Auslösung (IT1 = 0) wird dieses Anforderungs-Flag direkt von dem am Port-Eingang P3.3 anliegenden Pegel bestimmt. Die Interrupt-Anforderung erfolgt bei LOW-Pegel, d.h., LOW-Pegel am Port-Eingang P3.3 setzt das Anforderungs-Flag auf HIGH. Dieser Pegel ist durch die interne Interrupt-Logik nicht änderbar.

Bei flankengetriggerter Auslösung (IT1 = 1) wird dieses Anforderungs-Flag durch eine negative Flanke am Port-Eingang P3.3 gesetzt. Wird der Interrupt ausgelöst, wird dieses Bit von der internen Interrupt-Logik automatisch zurückgesetzt.

IT1 **Interrupt-Auslösung Externer Interrupt INT1#**
Mit diesem Kontroll-Bit wird festgelegt, ob die Interrupt-Anforderung zustandsgetriggert oder flankengetriggert erfolgen soll.
IT1 = 0: Auslösung durch LOW-Pegel an Port-Pin P3.3
IT1 = 1: Auslösung durch negative Flanke an Port-Pin P3.3

IE0 **Interrupt-Anforderungs-Flag Externer Interrupt INT0#**
(Vektor-Adresse: 0003H)
Bei zustandsgetriggerter Auslösung (IT0 = 0) wird dieses Anforderungs-Flag direkt von dem am Port-Eingang P3.2 anliegenden Pegel bestimmt. Die Interrupt-Anforderung erfolgt bei LOW-Pegel, d.h., LOW-Pegel am Port-Eingang P3.2 setzt das Anforderungs-Flag auf HIGH. Dieser Pegel ist durch die interne Interrupt-Logik nicht änderbar.

Bei flankengetriggerter Auslösung (IT0 = 1) wird dieses Anforderungs-Flag durch eine negative Flanke am Port-Eingang P3.2 gesetzt. Wird der Interrupt ausgelöst, wird dieses Bit von der internen Interrupt-Logik automatisch zurückgesetzt.

IT0 **Interrupt-Auslösung Externer Interrupt INT0#**
Mit diesem Kontroll-Bit wird festgelegt, ob die Interrupt-Anforderung zustandsgetriggert oder flankengetriggert erfolgen soll.
IT0 = 0: Auslösung durch LOW-Pegel an Port-Pin P3.2
IT0 = 1: Auslösung durch negative Flanke an Port-Pin P3.2

9.3 Interrupt-Technik 80(C)515/535

Der Mikrocontroller 80(C)515/535 besitzt zwölf Interrupt-Quellen (sieben externe, fünf interne Interrupt-Quellen) mit vier Prioritätsebenen:

❏ sieben externe Interrupts,

❏ drei interne Timer Interrupts,

❏ einen internen Interrupt, ausgelöst durch die serielle Schnittstelle,

❏ einen internen Interrupt, ausgelöst durch den vorhandenen A/D-Wandler.

Die beim Mikrocontroller 80(C)51/31 enthaltenen Interrupt-Quellen sind vollständig beim 80(C)515/535 verfügbar, müssen jedoch im Detail etwas anders programmiert werden. Speziell bei der Programmierung der Prioritätsebenen kommt es zu Inkompatibilitäten gegenüber dem 80(C)51/31.

Aus diesem Grunde werden die Interrupt-Möglichkeiten des 80(C)515/535 in diesem Abschnitt vollständig behandelt, auch wenn dies in einigen Fällen zu einer Wiederholung der in Kap. 9.2 dargestellten Zusammenhänge führt. Die Autoren halten dies aber bzgl. der Klarheit für notwendig.

Jede Interrupt-Quelle besitzt ein Anforderungs-Flag und ein zugehöriges Freigabe-Flag. Die Freigabe-Flags befinden sich in den Special Function Register IEN0 (A8H) und IEN1 (B8H).

Hinweis: Das beim 80(C)51/31 mit IE bezeichnete Special Function Register wird beim 80(C)515/535 mit IEN0 bezeichnet. Die Adresse des Registers ist aber gleich. Ebenfalls wird das beim 80(C)51/31 mit EA bezeichnete Kontroll-Bit für die generelle Interrupt-Freigabe beim 80(C)515/535 mit EAL bezeichnet.

Die Freigabe-Bits der 80(C)51/31-kompatiblen Interrupt-Quellen befinden sich im Special Function Register IEN0, die Freigabe-Bits der zusätzlich verfügbaren Interrupt-Quellen sind hauptsächlich im Special Function Register IEN1 vorhanden.

Zur Programmierung der Interrupt-Priorität werden zwei neue Special Function Register verwendet (IP0 und IP1). Hier besteht die anfangs erwähnte Inkompatibilität zum 80(C)51/31.

Beim 80(C)51/31 wird die Priorität durch das Special Function Register IP (B8H) eingestellt. Diese Adresse ist aber beim 80(C)515/535 durch das Special Function Register IEN1 belegt, in dem die Freigabe-Bits der zusätzlichen Interrupt-Quellen vorhanden sind. Dieser Umstand macht eine entsprechende Anpassung vorliegender 80(C)51/31-Programme notwendig.

Die unterschiedlichen Bezeichnungen und Adressen sind im folgenden Bild noch einmal zusammengefaßt:

	80(C)51/31		80(C)515/535/517/537	
Adresse	SFR	Bedeutung	SFR	Bedeutung
B8H	IP	Prioritäts-Register	IEN1	Interrupt Freigabe-Register
A8H	IE	Interrupt Freigabe-Register	IEN0	Interrupt Freigabe-Register
A9H	nicht vorhanden	---	IP0	Prioritäts-Register
B9H	nicht vorhanden	---	IP1	Prioritäts-Register

Bild 9.3-1: Unterschiedliche Bezeichnungen und Adressen

Hinweis: Der Mikrocontroller 80(C)515/535 ist bzgl. der Prioritätssteuerung nicht kompatibel zum Mikrocontroller 80(C)51/31!

Wie in den Bildern 9.3-15 und 9.3-16 ersichtlich, liegen die Einsprungadressen der einzelnen Interrupt-Quellen im unteren Adreßbereich relativ eng beieinander (jeweils 8 Byte Abstand). Bei Verwendung mehrerer Interrupt-Quellen innerhalb eines Steuerungsprogramms ist darauf zu achten, daß die einzelnen Interrupt Service Routinen nicht andere Einsprungadressen überschreiten.

Aus diesem Grunde können die Start-Adressen der einzelnen Interrupt Service Routinen mit Hilfe von Sprungverteilern (LJMP-Befehle) in freie, externe RAM-Bereiche verlegt werden.

Beispiel 9.3-1:
Die Interrupt Service Routine, die durch Auslösen des externen Interrupts 0 ausgeführt werden soll, hat die Start-Adresse 8200H.

Lösung:
Folgende Programmsequenz definiert den entsprechenden Sprungverteiler:

```
ORG    0003H        ;Einsprungadresse Externer Interrupt 0
LJMP   8200H        ;Sprungverteiler, Programm-Fortsetzung bei Adresse 8200H

ORG    8200H        ;Start-Adresse
PUSH   PSW          ;Beginn
....
....
....
....
POP    PSW          ;Ende
RETI                ;Rückkehr ins Hauptprogramm
```

Externe Interrupts INT0# und INT1#

Die externen Interrupts INT0# (P3.2) und INT1# (P3.3) können per Software
zustandsgetriggert (low-active) oder negativ-flankengetriggert eingestellt werden.
Dies geschieht innerhalb des Special Function Registers TCON mit den Kontroll-
Bits IT0 (TCON.0) und IT1 (TCON.2).

Bei zustandsgetriggerter Auslösung muß das anliegende Signal an P3.2 bzw. P3.3
solange auf LOW-Pegel gehalten werden, bis die zugehörige Interrupt Service
Routine aufgerufen wird. Innerhalb dieser Interrupt Service Routine muß dann
dafür gesorgt werden, daß das externe Anforderungssignal wieder HIGH-Pegel
annimmt, bevor die Interrupt Service Routine wieder verlassen wird. Liegt nach
Rückkehr ins aufrufende Programm weiterhin LOW-Pegel an, wird der Interrupt
erneut ausgelöst. Grund hierfür ist, daß bei zustandsgetriggerter Auslösung die
beiden Anforderungs-Flags IEN0 bzw. IEN1 direkt von dem extern anliegenden
LOW-Pegel auf HIGH (durch internen Inverter) gesetzt werden. Dieser Pegel ist
durch die interne Interrupt-Logik nicht änderbar.

Bei flankengetriggerter Auslösung wird das Anforderungs-Flag IEN0 bzw. IEN1
durch die negative Flanke an P3.2 bzw. P3.3 gesetzt. Das am Port-Eingang
anliegende Signal wird zum Zeitpunkt S5P2 in jedem Maschinen-Zyklus abgetastet. Ist der festgestellte Pegel HIGH und im nächsten Zyklus LOW, wird das
entsprechende Anforderungs-Flag gesetzt. Damit die negative Flanke am Eingang
sicher erkannt werden kann, muß sowohl der HIGH- als auch der LOW-Pegel die
Länge von mindestens einem Maschinen-Zyklus besitzen.

Die Anforderungs-Flags IE0 und IE1 werden bei flankengetriggerter Auslösung bei
Annahme des Interrupts durch die interne Interrupt-Logik automatisch zurückgesetzt.

Zur Freigabe dieser beiden Interrupts müssen die beiden Freigabe-Bits EX0
(IEN0.0) und EX1 (IEN0.2) gesetzt werden. Diese Freigabe-Bits befinden sich im
Special Function Register IEN0. Ebenfalls in diesem Register befindet sich das
generelle Interrupt-Freigabe-Bit EAL (IEN0.7), mit dem die gesamte Interrupt-
Logik aktiviert wird.

Hinweis: Die Anforderungs-Flags IE0 bzw. IE1 werden von der Interrupt-Logik
                 nur dann automatisch zurückgesetzt, wenn sie auf Flankentriggerung
                 eingestellt sind.

Für die beiden Interrupt-Quellen ergibt sich folgende Interrupt-Struktur:

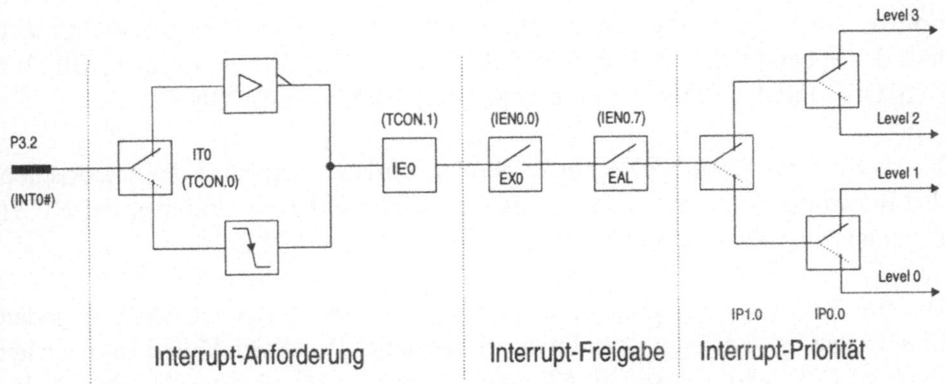

Bild 9.3-2: Interrupt-Struktur Externer Interrupt INT0#

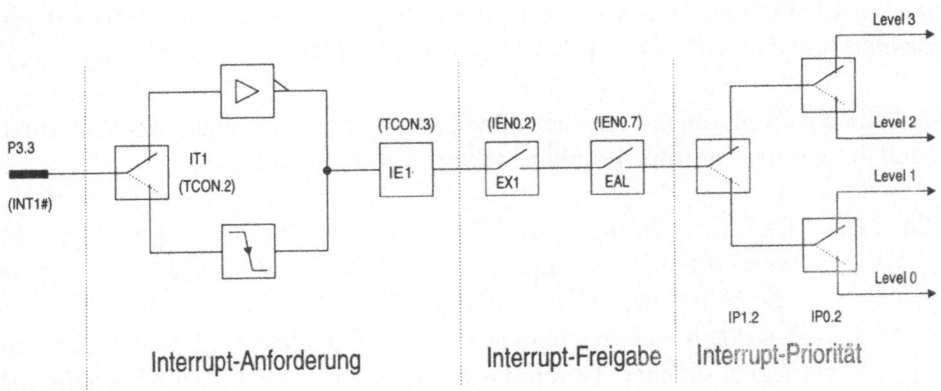

Bild 9.3-3: Interrupt-Struktur Externer Interrupt INT1#

Externe Interrupts INT2# und INT3#

Die externen Interrupts INT2# (P1.4) und INT3# (P1.0) können per Software positiv- oder negativ-flankengetriggert eingestellt werden. Dies geschieht innerhalb des Special Function Registers T2CON für INT2# mit dem Kontroll-Bit I2FR (T2CON.5) und für INT3# mit dem Kontroll-Bit I3FR (T2CON.6).

Ist das Kontroll-Bit auf LOW zurückgesetzt, wird die Auslösung des entsprechenden Interrupts durch die negative Flanke am Port-Eingang aktiviert; bei HIGH-Pegel ist die positive Flanke aktiviert.

Das am Port-Eingang anliegende Signal wird zum Zeitpunkt S5P2 in jedem Maschinen-Zyklus abgetastet. Ist der festgestellte Pegel HIGH und im nächsten Zyklus LOW, wird die negative Flanke erkannt. In umgekehrter Weise gilt dies auch für die Erkennung der positiven Flanke. Damit die entsprechende Flanke am Eingang sicher erkannt werden kann, muß sowohl der HIGH- als auch der LOW-Pegel die Länge von mindestens einem Maschinen-Zyklus besitzen.

Der jeweils angeforderte Interrupt setzt das Anforderungs-Flag IEX2 (IRCON.1) bzw. IEX3 (IRCON.2). Zur Freigabe dieser Interrupts müssen noch die entsprechenden Freigabe-Bits EX2 (IEN1.1) bzw. EX3 (IEN1.2) gesetzt werden.

Die beiden Anforderungs-Flags IEX2 und IEX3 werden bei Annahme des Interrupts durch die interne Interrupt-Logik automatisch zurückgesetzt.

Hinweis: Das Anforderungs-Flag IEX3 wird auch durch den Timer 2 gesetzt, wenn dieser im Compare Mode arbeitet (siehe auch Kap. 6.2). Bei Gleichheit zwischen Zählerstand Timer 2 und dem Compare Register CRC (im Handbuch auch als CC0 bezeichnet) , wird ein Compare Signal erzeugt. Durch das Kontroll-Bit I3FR (T2CON.6) läßt sich hierbei die Auslösung auf der positiven oder auf der negativen Flanke des Compare Signals aktivieren. In diesem Mode ist der Port-Eingang P1.0 von der Interrupt-Logik getrennt, d.h., am Port-Pin P1.0 kann kein externer Interrupt INT3# mehr ausgelöst werden.

Für die beiden Interrupt-Quellen ergibt sich folgende Interrupt-Struktur:

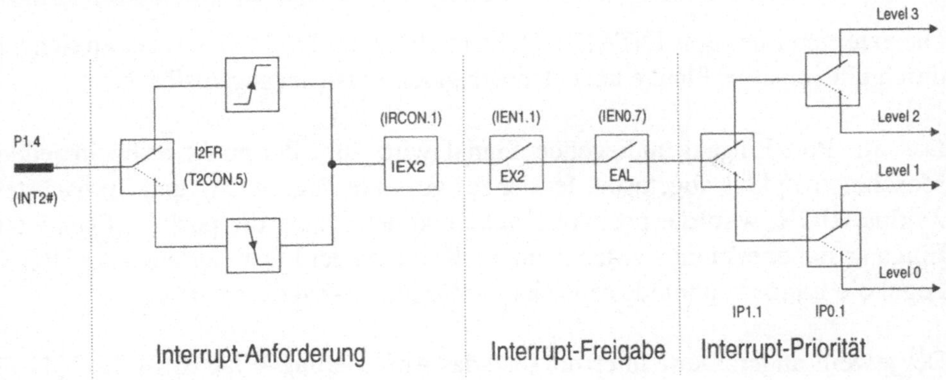

Bild 9.3-4: Interrupt-Struktur Externer Interrupt INT2#

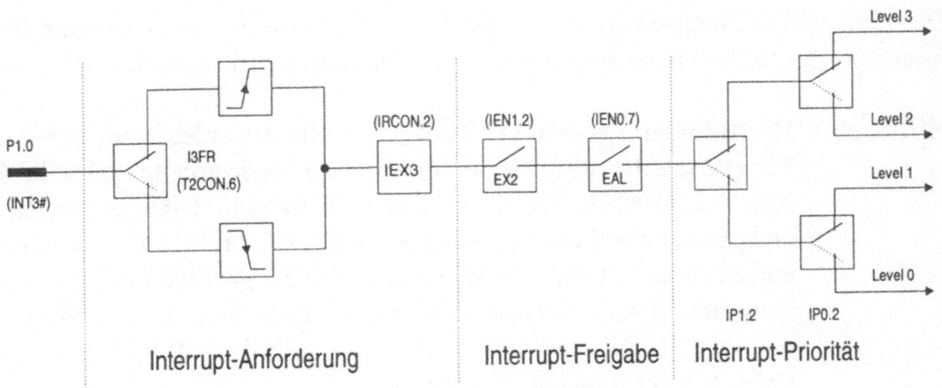

Bild 9.3-5: Interrupt-Struktur Externer Interrupt INT3#

Externe Interrupts INT4, INT5 und INT6

Die externen Interrupts INT4 (P1.1). INT5 (P1.2) und INT6 (P1.3) lassen sich nur durch eine positive Flanke am entsprechenden Port-Eingang auslösen.

Das am Port-Eingang anliegende Signal wird zum Zeitpunkt S5P2 in jedem Maschinen-Zyklus abgetastet. Ist der festgestellte Pegel LOW und im nächsten Zyklus HIGH, wird die positive Flanke erkannt. Damit die positive Flanke am Eingang sicher erkannt werden kann, muß sowohl der LOW- als auch der HIGH-Pegel die Länge von mindestens einem Maschinen-Zyklus besitzen.

Der jeweils angeforderte Interrupt setzt das Anforderungs-Flag IEX4 (IRCON.3), IEX5 (IRCON.4) bzw. IEX6 (IRCON.5). Zur Freigabe dieser Interrupts müssen noch die entsprechenden Freigabe-Bits EX4 (IEN1.3), EX5 (IEN1.4) bzw. EX6 (IEN1.5) gesetzt werden.

Die drei Anforderungs-Flags IEX4, IEX5 und IEX6 werden bei Annahme des Interrupts durch die interne Interrupt-Logik automatisch zurückgesetzt.

Hinweis: Die Anforderungs-Flags IEX4, IEX5 und IEX6 werden auch durch den Timer 2 gesetzt, wenn dieser im Compare Mode arbeitet (siehe auch Kap. 6.2). Bei Gleichheit zwischen Zählerstand Timer 2 und dem entsprechenden Compare Register (CC1, CC2 bzw. CC3) wird ein entsprechendes Compare Signal erzeugt. Die positive Flanke dieses Compare Signals setzt dann das entsprechende Anforderungs-Flag.

Dabei besteht folgende Zuordnung:

CC1 $\rightarrow$ IEX4, CC2 $\rightarrow$ IEX5, CC2 $\rightarrow$ IEX6

In diesem Mode sind die entsprechenden Port-Eingänge von der Interrupt-Logik getrennt, d.h., an den einzelnen Port-Pins kann der zugehörige externe Interrupt nicht mehr ausgelöst werden.

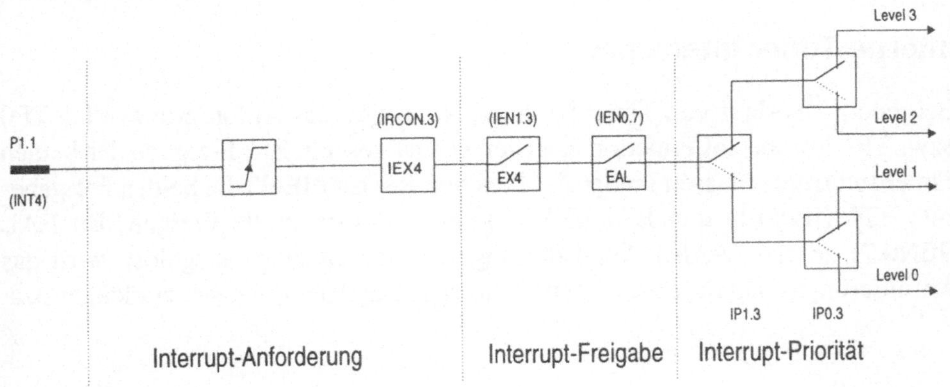

Bild 9.3-6: Interrupt-Struktur Externer Interrupt INT4

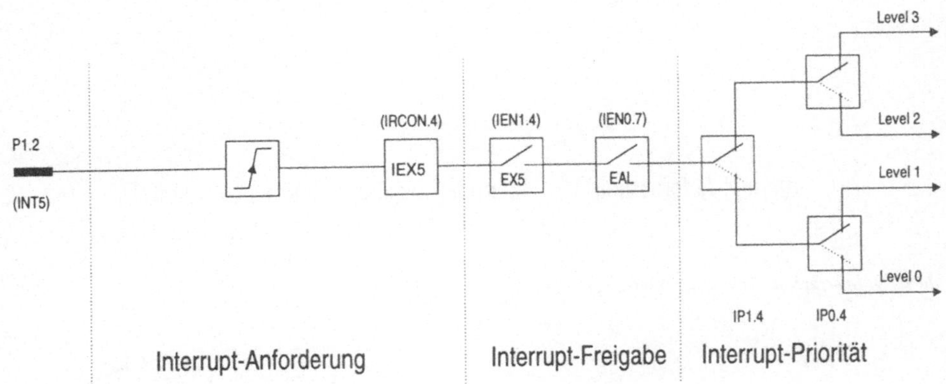

Bild 9.3-7: Interrupt-Struktur Externer Interrupt INT5

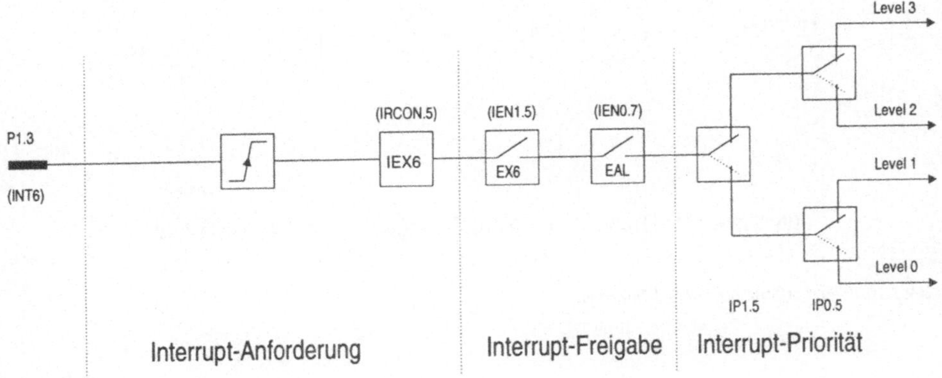

Bild 9.3-8: Interrupt-Struktur Externer Interrupt INT6

Interne Timer Interrupts

Bei jedem Überlauf von Timer Nr.0 und Nr. 1 wird das Anforderungs-Flag TF0 bzw. TF1 im Special Function Register TCON gesetzt. Zur Freigabe der beiden Timer Interrupts müssen im Special Function Register IEN0 die beiden Freigabe-Bits ET0 (IEN0.1) und ET1 (IEN0.3) sowie das generelle Freigabe-Bit EAL (IEN0.7) gesetzt werden. Wird der angeforderte Interrupt ausgelöst, wird das Anforderungs-Flag durch die interne Interrupt-Logik automatisch zurückgesetzt.

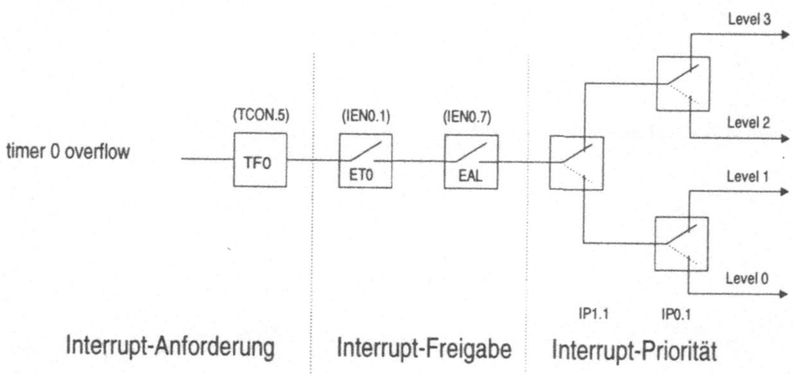

Bild 9.3-9: Interrupt-Struktur Timer 0 Interrupt

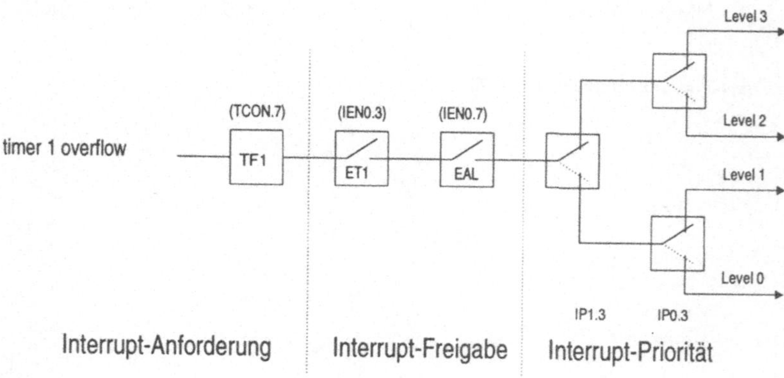

Bild 9.3-10: Interrupt-Struktur Timer 1 Interrupt

Der Timer 2 Interrupt kann ausgelöst werden durch den Überlauf von Timer Nr. 2 (TF2) oder durch eine negative Flanke am Port-Pin P1.5 (vorausgesetzt, das Freigabe-Bit EXEN2 (IRCON.7) ist gesetzt). Die Auslösung über diesen Port-Pin wird normalerweise dazu verwendet, einen externen Reload-Vorgang bei Timer 2 auszulösen (siehe Kap. 6.2). Die beiden Anforderungs-Flags werden bei Annahme des Interrupts nicht automatisch zurückgesetzt.

Zur Freigabe des Timer 2 Interrupts muß im Special Function Register IEN0 das Freigabe-Bit ET2 (IEN0.5) und das generelle Freigabe-Bit EAL (IEN0.7) gesetzt werden.

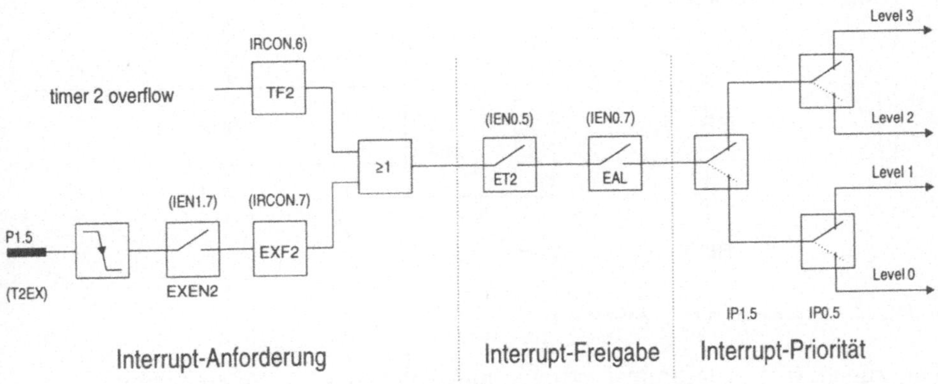

Bild 9.3-11: Interrupt-Struktur Timer 2 Interrupt

Wie in Bild 9.3-11 erkennbar, kann die Auslösung des Timer 2 Interrupts durch zwei verschiedene Ereignisse hervorgerufen werden: durch Setzen der Anforderungs-Bits TF2 oder EXF2. Die Unterscheidung, welches Ereignis den Interrupt angefordert hat, muß softwaremäßig durch Abfragen der Anforderungs-Flags erfolgen. Programmiert man diese Abfrage direkt am Anfang der Einsprungadresse, können auf diese Weise zwei voneinander unabhängige Interrupt Service Routinen ausgeführt werden.

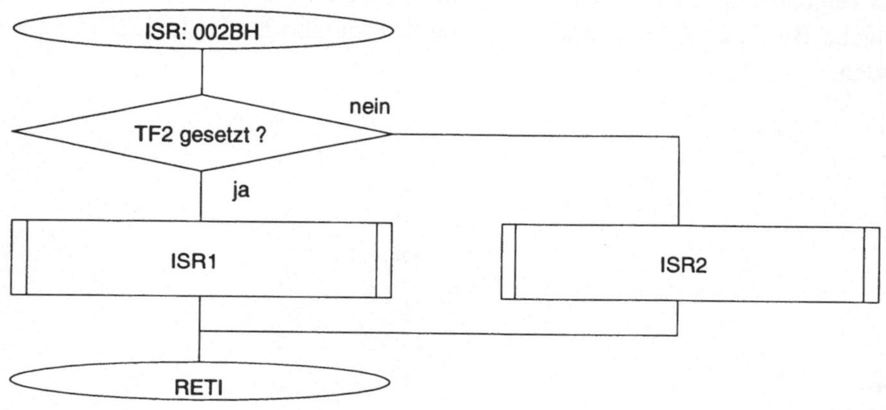

Bild 9.3-12: Erkennen einer Interrupt-Anforderung

Das zugehörige Programm-Listing könnte folgendes Aussehen haben:

```
        ORG    002BH      ;Einsprungadresse Timer 2 Interrupt
        JB     TF2,ISR1   ;Programm-Fortsetzung bei ISR1, wenn Auslösung durch
                          ;Timer 2 Overflow erfolgte
ISR2:   PUSH   PSW        ;Start des Programms ISR2
        .....
        .....
        POP    PSW
        RETI              ;Ende von ISR2 und Rücksprung ins Hauptprogramm

ISR1:   PUSH   PSW        ;Start des Programms ISR1
        .....
        .....
        POP    PSW
        RETI              ;Ende von ISR1 und Rücksprung ins Hauptprogramm
```

Aus diesem Grunde wird deutlich, warum die interne Interrupt-Logik diese Anforderungs-Bit nicht automatisch zurücksetzt. Dies muß softwaremäßig innerhalb der jeweiligen Programmteile ISR1 bzw. ISR2 erfolgen.

Serieller Schnittstellen Interrupt (serial port interrupt)

Der serielle Schnittstellen Interrupt wird ausgelöst durch das Kontroll-Bit RI (receive interrupt, SCON.0) oder durch das Kontroll-Bit TI (transmit interrupt, SCON.1) im Special Function Register SCON. Diese beiden Kontroll-Bits werden in Abhängigkeit der aktivierten Betriebsart der seriellen Schnittstelle nach dem 8. Daten-Bit oder durch das Stop-Bit gesetzt. Dies gilt sowohl für den Sende- als auch für den Empfangsbetrieb.

Zur Freigabe des seriellen Schnittstellen-Interrupts muß im Special Function Register IEN0 das Freigabe-Bit ES (IEN0.4) sowie das generelle Freigabe-Bit EAL (IEN0.7) gesetzt werden.

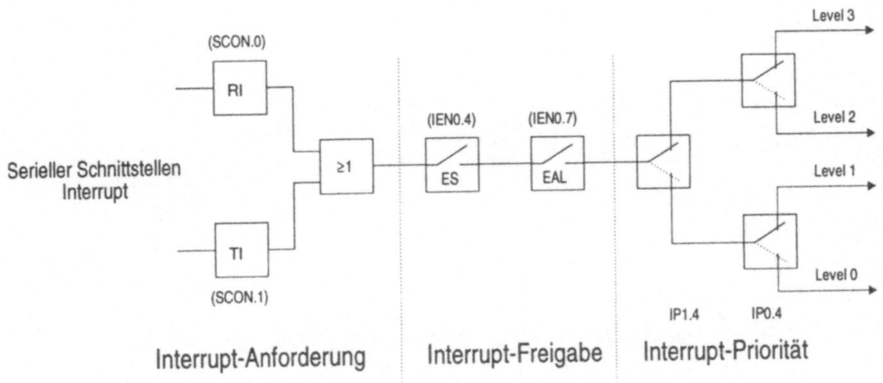

Bild 9.3-13: Interrupt-Struktur Serieller Schnittstellen Interrupt

Wie der Timer 2 Interrupt kann auch der Serielle Schnittstellen-Interrupt durch zwei verschiedene Ereignisse angefordert werden. Weder das RI- noch das TI-Flag wird durch die interne Interrupt-Logik zurückgesetzt. Die aufgerufene Interrupt Service Routine muß softwaremäßig feststellen, welches der beiden Flags die Interrupt Service Routine gestartet hat, um es dann wieder zurücksetzen zu können.

Die Unterscheidung erfolgt in der beim Timer 2 Interrupt beschriebenen Weise.

A/D-Wandler Interrupt (A/D converter interrupt)

Dieser Interrupt wird ausgelöst durch das Setzen des Anforderungs-Flags IADC (IRCON.0). Dieses Flag wird nach erfolgter Digitalisierung des anliegenden Analogsignals durch die A/D-Wandler-Hardware gesetzt (siehe Kap. 8.1).

Zur Freigabe des A/D-Wandler Interrupts muß im Special Function Register IEN1 das Freigabe-Bit EADC (IEN1.0) sowie im Special Function Register IEN0 das generelle Freigabe-Bit EAL (IEN0.7) gesetzt werden.

Das Anforderungs-Flag IADC wird bei Annahme des Interrupts durch die interne Interrupt-Logik nicht automatisch zurückgesetzt. Dies muß softwaremäßig innerhalb der aufgerufenen Interrupt Service Routine erfolgen.

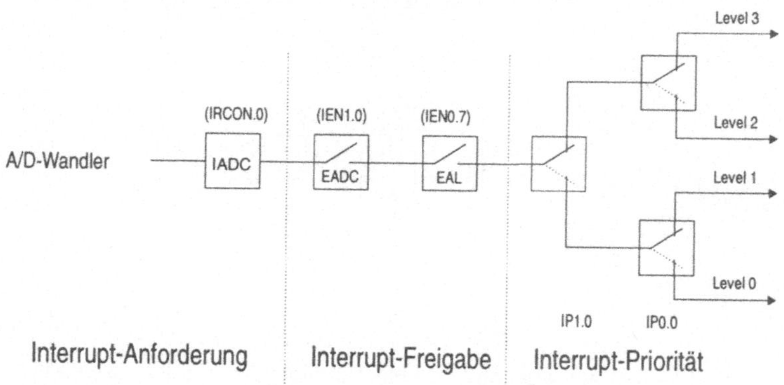

Bild 9.3-14: Interrupt-Struktur A/D-Wandler Interrupt

Übersicht der verfügbaren Interrupts

Zusammenfassend sind hier die beim Mikrocontroller 80(C)515/535 verfügbaren Interrupts mit den entsprechenden Anforderungs- und Freigabe-Flags tabellarisch dargestellt.

Interne Interrupts

Auslösendes Ereignis	Anforderungs-Flag	Freigabe-Flag	Ausgelöster Interrupt	Vektor-Adresse
Timer 0 Overflow	TF0	ET0	Timer 0 Interrupt	000BH
Timer 1 Overflow	TF1	ET1	Timer 1 Interrupt	001BH
Timer 2 Overflow	TF2	ET2	Timer 2 Interrupt	002BH
Negative Flanke an P1.5	EXF2	EXEN2, ET2	Timer 2 Interrupt	002BH
Serielle Schnittstelle	RI oder TI	ES	Serial Port Interrupt	0023H
A/D-Wandler	IADC	EADC	A/D Interrupt	0043H

Bild 9.3-15: Interne Interrupts

Externe Interrupts

Auslösendes Ereignis	Anforderungs-Flag	Freigabe-Flag	Ausgelöster Interrupt	Vektor-Adresse
Externes Signal an P3.2	IE0	EX0	Externer Interrupt 0	0003H
Externes Signal an P3.3	IE1	EX1	Externer Interrupt 1	0013H
Externes Signal an P1.4	IEX2	EX2	Externer Interrupt 2	004BH
Externes Signal an P1.0	IEX3	EX3	Externer Interrupt 3	0053H
Externes Signal an P1.1	IEX4	EX4	Externer Interrupt 4	005BH
Externes Signal an P1.2	IEX5	EX5	Externer Interrupt 5	0063H
Externes Signal an P1.3	IEX6	EX6	Externer Interrupt 6	006BH
Compare-Ereignis bei CRC	IEX3	EX3	Externer Interrupt 3	0053H
Compare-Ereignis bei CC1	IEX4	EX4	Externer Interrupt 4	005BH
Compare-Ereignis bei CC2	IEX5	EX5	Externer Interrupt 5	0063H
Compare-Ereignis bei CC3	IEX6	EX6	Externer Interrupt 6	006BH

Bild 9.3-16: Externe Interrupts

Interrupt-Prioritäten

Die beim Mikrocontroller 80(C)515/535 vorhandenen zwölf Interrupt-Quellen sind in sechs Interrupt-Paaren (pairs of interrupt sources) kombiniert.

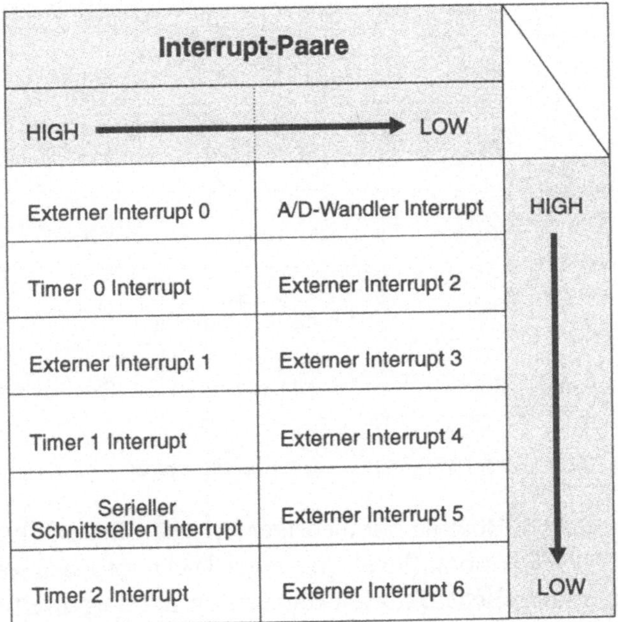

Bild 9.3-17: Interrupt-Paare

Jedem Interrupt-Paar kann mit Hilfe der Special Function Register IP1 (B9H) und IP0 (A9H) eine von vier verschiedenen Prioritätsstufen (priority level) zugeordnet werden.

Die Programmierung der Prioritätsstufen erfolgt immer in der Weise, daß jeweils ein Kontroll-Bit in IP1 und IP0 benötigt wird, um dem zugehörigen Interrupt-Paar die gewünschte Prioritätsstufe zuzuordnen.

Dabei ist aber zu beachten, daß die Prioritäten innerhalb eines Interrupt-Paares nicht unabhängig voneinander eingestellt werden können.

Bild 9.3-18 gibt die Zuordnung Kontroll-Bit → Interrupt-Paar an:

Kontroll-Bits der SFR IP1 und IP0		Beeinflußtes Interrupt-Paar	
IP1.0	IP0.0	Externer Interrupt 0	A/D-Wandler Interrupt
IP1.1	IP0.1	Timer 0 Interrupt	Externer Interrupt 2
IP1.2	IP0.2	Externer Interrupt 1	Externer Interrupt 3
IP1.3	IP0.3	Timer 1 Interrupt	Externer Interrupt 4
IP1.4	IP0.4	Serieller Schnittstellen Interrupt	Externer Interrupt 5
IP1.5	IP0.5	Timer 2 Interrupt	Externer Interrupt 6

Bild 9.3-18: Bedeutung der Kontroll-Bits der Special Function Register IP1 und IP0

Eine Interrupt Service Routine mit niedriger Priorität (level 0) kann durch jeden Interrupt mit höherer Priorität (level 1 bis level 3) unterbrochen werden. Interrupt Service Routinen mit gleicher Priorität können sich nicht gegenseitig unterbrechen. Dies bedeutet, daß eine Interrupt Service Routine mit höchster Priorität (level 3) nicht mehr durch einen anderen Interrupt unterbrochen werden kann.

Werden zwei Interrupt-Anforderungen mit unterschiedlicher Prioritätsstufe zum gleichen Zeitpunkt wirksam, wird die Anforderung mit der höheren Priorität zuerst bearbeitet. Haben die beiden Interrupt-Anforderungen aber die gleiche Priorität, entscheidet die interne Abfragefolge (internal polling sequence) über die Reihenfolge der Abarbeitung. Auf diese Weise ergibt sich innerhalb einer Prioritätsstufe eine interne Rangfolge der Interrupts (priority within-level structure).

Bezugnehmend auf das Bild 9.3-17 ergibt sich folgende Reihenfolge:

❏   Innerhalb eines Interrupt-Paares wird der in der ersten Spalte stehende
     Interrupt zuerst ausgeführt.

❏   Die einzelnen Interrupt-Paare werden zeilenweise von oben nach unten
     bearbeitet.

Hinweis: Diese Reihenfolge wird nur benutzt bei gleichzeitigem Auftreten von
                Interrupt-Anforderungen mit gleicher Interrupt-Priorität.

Beispiel 9.3-1:
Das Interrupt-Paar Timer Nr. 1/Externer Interrupt 4 hat die Prioritätsstufe 2, das
Interrupt-Paar Externer Interrupt 1/Externer Interrupt 3 hat die Prioritätsstufe 1.

Bestimmen Sie die Reihenfolge der Interrupt-Abarbeitung, wenn alle Interrupt-
Anforderungen im gleichen Zeitaugenblick auftreten würden! Bei diesem Beispiel
wird vorausgesetzt, daß die Anforderungs-Flags der ausgeführten Interrupts anschließend zurückgesetzt sind und bleiben.

Lösung:

Die Reihenfolge der Abarbeitung ist bedingt durch die Prioritätsstufe und der
internen Priorität und hat folgendes Aussehen:

❏   Timer 1 Interrupt
❏   Externer Interrupt 4
❏   Externer Interrupt 1
❏   Externer Interrupt 3

Beispiel 9.3-2:

Bestimmen Sie den Inhalt der beiden Prioritätsregister IP0 und IP1, damit sich die im Beispiel 9.3-1 vorgegebene Prioritätsregelung einstellt! Die übrigen Interrupt-Quellen sollen alle die Prioritätsstufe 0 erhalten!

Lösung:

Die Kontroll-Bits in den beiden Special Function Registern IP1 und IP0 müssen wie folgt gesetzt werden:

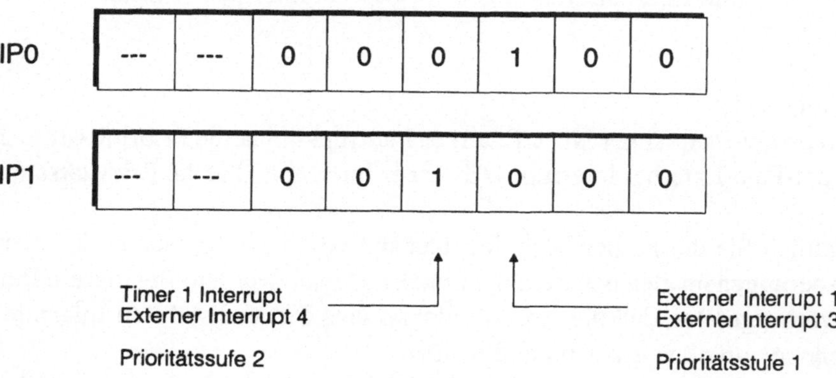

Diese Prioritätsregelung wird mit folgender Befehlssequenz programmiert:

```
ANL IP0,#11000100B
ORL IP0,#00000100B
ANL IP1,#11001000B
ORL IP1,#00001000B
```

Beispiel 9.3-3:
Dieses Beispiel soll die Auswirkung der Interrupt-Prioritäten verdeutlichen.

Mit Hilfe des externen Interrupts 0 wird am Port-Ausgang P5.0 für 30 s eine Leuchtdiode eingeschaltet, die anschließend wieder erlischt.

Mit Hilfe des externen Interrupts 1 wird am Port-Ausgang P5.0 für 10 s die Leuchtdiode im 1s-Rhythmus ein- und wieder ausgeschaltet. Anschließend bleibt die Leuchtdiode aus.

Die beiden Interrupt-Quellen sollen die Prioritätsstufe 1 besitzen. Die Interrupt-Anforderung soll flankengetriggert erfolgen.

Lösung:
Da die Einsprungadressen der verwendeten Interrupts so nahe beieinander liegen (0003H und 0013H), ist es notwendig, an diese Einsprungstellen einen Sprungverteiler in den externen RAM-Bereich einzurichten. Diese Sprungverteiler bewirken die Programm-Fortsetzung bei den Adressen 8200H bzw. 8250H.

Für die zu realisierenden Zeitverzögerungen wird ein Unterprogramm TIME mit einer Zeitverzögerung von ca. 1 s verwendet.

**1.	Bestimmung der Initialisierungsdaten für die Interrupt-Logik**

IEN0	1	---	0	0	0	1	0	1	= 85H
IP0	---	---	---	---	---	1	---	1	
IP1	---	---	---	---	---	0	---	0	

2.   Programm-Ablaufplan

Hauptprogramm

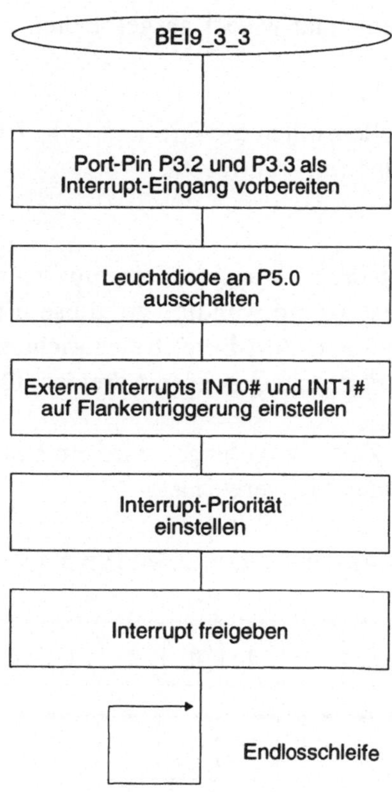

Unterprogramm TIME

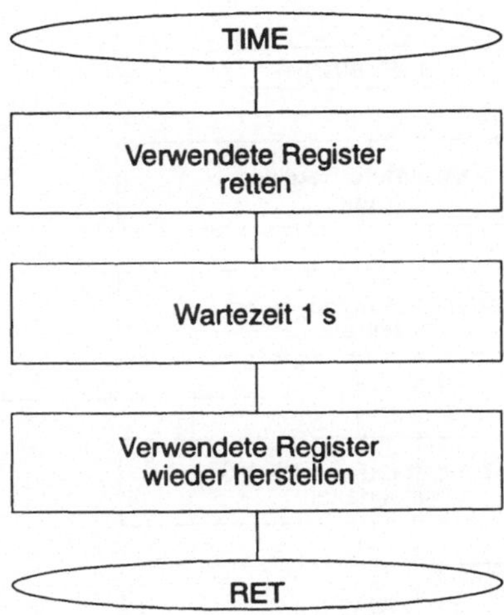

Interrupt Service Routine (INT0#)

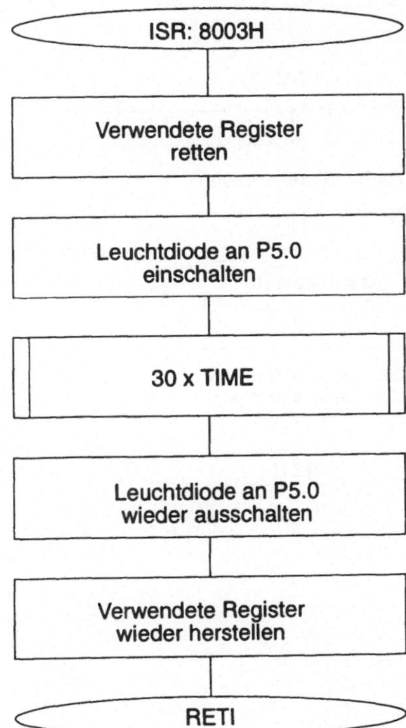

Interrupt Service Routine (INT1#)

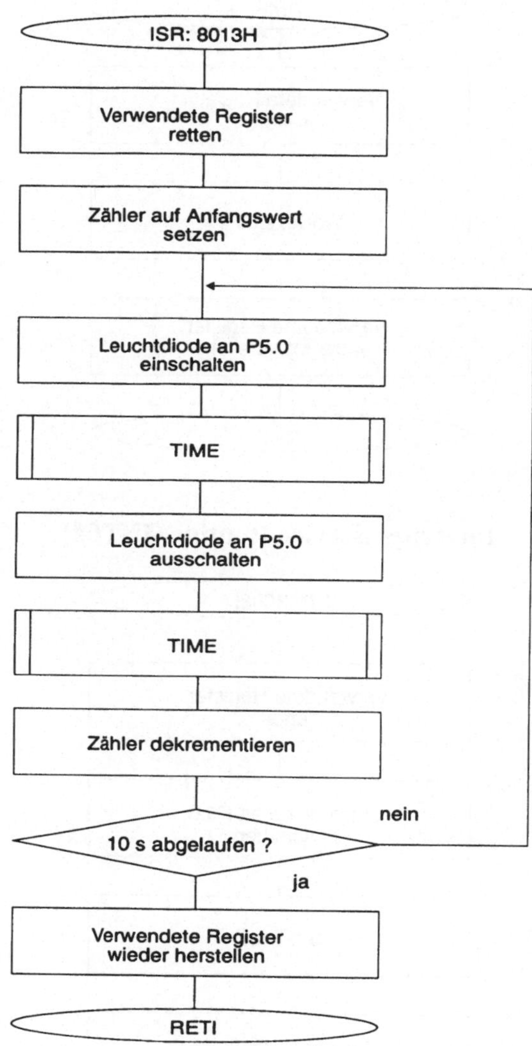

3. Programm-Listing

```
;*************************************************************************************
;
;      Hauptprogramm                          :BEI9_3_3.A51
;
;*************************************************************************************

            ;Definition der Namen

            P3          EQU         0B0H
            P5          EQU         0F8H
            IEN0        EQU         0A8H
            IT0         EQU         088H
            IT1         EQU         08AH
            IP0         EQU         0A9H
            IP1         EQU         0B9H
            R0          EQU         00H
            R1          EQU         01H
            R2          EQU         02H
            R3          EQU         03H
            R4          EQU         04H
            PSW         EQU         0D0H

;----------------------------------------------------------------------------------------

            ORG     8100H               ;Startadresse Hauptprogramm
            SETB    P3.2                ;Port-Pin P3.2 als Interrupt-Eingang vorbereiten
            SETB    P3.3                ;Port-Pin P3.3 als Interrupt-Eingang vorbereiten
            CLR     P5.0                ;Leuchtdiode an P5.0 ausschalten
            SETB    IT0                 ;Externer Interrupt 0 auf Flankentriggerung einstellen
            SETB    IT1                 ;Externer Interrupt 1 auf Flankentriggerung einstellen
            ORL     IP0,#00000101B      ;Interrupt 0 die Priorität 1 und
            ANL     IP1,#11111010B      ;Interrupt 1 die Priorität 1 zuweisen
            MOV     IEN0,#85H           ;Interrupt zulassen
LOOP:       LJMP    LOOP                ;Simulation eines Hauptprogramms (Endlosschleife)
;----------------------------------------------------------------------------------------
;      Unterprogramm TIME für eine Zeitverzögerung von ca. 1 s
;----------------------------------------------------------------------------------------
TIME:       PUSH    R0                  ;Verwendete Hilfsregister
            PUSH    R1                  ;auf dem STACK
            PUSH    R2                  ;
            PUSH    PSW                 ;zwischenspeichern
            MOV     R0,#0FFH            ;Softwaremäßig wird eine Zeitschleife
            MOV     R1,#0FFH            ;von 1 s mit Hilfe der drei Register
            MOV     R2,#05H             ;R0, R1 und R2 realisiert
ZEIT:       DJNZ    R0,ZEIT             ;Beginn der Zeitschleife
            DJNZ    R1,ZEIT             ;
            DJNZ    R2,ZEIT             ;Ende der Zeitschleife
            POP     PSW                 ;Verwendete Hilfsregister
            POP     R2                  ;
            POP     R1                  ;
            POP     R0                  ;wieder herstellen
            RET                         ;Ende Unterprogramm


;*************************************************************************************
;
```

```
;*********************************************************************
;                  Interrupt Service Routine INT0#      :0003H
;---------------------------------------------------------------------
            ORG    8003H          ;Einsprung-Adresse Interrupt Service Routine
                                  ;Vektor-Adresse External Interrupt 0: 0003H + 8000H
            LJMP   8200H          ;Sprungverteiler, Programm-Fortsetzung bei 8200H

            ORG    8200H          ;Start der Interrupt Service Routine bei Adresse 8200H
            PUSH   R3             ;Verwendete Hilfsregister
            PUSH   PSW            ;im STACK zwischenspeichern
            SETB   P5.0           ;Leuchtdiode an P5.0 einschalten
            MOV    R3,#1EH        ;Zähler für 30 s vorbereiten
LOOP1:      LCALL  TIME           ;Unterprogramm TIME (1 s) starten
            DJNZ   R3,LOOP1       ;Schleifendurchlauf, bis 30 s abgelaufen sind
            CLR    P5.0           ;Leuchtdiode an P5.0 wieder ausschalten
            POP    PSW            ;Verwendete Register
            POP    R3             ;wieder herstellen
            RETI                  ;Rückkehr ins Hauptprogramm


;---------------------------------------------------------------------
;                  Interrupt Service Routine INT1#      :0013H
;---------------------------------------------------------------------
            ORG    8013H          ;Einsprung-Adresse Interrupt Service Routine
                                  ;Vektor-Adresse External Interrupt 1: 0013H + 8000H
            LJMP   8250H          ;Sprungverteiler, Programm-Fortsetzung bei 8250H

            ORG    8250H          ;Start der Interrupt Service Routine bei Adresse 8250H
            PUSH   R4             ;Verwendete Register
            PUSH   PSW            ;im STACK zwischenspeichern
            MOV    R4,#05H        ;Zähler für 10 s vorbereiten
REPEAT:     SETB   P5.0           ;Leuchtdiode an P5.0 einschalten
            LCALL  TIME           ;Unterprogramm TIME (1 s) aufrufen
            CLR    P5.0           ;Leuchtdiode an P5.0 ausschalten
            LCALL  TIME           ;Unterprogramm TIME (1 s) aufrufen
            DJNZ   R4,REPEAT      ;Blinkvorgang 5x wiederholen
            POP    PSW            ;Verwendete Register
            POP    R4             ;wieder herstellen
            RETI                  ;Rückkehr ins Hauptprogramm

;*********************************************************************
            END
```

4.   Kommentar

Da beide Interrupts die gleiche Priorität besitzen, können sie sich nicht
gegenseitig unterbrechen. Wird während der Abarbeitung der einen Interrupt
Service Routine der andere Interrupt ausgelöst, wird die in Arbeit befindliche
Interrupt Service Routine zu Ende abgearbeitet. Anschließend wird die
zweite Interrupt Service Routine gestartet. Entsprechende Erläuterungen
hierzu finden sich auch in Kap. 9.1.

Beispiel 9.3-4:

Die Aufgabe aus Beispiel 9.3-3 wird so verändert, daß der externe Interrupt 1 die Prioritätsstufe 2 erhält.

Lösung:

Die einzelnen Interrupt Service Routinen können unverändert aus Beispiel 9.3-3 übernommen werden. Das Hauptprogramm muß lediglich bzgl. der Prioritätsregelung verändert werden.

IP0	---	---	---	---	---	0	---	1

IP1	---	---	---	---	---	1	---	0

Im Hauptprogramm erfolgt die Prioritätsregelung mit der Befehlssequenz:

```
......
ORL IP0,#00000001B
ANL IP0,#11111011B
ORL IP1,#00000100B
ANL IP1,#11111110B
......
```

Die Interrupt Service Routine, die durch INT1# ausgelöst wird (Prioritätsstufe 2), läßt sich durch eine Interrupt-Anforderung INT0# nicht unterbrechen. Eine zwischenzeitliche Interrupt-Anforderung setzt das Anforderungs-Flag IE0 (TCON.1), die zugehörige Interrupt Service Routine wird aber erst bearbeitet, wenn die höherpriore Routine beendet wurde.

Umgekehrt allerdings kann die Interrupt Service Routine, die durch den INT0# ausgelöst wird (Prioritätsstufe 1), jederzeit durch die Interrupt-Anforderung INT1# unterbrochen werden. Entsprechende Erläuterungen hierzu finden sich auch in Kap. 9.1.

Special Function Register IEN0

Das Register IEN0 (interrupt enable) enthält das für die Interrupt-Freigabe generell erforderliche Kontroll-Bit EAL (enable all interrupt = generelle Interrupt-Freigabe) sowie die individuellen Freigabe-Bits aller Interrupt-Quellen.

AFH	AEH	ADH	ACH	ABH	AAH	A9H	A8H	
EAL	WDT	ET2	ES	ET1	EX1	ET0	EX0	IEN0 (A8H)

☐ Dieses Bit wird zur Programmierung der Interrupt-Logik nicht benötigt!

Bild 9.3-19: Special Function Register IEN0 (Adresse: A8H)

Dieses Register ist bitadressierbar, so daß die entsprechenden Interrupts mit entsprechenden SETB ...-Befehlen freigegeben bzw. mit CLR ...-Befehlen gesperrt werden können.

Nach jedem RESET ist der Inhalt von IEN0 = 00H, d.h., alle Interrupt-Möglichkeiten des Mikrocontroller-Systems sind unterdrückt (EAL = 0).

Bit   **Funktion**

EAL   **Generelle Interrupt-Freigabe des Mikrocontrollers**
                 EAL = 0   :   Generelle Interrupt-Sperrung
                 EAL = 1   :   Generelle Interrupt-Freigabe

ET2   **Interrupt-Freigabe des Timer 2 Interrupts**
                 ET2 = 0   :   Timer 2 Interrupt ist gesperrt
                 ET2 = 1   :   Timer 2 Interrupt ist freigegeben

ES   **Interrupt-Freigabe des Seriellen Schnittstellen Interrupts**
                 ES = 0   :   Serieller Schnittstellen Interrupt ist gesperrt
                 ES = 1   :   Serieller Schnittstellen Interrupt ist freigegeben

ET1　　　**Interrupt-Freigabe des Timer 1 Interrupts**
　　　　　ET1 = 0　　:　　Timer 1 Interrupt ist gesperrt
　　　　　ET1 = 1　　:　　Timer 1 Interrupt ist freigegeben

EX1　　　**Interrupt-Freigabe des Externen Interrupts 1**
　　　　　EX1 = 0　　:　　Externer Interrupt 1 ist gesperrt
　　　　　EX1 = 1　　:　　Externer Interrupt 1 ist freigegeben

ET0　　　**Interrupt-Freigabe des Timer 0 Interrupts**
　　　　　ET0 = 0　　:　　Timer 0 Interrupt ist gesperrt
　　　　　ET0 = 1　　:　　Timer 0 Interrupt ist freigegeben

EX0　　　**Interrupt-Freigabe des Externen Interrupts 0**
　　　　　EX0 = 0　　:　　Externer Interrupt 1 ist gesperrt
　　　　　EX0 = 1　　:　　Externer Interrupt 1 ist freigegeben

Special Function Register IEN1

Dieses Register beinhaltet das Vorbereitungs-Bit EXEN2 (extern reload enable timer 2) sowie verschiedene Interrupt-Freigabe-Bits.

BFH	BEH	BDH	BCH	BBH	BAH	B9H	B8H	
EX EN2	SWDT	EX6	EX5	EX4	EX3	EX2	EADC	IEN1 (B8H)

☐ Dieses Bit wird zur Programmierung der Interrupt-Logik nicht benötigt!

Bild 9.3-20: Special Function Register IEN1 (Adresse: B8H)

Dieses Register ist bitadressierbar, so daß die einzelnen Interrupt-Freigabe-Flags mit SETB ... gesetzt bzw. mit CLR ... zurückgesetzt werden können.

Nach jedem RESET ist der Inhalt von IEN1 = 00H, d.h., alle hier angesprochenen Interrupt-Quellen sind gesperrt.

Bit   **Funktion**

EXEN2   **Vorbereitungs-Bit für eine externe Interrupt-Anforderung des Timer 2 Interrupts**
Eine negative Flanke an Port-Pin P1.5 löst grundsätzlich einen externen Reload-Vorgang bei Timer Nr. 2 aus. Mit Hilfe des Vorbereitungs-Flag EXEN2 kann diese Flanke aber auch als externe Interrupt-Anforderung des Timer 2 Interrupts verwendet werden. Bei gesetztem Flag (EXEN2 = 1) wird durch die negative Flanke an Port-Pin P1.5 das Anforderungs-Flag EXF2 gesetzt.

EXEN2 = 0 :   Anforderungs-Flag EXF2 wird durch die negative Flanke an P1.5 nicht gesetzt

EXEN2 = 1 :   Anforderungs-Flag EXF2 wird durch die negative Flanke an P1.5 gesetzt

EX6   **Freigabe-Bit von Interrupt 6**

$EX6 = 0$:   Interrupt 6 ist gesperrt

$EX6 = 1$:   Interrupt 6 ist freigegeben

EX5   **Freigabe-Bit von Interrupt 5**

$EX5 = 0$:   Interrupt 5 ist gesperrt

$EX5 = 1$:   Interrupt 5 ist freigegeben

EX4   **Freigabe-Bit von Interrupt 4**

$EX4 = 0$:   Interrupt 4 ist gesperrt

$EX4 = 1$:   Interrupt 4 ist freigegeben

EX3   **Freigabe-Bit von Interrupt 3**

$EX3 = 0$:   Interrupt 3 ist gesperrt

$EX3 = 1$:   Interrupt 3 ist freigegeben

EX2   **Freigabe-Bit von Interrupt 2**

$EX2 = 0$:   Interrupt 2 ist gesperrt

$EX2 = 1$:   Interrupt 2 ist freigegeben

EADC   **Freigabe-Bit von A/D-Wandler Interrupt**

$EADC = 0$:   A/D-Wandler Interrupt ist gesperrt

$EADC = 1$:   A/D-Wandler Interrupt ist freigegeben

Special Function Register TCON

Das Register TCON beinhaltet verschiedene Interrupt-Anforderungs-Flags sowie
die Kontroll-Bits zur Einstellung der Interrupt-Auslösung der beiden externen
Interrupt-Eingänge.

8FH	8EH	8DH	8CH	8BH	8AH	89H	88H	
TF1	TR1	TF0	TR0	IE1	IT1	IE0	IT0	TCON (88H)

☐ Diese Bits werden zur Interrupt-Steuerung
nicht benötigt!

Bild 9.3-21: Special Function Register TCON (Adresse: 88H)

Nach jedem RESET ist der Inhalt von TCON = 00H.

Bit   **Funktion**

TF1   **Interrupt-Anforderungs-Flag Timer 1 Interrupt**
(Vektor-Adresse: 001BH)
Bei jedem Überlauf von Timer/Counter Nr. 1 wird dieses Interrupt-
Anforderungs-Flag automatisch gesetzt. Wird der Interrupt ausgelöst,
wird dieses Bit von der internen Interrupt-Logik automatisch wieder
zurückgesetzt.

TF0   **Interrupt-Anforderungs-Flag Timer 0 Interrupt**
(Vektor-Adresse: 000BH)
Bei jedem Überlauf von Timer/Counter Nr. 0 wird dieses Interrupt-
Anforderungs-Flag automatisch gesetzt. Wird der Interrupt ausgelöst,
wird dieses Bit von der internen Interrupt-Logik automatisch wieder
zurückgesetzt.

IE1 **Interrupt-Anforderungs-Flag Externer Interrupt INT1#**
(Vektor-Adresse: 0013H)
Bei zustandsgetriggerter Auslösung (IT1 = 0) wird dieses Anforderungs-Flag direkt von dem am Port-Eingang P3.3 anliegenden Pegel bestimmt. Die Interrupt-Anforderung erfolgt bei LOW-Pegel, d.h., LOW-Pegel am Port-Eingang P3.3 setzt das Anforderungs-Flag auf HIGH. Dieser Pegel ist durch die interne Interrupt-Logik nicht änderbar.

Bei flankengetriggerter Auslösung (IT1 = 1) wird dieses Anforderungs-Flag durch eine negative Flanke am Port-Eingang P3.3 gesetzt. Wird der Interrupt ausgelöst, wird dieses Bit von der internen Interrupt-Logik automatisch zurückgesetzt.

IT1 **Interrupt-Auslösung Externer Interrupt INT1#**
Mit diesem Kontroll-Bit wird festgelegt, ob die Interrupt-Anforderung zustandsgetriggert oder flankengetriggert erfolgen soll.
IT1 = 0:   Auslösung durch LOW-Pegel an Port-Pin P3.3
IT1 = 1:   Auslösung durch negative Flanke an Port-Pin P3.3

IE0 **Interrupt-Anforderungs-Flag Externer Interrupt INT0#**
(Vektor-Adresse: 0003H)
Bei zustandsgetriggerter Auslösung (IT0 = 0) wird dieses Anforderungs-Flag direkt von dem am Port-Eingang P3.2 anliegenden Pegel bestimmt. Die Interrupt-Anforderung erfolgt bei LOW-Pegel, d.h. LOW-Pegel am Port-Eingang P3.2 setzt das Anforderungs-Flag auf HIGH. Dieser Pegel ist durch die interne Interrupt-Logik nicht änderbar.

Bei flankengetriggerter Auslösung (IT0 = 1) wird dieses Anforderungs-Flag durch eine negative Flanke am Port-Eingang P3.2 gesetzt. Wird der Interrupt ausgelöst, wird dieses Bit von der internen Interrupt-Logik automatisch zurückgesetzt.

IT0 **Interrupt-Auslösung Externer Interrupt INT0#**
Mit diesem Kontroll-Bit wird festgelegt, ob die Interrupt-Anforderung zustandsgetriggert oder flankengetriggert erfolgen soll.
IT0 = 0:   Auslösung durch LOW-Pegel an Port-Pin P3.2
IT0 = 1:   Auslösung durch negative Flanke an Port-Pin P3.2

Special Function Register T2CON

Das Register T2CON (timer 2 configuration) enthält die beiden Kontroll-Bits zur Festlegung, ob die Interrupt-Anforderung (Externer Interrupt 3, Externer Interrupt 2) mit der positiven oder der negativen Flanke erfolgt.

CFH	CEH	CDH	CCH	CBH	CAH	C9H	C8H
T2PS	I3FR	I2FR	T2R1	T2R0	T2CM	T2I1	T2I0

T2CON (C8H)

Diese Bits werden zur Programmierung der Interrupt-Logik nicht benötigt!

Bild 9.3-22: Special Function Register T2CON (Adresse: C8H)

Nach jedem RESET ist der Inhalt von T2CON = 00H.

Bit   **Funktion**

I3FR   **Interrupt 3 Kontroll-Bit**
                       Dieses Bit steuert die Funktion des externen Interrupt-3-Eingangs (P1.0), des Compare- und des Capture-Interrupts.

                       I3FR = 0:   Auslösung durch negative Flanke
                       I3FR = 1:   Auslösung durch positive Flanke

I2FR   **Interrupt 2 Kontroll-Bit**
                       Dieses Bit steuert die Funktion des externen Interrupt-2-Eingangs (P1.4), des Compare- und des Capture-Interrupts von Register CC4.

                       I2FR = 0:   Auslösung durch negative Flanke
                       I2FR = 1:   Auslösung durch positive Flanke

Special Function Register IRCON

Das Register beinhaltet das Anforderungs-Bit TF2 sowie verschiedene Interrupt-Freigabe-Flags.

C7H	C6H	C5H	C4H	C3H	C2H	C1H	C0H
EXF2	TF2	IEX6	IEX5	IEX4	IEX3	IEX2	IADC

IRCON (C0H)

Bild 9.3-23: Special Function Register IRCON (Adresse: C0H)

Dieses Register ist bitadressierbar, so daß die einzelnen Vorbereitungs-Flags mit SETB ... gesetzt bzw. mit CLR ... zurückgesetzt werden können.

Nach jedem RESET ist der Inhalt von IRCON = 00H, d.h., alle hier angesprochenen Interrupt-Quellen sind gesperrt.

Bit   **Funktion**

EXF2   **Interrupt-Anforderungs-Flag Timer 2 Interrupt**
(Vektor-Adresse: 002BH)
Ist das Vorbereitungs-Flag EXEN2 (IEN1.7) gesetzt, wird bei jeder negativen Flanke am Port-Eingang P1.5 das Anforderungs-Flag EXF2 gesetzt. Mit diesem Anforderungs-Flag läßt sich der Timer 2 Interrupt auslösen, wenn dieser in IEN0 freigegeben wurde (ET2 = 1).
EXF2 wird bei Annahme des Interrupts durch die interne Interrupt-Logik nicht automatisch zurückgesetzt. Dieses Rücksetzen muß softwaremäßig mit CLR EXF2 (innerhalb der Interrupt Service Routine) erfolgen.

EXF2 = 0   :   Keine Interrupt-Anforderung
EXF2 = 1   :   Interrupt-Anforderung

TF2   **Interrupt-Anforderungs-Flag Timer 2 Interrupt**
(Vektor-Adresse: 002BH)
Bei jedem Überlauf des Zählregisters wird dieses Interrupt-Anforde-
rungs-Flag automatisch gesetzt. TF2 wird bei Annahme des Interrupts
durch die interne Interrupt-Logik nicht automatisch zurückgesetzt.
Dieses Rücksetzen muß softwaremäßig mit CLR TF2 (innerhalb der
Interrupt Service Routine) erfolgen.

TF2 = 0   :   Keine Interrupt-Anforderung
TF2 = 1   :   Interrupt-Anforderung

IEX6   **Interrupt-Anforderungs-Flag für externen Interrupt 6**
(Vektor-Adresse: 006BH)
Durch eine positive Flanke an Port-Pin P1.3 wird dieses Interrupt-
Anforderungs-Flag gesetzt. Wird der Interrupt ausgelöst, wird dieses
Bit von der internen Interrupt-Logik automatisch wieder zurückge-
setzt.

Wird Timer Nr. 2 im Compare- oder Capture-Mode (Compare/
Capture-Register: CC3) betrieben, setzt das auftretende Compare/
Capture-Ereignis (positive Flanke) das Vorbereitungs-Flag IEX6 von
Interrupt 6 an.
 Bei Aktivierung des Compare/Capture-Mode ist der Port-Eingang
von der Interrupt-Logik getrennt, d.h., am Port-Pin kann kein externer
Interrupt mehr ausgelöst werden.

IEX5   **Interrupt-Anforderungs-Flag für externen Interrupt 5**
(Vektor-Adresse: 0063H)
Durch eine positive Flanke an Port-Pin P1.2 wird dieses Interrupt-
Anforderungs-Flag gesetzt. Wird der Interrupt ausgelöst, wird dieses
Bit von der internen Interrupt-Logik automatisch wieder zurückge-
setzt.

Wird Timer Nr. 2 im Compare-oder Capture-Mode (Compare/Captu-
re-Register: CC2) betrieben, setzt das auftretende Compare/Capture-
Ereignis (positive Flanke) das Vorbereitungs-Flag IEX5 von Interrupt
5 an.

Bei Aktivierung des Compare/Capture-Mode ist der Port-Eingang von der Interrupt-Logik getrennt, d.h., am Port-Pin kann kein externer Interrupt mehr ausgelöst werden.

IEX4   **Interrupt-Anforderungs-Flag für externen Interrupt 4**
(Vektor-Adresse: 005BH)
Durch eine positive Flanke an Port-Pin P1.1 wird dieses Interrupt-Anforderungs-Flag gesetzt. Wird der Interrupt ausgelöst, wird dieses Bit von der internen Interrupt-Logik automatisch wieder zurückgesetzt.

Wird Timer Nr. 2 im Compare- oder Capture-Mode (Compare/Capture-Register: CC1) betrieben, setzt das auftretende Compare/Capture-Ereignis (positive Flanke) das Vorbereitungs-Flag IEX4 von Interrupt 4 an. Die Freigabe des externen Interrupt 4 erfolgt durch das Kontroll-Bit EX4 im Special Function Register IEN1.
Bei Aktivierung des Compare/Capture-Mode ist der Port-Eingang von der Interrupt-Logik getrennt, d.h., am Port-Pin kann kein externer Interrupt mehr ausgelöst werden.

IEX3   **Interrupt-Anforderungs-Flag für externen Interrupt 3**
(Vektor-Adresse: 0053H)
Durch eine positive (I3FR = 1) oder eine negative (I3FR = 0) Flanke an Port-Pin P1.0 wird dieses Interrupt-Anforderungs-Flag gesetzt. Wird der Interrupt ausgelöst, wird dieses Bit von der internen Interrupt-Logik automatisch wieder zurückgesetzt.

Wird Timer Nr. 2 im Compare- oder Capture-Mode (Compare/Capture-Register: CRC) betrieben, setzt das auftretende Compare/Capture-Ereignis (positive oder negative Flanke, abhängig vom Kontroll-Bit I3FR im Special Function Register T2CON) das Vorbereitungs-Flag von Interrupt 3 an. Die Freigabe des externen Interrupt 3 erfolgt durch das Kontroll-Bit EX3 im Special Function Register IEN1.
Bei Aktivierung des Compare/Capture-Mode ist der Port-Eingang von der Interrupt-Logik getrennt, d.h., am Port-Pin kann kein externer Interrupt mehr ausgelöst werden.

IEX2   **Interrupt-Anforderungs-Flag für externen Interrupt 2**
(Vektor-Adresse: 004BH)
Durch eine positive (I2FR = 1) oder eine negative (I2FR = 0) Flanke
an Port-Pin P1.4 wird dieses Interrupt-Anforderungs-Flag gesetzt.
Wird der Interrupt ausgelöst, wird dieses Bit von der internen
Interrupt-Logik automatisch wieder zurückgesetzt.

Wird Timer Nr. 2 im Compare- oder Capture-Mode (Compare/
Capture-Register: CC4) betrieben, setzt das auftretende Compare/
Capture-Ereignis (positive oder negative Flanke, abhängig vom Kon-
troll-Bit I2FR im Special Function Register T2CON) das Vorberei-
tungs-Flag von Interrupt 2 an. Die Freigabe des externen Interrupt 2
erfolgt durch das Kontroll-Bit EX2 im Special Function Register
IEN1.
Bei Aktivierung des Compare/Capture-Mode ist der Port-Eingang
von der Interrupt-Logik getrennt, d.h., am Port-Pin kann kein externer
Interrupt mehr ausgelöst werden.

IADC   **Interrupt-Anforderungs-Flag für A/D-Wandler Interrupt**
(Vektor-Adresse: 0043H)
Zum Ende der durchgeführten A/D-Wandlung wird dieses Interrupt-
Anforderungs-Flag gesetzt. IADC wird bei Annahme des Interrupts
durch die interne Interrupt-Logik nicht automatisch zurückgesetzt.
Dieses Rücksetzen muß softwaremäßig mit CLR IADC (innerhalb der
Interrupt Service Routine) erfolgen.

Special Function Register IP0 und IP1

Dieses Registerpaar bestimmt die Priorität der entsprechenden Interrupt-Paare. Es können jedem Interrupt-Paar eine von vier Interrupt-Ebenen zugeordnet werden.

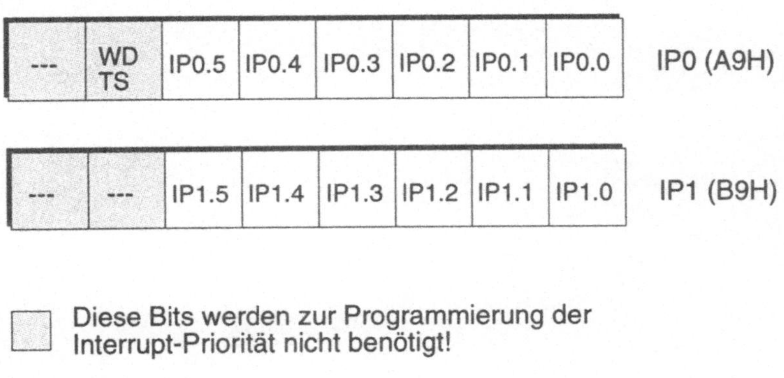

Bild 9.3-23: Special Function Register IP0 und IP1 (Adresse: A9H und B9H)

Nach jedem RESET ist der Inhalt von IP0 und IP1 = 00H, d.h., alle hier angesprochenen Interrupt-Quellen haben die gleiche (niedrigste) Priorität.

Bit   **Funktion**

IP1.x/IP0.x   **Interrupt-Priorität**
                            00   Prioritäts-Stufe 0 (niedrigste Priorität)
                            01   Prioritäts-Stufe 1
                            10   Prioritäts-Stufe 2
                            11   Prioritäts-Stufe 3 (höchste Priorität)

Es besteht eine feste Zuordnung zwischen den Kontroll-Bits und den Interrupt-Paaren:

❏	**x = 0:**	Externer Interrupt 0	– A/D-Wandler-Interrupt
❏	**x = 1:**	Timer 0 Interrupt	– Externer Interrupt 2
❏	**x = 2:**	Externer Interrupt 1	– Externer Interrupt 3
❏	**x = 3:**	Timer 1 Interrupt	– Externer Interrupt 4
❏	**x = 4:**	Serial Port Interrupt	– Externer Interrupt 5
❏	**x = 5:**	Timer 3 Interrupt	– External Interrupt 6

9.4 Interrupt-Technik 80C517/537

Der Mikrocontroller 80C517/537 besitzt vierzehn Interrupt-Quellen (sieben externe, sieben interne Interrupt-Quellen) mit vier Prioritätsebenen:

- sieben externe Interrupts,

- vier interne Timer Interrupts,

- zwei interne Interrupts, ausgelöst durch die seriellen Schnittstellen 0 und 1,

- einen internen Interrupt, ausgelöst durch den vorhandenen A/D-Wandler.

Die beim Mikrocontroller 80(C)515/535 vorhandenen Interrupt-Quellen sind vollständig beim 80C517/537 verfügbar und sind in Kap. 9.3 ausführlich beschrieben. Die vorhandene Kompatibilität gewährleistet, daß alle 80(C)515/535-Programme ohne jede Änderung auf einem 80C517/537-Controller lauffähig sind.

Die Interrupt-Struktur des 80C517/537 ist um zwei interne Interrupt-Quellen erweitert worden:

- Compare Timer Interrupt

- Serieller Schnittstellen Interrupt 1

Zur Programmierung der beiden zusätzlichen Interrupt-Quellen werden die Special Function Register IEN2 (Freigabe-Bit für beide Quellen), CTCON (Anforderungs-Bit für Compare Timer Interrupt) und S1CON (Anforderungs-Bit für Serieller Schnittstellen Interrupt 1) verwendet.

Compare Timer Interrupt

Bei jedem Überlauf des Compare Timers wird im Special Function Register CTCON das Anforderungs-Flag CTF (CTCON.3) gesetzt. Zur Freigabe dieses Interrupts muß im Special Function Register IEN2 das Freigabe-Bit ECT (IEN2.3) sowie im Special Function Register IEN0 das generelle Freigabe-Bit EAL (IEN0.7) gesetzt werden.

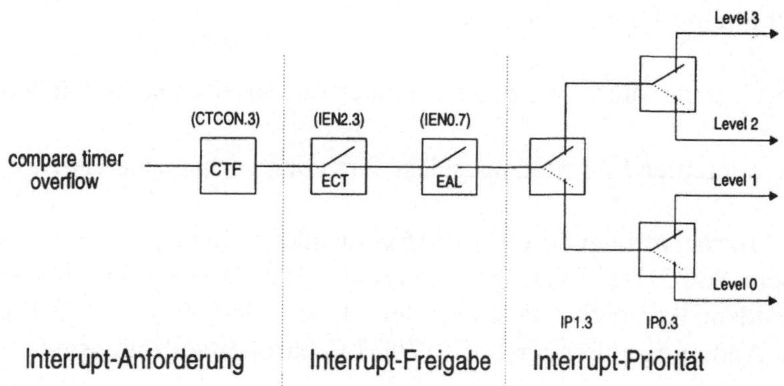

Bild 9.4-1: Interrupt-Struktur Compare Timer Interrupt

Das Anforderungs-Flag CTF wird bei Annahme des Interrupts durch die interne Interrupt-Logik nicht automatisch zurückgesetzt. Dies muß innerhalb der Interrupt Service Routine softwaremäßig erfolgen.

Da das Special Function Register CTCON nicht bitadressierbar ist, geschieht dies mit dem Befehl:

ANL CTCON,#11110111B.

Serieller Schnittstellen Interrupt 1 (serial port interrupt 1)

Der Mikrocontroller 80C517/537 besitzt zwei serielle Schnittstellen. Diese beiden Schnittstellen sind weitgehend funktionsgleich und werden in Kap. 7.4 ausführlich beschrieben. Die angeforderten Interrupts haben die Bezeichnung Serieller Schnittstellen Interrupt 0 und 1.

Der Schnittstellen Interrupt 0 (serial port interrupt 0) ist völlig kompatibel zum 80(C)515/535. Das zur Einstellung der Betriebsart verwendete Special Function Register ist lediglich umbenannt in S0CON (98H). Ebenfalls umbenannt in RI0 (S0CON.0) bzw. TI0 (S0CON.1) wurden die beiden Anforderungs-Bits dieser Schnittstelle. Da die Adresse dieses Registers gleich geblieben ist, ist diese Schnittstelle völlig kompatibel zum 80(C)515/535.

Der serielle Schnittstellen Interrupt 1 (serial port interrupt 1) wird ausgelöst durch das Kontroll-Bit RI1 (receive interrupt, S1CON.0) oder durch das Kontroll-Bit TI1 (transceive interrupt, S1CON.1) im Special Function Register S1CON (9B). Diese beiden Kontroll-Bits werden in Abhängigkeit der aktivierten Betriebsart der seriellen Schnittstelle nach dem 8. Daten-Bit oder durch das Stop-Bit gesetzt. Dies gilt sowohl für den Sende- als auch für den Empfangsbetrieb.

Zur Freigabe des seriellen Schnittstellen-Interrupts muß im Special Function Register IEN2 das Freigabe-Bit ES1 (IEN2.0) sowie im Special Function Register IEN0 das generelle Freigabe-Bit EAL (IEN0.7) gesetzt werden.

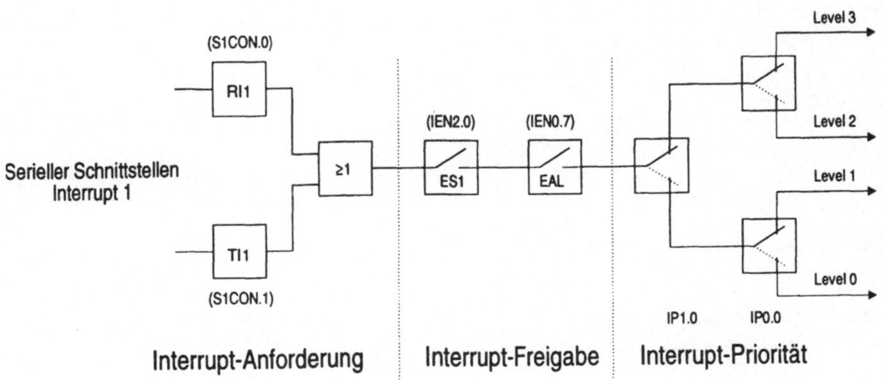

Bild 9.4-2: Interrupt-Struktur Serieller Schnittstellen Interrupt 1

Der Serielle Schnittstellen-Interrupt 1 kann durch zwei verschiedene Ereignisse angefordert werden. Weder das RI1- noch das TI1-Flag wird durch die interne Interrupt-Logik zurückgesetzt. Die aufgerufene Interrupt Service Routine muß softwaremäßig feststellen, welches der beiden Flags die Interrupt Service Routine gestartet hat, um es dann wieder zurücksetzen zu können.

Die Unterscheidung muß innerhalb der Interrupt Service Routine softwaremäßig erfolgen.

Übersicht der verfügbaren Interrupts

Zusammenfassend sind hier die beim Mikrocontroller 80C517/537 verfügbaren Interrupts mit den entsprechenden Anforderungs- und Freigabe-Flags tabellarisch dargestellt.

Interne Interrupts

Auslösendes Ereignis	Anforderungs-Flag	Freigabe-Flag	Ausgelöster Interrupt	Vektor-Adresse
Timer 0 Overflow	TF0	ET0	Timer 0 Interrupt	000BH
Timer 1 Overflow	TF1	ET1	Timer 1 Interrupt	001BH
Timer 2 Overflow	TF2	ET2	Timer 2 Interrupt	002BH
Compare Timer Overflow	CTF	ECT	Compare Timer Interrupt	009BH
Negative Flanke an P1.5	EXF2	EXEN2, ET2	Timer 2 Interrupt	002BH
Serielle Schnittstelle 0	RI0 oder TI0	ES0	Serial Port Interrupt 0	0023H
Serielle Schnittstelle 1	RI1 oder TI1	ES1	Serial Port Interrupt 1	0083H
A/D-Wandler	IADC	EADC	A/D Interrupt	0043H

Bild 9.4-3: Interne Interrupts

Externe Interrupts

Auslösendes Ereignis	Anforderungs-Flag	Freigabe-Flag	Ausgelöster Interrupt	Vektor-Adresse
Externes Signal an P3.2	IE0	EX0	Externer Interrupt 0	0003H
Externes Signal an P3.3	IE1	EX1	Externer Interrupt 1	0013H
Externes Signal an P1.4	IEX2	EX2	Externer Interrupt 2	004BH
Externes Signal an P1.0	IEX3	EX3	Externer Interrupt 3	0053H
Externes Signal an P1.1	IEX4	EX4	Externer Interrupt 4	005BH
Externes Signal an P1.2	IEX5	EX5	Externer Interrupt 5	0063H
Externes Signal an P1.3	IEX6	EX6	Externer Interrupt 6	006BH
Compare-Ereignis bei CRC	IEX3	EX3	Externer Interrupt 3	0053H
Compare-Ereignis bei CC1	IEX4	EX4	Externer Interrupt 4	005BH
Compare-Ereignis bei CC2	IEX5	EX5	Externer Interrupt 5	0063H
Compare-Ereignis bei CC3	IEX6	EX6	Externer Interrupt 6	006BH

Bild 9.4-4: Externe Interrupts

Interrupt-Prioritäten

Die beim Mikrocontroller 80C517/537 vorhandenen vierzehn Interrupt-Quellen sind kombiniert als Interrupt-Paare oder -Triplets (pairs or triplets of interrupt sources).

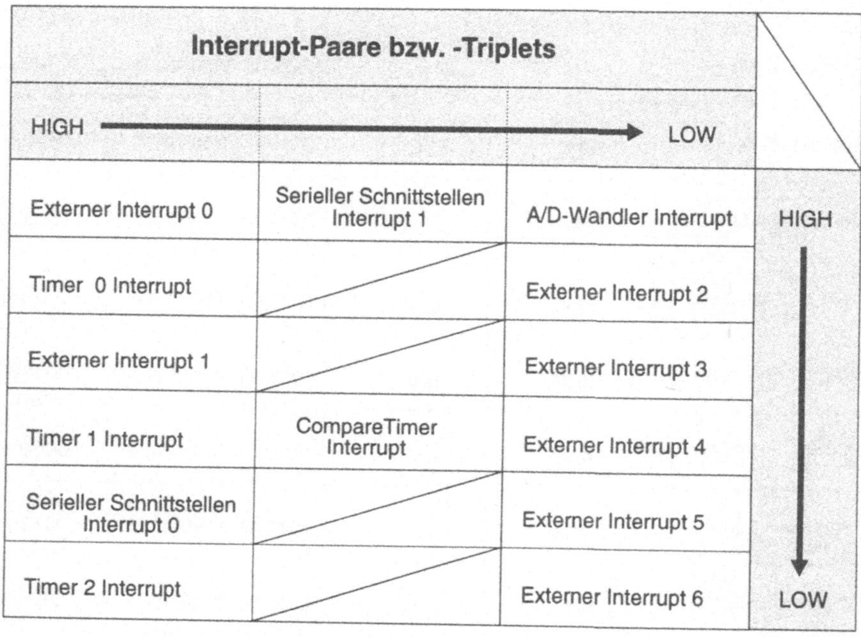

Bild 9.4-5: Interrupt-Paare und -Triplets

Jedem Interrupt-Paar bzw. -Triplet kann mit Hilfe der Special Function Register IP1 (B9H) und IP0 (A9H) eine von vier verschiedene Prioritätsstufen (priority level) zugeordnet werden.

Die Programmierung der Prioritätsstufen erfolgt immer in der Weise, daß jeweils ein Kontroll-Bit in IP1 und IP0 benötigt wird, um dem zugehörigen Interrupt-Paar die gewünschte Prioritätsstufe zuzuordnen.

Dabei ist aber zu beachten, daß die Prioritäten innerhalb eines Interrupt-Paares bzw. -Triplets nicht unabhängig voneinander eingestellt werden können.

Bild 9.4-6 gibt die Zuordnung Kontroll-Bit → Interrupt-Paar, -Triplet an:

Kontroll-Bits der SFR IP1 und IP0		Beeinflußtes Interrupt-Paar bzw. -Triplet		
IP1.0	IP0.0	Externer Interrupt 0	Serieller Schnittstelen Interrupt 1	A/D-Wandler Interrupt
IP1.1	IP0.1	Timer 0 Interrupt		Externer Interrupt 2
IP1.2	IP0.2	Externer Interrupt 1		Externer Interrupt 3
IP1.3	IP0.3	Timer 1 Interrupt	CompareTimer Interrupt	Externer Interrupt 4
IP1.4	IP0.4	Serieller Schnittstellen Interrupt 0		Externer Interrupt 5
IP1.5	IP0.5	Timer 2 Interrupt		Externer Interrupt 6

Bild 9.4-6: Bedeutung der Kontroll-Bits der Special Function Register IP1 und IP0

Eine Interrupt Service Routine mit niedriger Priorität (level 0) kann durch jeden Interrupt mit höherer Priorität (level 1 bis level 3) unterbrochen werden. Interrupt Service Routinen mit gleicher Priorität können sich nicht gegenseitig unterbrechen. Dies bedeutet, daß eine Interrupt Service Routine mit höchster Priorität (level 3) nicht mehr durch einen anderen Interrupt unterbrochen werden kann.

Werden zwei Interrupt-Anforderungen mit unterschiedlicher Prioritätsstufe zum gleichen Zeitpunkt wirksam, wird die Anforderung mit der höheren Priorität zuerst bearbeitet. Haben die beiden Interrupt-Anforderungen aber die gleiche Priorität, entscheidet die interne Abfragefolge (internal polling sequence) über die Reihenfolge der Abarbeitung. Auf diese Weise ergibt sich innerhalb einer Prioritätsstufe eine interne Rangfolge der Interrupts (priority within-level structure).

Bezugnehmend auf das Bild 9.4-5 ergibt sich folgende Reihenfolge:

❏   Innerhalb eines Interrupt-Paares bzw. -Triplets wird der in der ersten Spalte stehende Interrupt zuerst ausgeführt.

❏   Die einzelnen Interrupt-Paare bzw. -Triplets werden zeilenweise von oben nach unten bearbeitet.

Hinweis: Diese Reihenfolge wird nur benutzt bei gleichzeitigem Auftreten von Interrupt-Anforderungen mit gleicher Interrupt-Priorität.

Beispiel 9.4-1:

Das Interrupt-Triplet Timer Nr. 1/Compare Timer Interrupt/Externer Interrupt 4 hat die Prioritätsstufe 2, das Interrupt-Paar Externer Interrupt 1/Externer Interrupt 3 hat die Prioritätsstufe 1.

Bestimmen Sie die Reihenfolge der Interrupt-Abarbeitung, wenn alle Interrupt-Anforderungen im gleichen Zeitaugenblick auftreten würden! Bei diesem Beispiel wird vorausgesetzt, daß die Anforderungs-Flags der ausgeführten Interrupts anschließend zurückgesetzt sind und bleiben.

Lösung:

Die Reihenfolge der Abarbeitung ist bedingt durch die Prioritätsstufe und der internen Priorität und hat folgendes Aussehen:

❏   Timer 1 Interrupt
❏   Compare Timer Interrupt
❏   Externer Interrupt 4
❏   Externer Interrupt 1
❏   Externer Interrupt 3

Beispiel 9.4-2:

Bestimmen Sie den Inhalt der beiden Prioritätsregister IP0 und IP1, damit sich die in Beispiel 9.3-1 vorgegebene Prioritätsregelung einstellt! Die übrigen Interrupt-Quellen sollen alle die Prioritätsstufe 0 erhalten!

Lösung:

Die Kontroll-Bits in den beiden Special Function Registern IP1 und IP0 müssen wie folgt gesetzt werden:

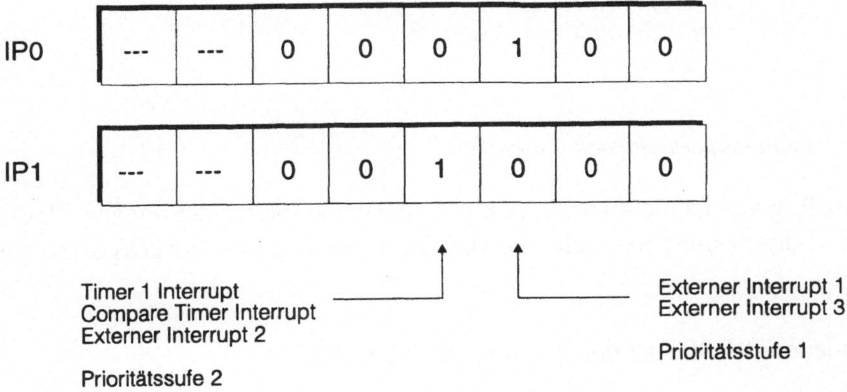

Diese Prioritätsregelung wird mit folgender Befehlssequenz programmiert:

```
ANL IP0,#11000100B
ORL IP0,#00000100B
ANL IP1,#11001000B
ORL IP1,#00001000B
```

Special Function Register IEN2

Dieses Register beinhaltet das Freigabe-Bit ECT für den Compare Timer Interrupt sowie das Freigabe-Bit ES1 für den Seriellen Schnittstellen Interrupt 1.

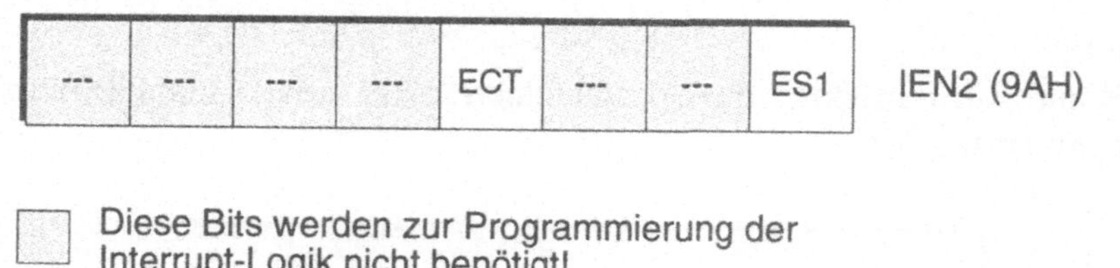

Diese Bits werden zur Programmierung der Interrupt-Logik nicht benötigt!

Bild 6.4-7: Special Function Register IEN2 (Adresse: 9AH)

Dieses Register ist nicht bitadressierbar, so daß die Interrupt-Freigabe-Flags ECT und ES1 durch eine entsprechende Maskierung gesetzt bzw. zurückgesetzt werden müssen.

Nach jedem RESET ist der Inhalt von IEN2 = 00H.

Bit	Funktion

ECT   **Freigabe-Bit des Compare Timer Interrupts**
ECT = 0   :   Compare Timer Interrupt ist gesperrt.
ECT = 1   :   Compare Timer Interrupt ist freigegeben.

ES1   **Freigabe-Bit des Seriellen Schnittstellen Interrupts 1**
ES1 = 0   :   Serieller Schnittstellen Interrupt 1 ist gesperrt.
ES1 = 1   :   Serieller Schnittstellen Interrupt 1 ist freigegeben.

Special Function Register CTCON

Dieses Register beinhaltet das Interrupt-Anforderungs-Flag CTF des Compare Timers.

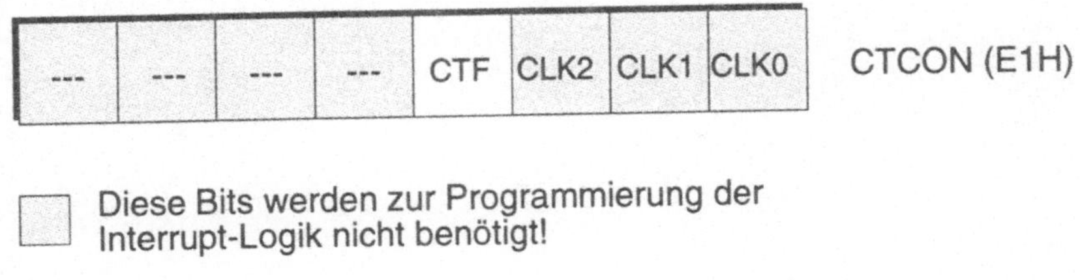

Bild 6.4-8: Special Function Register CTCON (Adresse: E1H)

Dieses Register ist nicht bitadressierbar, so daß das Interrupt-Vorbereitungs-Flag CTF durch entsprechende Maskierung gesetzt bzw. zurückgesetzt werden muß.

Bit   **Funktion**

CTF   **Compare Timer Überlauf Flag**
                 Bei jedem Überlauf des Compare Timers wird dieses Kontroll-Bit automatisch gesetzt. Durch die Annahme des entsprechenden Interrupts wird dieses Bit aber nicht automatisch zurückgesetzt, d.h., das Rücksetzen muß innerhalb der Interrupt Service Routine automatisch erfolgen.

10 Befehlssatz der Mikrocontroller-Familie 80(C)51/31

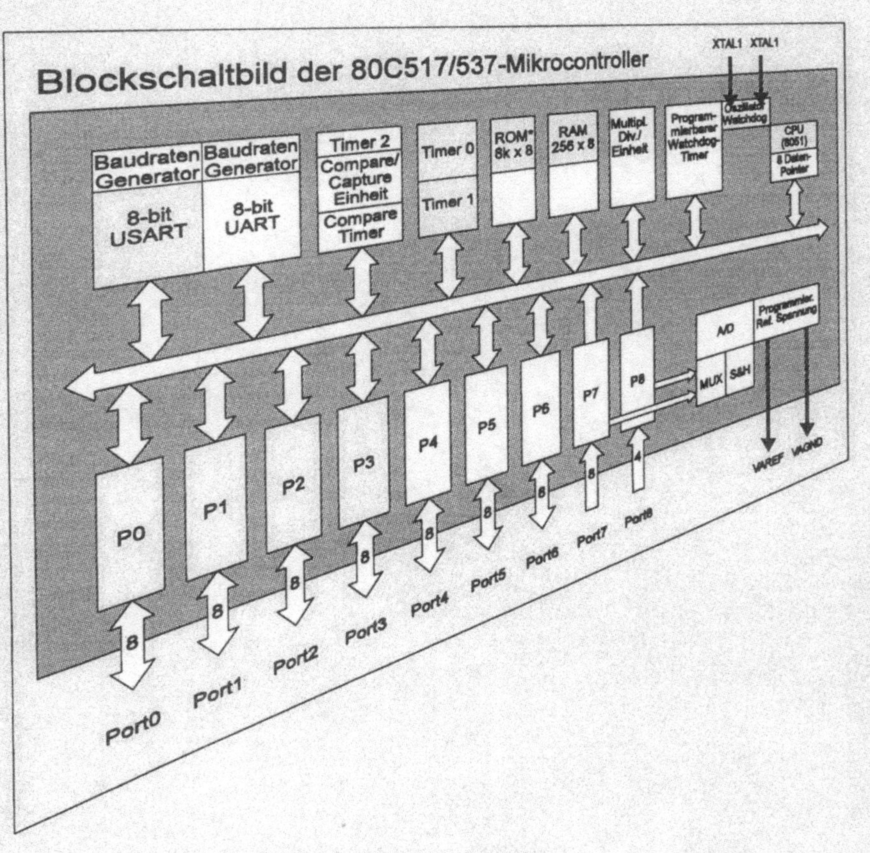

10.1 Adressierungsarten

Allgemeines

Der Befehlssatz zum 80(C)51/31 gliedert sich in folgende Befehlsgruppen:

- **Transferbefehle**
- **Logische Befehle**
- **Arithmetische Befehle**
- **Befehle zur Bitverarbeitung**
- **Schiebebefehle**
- **Sprungbefehle**
- **Unterprogrammbefehle**

In den folgenden Kapiteln werden alle 51 Basisbefehle, geordnet nach den Befehlsgruppen, beschrieben. Angaben über die Anzahl der Maschinenzyklen, Befehls-Bytes und die Auswirkung auf das PSW-Register werden gemacht und durch zusätzliche Beispiele verdeutlicht.

Man unterscheidet fünf verschiedene Adressierungsarten:

- **Registeradressierung**
- **direkte Adressierung**
- **indirekte Adressierung**
- **indirekt, indiziert durch Basisregister plus Indexregister**
- **unmittelbare Adressierung (immediate)**

Zu Beginn werden alle Adressierungsarten beschrieben, da sie in fast allen Befehlsgruppen vorkommen und somit dem Softwareentwickler als alternative Hilfsmittel zur Verfügung stehen.

Hinweis: Ab jetzt wird mit folgenden Abkürzungen gearbeitet:

Rr	→	Register (R1 bis R8) der aktuellen Registerbank
Ri	→	Register (R1 oder R2) der aktuellen Registerbank
@	→	Kennzeichnung für indirekte Adressierung
dadr	→	Adresse im internen Datenspeicher
#konst8	→	8-Bit-Konstante
#konst16	→	16-Bit-Konstante
A	→	Akkumulator
B	→	Register B
C	→	Carry-Flag
badr	→	Bit-Adresse
rel	→	relative 8-Bit-Offset-Adresse (max. +127D bis -128D)
adr11	→	11-Bit-Adresse innerhalb einer 2 kByte-Seite
adr16	→	16-Bit-Adresse

Registeradressierung

Immer dann, wenn die Register A, B, R0 bis R7 der aktuellen Registerbank, das Carry-Flag (CY) und der Daten-Pointer (DPTR) in einem Befehl konkret benannt werden, spricht man von Registeradressierung.

Beispiel:

```
MOV   A, R0
```

Direkte Adressierung

Die direkte Adressierungsart bezieht sich auf die 128 Bytes des internen RAM und die Special Function Register (SFR). Die SFR sind ausschließlich über diese Adressierungsart ansprechbar.

Beispiele:

```
MOV   dadr,dadr
MOV   30H,82H
```

Indirekte Adressierung

Mit Hilfe der indirekten Adressierung kann man den internen RAM-Bereich und den externen Datenspeicher ansprechen. Bei der indirekten Adressierung wird die Speicheradresse in einem Register hinterlegt. Für das interne RAM stehen hierfür R0 und R1 (Kennzeichnung: @R0, @R1) der selektierten Registerbank zur Verfügung. Der externe Datenspeicher kann mit Hilfe von R0, R1 und DPTR (Kennzeichnung: @R0, @R1 und @DPTR) angesprochen werden.

Beispiele:

```
MOV   A,@R0
MOVX  R1,@DPTR
```

Indirekt, indiziert durch Basisregister plus Indexregister

Mit Hilfe der indirekt, indizierten Adressierung durch Basisregister plus Indexregister kann ausschließlich der Programmspeicher angesprochen werden. Über die Register A+DPTR und A+PC (Kennzeichnung: @A+DPTR und @A+PC) wird dieser Zugriff ermöglicht und z.B. der Umgang mit Tabellen im Programmspeicher erleichtert.

Beispiele:

```
MOVC  A,@A+DPTR
MOVC  A,@A+PC
```

Unmittelbare Adressierung (immediate)

Von unmittelbarer Adressierung spricht man, wenn Konstanten Teil eines Befehls sind.

Beispiel:

```
MOV   R7,#0FFH
```

10.2 Transfer-Befehle

MOV

Syntax: **MOV <Zielbyte>,<Quellbyte>**

Wirkung: **Kopiert Quellbyte zum Zielbyte**

MOV A,Rr

Wirkung: <A> ← <Rr>

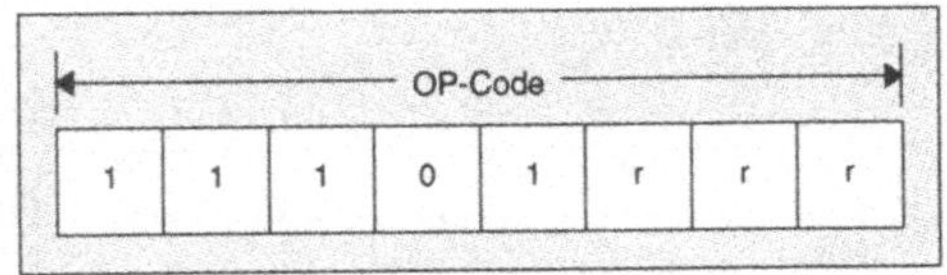

Bytes/Zyklen: *1/1*
PSW: *P*
Opcodes: *MOV A,R0 = E8H*   *MOV A,R4 = ECH*
                    MOV A,R1 = E9H   *MOV A,R5 = EDH*
                    MOV A,R2 = EAH   *MOV A,R6 = EEH*
                    MOV A,R3 = EBH   *MOV A,R7 = EFH*

MOV A,dadr

Wirkung: <A> ← <dadr>

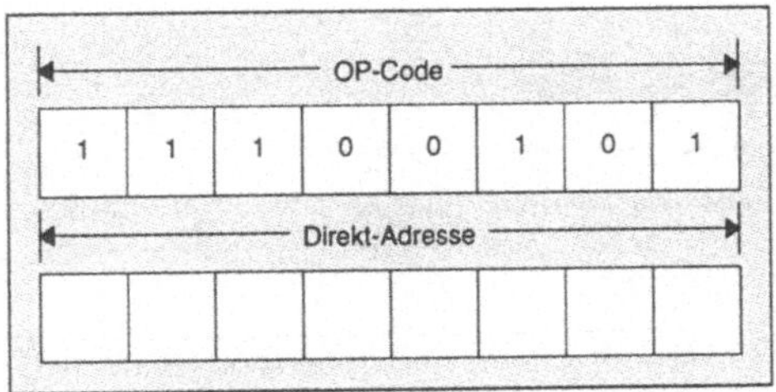

Bytes/Zyklen: *2/1*
PSW: *P*
Opcode: *E5H*

Hinweis: Der Befehl **MOV A,ACC** ist ungültig.

MOV A,@Ri

Wirkung: <A> ← <<Ri>>

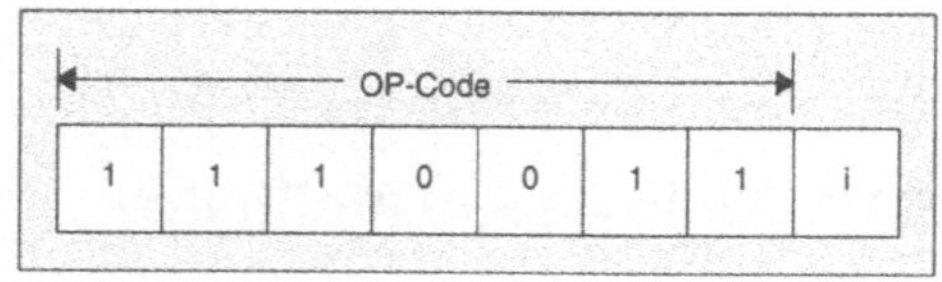

Bytes/Zyklen:	*1/1*	
PSW:	*P*	
Opcodes:	*MOV A, @R0 = E6H*	*MOV A, @R1 = E7H*

MOV A,#konst8

Wirkung: <A> ← #konst8

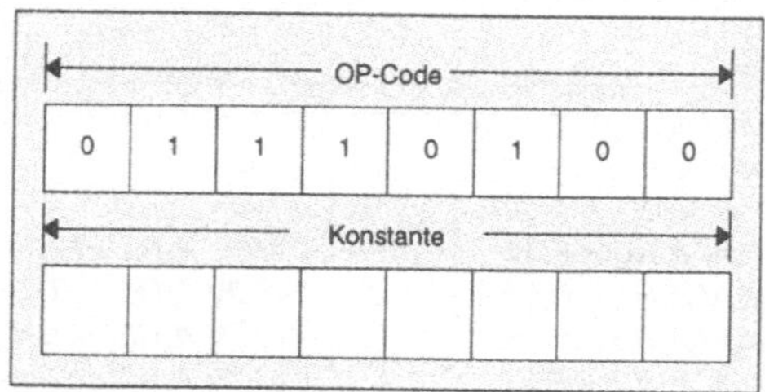

Bytes/Zyklen:	*2/1*
PSW:	*P*
Opcode:	*MOV A,#konst8 = 74H*

MOV Rr,A

Wirkung: <Rr> ← <A>

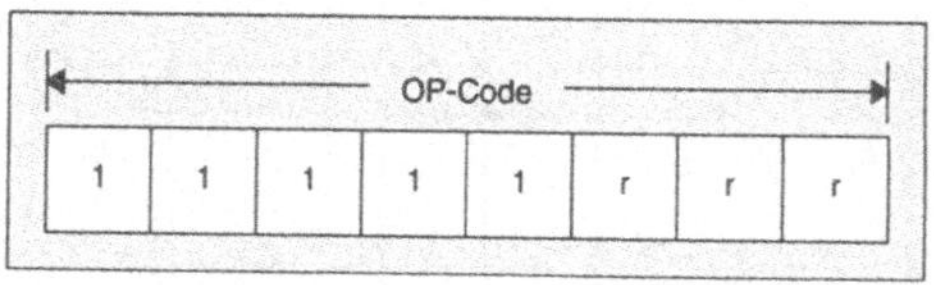

Bytes/Zyklen:	*1/1*	
PSW:	*-*	
Opcodes:	*MOV R0,A = F8H*	*MOV R4,A = FCH*
	MOV R1,A = F9H	*MOV R5,A = FDH*
	MOV R2,A = FAH	*MOV R6,A = FEH*
	MOV R3,A = FBH	*MOV R7,A = FFH*

MOV Rr,dadr

Wirkung: <Rr> ← <dadr>

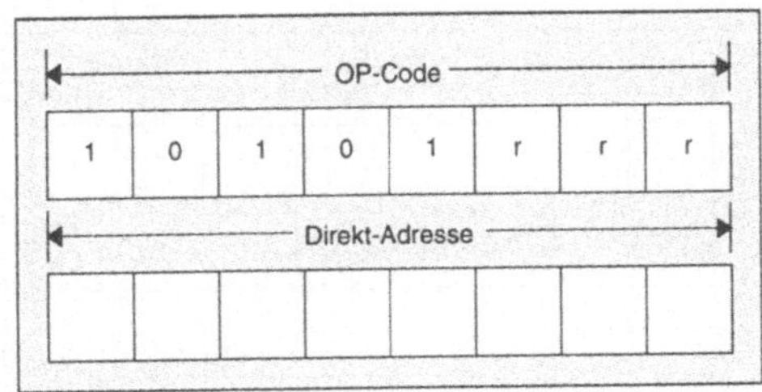

Bytes/Zyklen:	2/2
PSW:	-

Opcodes:

MOV R0,dadr = A8H	*MOV R4,dadr = ACH*
MOV R1,dadr = A9H	*MOV R5,dadr = ADH*
MOV R2,dadr = AAH	*MOV R6,dadr = AEH*
MOV R3,dadr = ABH	*MOV R7,dadr = AFH*

·MOV Rr,#konst8

Wirkung: <Rr> ← #konst8

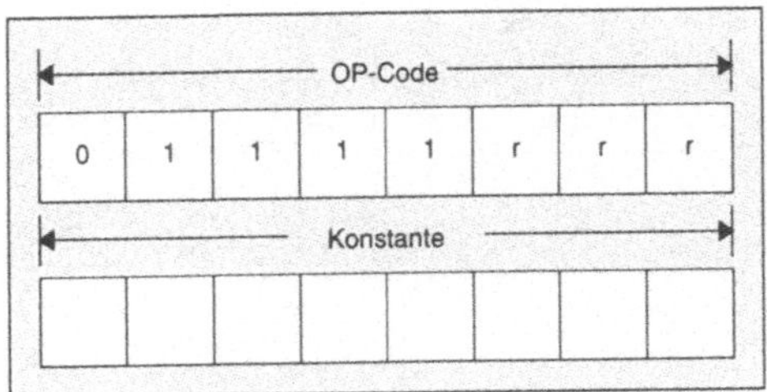

Bytes/Zyklen:	2/1
PSW:	-

Opcodes:

MOV R0,#konst8 = 78H	*MOV R4,#konst8 = 7CH*
MOV R1,#konst8 = 79H	*MOV R5,#konst8 = 7DH*
MOV R2,#konst8 = 7AH	*MOV R6,#konst8 = 7EH*
MOV R3,#konst8 = 7BH	*MOV R7,#konst8 = 7FH*

MOV dadr,A

Wirkung:　　　　<dadr> ← <A>

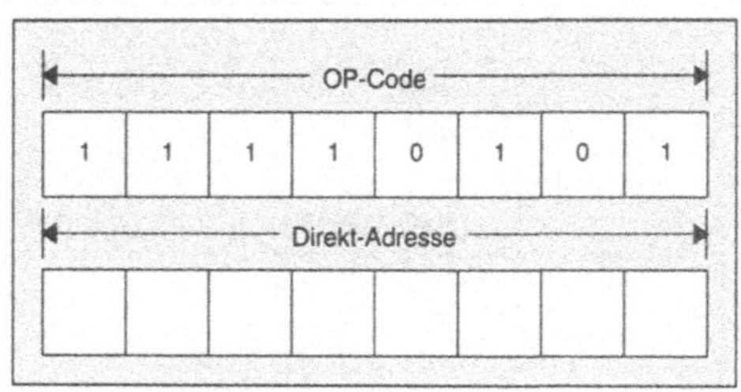

Bytes/Zyklen:　　　　2/1
PSW:　　　　-
Opcode:　　　　*MOV dadr,A = F5H*

MOV dadr,Rr

Wirkung:　　　　<dadr> ← <Rr>

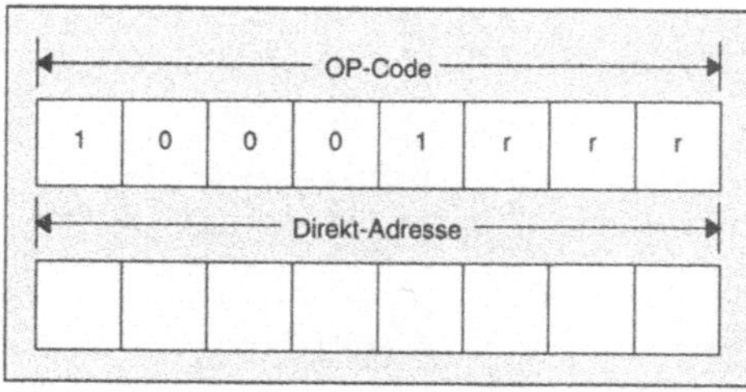

Bytes/Zyklen:　　　　2/2
PSW:　　　　-
Opcodes:　　　　*MOV dadr,R0 = 88H*　　　*MOV dadr,R4 = 8CH*
　　　　MOV dadr,R1 = 89H　　　*MOV dadr,R5 = 8DH*
　　　　MOV dadr,R2 = 8AH　　　*MOV dadr,R6 = 8EH*
　　　　MOV dadr,R3 = 8BH　　　*MOV dadr,R7 = 8FH*

MOV dadr,dadr

Wirkung: <dadr> ← <dadr>

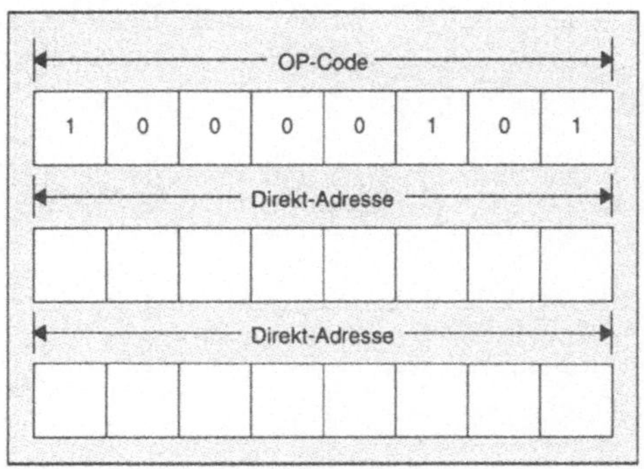

Bytes/Zyklen: 3/2
PSW: -
Opcodes: *MOV dadr,dadr = 85H*

MOV dadr,@Ri

Wirkung: <dadr> ← <<Ri>>

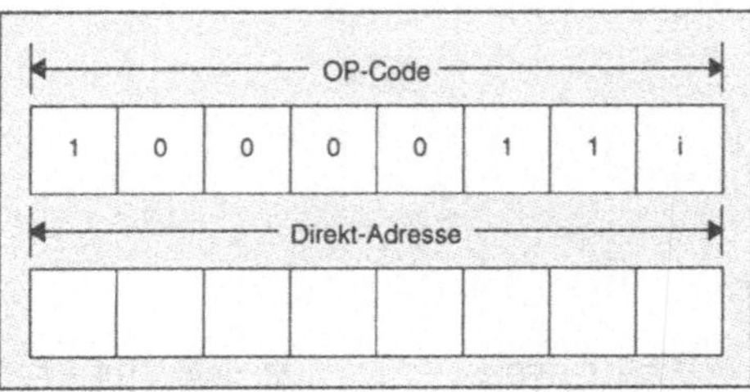

Bytes/Zyklen: 2/2
PSW: -
Opcodes: *MOV dadr,R0 = 86H*   *MOV dadr,R1 =87H*

MOV dadr,#konst8

Wirkung: <dadr> ← #konst8

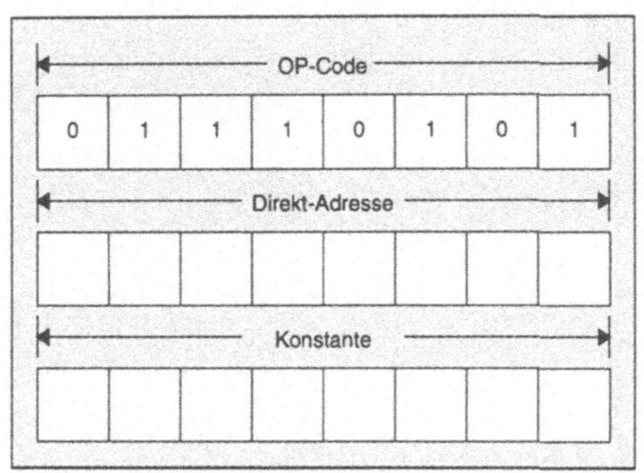

Bytes/Zyklen: *3/2*
PSW: *-*
Opcode: *MOV dadr,#konst8 = 75H*

MOV @Ri,A

Wirkung: <<Ri>> ← <A>

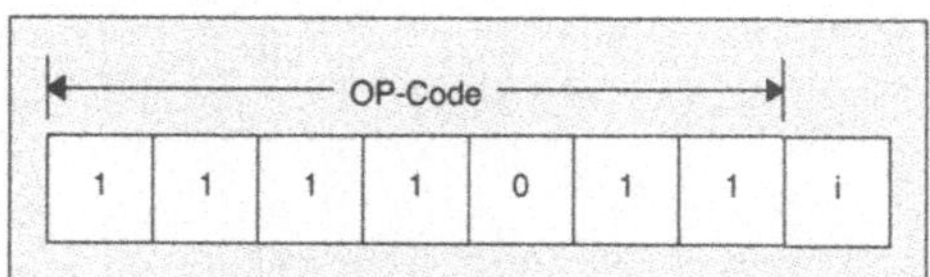

Bytes/Zyklen: *1/1*
PSW: *-*
Opcodes: *MOV @R0,A = F6H*   *MOV @R1,A = F7H*

MOV @Ri,dadr

Wirkung:					<<Ri>> ← <dadr>

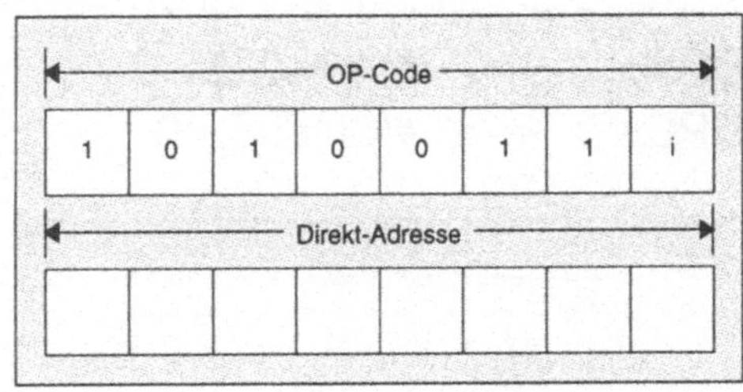

Bytes/Zyklen:			2/2
PSW:					-
Opcodes:				MOV @R0,dadr = A6H			MOV @R1,dadr = A7H

MOV @Ri,konst8

Wirkung:					<<Ri>> ← #konst8

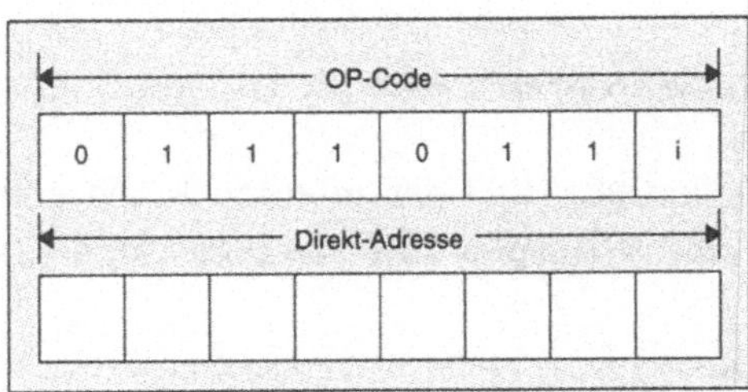

Bytes/Zyklen:			2/1
PSW:					-
Opcodes:				MOV R0,#konst8 = 76H			MOV R1,#konst8 = 77H

MOV DPTR,#konst16

Wirkung: <DPTR>   ←   #konst16

<DPH>   ←   #konst 15 - 8
<DPL>   ←   #konst 7 - 0

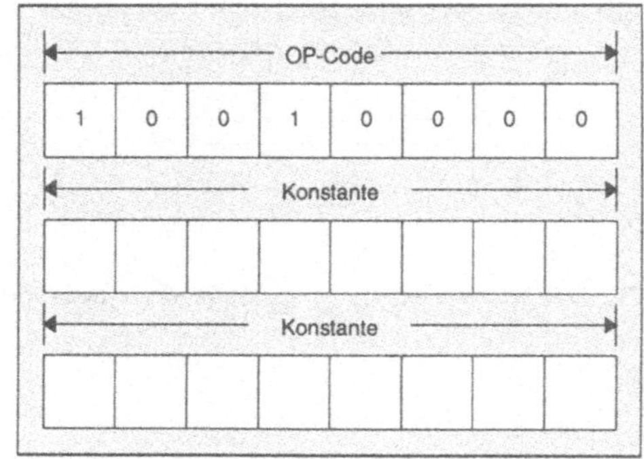

Bytes/Zyklen: 3/2
PSW: -
Opcode: MOV DPTR,#konst16 = 90H

Beispiel: Der Speicherplatz 30H des internen RAM enthält 40H, im RAM-Speicherplatz 40H steht 10H. An Port 1 steht CAH (11001010B).

Programm:

```
MOV   R0,#30H        ; R0 ← #30H
MOV   A,@R0          ; A ← 40H
MOV   R1,A           ; R1 ← 40H
MOV   B,@R1          ; B ← 10H
MOV   @R1,P1         ; RAM (40H) ← #CAH
MOV   P2,P1          ; P2 ← #CAH oder P2 ← P1
```

Das obige Programm bringt die Konstante #30H nach R0, die Konstante #40H sowohl in den Akkumulator als auch in das Register R1, den Wert #10H in das Register B und den Wert #CAH sowohl in die RAM-Zelle 40H als auch nach Port 2.

MOVX

Syntax:	**MOVX <Zielbyte>,<Quellbyte>**

Wirkung: **Kopiert Quellbyte vom/zum externen Datenspeicher**

Beschreibung: Die MOVX-Befehle transferieren Daten zwischen dem externen Datenspeicher und dem Akkumulator. Hierbei unterscheidet man MOVX-Befehle mit einer 8-Bit und einer 16-Bit-Adresse.

8-Bit-MOVX-Befehl:

Die indirekte Adresse liegt in R0 bzw. R1 der aktuellen Registerbank. Adreß- und Datenbyte werden zeitversetzt an Port 0 ausgegeben. Dort läßt sich entweder ein bis zu 256 Byte großer RAM-Bereich oder eine Porterweiterung installieren.

16-Bit-MOVX-Befehl:

Die indirekte Adresse liegt im Daten Pointer (DPTR). Das höherwertige Adreßbyte (HOB) wird an P2, das niederwertige (LOB) an P0 ausgegeben. Darüberhinaus wird zeitversetzt das Datenbyte über P0 ausgegeben.

MOVX A,@Ri

Wirkung: <DPTR>   ← <<Ri>>

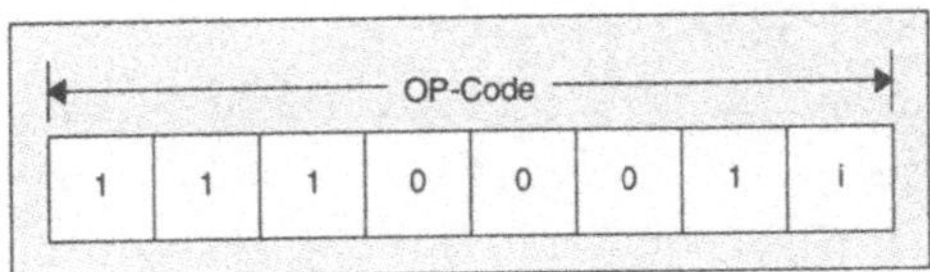

Bytes/Zyklen:	*1/2*	
PSW:	*P*	
Opcode:	*MOVX A,@R0 = E2H*	*MOVX A,@R1 = E3H*

MOVX A, @DPTR

Wirkung: \<A\> ← \<\<DPTR\>\>

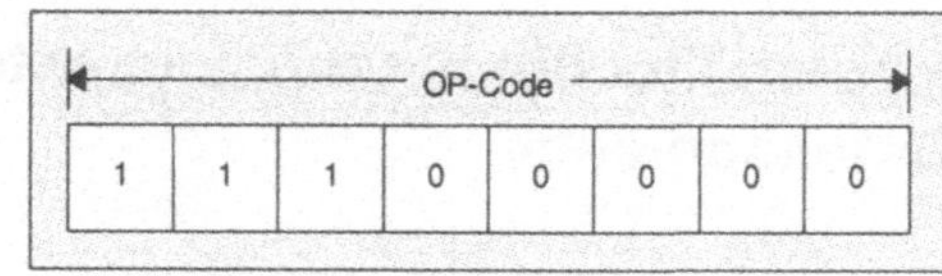

Bytes/Zyklen: 1/2
PSW: P
Opcode: *MOVX A, @DPTR = E0H*

MOVX @Ri,A

Wirkung: \<\<Ri\>\> ← \<A\>

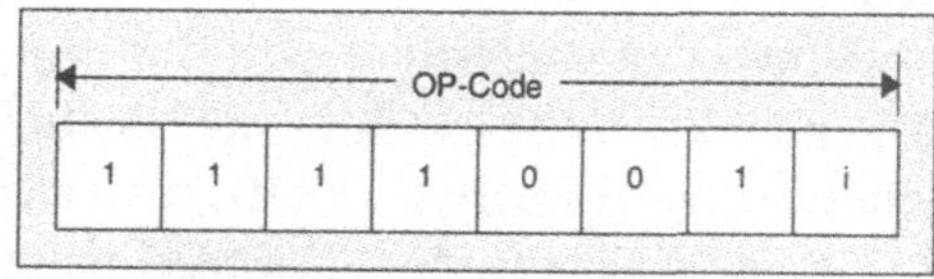

Bytes/Zyklen: 1/2
PSW: -
Opcode: *MOVX @R0,A = F2H*   *MOVX @R1,A = F3H*

MOVX @DPTR,A

Wirkung: \<\<DPTR\>\> ← \<A\>

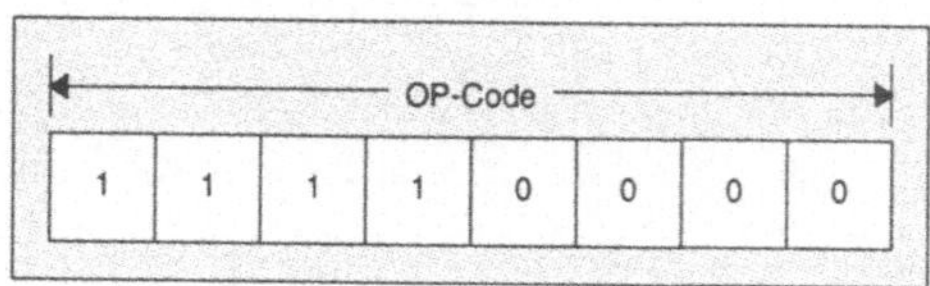

Bytes/Zyklen: 1/2
PSW: -
Opcode: *MOVX @DPTR,A = F0H*

Beispiele: An P0 ist ein 256-Byte RAM-Bereich angeschlossen. R0 und R1 enthalten die Werte #12H und #34H. Im externen RAM liegt unter Adresse 34H der Wert #56H. Nachdem die Befehle:

```
MOVX  A,@R1
MOVX  @R0,A
```

abgearbeitet sind, befindet sich der Wert #56H sowohl im Akku als auch in der RAM-Adresse 12H.

In der Adresse 8200H des externen Datenspeichers befindet sich der Wert #ABH. Nach Abarbeitung der nachfolgenden Befehle steht im Akku und in Speicherzelle 8201H der Wert #ABH.

```
MOVX  DPTR,#8200H
MOVX  A,@DPTR
INC   DPTR
MOVX  @DPTR,A
```

MOVC

Syntax: **MOVC   <Akku>,<Quellbyte>**

Wirkung: **Kopiert Quellbyte vom externen Programm-
                     speicher zum Akkumulator**

Beschreibung: Der Befehl MOVC lädt den Akkumulator mit einem Byte aus
                     dem Programmspeicher. Die Zieladresse errechnet sich aus der
                     Summe der vorzeichenlosen 8-Bit-Zahl im Akku und dem Inhalt
                     des 16-Bit-Basisregisters (PC oder DPTR). Ist der PC das
                     Basisregister, wird der Inhalt des PC auf die Adresse des
                     folgenden Befehls erhöht, bevor die Addition mit A durchgeführt
                     wird. Durch die Addition wird A, PC und DPTR nicht beeinflußt.

MOVC A,@A+DPTR

Wirkung: <A> ← <<A> + <DPTR>>

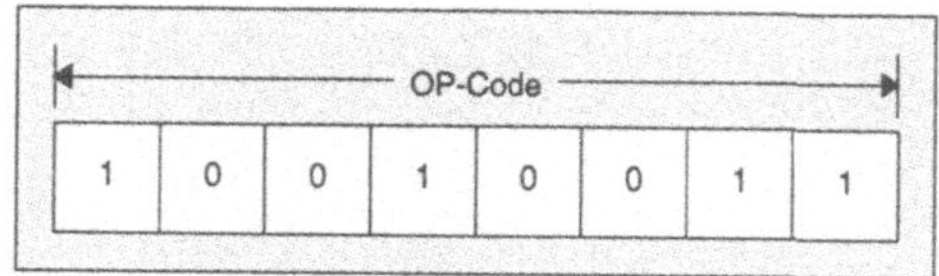

Bytes/Zyklen: *1/2*
PSW: *P*
Opcode: *MOVX A,@A+DPTR = 93H*

MOVC A,@A+PC

Wirkung: <A> ← <<A> + <PC>>

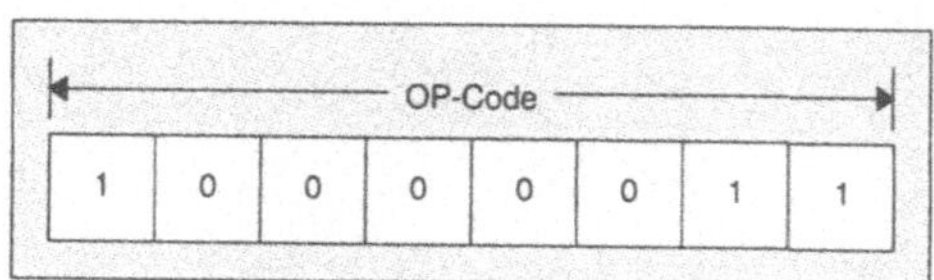

Bytes/Zyklen: *1/2*
PSW: *P*
Opcode: *MOVX A,@A+PC = 83H*

Beispiel: Eine naheliegende Anwendung für diesen Befehl ist die Parameterübergabe beim Rücksprung aus einem Unterprogramm oder einer Interrupt-Service-Routine.

```
Unterpr:    INC    A              ;damit RET-Befehl übersprungen wird
            MOVC   A,@A+PC        ;<<A>+<PC>> → A
            RET
            DB     66H            ;wenn <A> = 00H
            DB     77H            ;wenn <A> = 01H
            DB     88H            ;wenn <A> = 02H
            DB     99H            ;wenn <A> = 03H
```

Ziel: Das Unterprogramm soll die Werte #66H, #77H, #88H oder #99H in den Akku laden, wenn der Akkuinhalt vor Unterprogrammaufruf #00H, #01H, #02H oder #03H ist.

In A befindet sich ein Wert zwischen #00H und #03H. Das Unterprogramm bringt eine der vier Konstanten nach A. Die Konstanten sind durch die DB-Anweisung (Define Byte) im Programm definiert.

Wird das Unterprogramm aufgerufen und steht dann eine #01H im Akku, wird mit dem Befehl MOVC A,@A+PC der Wert #77H - vor der Befehlsausführung zeigt der PC auf den RET-Befehl - in den Akku kopiert. Der Befehl INC A dient dazu, den RET-Befehl zu überspringen.

XCH

Syntax: **XCH <Akku>,<Quellbyte>**

Wirkung: **Tauscht den Inhalt des Quellbyte mit dem Inhalt des Akkumulators aus**

XCH A,Rr

Wirkung: <A> ↔ <Rr>

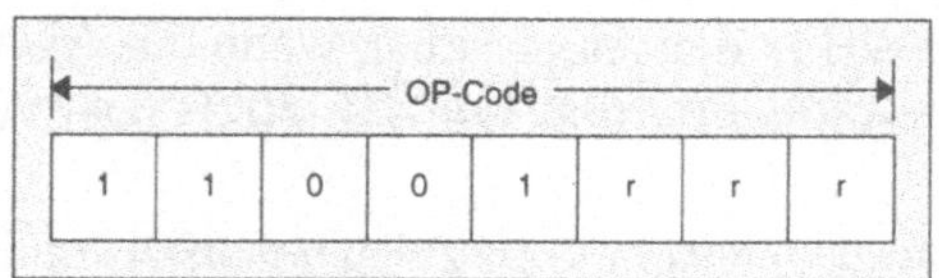

Bytes/Zyklen: 1/1
PSW: P
Opcodes: XCH   A,R0 = C8H   XCH   A,R4 = CCH
                       XCH   A,R1 = C9H   XCH   A,R5 = CDH
                       XCH   A,R2 = CAH   XCH   A,R6 = CEH
                       XCH   A,R3 = CBH   XCH   A,R7 = CFH

XCH A,dadr

Wirkung: <A> ↔ <dadr>

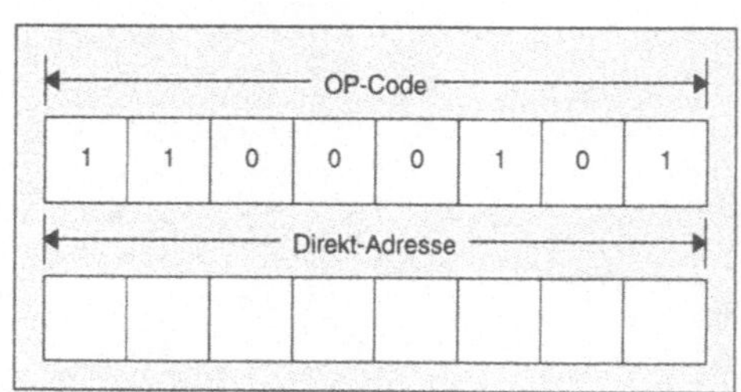

Bytes/Zyklen: 2/1
PSW: P
Opcode: XCH   A,dadr = C5H

XCH A, @Ri

Wirkung: <A> ↔ <<Ri>>

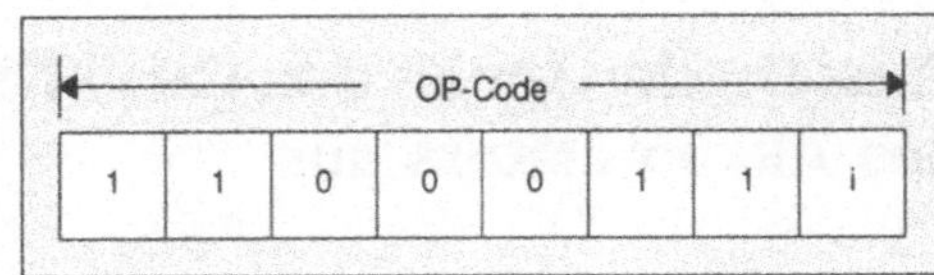

Bytes/Zyklen: 1/1
PSW: P
Opcodes: XCH   A,R0 = C6H   XCH   A,R1 = C7H

XCHD

Syntax: **XCHD**   **<Akku>,<Quell-Nibble>**

Wirkung: **Tauscht den Inhalt des Quell-Nibbles mit dem des Akkumulators aus**

Beschreibung: Der Befehl XCHD vertauscht die 4 niederwertigen Bit des Akkumulators mit denen der über R0 bzw. R1 adressierten Speicherzellen.

XCHD A,@Ri

Wirkung: $\langle A_0 \ldots A_3 \rangle \leftrightarrow \langle\langle Ri_0 \ldots Ri_3 \rangle\rangle$

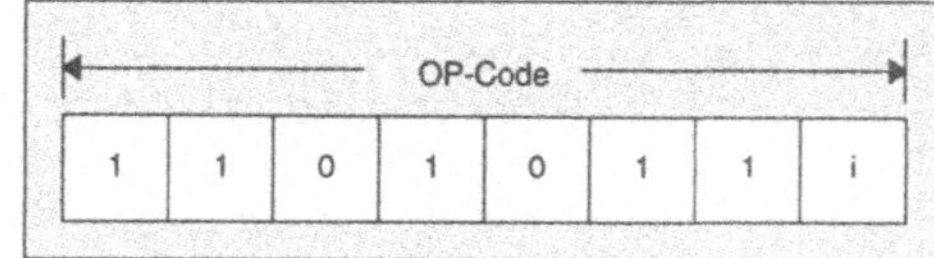

Bytes/Zyklen: *1/1*
PSW: *P*
Opcodes: *XCHD   A,@R0 = D6H*   *XCHD   A,@R1 = D7H*

Beispiel: In R0 steht die Adresse 20H. Im Akkumulator steht der Wert 36H (00110110B) und in der RAM-Zelle 20H steht der Wert 75H (01110101B). Nach Abarbeitung des Befehls XCHD A,@R0 steht im Akkumulator der Wert 35H (00110101B) und in der RAM-Zelle 20H der Wert 76H (01110110B).

SWAP

Syntax: **SWAP   <Akku>**

Wirkung: **Tauscht die Nibbles im Akkumulator**

Beschreibung: Der Befehl SWAP tauscht das höherwertige Nibble mit dem
niederwertigen Nibble im Akkumulator aus. Man kann diesen
Befehl auch als 4-Bit-Shiftbefehl betrachten.

SWAP A

Wirkung: $\langle A_0 ... A_3 \rangle \leftrightarrow \langle A_4 ... A_7 \rangle$

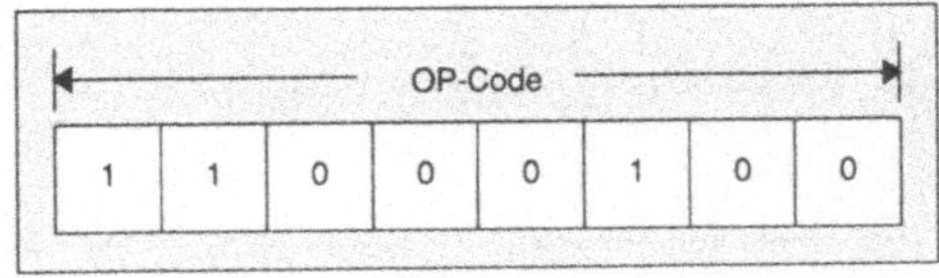

Bytes/Zyklen: *1/1*
PSW: *-*
Opcode: *SWAP A = C4H*

Beispiel: Im Akkumulator steht C5H (11000101B). Nach dem Befehl SWAP A
steht im Akku der Wert 5CH (01011100B).

PUSH

Syntax: **PUSH   <Quelladresse>**

Wirkung: **kopiert den Inhalt einer Quelladresse zum Stack**

Beschreibung: Zuerst wird der Stack Pointer um 1 erhöht. Anschließend wird
der Inhalt der dadr in die Speicherzelle des internen Datenspeichers kopiert, die durch den Stack Pointer adressiert wird.

PUSH dadr

Wirkung: <SP>   ← <SP> + 1
<<SP>>   ← <dadr>

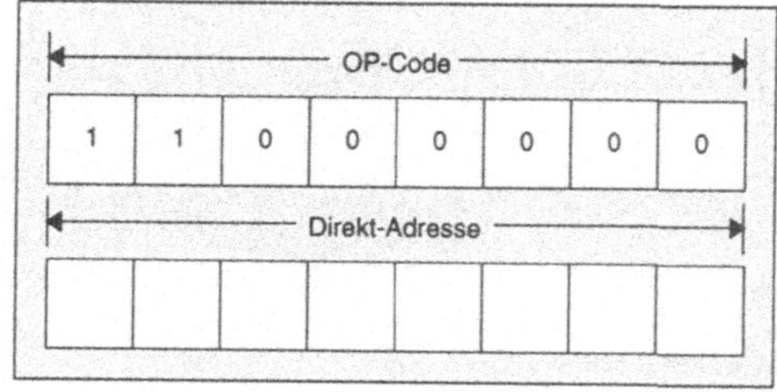

Bytes/Zyklen: *2/2*
PSW: *-*
Opcode: *PUSH dadr = C0H*

Beispiel: Der Stack Pointer (SP) zeigt auf den Wert 09H, der Daten Pointer
(DPTR) zeigt auf die Adresse 0123H. Nach

```
PUSH  DPH
PUSH  DPL
```

zeigt der SP auf die Adresse 0BH und die internen RAM-Adressen
0AH und 0BH enthalten 23H und 01H.

POP

Syntax: **POP <Zieladresse>**

Wirkung: **kopiert den Inhalt der Stackadresse zum internen Speicher**

Beschreibung: Der Inhalt der durch den Stack Pointer adressierten Adresse (aus dem Stackspeicher) wird in die mit dadr adressierte Speicherzelle des internen Datenspeichers kopiert. Anschließend wird der Inhalt des Stack Pointers um 1 erniedrigt.

POP dadr

Wirkung:

<dadr>   ←   <<SP>>
<SP>   ←   <SP> - 1

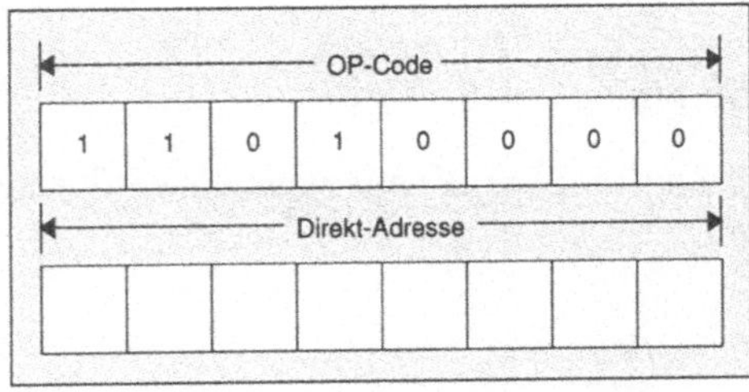

Bytes/Zyklen: *2/2*
PSW: *p*   *bei POP ACC*
Opcode: *POP dadr = D0H*

Beispiel: Der Stack Pointer (SP) hat den Wert 32H, der Inhalt der internen Speicherzellen 30H bis 32H ist 20H, 23H und 01H. Die Befehle

```
POP   DPH
POP   DPL
```

setzen den Daten Pointer (DPTR) auf 0123H und den Stack Pointer (SP) auf 30H.

NOP

Syntax: **NOP**

Wirkung: **Leerbefehl**

Beschreibung: Der NOP-Befehl inkrementiert den Program Counter um 1 und hat sonst keine weiteren Auswirkungen.

POP dadr

Wirkung: <PC>   ←   <PC> + 1

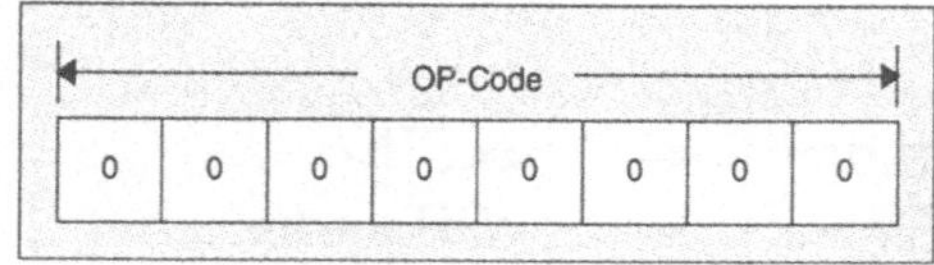

Bytes/Zyklen: *1/1*
PSW: *-*
Opcode: *NOP = 00H*

Beispiel: An Port 2.7 soll ein Impuls ausgegeben werden, der fünf Maschinenzyklen lang ist.

```
CLR      P2.7
SETB     P2.7
NOP
NOP
NOP
NOP
CLR      P2.7
```

10.3 Logik-Befehle

ANL

Syntax: **ANL <Zielbyte>,<Quellbyte>**

Wirkung: **Logische UND-Verknüpfung zwischen Quell-
und Zielbyte**

Beschreibung: Der ANL-Befehl verknüpft das Quell- und Zielbyte bitweise durch ein logisches UND. Die Flags im PSW-Register bleiben unbeeinfußt, außer dem Parity-Flag, wenn der Akkumulator das Ziel ist. Der Befehl ermöglicht sechs Adressierungsarten. Ist A der Zieloperand, kann die Quelle ein Registerinhalt, der Inhalt einer indirekten Adresse oder eine 8-Bit-Konstante sein. Ist der Zieloperand eine direkte Adresse, kann die Quelle A oder eine 8-Bit-Konstante sein. Ist die Quelle ein Port, so werden nicht die Portpins, sondern die Portlatches ausgelesen.

ANL A,Rr

Wirkung: $\langle A \rangle \leftarrow \langle A \rangle \wedge \langle dadr \rangle$

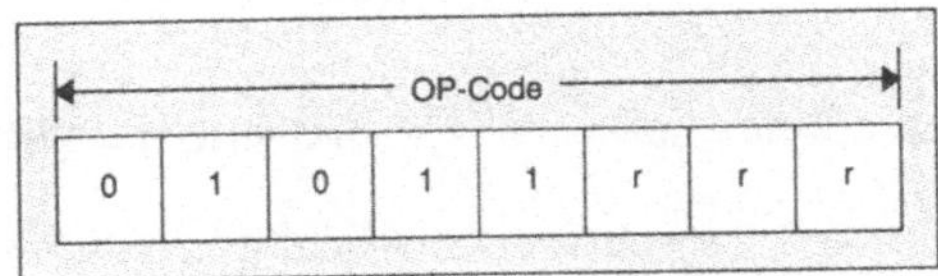

Bytes/Zyklen: *1/1*
PSW: *P*
Opcodes: *ANL A,R0 = 58H*   *ANL A,R4 = 5CH*
ANL A,R1 = 59H   *ANL A,R5 = 5DH*
ANL A,R2 = 5AH   *ANL A,R6 = 5EH*
ANL A,R3 = 5BH   *ANL A,R7 = 5FH*

ANL dadr,#konst8

Wirkung: <dadr> ← <dadr> ∧ <#konst8>

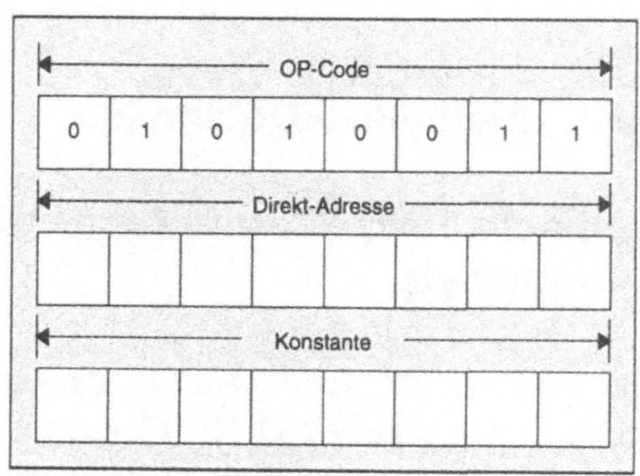

Bytes/Zyklen: 3/2
PSW: -
Opcode: *ANL dadr, #konst8 = 53H*

ANL A,@Ri

Wirkung: <A> ← <A> ∧ <<Ri>>

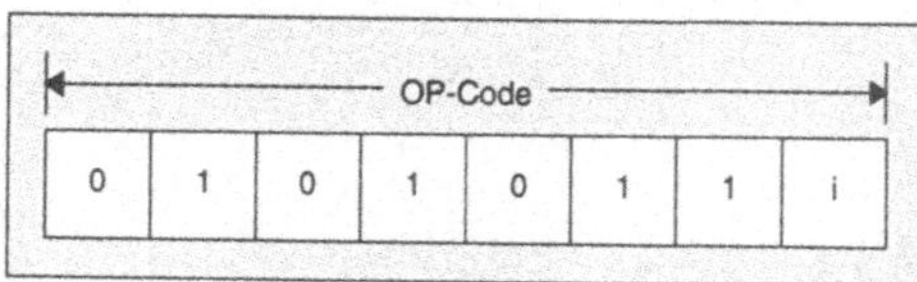

Bytes/Zyklen: 1/1
PSW: P
Opcodes: *ANL A,@R0 = 56H*   *ANL A,@R1 = 57H*

ANL A,#konst8

Wirkung: $\langle A\rangle \leftarrow \langle A\rangle \wedge \langle\#konst8\rangle$

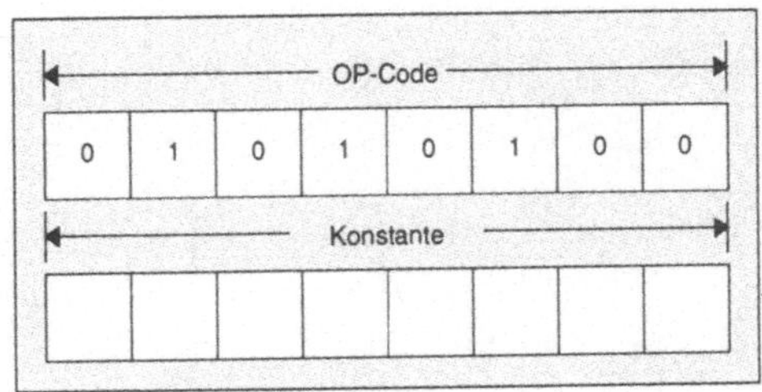

Bytes/Zyklen: 2/1
PSW: P
Opcode: *ANL A,#konst8 = 54H*

ANL A,dadr

Wirkung: $\langle A\rangle \leftarrow \langle A\rangle \wedge \langle dadr\rangle$

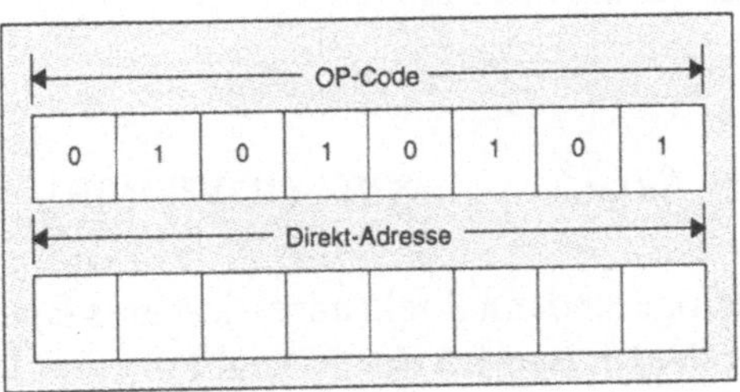

Bytes/Zyklen: 2/1
PSW: P
Opcode: *ANL A,dadr = 55H*

ANL dadr,A

Wirkung: <dadr> ← <dadr> ∧ <A>

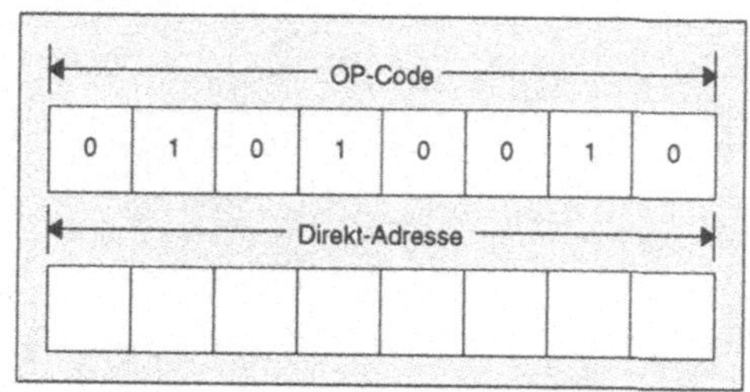

Bytes/Zyklen: **2/1**
PSW: **-**
Opcode: **ANL dadr,A = 52H**

Beispiele: Der Akku enthält   C3H   (11000011B)
                und R0   AAH   (10101010B).

Nach Ausführung des Befehls

ANL A,R0

enthält der Akku   82H   (10000010B).

Ist der Zieloperand ein direkt adressierbares Byte im internen Datenspeicher oder im Bereich der Special Function Register (SFR), kann
man beliebige Bits innerhalb eines Byte maskieren (z.B. löschen). Der
Befehl

ANL P1,#01110011B

löscht die Bits 2^2, 2^3 und 2^7 an Port 1.

ORL

Syntax:	**ORL <Zielbyte>,<Quellbyte>**

Wirkung: **Logische ODER-Verknüpfung zwischen Quell- und Zielbyte**

Beschreibung: Der ORL-Befehl verknüpft das Quell- und Zielbyte bitweise durch ein logisches ODER. Die Flags im PSW-Register bleiben unbeeinfußt, außer dem Parity-Flag, wenn der Akkumulator das Ziel ist. Der Befehl ermöglicht sechs Adressierungsarten. Ist A der Zieloperand, kann die Quelle ein Registerinhalt, der Inhalt einer indirekten Adresse oder eine 8-Bit-Konstante sein. Ist der Zieloperand eine direkte Adresse, kann die Quelle A oder eine 8-Bit-Konstante sein. Ist die Quelle ein Port, so werden nicht die Portpins, sondern die Portlatches ausgelesen.

ORL A,Rr

Wirkung: $\langle A \rangle \leftarrow \langle A \rangle \vee \langle Rr \rangle$

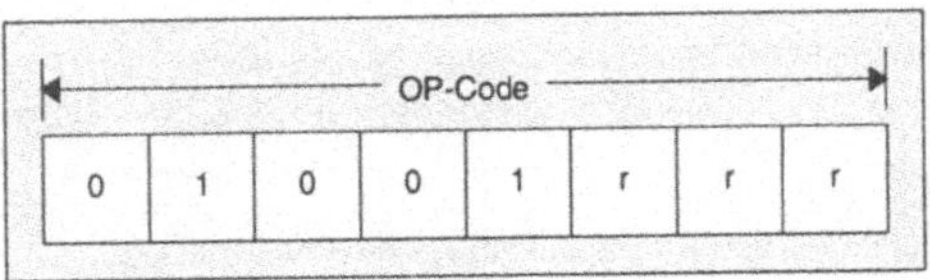

Bytes/Zyklen: *1/1*
PSW: *P*
Opcodes: *ORL A,R0 = 48h*   *ORL A,R4 = 4CH*
                  ORL A,R1 = 49h   *ORL A,R5 = 4DH*
                  ORL A,R2 = 4Ah   *ORL A,R6 = 4EH*
                  ORL A,R3 = 4Bh   *ORL A,R7 = 4FH*

ORL dadr,#konst8

Wirkung: <dadr> ← <dadr> ∨ <#konst8>

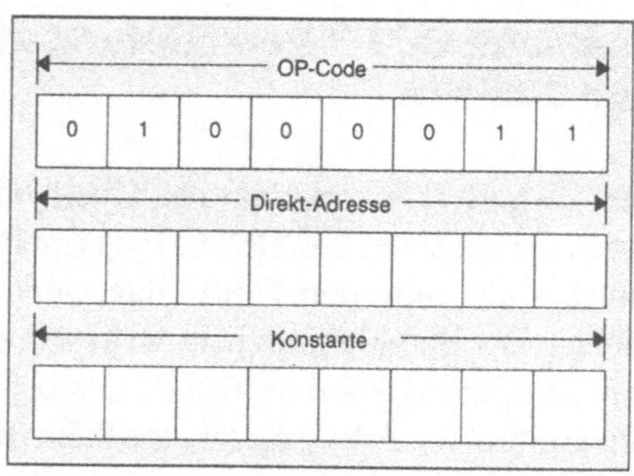

Bytes/Zyklen: 3/2
PSW: -
Opcode: *ORL dadr,#konst8 = 43H*

ORL A,@Ri

Wirkung: <A> ← <A> ∨ <<Ri>>

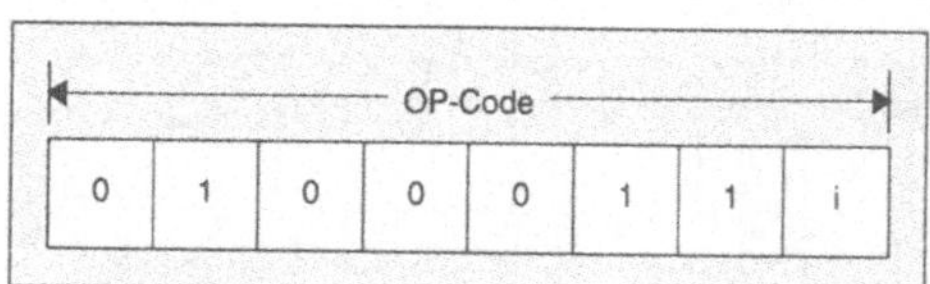

Bytes/Zyklen: 1/1
PSW: P
Opcodes: *ORL A,@R0 = 46H*   *ORL A,@R1 = 47H*

ORL A,#konst8

Wirkung: <A> ← <A> ∨ <#konst8>

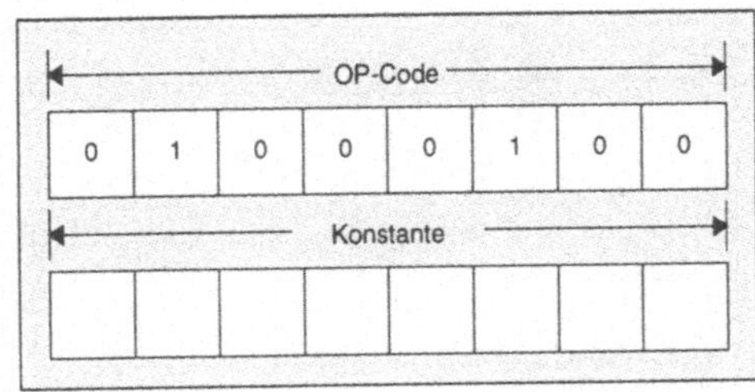

Bytes/Zyklen: *2/1*
PSW: *P*
Opcode: *ORL A,#konst8 = 44H*

ORL A,dadr

Wirkung: <A> ← <A> ∨ <dadr>

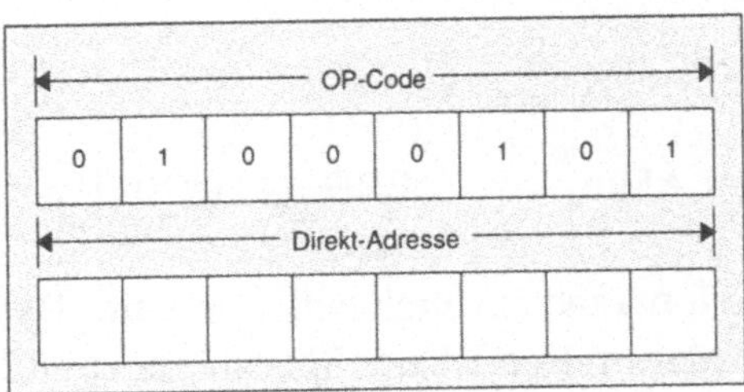

Bytes/Zyklen: *2/1*
PSW: *P*
Opcode: *ORL A,dadr = 45H*

ORL dadr,A

Wirkung: <dadr> ← <dadr> ∨ <A>

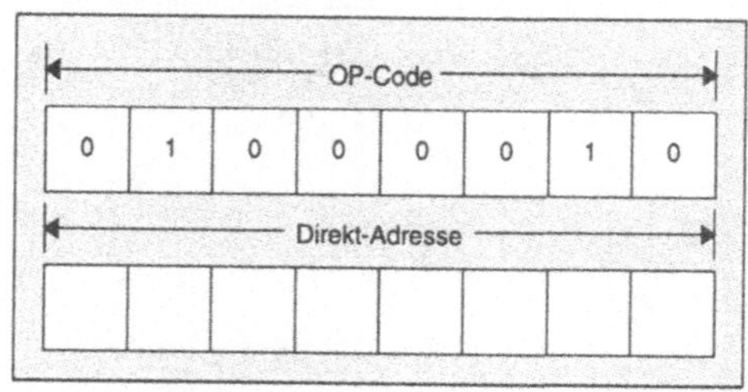

Bytes/Zyklen: *2/1*
PSW: *-*
Opcode: *ORL dadr,A =42H*

Beispiele: Der Akku enthält   C3H   (11000011B)
                und R0   AAH   (10101010B).

Nach Ausführung des Befehls

ORL A,R0

enthält der Akku   EBH   (11101011B).

Ist der Zieloperand ein direkt adressierbares Byte im internen Datenspeicher oder im Bereich der Special Function Register (SFR), kann
man beliebige Bits innerhalb eines Byte maskieren (z.B. löschen). Der
Befehl

ORL P1,#01110011

setzt die Bits 2^0, 2^1, 2^4, 2^5 und 2^6 an Port 1.

XRL

Syntax: **XRL <Zielbyte>,<Quellbyte>**

Wirkung: **Logische Exclusiv-Oder-Verknüpfung zwischen Quell- und Zielbyte**

Beschreibung: Der XRL-Befehl verknüpft das Quell- und Zielbyte bitweise durch ein logisches EXCLUSIV-ODER (ANTIVALENZ). Die Flags im PSW-Register bleiben unbeeinfußt, außer dem Parity-Flag, wenn der Akkumulator das Ziel ist. Der Befehl ermöglicht sechs Adressierungsarten. Ist A der Zieloperand, kann die Quelle ein Registerinhalt, der Inhalt einer indirekten Adresse oder eine 8-Bit-Konstante sein. Ist der Zieloperand eine direkte Adresse, kann die Quelle A oder eine 8-Bit-Konstante sein. Ist die Quelle ein Port, so werden nicht die Portpins, sondern die Portlatches ausgelesen.

XRL A,Rr

Wirkung: <A> ← <A> EXOR <Rr>

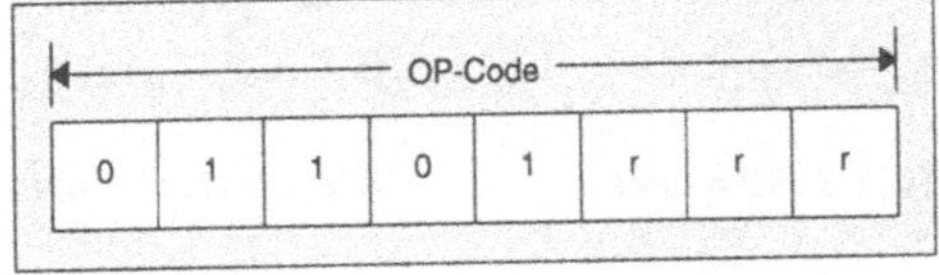

Bytes/Zyklen: 1/1
PSW: P
Opcodes:

XRL A,R0 = 68H	*XRL A,R4 = 6CH*
XRL A,R1 = 69H	*XRL A,R5 = 6DH*
XRL A,R2 = 6AH	*XRL A,R6 = 6EH*
XRL A,R3 = 6BH	*XRL A,R7 = 6FH*

XRL A,dadr

Wirkung: $\langle A \rangle \leftarrow \langle A \rangle$ EXOR $\langle dadr \rangle$

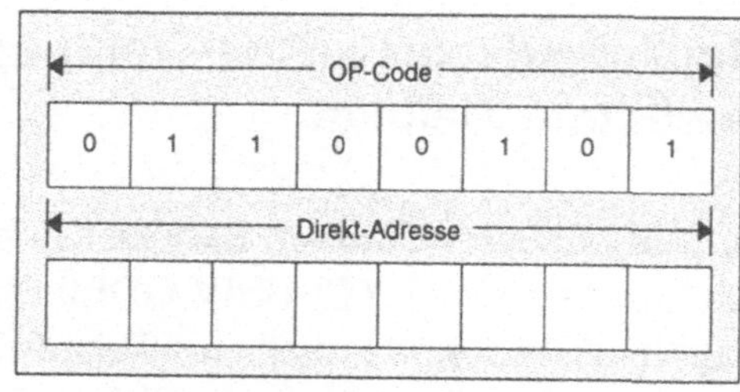

Bytes/Zyklen: 2/1
PSW: P
Opcode: *XRL A,dadr = 65H*

XRL A,@Ri

Wirkung: $\langle A \rangle \leftarrow \langle A \rangle$ EXOR $\langle\langle Ri \rangle\rangle$

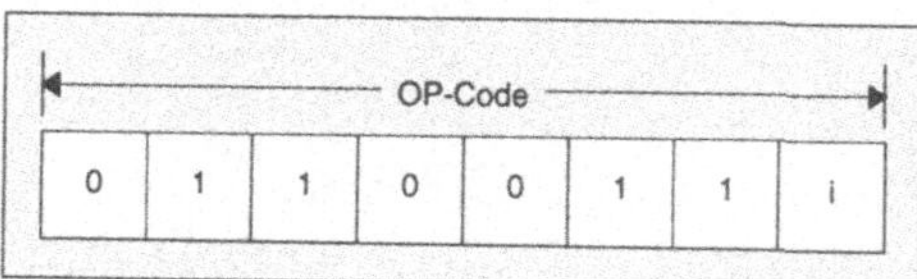

Bytes/Zyklen: 1/1
PSW: P
Opcode: *XRL A,@R0 = 66H*   *XRL A,@R1 = 67H*

XRL A,#konst8

Wirkung: \<A\> ← \<A\> EXOR \<#konst8\>

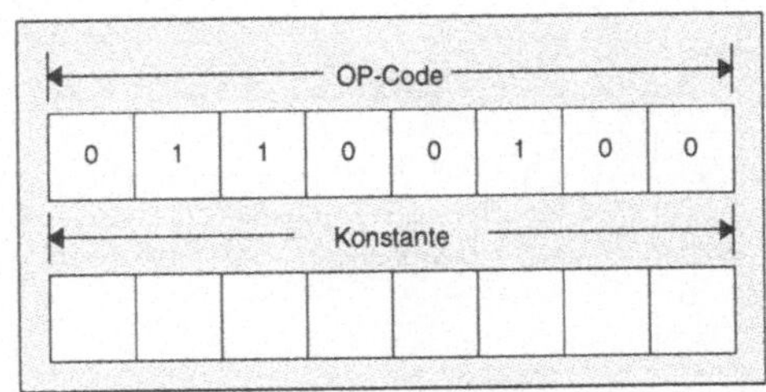

Bytes/Zyklen: 2/1
PSW: P
Opcode: XRL A,#konst8 = 64H

XRL dadr,A

Wirkung: \<dadr\> ← \<dadr\> EXOR \<A\>

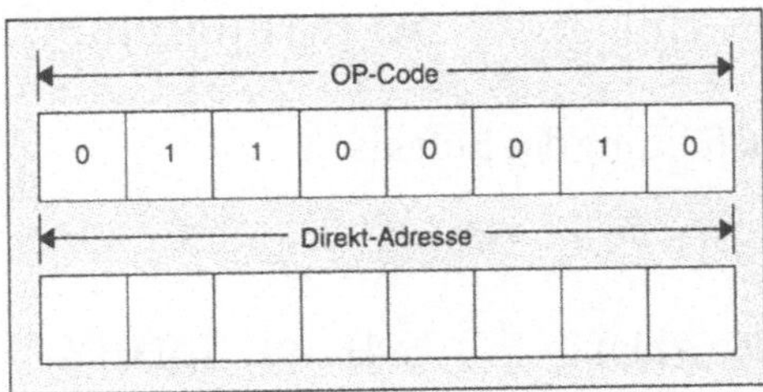

Bytes/Zyklen: 2/1
PSW: -
Opcode: XRL dadr,A = 62H

XRL dadr,#konst8

Wirkung: <dadr> ← <dadr> EXOR <#konst8>

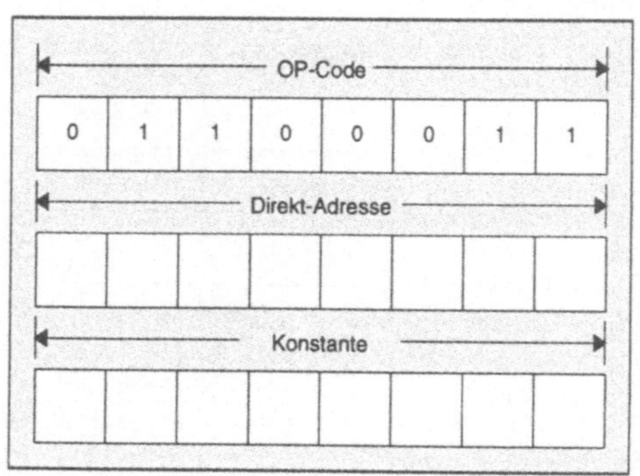

Bytes/Zyklen: *3/2*
PSW: *-*
Opcode: *XRL dadr,#konst8 = 63H*

Beispiel: Der Akku enthält   C3H   (11000011B)
                und R0   AAH   (10101010B).

                Nach Ausführung des Befehls

                XRL A,R0

                enthält der Akku   69H   (01101001B).

CPL

Syntax: **CPL A**

Wirkung: **Invertiert den Inhalt von A**

Beschreibung: Mit dem CPL A-Befehl wird vom Inhalt des Akkumulators das Einerkomplement gebildet, d.h. der Akkuinhalt wird bitweise invertiert.

CPL A

Wirkung: <A> ← <#A>

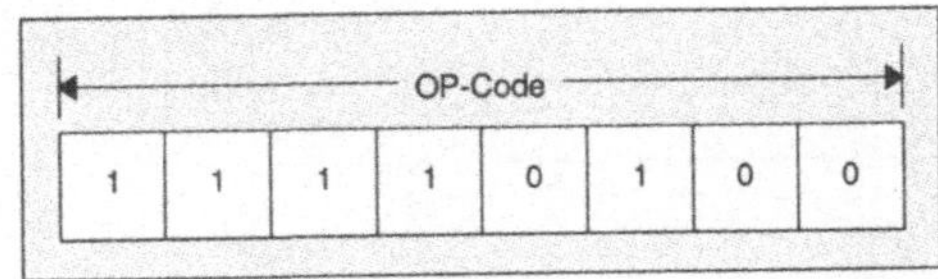

Bytes/Zyklen: *1/1*
PSW: *P*
Opcode: *CPL A = F4H*

Beispiel: Der Akku enthält   5CH   (01011100B).

Nach Ausführung des Befehls

CPL A

enthält der Akku   A3H   (10100011B).

CLR

Syntax: **CLR A**

Wirkung: **Löscht den Inhalt des Akkus**

Beschreibung: Mit dem CLR A-Befehl wird der Inhalt des Akkumulators gelöscht, d. h. alle Bits werden auf 0 gesetzt. Dabei wird lediglich das Parity-Flag des PSW-Registers beeinflußt.

CLR A

Wirkung: $\langle A \rangle \leftarrow 00H$

|← OP-Code →|
| 1 | 1 | 1 | 0 | 0 | 1 | 0 | 0 |

Bytes/Zyklen: *1/1*
PSW: *P*
Opcode: *CLR A = E4H*

Beispiel: Der Akku enthält   C3H   (11000011B)

Nach Ausführung des Befehls

CLR A

enthält der Akku   00H   (00000000B).

10.4 Arithmetik-Befehle

ADD

Syntax: **ADD <Akku>,<Quellbyte>**

Wirkung: **Addition von Akkuinhalt und Quellbyte**

Beschreibung: Der ADD-Befehl addiert zum Inhalt des Akkumulators ein zweites Byte. Das Ergebnis erscheint im Akkumulator. Das Carry- bzw. Auxiliary Carry-Flag, das Overflow-Flag und das Parity-Flag werden in Abhängigkeit des Additionsergebnisses gesetzt oder gelöscht. Addiert man vorzeichenlose Integer-Zahlen, zeigt das Carry-Flag den Byteüberlauf an.

Rechnet man vorzeichenbehaftet, benötigt man das OV-Flag, um einen Wechsel vom positiven in den negativen Wertebereich und umgekehrt zu erkennen. Dies ist der Fall, wenn ein Übertrag von Bit 2^6 nach 2^7 entsteht oder die Bitstelle 2^7 von 1 nach 0 wechselt. Das Beispiel am Ende der Beschreibungen zum Befehl ADD soll diesen Zusammenhang besonders verdeutlichen.

ADD A,Rr

Wirkung: $\langle A \rangle \leftarrow \langle A \rangle + \langle Rr \rangle$

			OP-Code				
0	0	1	0	1	r	r	r

Bytes/Zyklen: *1/1*
PSW: *P, C, AC, OV*
Opcodes: *ADD A,R0 = 28H*   *ADD A,R4 = 2CH*
                   ADD A,R1 = 29H   *ADD A,R5 = 2DH*
                   ADD A,R2 = 2AH   *ADD A,R6 = 2EH*
                   ADD A,R3 = 2BH   *ADD A,R7 = 2FH*

ADD A,dadr

Wirkung: $\langle A\rangle \leftarrow \langle A\rangle + \langle dadr\rangle$

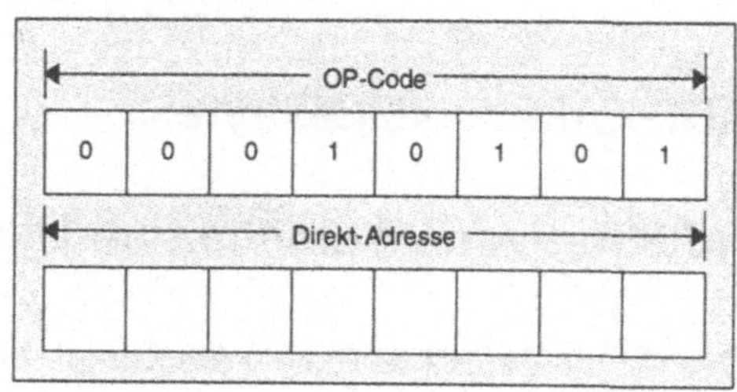

Bytes/Zyklen:	*2/1*
PSW:	*P, C, AC, OV*
Opcode:	*ADD A,dadr = 15H*

ADD A,@Ri

Wirkung: $\langle A\rangle \leftarrow \langle A\rangle + \langle\langle Ri\rangle\rangle$

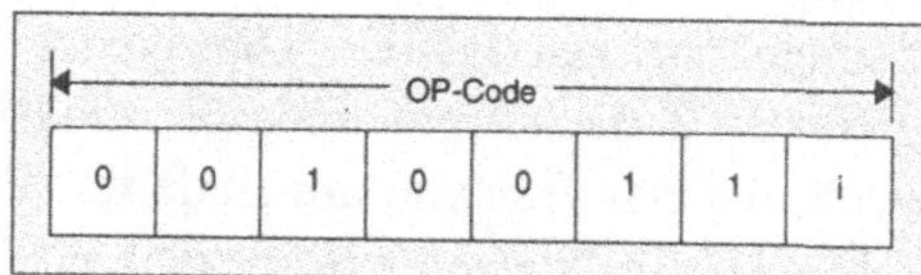

Bytes/Zyklen:	*1/1*	
PSW:	*P, C, AC, OV*	
Opcodes:	*ADD A,@R0 = 26H*	*ADD A,@R1 = 27H*

ADD A,#konst8

Wirkung:　　　　<A> ← <A> + <#konst8>

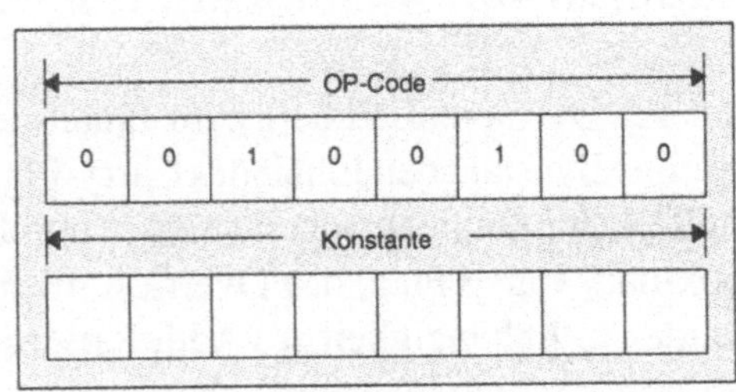

Bytes/Zyklen:　　　*2/1*
PSW:　　　　　　*P, C, AC, OV*
Opcode:　　　　*ADD A,#konst8 = 24H*

Beispiel:

```
MOV   0D0H,#00H     ;PSW-Reg. löschen
MOV   A,#7FH        ;größte positive Zahl → A
ADD   A,#01H        ;<A> um 1 erhöhen ⇒ kleinste negative Zahl → <A> = 80H
                    ;OV-FLAG = 1, Carry-Flag = 0
MOV   0D0H,#00H     ;PSW-Reg. löschen


SUBB  A,#01H        ;<A> um 1 erniedrigen ⇒ größte positive Zahl → <A> = 7FH
                    ;OV-Flag = 1, Carry-Flag = 0
MOV   0D0H,#00H     ;PSW-Reg. löschen


MOV   A,#0FFH       ;FFH → A
ADD   A,#01H        ;<A> um 1 erhöhen ⇒ <A> = 00H
                    ;OV-Flag = 0, Carry-Flag = 1
MOV   0D0H,#00H     ;PSW-Reg. löschen


SUBB  A,#01H        ;<A> um 1 erniedrigen ⇒ <A> = FFH
                    ;OV-Flag = 0, Carry-Flag = 1
```

ADDC

Syntax:	**ADDC <Akku> + <Quellbyte> + <C>**

Wirkung: **Addition von Akkuinhalt, Quellbyte und C-Flag**

Beschreibung: Der ADDC-Befehl addiert zum Inhalt des Akkumulators ein zweites Byte und den Inhalt des Carry-Flag an niederwertigster Stelle. Das Ergebnis erscheint im Akkumulator. Das Carry- bzw. Auxiliary Carry-Flag, das Overflow-Flag und das Parity-Flag werden in Abhängigkeit des Additionsergebnisses gesetzt oder gelöscht. Addiert man vorzeichenlose Integer-Zahlen, zeigt das Carry-Flag den Byteüberlauf an.

Rechnet man vorzeichenbehaftet, benötigt man das OV-Flag, um einen Wechsel vom positiven in den negativen Wertebereich und umgekehrt zu erkennen. Dies ist der Fall, wenn ein Übertrag von Bit 2^6 nach 2^7 entsteht oder die Bitstelle 2^7 von 1 nach 0 wechselt. Das Beispiel am Ende der Beschreibungen zum Befehl ADD soll diesen Zusammenhang besonders verdeutlichen.

ADDC A,Rr

Wirkung: <A> ← <A> + <Rr> + <C>

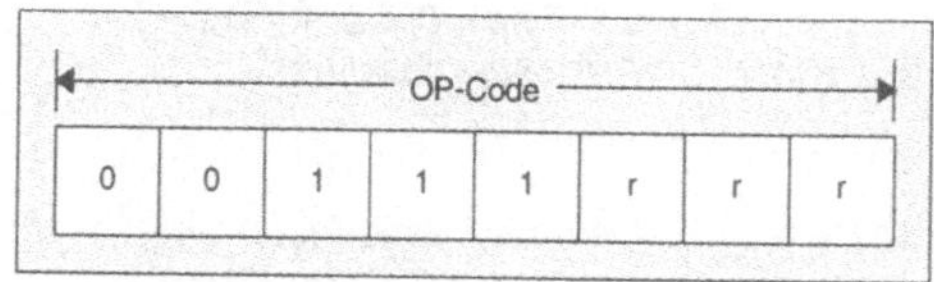

Bytes/Zyklen:	*1/1*
PSW:	*P, C, AC, OV*
Opcodes:	*ADDC A,R0 = 38H* *ADDC A,R4 = 3CH*
	ADDC A,R1 = 39H *ADDC A,R5 = 3DH*
	ADDC A,R2 = 3AH *ADDC A,R6 = 3EH*
	ADDC A,R3 = 3BH *ADDC A,R7 = 3FH*

ADDC A,dadr

Wirkung: $<A> \leftarrow <A> + <dadr> + <C>$

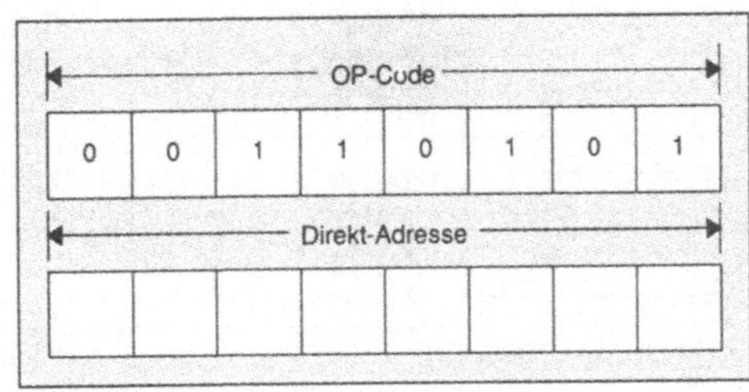

Bytes/Zyklen:	*2/1*
PSW:	*P, C, AC, OV*
Opcode:	*ADDC A,dadr = 35H*

ADDC A,@Ri

Wirkung: $<A> \leftarrow <A> + <<Ri>> + <C>$

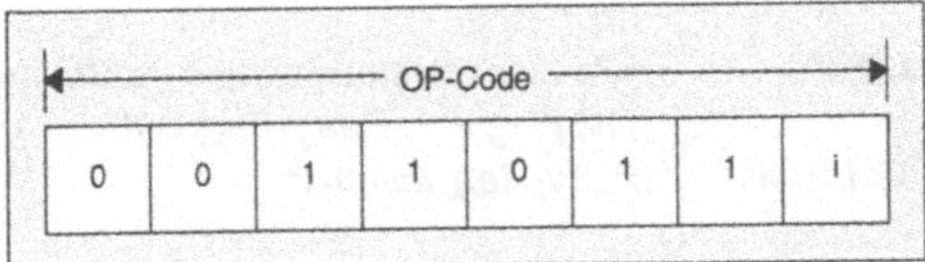

Bytes/Zyklen:	*1/1*	
PSW:	*P, C, AC, OV*	
Opcodes:	*ADDCA,@R0 = 36H*	*ADDC A,@R1 = 37H*

ADDC A,#konst8

Wirkung: <A> ← <A> + <#konst8> + <C>

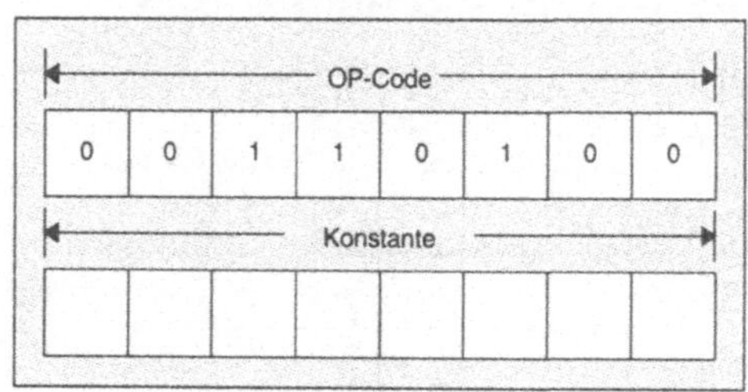

Bytes/Zyklen: 2/1
PSW: P, C, AC, OV
Opcode: ADDC A,#konst8 = 34H

Beispiel:

```
MOV   0D0H,#00H       ;PSW-Reg. löschen
MOV   A,#7FH          ;größte positive Zahl → <A> = 7FH
ADDC  A,#01H          ;<A> um 1 erhöhen ⇒ kleinste negative Zahl → <A> = 80H
                      ;OV-FLAG = 1, Carry-Flag = 0
MOV   0D0H,#00H       ;PSW-Reg. löschen

SUBB  A,#01H          ;<A> um 1 erniedrigen ⇒ größte positive Zahl → <A> = 7FH
                      ;OV-Flag = 1, Carry-Flag = 0
MOV   0D0H,#00H       ;PSW-Reg. löschen

MOV   A,#0FFH         ;FFH → A
ADDC  A,#01H          ;<A> um 1 erhöhen ⇒ <A> = 00H
                      ;OV-Flag = 0, Carry-Flag = 1
ADDC  A,#01H          ;<A> um 1 erhöhen ⇒ <A> = 02H
                      ;OV-Flag = 0, Carry-Flag = 0
MOV   0D0H,#00H       ;PSW-Reg. löschen

SUBB  A,#03H          ;<A> um 3 erniedrigen ⇒ <A> = FFH
                      ;OV-Flag = 0, Carry-Flag = 1
```

SUBB

Syntax: **SUBB   <Akku> - <Quellbyte> - <C>**

Wirkung: **Quellbyte und C-Flag werden vom Akku subtrahiert**

Beschreibung: Der SUBB-Befehl subtrahiert die Summe von Quellbyte und C-Flag vom Akkuinhalt. Das Ergebnis erscheint im Akkumulator. Das Carry- bzw. Auxiliary Carry-Flag, das Overflow- und das Parity-Flag werden in Abhängigkeit des Subtraktionsergebnisses gesetzt oder gelöscht. Subtrahiert man vorzeichenlose Integer-Zahlen, zeigt das Carry-Flag den Byteüberlauf an.

Rechnet man vorzeichenbehaftet, benötigt man das OV-Flag, um einen Wechsel vom positiven in den negativen Wertebereich und umgekehrt zu erkennen. Dies ist der Fall, wenn ein Übertrag von Bit 2^6 nach 2^7 entsteht oder die Bitstelle 2^7 von 1 nach 0 wechselt. Das Beispiel am Ende der Beschreibungen zum Befehl SUBB soll diesen Zusammenhang besonders verdeutlichen.

SUBB A,Rr

Wirkung: <A> ← <A> – <Rr> - <C>

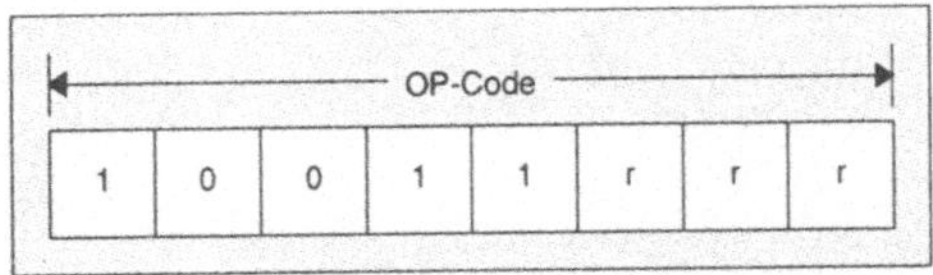

Bytes/Zyklen: *1/1*
PSW: *P, C, AC, OV*
Opcodes: *SUBB A,R0 = 98H*   *SUBB A,R4 = 9CH*
                     SUBB A,R1 = 99H   *SUBB A,R5 = 9DH*
                     SUBB A,R2 = 9AH   *SUBB A,R6 = 9EH*
                     SUBB A,R3 = 9BH   *SUBB A,R7 = 9FH*

SUBB A,dadr

Wirkung: $\langle A \rangle \leftarrow \langle A \rangle - \langle dadr \rangle - \langle C \rangle$

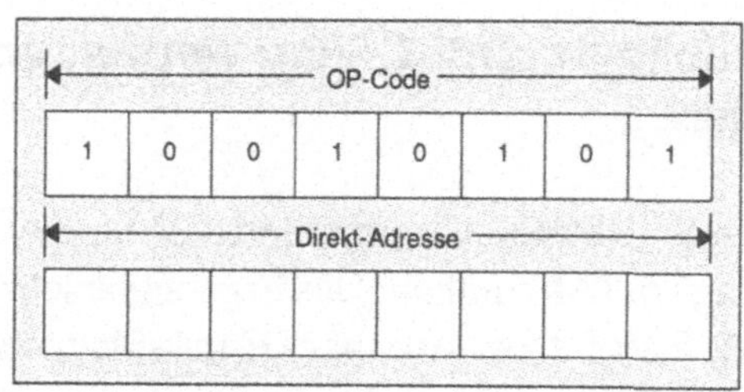

Bytes/Zyklen: 2/1
PSW: *P, C, AC, OV*
Opcode: *SUBB A,dadr = 95H*

SUBB A,@Ri

Wirkung: $\langle A \rangle \leftarrow \langle A \rangle - \langle\langle Ri \rangle\rangle - \langle C \rangle$

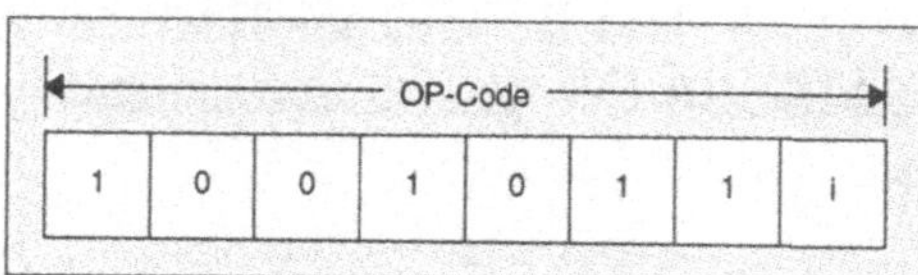

Bytes/Zyklen: 1/1
PSW: *P, C, AC, OV*
Opcodes: *SUBB,@R0 = 96H*   *SUBB A,@R1 = 97H*

SUBB A,#konst8

Wirkung: $\langle A\rangle \leftarrow \langle A\rangle - \langle \#konst8\rangle - \langle C\rangle$

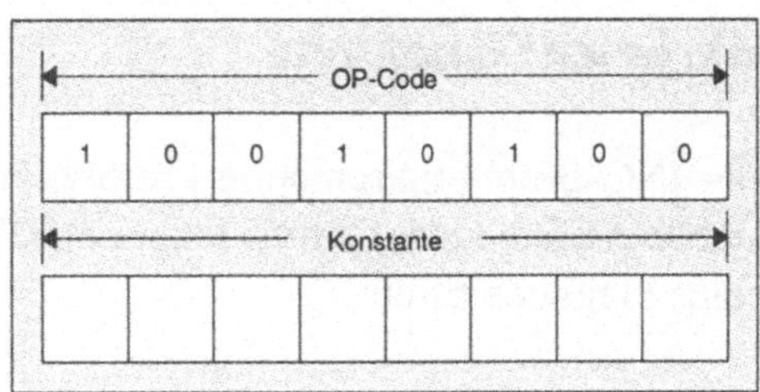

Bytes/Zyklen: *2/1*
PSW: *P, C, AC, OV*
Opcode: *SUBB A,#konst8 = 94H*

Beispiel:

```
MOV    0D0H,#00H    ;PSW-Reg. löschen
MOV    A,#80H       ;kleinste negative Zahl → <A> = 80H
SUBB   A,#01H       ;<A> um 1 erniedrigen ⇒ größte positive Zahl → <A> = 7FH
                    ;OV-FLAG = 1, Carry-Flag = 0
MOV    0D0H,#00H    ;PSW-Reg. löschen

ADD    A,#01H       ;<A> um 1 erhöhen ⇒ kleinste negative Zahl → <A> = 80H
                    ;OV-Flag = 1, Carry-Flag = 0
MOV    0D0H,#00H    ;PSW-Reg. löschen

MOV    A,#00H       ;00H → A
SUBB   A,#01H       ;<A> um 1 erniedrigen ⇒ <A> = FFH
                    ;OV-Flag = 0, Carry-Flag = 1
ADD    A,#01H       ;<A> um 1 erhöhen ⇒ <A> = 00H
                    ;OV-Flag = 0, Carry-Flag = 1
SUBB   A,#01H       ;<A> um 1 erniedrigen ⇒ <A> = FEH
                    ;OV-Flag = 0, Carry-Flag = 1
```

INC

Syntax: **INC <Quellbyte>**

Wirkung: **Inkrement Quellbyte**

Beschreibung: Der INC-Befehl inkrementiert (erhöht um 1) den Inhalt eines
Quellbyte. Bis auf das Parity-Flag, beim INC A - Befehl, werden
keine Flags beeinflußt.

INC A

Wirkung: $\langle A \rangle \leftarrow \langle A \rangle + 1$

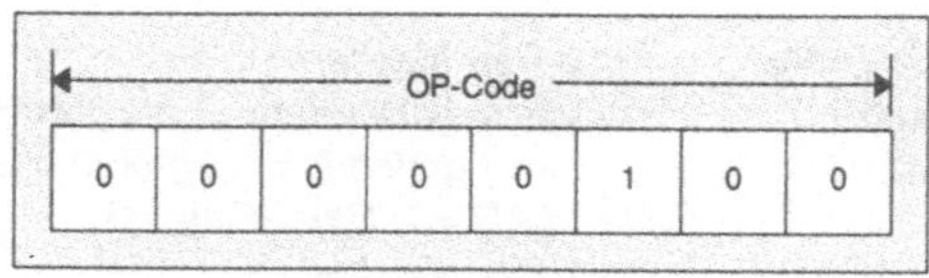

Bytes/Zyklen: *1/1*
PSW: *P*
Opcode: *INC A = 04H*

INC Rr

Wirkung: $\langle Rr \rangle \leftarrow \langle Rr \rangle + 1$

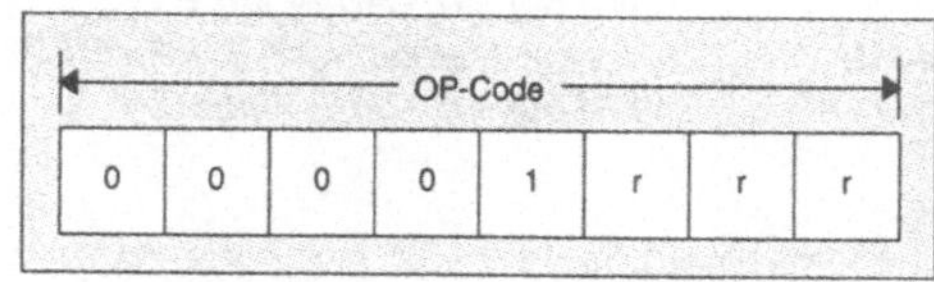

Bytes/Zyklen: *1/1*
PSW: *-*
Opcodes: *INC R0 = 08H*   *INC R4 = 0CH*
                     INC R1 = 09H   *INC R5 = 0DH*
                     INC R2 = 0AH   *INC R6 = 0EH*
                     INC R3 = 0BH   *INC R7 = 0FH*

INC dadr

Wirkung: <dadr> ← <dadr> + 1

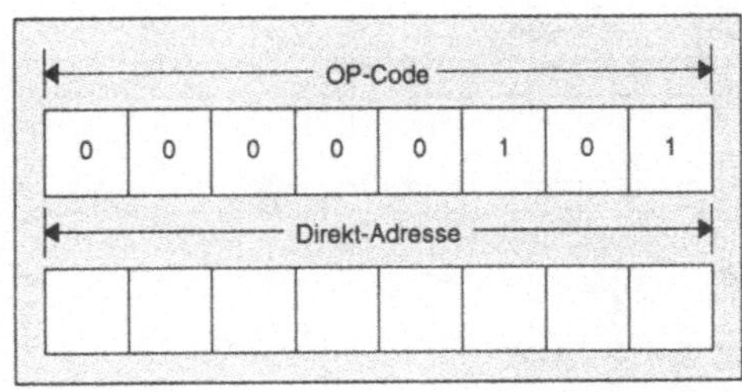

Bytes/Zyklen: *2/1*
PSW: *-*
Opcode: *INC dadr = 05H*

INC @Ri

Wirkung: <<Ri>> ← <<Ri>> + 1

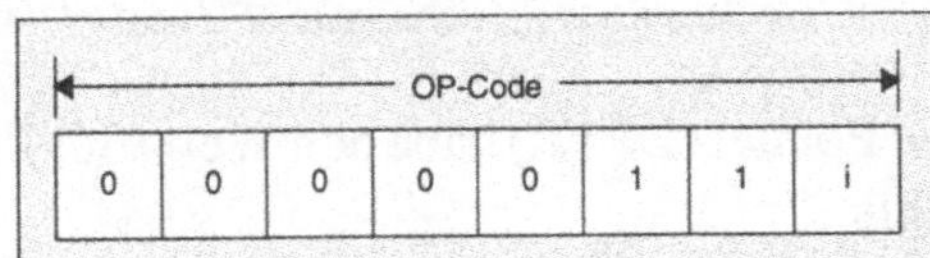

Bytes/Zyklen: *1/1*
PSW: *-*
Opcodes: *INC @R0 = 06H*   *INC @R1 = 07H*

INC DPTR

Wirkung: \<DPTR\> ← \<DPTR\> + 1

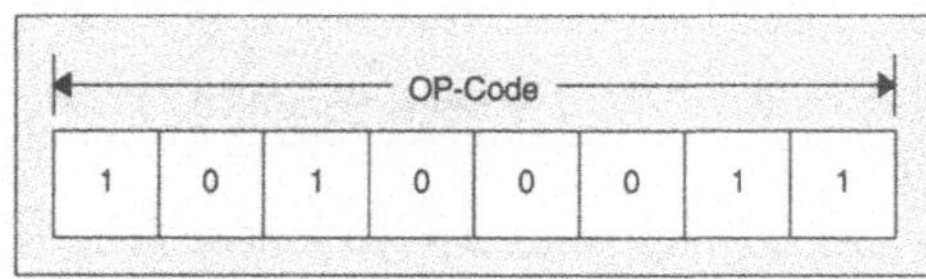

Bytes/Zyklen: *1/2*
PSW: *-*
Opcode: *INC DPTR = A3H*

Beispiele: Das Register R0 habe den Wert #7EH (01111110B). Die Inhalte der internen Speicherzellen 7EH und 7FH haben die Werte #FFH und #40H.
Durch die Abarbeitung nachstehender Befehle ergeben sich folgende Veränderungen:

```
INC @R0      ;der Inhalt von Speicherzelle 7E wird #00H
INC R0       ;der Inhalt von R0 wird #7FH
INC @R0      ;der Inhalt von Speicherzelle 7FH wird #41H
```

Der Daten Pointer (DPTR) habe den Wert #36FFH. Nach Ausführung des Befehls

```
INC DPTR
```

hat DPTR den Wert 3700H.

DEC

Syntax:	**DEC <Quellbyte>**
Wirkung:	**Dekrement Quellbyte**

Beschreibung: Der DEC-Befehl dekrementiert (erniedrigt um 1) den Inhalt eines Quellbyte. Bis auf das Parity-Flag, beim DEC A - Befehl, werden keine Flags beeinflußt.

DEC A

Wirkung: $<A> \leftarrow <A> - 1$

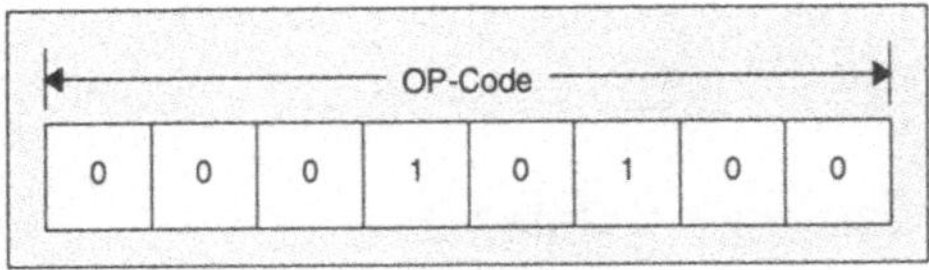

Bytes/Zyklen:	*1/1*
PSW:	*P*
Opcode:	*DEC A = 14H*

DEC Rr

Wirkung: $<Rr> \leftarrow <Rr> - 1$

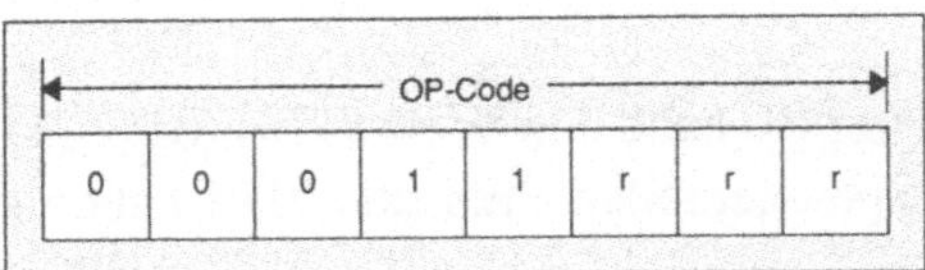

Bytes/Zyklen: *1/1*
PSW: *-*

Opcodes:

DEC R0 = 18H	*DEC R4 = 1CH*
DEC R1 = 19H	*DEC R5 = 1DH*
DEC R2 = 1AH	*DEC R6 = 1EH*
DEC R3 = 1BH	*DEC R7 = 1FH*

DEC dadr

Wirkung: <dadr> ← <dadr> – 1

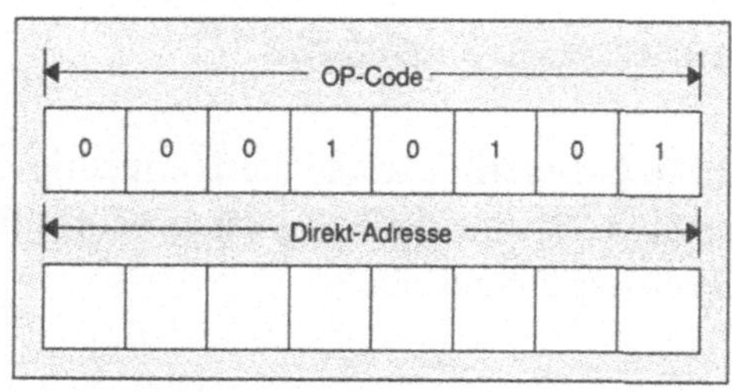

Bytes/Zyklen: *2/1*
PSW: *-*
Opcode: *DEC dadr = 15H*

DEC @Ri

Wirkung: <<Ri>> ← <<Ri>> – 1

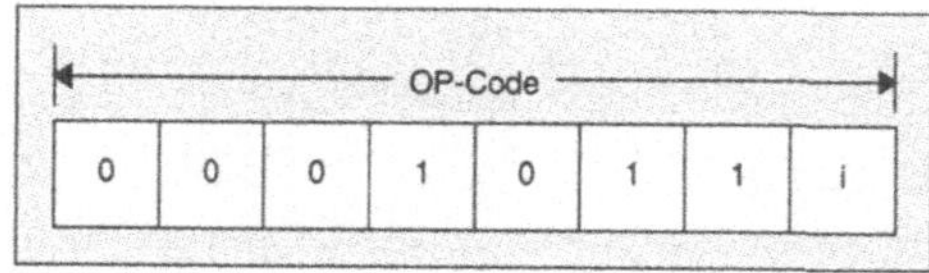

Bytes/Zyklen: *1/1*
PSW: *-*
Opcodes: *DEC @R0 = 16H*   *DEC @R1 = 17H*

Beispiele: Das Register R0 habe den Wert #7EH (01111110B). Die Inhalte der internen Speicherzellen 7EH und 7DH haben die Werte #FFH und #40H.

Durch die Abarbeitung nachstehender Befehle ergeben sich folgende Veränderungen:

```
DEC @R0     ;der Inhalt von Speicherzelle 7E wird #FEH
DEC R0      ;der Inhalt von R0 wird #7DH
DEC @R0     ;der Inhalt von Speicherzelle 7DH wird #3FH
```

MUL

Syntax:	**MUL <AKKU><Reg. B>**

Wirkung:	**Multipliziert Akku mit Register B**

Beschreibung:	Der Befehl MUL AB multipliziert die Inhalte der Register A und B. Das Ergebnis kann bis zu 16 Bit groß sein. Dabei steht der niederwertige Teil des Produkts in A und der höherwertige Teil in B. Für den Fall, daß das Ergebnis größer als 8 Bit ist, wird das OV-Flag gesetzt. Das C-Flag ist immer gelöscht. Somit kann der Befehl nur für eine Integer-Multiplikationen benutzt werden.

MUL AB

Wirkung:	$\langle A \rangle * \langle B \rangle$
$\langle A \rangle \leftarrow$ Bit 0 .. Bit 7
$\langle B \rangle \leftarrow$ Bit 8 .. Bit 15

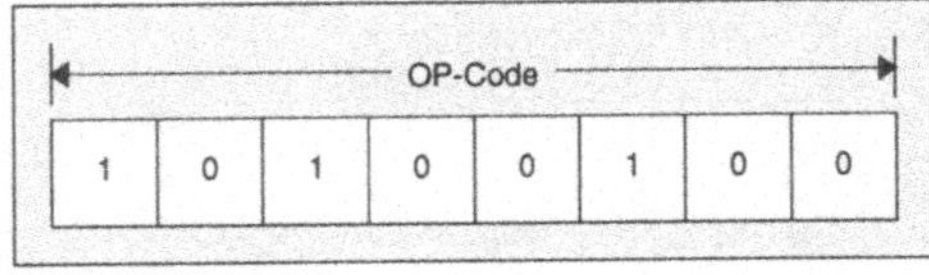

Bytes/Zyklen:	*1/4*
PSW:	*OV, C = 0*
Opcode:	*MUL AB = A4H*

Beispiel:　　Das Register A habe den Wert　　　80　(50H).
　　　　　　　　Das Register B habe den Wert　　160　(A0H).

Die Multiplikation ergibt 12800D (3200H).

Nach Abarbeitung des Befehls

MUL AB

haben die Register A und B folgende Inhalte:

$$\langle A \rangle = 00H$$
$$\langle B \rangle = 32H$$

Das OV-Flag hat den Wert 1.

DIV

Syntax:　　　**DIV <AKKU><Reg. B>**

Wirkung:　　**Dividiert Akku und Register B**

Beschreibung:　Der Befehl DIV AB dividiert die Inhalte der Register A und B. Die Division kann nicht vorzeichenbehaftet sein, d.h., es sind nur Integerdivisionen zugelassen. Grundsätzlich können die beiden Operanden in Reg. A und Reg. B nur 8 Bit groß sein. Der Quotient steht nach Ausführung des Befehls in Reg. A. Der Divisionsrest erscheint in Reg. B. Carry- und Overflow-Flag werden gelöscht. Nach einer Division durch 0 sind die Inhalte von A und B unbestimmt, allerdings ist das OV-Flag gesetzt.

DIV AB

Wirkung:　　　<A> / <B>
　　　　　　　<A> ← Quotient (Integer)
　　　　　　　<B> ← Rest (Integer)

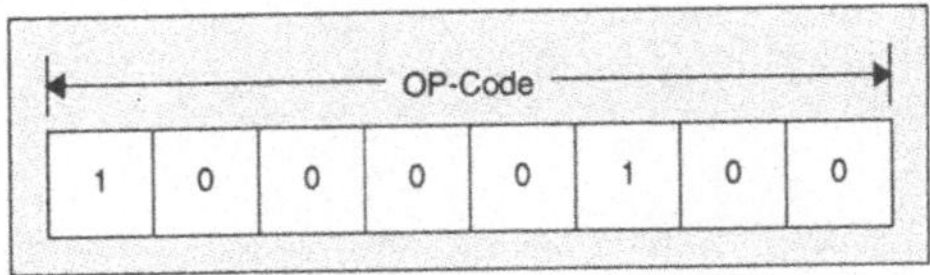

Bytes/Zyklen:　　1/4
PSW:　　　　　　*OV, C = 0*
Opcode:　　　　*DIV AB = 84H*

Beispiel: Das Register A habe den Wert   251   (FBH).
                Das Register B habe den Wert   18   (12H).

Die Division ergibt 13D (0DH) Rest 17D (11H).

Nach Abarbeitung des Befehls

DIV AB

haben die Register A und B folgende Inhalte:

$$<A> = \quad 0DH$$
$$<B> = \quad 11H$$

OV- und C-Flag haben den Wert 0.

DA

Syntax: **DA   <AKKU>**

Wirkung: **Dezimalkorrektur nach einer BCD-Addition in A**

Beschreibung: Der Befehl DA A korrigiert das Ergebnis einer BCD-Addition. Voraussetzung dafür ist, daß vorher zwei maximal zweistellige BCD-Zahlen addiert wurden. Der Befehl wendet die üblichen Korrekturalgorithmen unter Auswertung der Flags Carry und Auxiliary-Carry an. Darüber hinaus findet eine Pseudo-Tetraden-erkennung statt, die ebenfalls zu einer Korrektur führt. Der Befehl kann keine Umwandlung von Hexadezimal nach Dezimal vornehmen, sondern immer nur Ergebnisse von BCD-Additionen korrigieren.

DA A

Wirkung: Dezimalkorrektur (+6) im Akkumulator

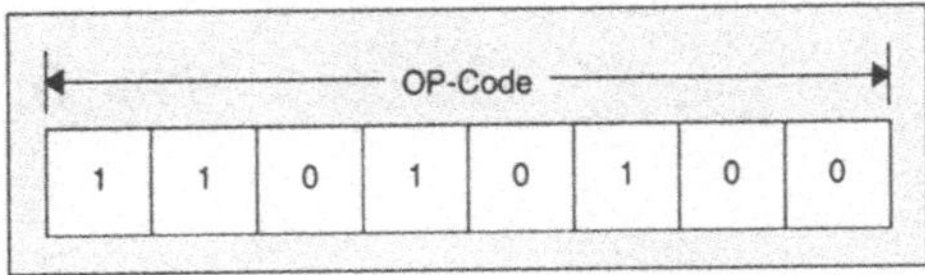

Bytes/Zyklen: *1/1*
PSW: *P, C, AC*
Opcode: *DA A = D4H*

Beispiel: Das Register A habe den Wert   68BCD
                Das Register R0 habe den Wert   27BCD.

Das Ergebnis der BCD-Addition ist   95BCD.

Nach Abarbeitung des Befehls

ADD A,R0

hat der Akku folgenden Inhalt:

$$\langle A \rangle = \quad 8FH.$$

Der Prozessor interpretiert offensichtlich die beiden Zahlen in Reg. A und Reg. R0 als Hex-Zahlen. Wird nun der Befehl

DA A

ausgeführt, erscheint im Akku das BCD-Ergebnis

$$\langle A \rangle = \quad 95BCD.$$

OV- und C-Flag haben den Wert 0.

10.5 Bitverarbeitungs-Befehle

Transfer-Befehle

MOV bit

Syntax: MOV <Zielbit>,<Quellbit>

Wirkung: kopiert Quellbit zum Zielbit

Beschreibung: Ein Bit aus dem bitadressierbaren Bereich des internen Datenspeichers oder aus dem Bereich der Special Function Register wird zum Carry-Flag oder umgekehrt übertragen.

MOV C,badr

Wirkung: <C> ← <badr>

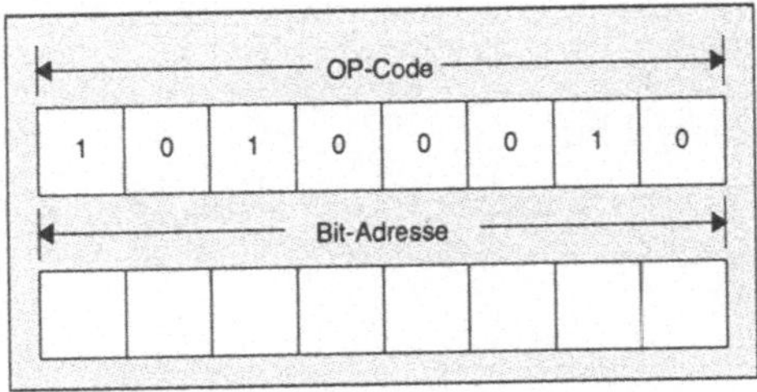

Bytes/Zyklen: 2/1
PSW: C
Opcode: MOV C,badr = A2H

MOV badr,C

Wirkung: <badr> ← <C>

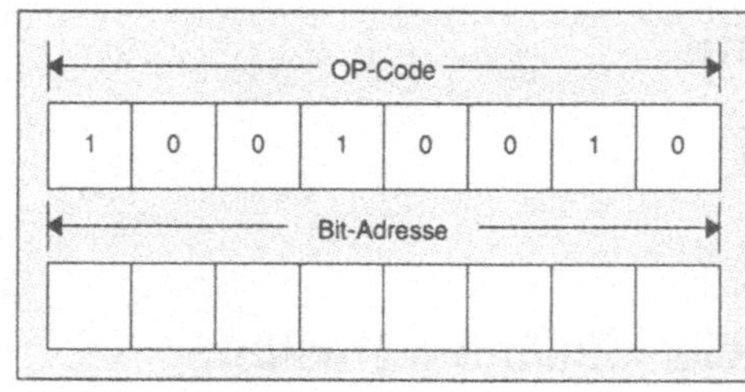

Bytes/Zyklen: 2/2
PSW: -
Opcode: *MOV badr,C = 92H*

Beispiel: Das Carry-Flag sei   <C>   = 1

An Port 3 wurde ausgegeben   <Port 3>   = C5H (11000101B)
An Port 1 wurde ausgegeben   <Port 1>   = 35H (00110101B)

Nach Abarbeitung der Befehle

MOV P1.3,C
MOV C,P3.3
MOV P1.2,C

hat das Carry-Flag   <C>   = 0
und Port 1   <Port 1>   = 39H (00111001B)

Logik-Befehle

ANL C

Syntax: **ANL <Carrybit>,<Quellbit>**

Wirkung: **Logische UND-Verknüpfung zwischen Ziel- und Quellbit**

Beschreibung: Ein Bit aus dem bitadressierbaren Bereich des internen Datenspeichers oder aus dem Bereich der Special Function Register wird mit dem Carry-Flag logisch UND verknüpft. Ein slash (/) vor dem Quellbit veranlaßt die CPU, das Quellbit negiert zu interpretieren.

ANL C,badr

Wirkung: $<C> \leftarrow <C> \wedge <badr>$

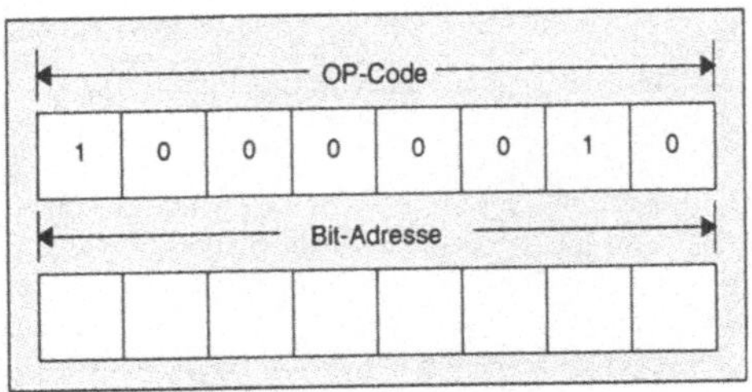

Bytes/Zyklen: *2/2*
PSW: *C*
Opcode: *ANL C,badr = 82H*

ANL C,/badr

Wirkung: <badr> ← <C> ∧ </badr>

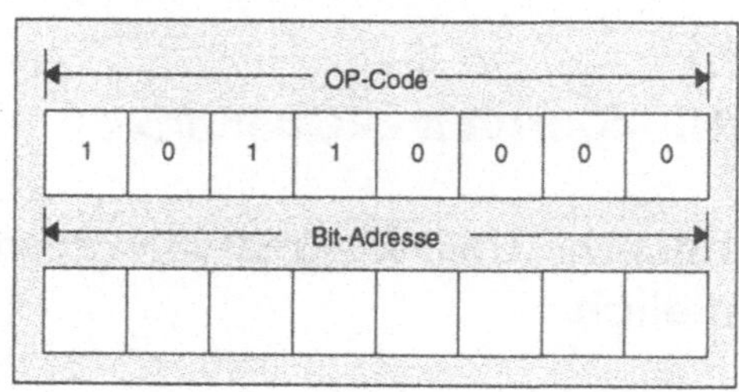

Bytes/Zyklen: **2/2**
PSW: **C**
Opcode: **ANL C,/badr = B0H**

Beispiel: Im folgenden Beispiel wird C nur dann gesetzt, wenn Bit 2^0 von Port 1
                (P1.0) = 1, Bit 2^7 des Akkumulators (ACC.7) = 0 und das OV-Flag =
                0 ist.

MOV C,P1.0   *;lade C mit Bit 2^0 von Port 1*
ANL C, ACC.7   *;logische UND-Verknüpfung von C mit Bit 2^7 vom Akku*
ANL C,/OV   *;logische UND-Verknüpfung von C mit dem negierten OV-Flag*

ORL C

Syntax: **ORL <Carrybit>,<Quellbit>**

Wirkung: **Logische ODER-Verknüpfung zwischen Ziel- und Quellbit**

Beschreibung: Ein Bit aus dem bitadressierbaren Bereich des internen Datenspeichers oder aus dem Bereich der Special Function Register wird mit dem Carry-Flag logisch ODER verknüpft. Ein slash (/) vor dem Quellbit veranlaßt die CPU, das Quellbit negiert zu interpretieren.

ORL C,badr

Wirkung: <C> ← <C> ∨ <badr>

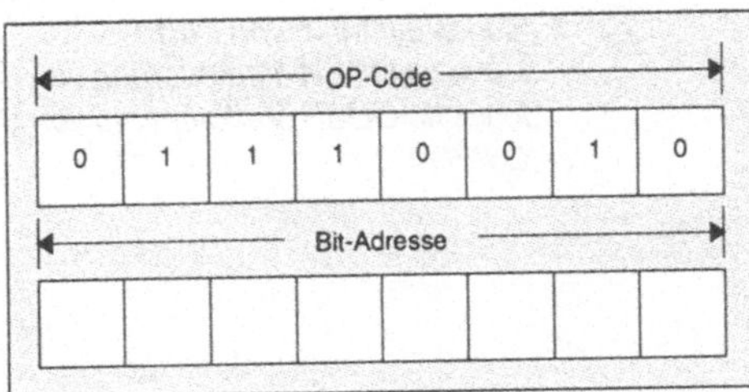

Bytes/Zyklen: 2/2
PSW: C
Opcode: ORL C,badr = 72H

ORL C,/badr

Wirkung: <badr> ← <C> ∨ </badr>

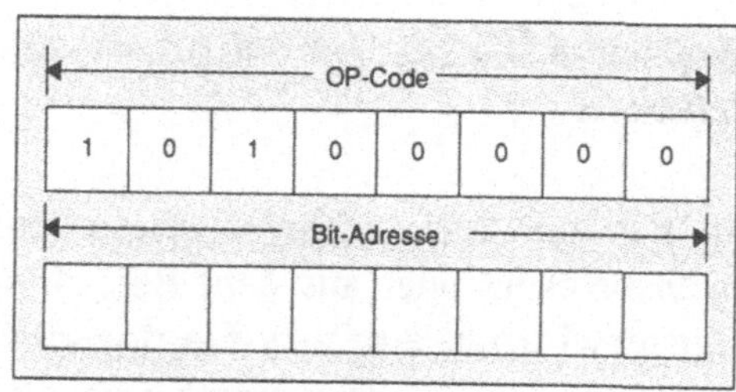

Bytes/Zyklen: *2/2*
PSW: *C*
Opcode: *ORL C,/badr = A0H*

Beispiel: Im folgenden Beispiel wird C nur dann gesetzt, wenn Bit 2^0 von Port 1
(P1.0) = 1, Bit 2^7 des Akkumulators (ACC.7) = 1 oder das OV-Flag =
0 ist.

MOV C,P1.0   *;lade C mit Bit 2^0 von Port 1*
ORL C, ACC.7   *;logische ODER-Verknüpfung von C mit Bit 2^7 vom Akku*
ORL C,/OV   *;logische ODER-Verknüpfung von C mit dem negierten*
                       ;OV-Flag

CPL bit

Syntax: **CPL <Quellbit>**

Wirkung: **Logische Negierung eines Quellbits**

Beschreibung: Ein Bit aus dem bitadressierbaren Bereich des internen Datenspeichers, dem Bereich der Special Function Register oder das
Carry-Flag werden invertiert. Adressiert der Befehl einen Portpin,
wird nicht der Ausgang, sondern das entsprechende Portlatches
eingelesen und invertiert.

CPL C

Wirkung: <C> ← </C>

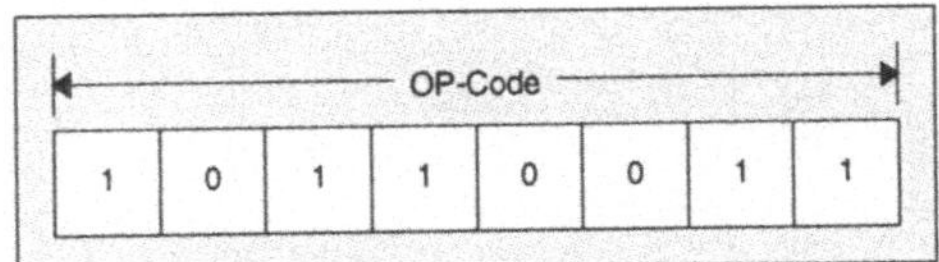

Bytes/Zyklen: 1/1
PSW: C
Opcode: CPL C = B3H

CPL badr

Wirkung: <badr> ← </badr>

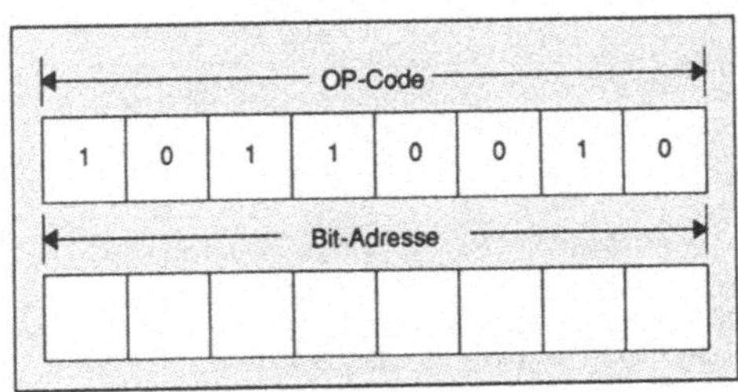

Bytes/Zyklen: 2/1
PSW: -
Opcode: CPL badr = B2H

Beispiel: Port 1 hat den Wert   #5DH (01011101B)

Nach Ausführung der Befehle

CPL P1.1
CPL P1.2

enthält Port 1 den Wert   #5BH (01011011B)

Bit-Lösch-Befehle

CLR   bit

Syntax: **CLR <Quellbit>**

Wirkung: **Löschen eines Quellbits**

Beschreibung: Ein Bit aus dem bitadressierbaren Bereich des internen Datenspeichers, dem Bereich der Special Function Register oder das Carry-Flag werden gelöscht.

CLR C

Wirkung: $<C> \leftarrow 0$

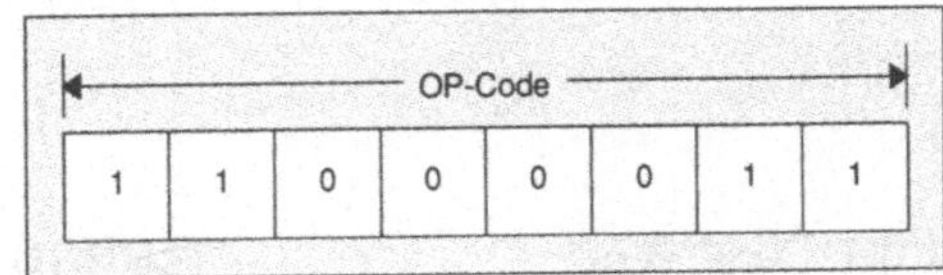

Bytes/Zyklen: *1/1*
PSW: *C*
Opcode: *CLR C = C3H*

CLR badr

Wirkung: <badr> ← 0

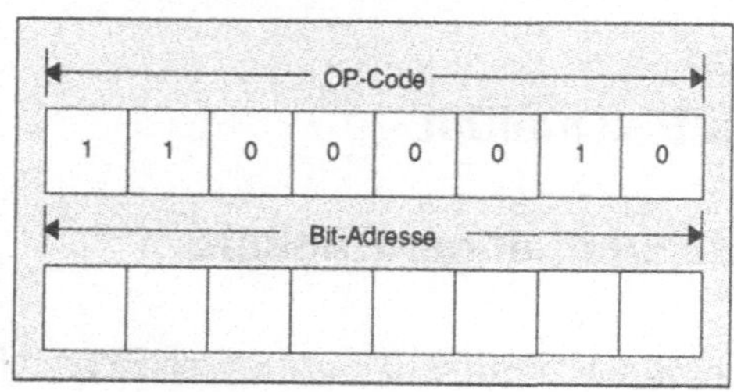

Bytes/Zyklen: *2/1*
PSW: *-*
Opcode: *CLR badr = C2H*

Beispiel: Port 1 hat den Wert   #5BH (01011011B)
                  Nach Ausführung des Befehls

                  CLR P1.1

                  enthält Port 1 den Wert   #59H (01011001B)

Bit-Setz-Befehle

SETB

Syntax: **SETB   <Quellbit>**

Wirkung: **Setzen eines Quellbits**

Beschreibung: Ein Bit aus dem bitadressierbaren Bereich des internen Datenspeichers, dem Bereich der Special Function Register oder das Carry-Flag werden gesetzt.

SETB C

Wirkung: $\langle C \rangle \leftarrow 1$

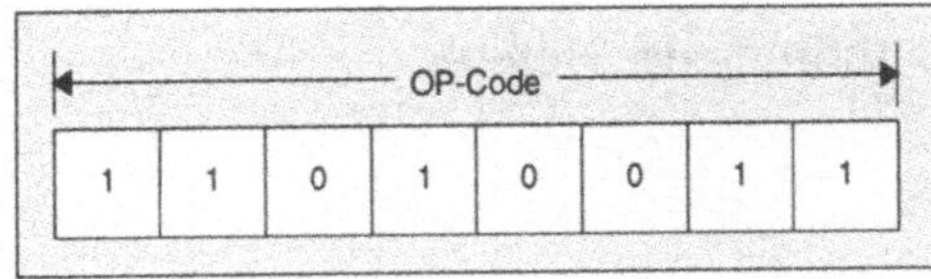

Bytes/Zyklen: *1/1*
PSW: *C*
Opcode: *SETB C = D3H*

SETB badr

Wirkung: <badr> ← 1

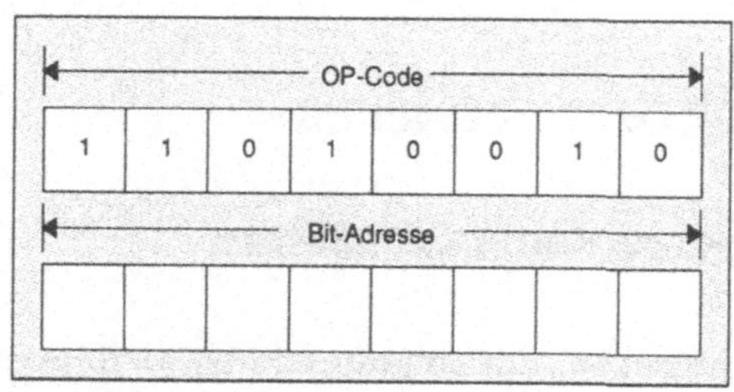

Bytes/Zyklen: *2/1*
PSW: *-*
Opcode: *SETB badr = D2H*

Beispiel: Port 1 hat den Wert   #50H (01010000B)

Nach Ausführung des Befehls

SETB P1.1

enthält Port 1 den Wert   #52H (01010010B)

10.6 Schiebe-Befehle

RL A

Syntax: **RL A**

Wirkung: **Linksrotieren im Akku**

Beschreibung: Der Inhalt des Akkumulators wird um eine Bitstelle nach links verschoben. Das Bit der Bitstelle 2^7 wird dabei nach Bitstelle 2^0 verschoben. Das PSW bleibt unverändert.

RL A

Wirkung: <An+1>   ← <An>   n=Bitstelle 2^0 ... 2^6
                  <A0>   ← <A7>

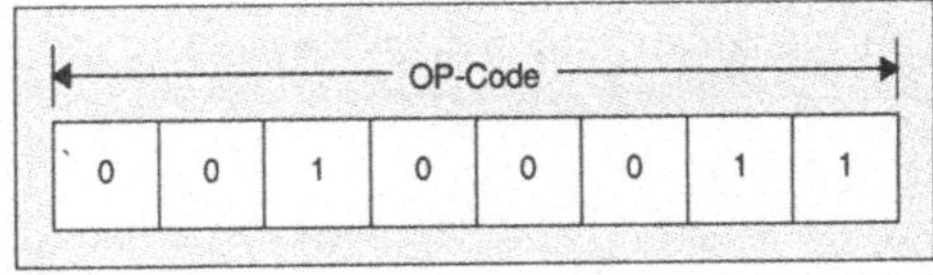

Bytes/Zyklen: 1/1
PSW: -
Opcode: *RL A = 23H*

Beispiel: Der Akku habe den Wert   #C5H (11000101B).

Nach Ausführung des Befehls

RL A

enthält der Akku den Wert   #8BH (10001011B).

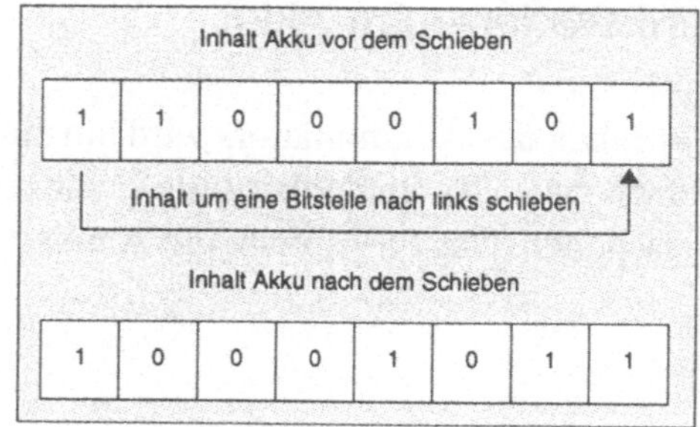

RLC A

Syntax: **RLC A**

Wirkung: **Linksrotieren im Akku über C**

Beschreibung: Der Inhalt des Akkumulators wird um eine Bitstelle nach links
verschoben. Das Bit der Bitstelle 2^7 wird dabei in das Carry-Flag
verschoben. Der ursprüngliche Inhalt des Carry-Flags wird nach
Bitstelle 2^0 verschoben.

RLC A

Wirkung: $<An+1>$ $\leftarrow <An>$ n=Bitstelle $2^0 \ldots 2^6$
$<A0>$ $\leftarrow <C>$
$<C>$ $\leftarrow <A7>$

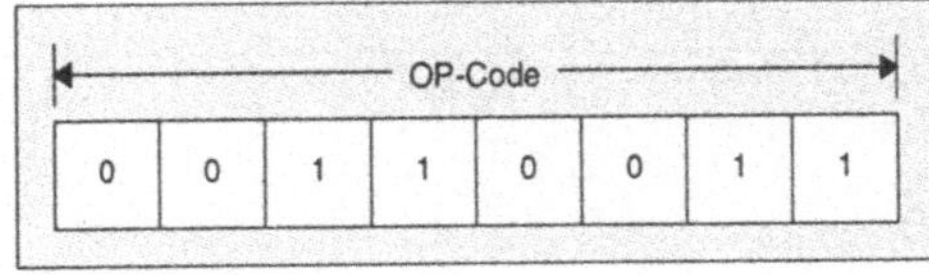

Bytes/Zyklen: *1/1*
PSW: *C, P*
Opcode: *RLC A = 33H*

Beispiel:　　Der Akku hat den Wert　　　　#C5H (11000101B).
　　　　　　　　Der Inhalt des Carry-Flags sei　<C> =　　0

Nach Ausführung des Befehls

RLC A

enthält der Akku den Wert　　　#8AH (10001010B)
und das Carry-Flag ist gesetzt　<C> =　　1.

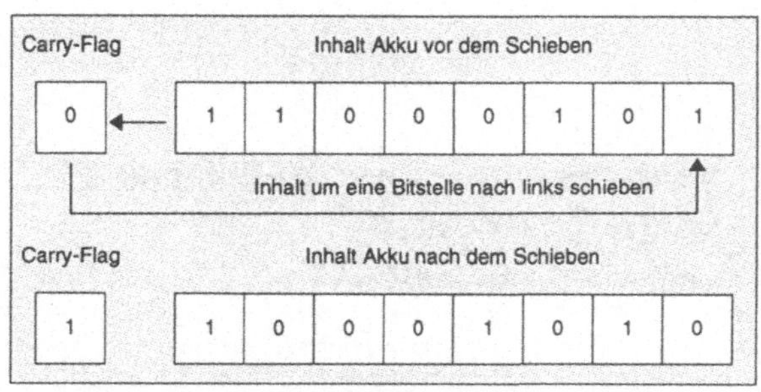

RR A

Syntax: **RR A**

Wirkung: **Rechtsrotieren im Akku**

Beschreibung: Der Inhalt des Akkumulators wird um eine Bitstelle nach rechts verschoben. Das Bit der Bitstelle 2^0 wird dabei nach Bitstelle 2^7 verschoben. Das PSW bleibt unverändert.

RR A

Wirkung: $\langle An \rangle \quad \leftarrow \langle An{+}1 \rangle \qquad$ n=Bitstelle $2^0 \ldots 2^6$
                  $\langle A7 \rangle \quad \leftarrow \langle A0 \rangle$

			OP-Code				
0	0	0	0	0	0	1	1

Bytes/Zyklen: *1/1*
PSW: *-*
Opcode: *RR A = 03H*

Beispiel: Der Akku habe den Wert   #C5H (11000101B).

Nach Ausführung des Befehls

RR A

enthält der Akku den Wert   #E2H (11100010B).

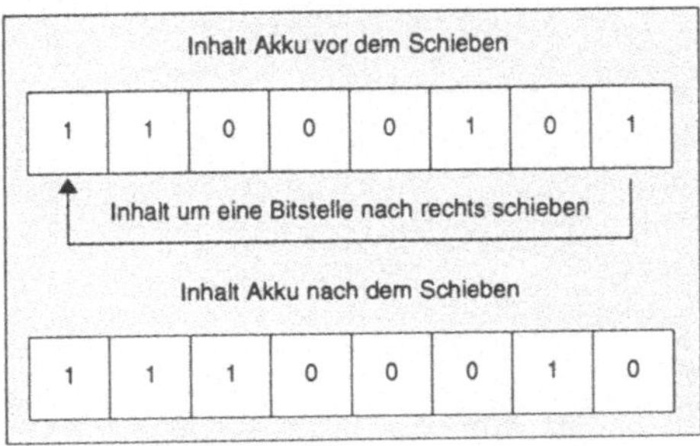

RRC A

Syntax: **RRC A**

Wirkung: **Rechtsrotieren im Akku über C**

Beschreibung: Der Inhalt des Akkumulators wird um eine Bitstelle nach rechts verschoben. Das Bit der Bitstelle 2^0 wird dabei in das Carry-Flag verschoben. Der ursprüngliche Inhalt des Carry-Flags wird nach Bitstelle 2^7 verschoben.

RRC A

Wirkung: $\langle An \rangle \quad \leftarrow \langle An{+}1 \rangle$ n=Bitstelle $2^0 \ldots 2^6$
                $\langle A7 \rangle \quad \leftarrow \langle C \rangle$
                $\langle C \rangle \quad \leftarrow \langle A0 \rangle$

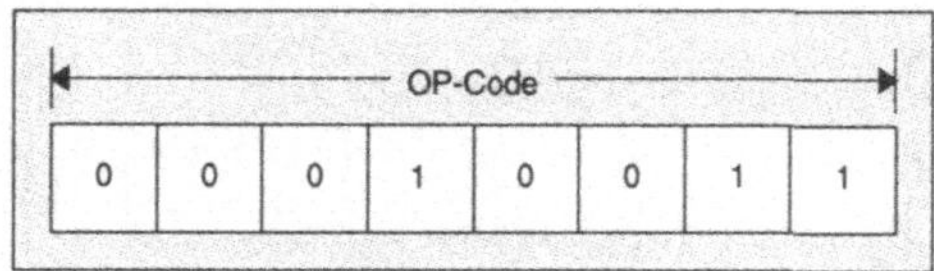

Bytes/Zyklen: *1/1*
PSW: *C, P*
Opcode: *RRC A = 13H*

Beispiel: Der Akku hat den Wert   #C5H (11000101B).
Der Inhalt des Carry-Flags sei <C> =   0

Nach Ausführung des Befehls

RRC A

hat der Akku den Wert   #62H (01100010B)
und das Carry-Flag ist gesetzt <C> =   1.

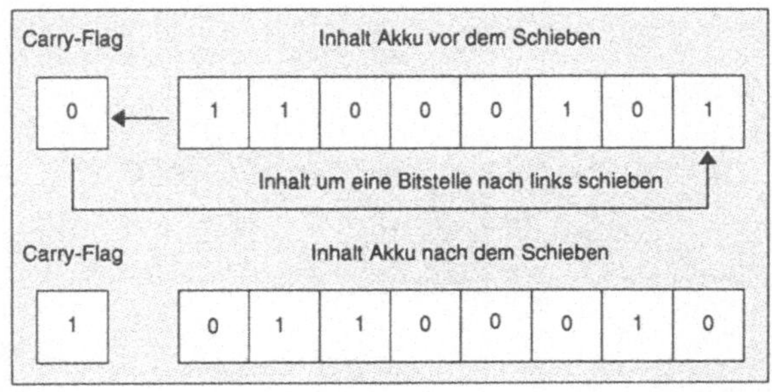

10.7 Sprung-Befehle

Unbedingte Sprung-Befehle

LJMP

Syntax: **LJMP adr16**

Wirkung: **Unbedingter Sprung zu einer 16-Bit-Adresse**

Beschreibung: Mit dem LJMP-Befehl kann zu jeder beliebigen Adresse im internen und externen Programmspeicher gesprungen werden, da eine 16-Bit-Adresse als zweites und drittes Befehlsbyte dem Opcode angehängt wird. Der Program Counter (PC) wird mit dieser Adresse geladen.

LJMP adr16

Wirkung: <PC>   ←   <adr16>

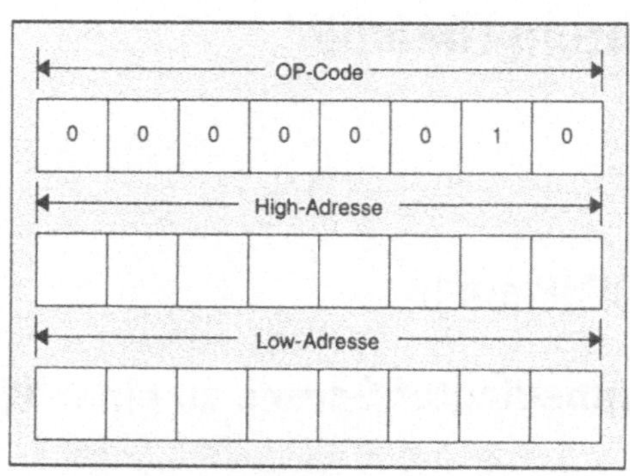

Bytes/Zyklen: *3/2*
PSW: *-*
Opcode: *LJMP adr16 = 02H*

Beispiel: Der PC habe den Wert   #8000H.

Nach Ausführung des Befehls

LJMP C000H

enthält der PC den Wert   #C000H.

AJMP

Syntax:	**AJMP adr11**

Wirkung: **Unbedingter Sprung innerhalb von 2 kByte**

Beschreibung: Mit dem AJMP-Befehl kann zu jeder beliebigen Adresse innerhalb einer 2 kByte-Seite im internen und externen Programmspeicher gesprungen werden, da eine 11-Bit-Adresse im ersten und zweiten Befehlsbyte vorhanden ist. Zuerst wird der PC zweimal inkrementiert. Anschließend werden seine unteren 11 Bitstellen mit der Adresse geladen, die vom Befehl AJMP übergeben wird. Die oberen 5 Bitstellen im PC bleiben erhalten.

AJMP adr11

	<PC>	← <PC> + 2
Wirkung:	<PC 0-10>	← <adr11> (Seitenadresse)

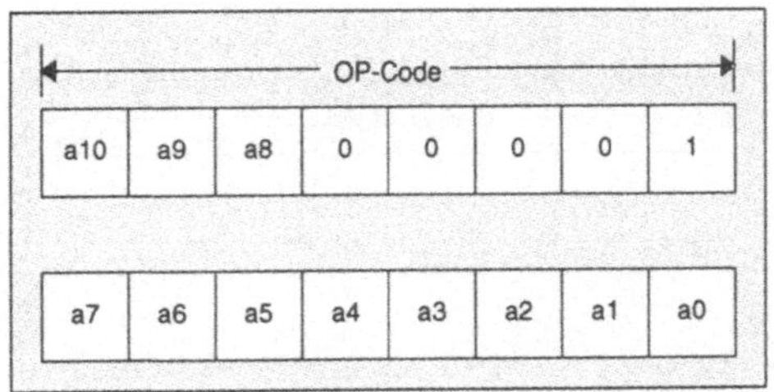

Bytes/Zyklen: 2/2
PSW: -
Opcodes: *AJMP Seite 0 = 01H*   *AJMP Seite 4 = 81H*
                 AJMP Seite 1 = 21H   *AJMP Seite 5 = A1H*
                 AJMP Seite 2 = 41H   *AJMP Seite 6 = C1H*
                 AJMP Seite 3 = 61H   *AJMP Seite 7 = E1H*

Beispiel: Der PC hat den Wert   #8000H.

Nach Ausführung des Befehls

AJMP 9000H

enthält der PC den Wert   #9000H.

SJMP

Syntax: **SJMP rel**

Wirkung: **Unbedingter Sprung innerhalb von 256 Byte**

Beschreibung: Mit dem SJMP-Befehl kann man maximal 127 (7FH) Speicherplätze vorwärts bzw. 128 (80H) Speicherplätze rückwärts springen. Nachdem der PC um 2 erhöht wurde, wird die relative
Adresse zum Inhalt des Program Counter addiert.

SJMP rel

Wirkung: $\langle PC \rangle \quad \leftarrow \quad \langle PC \rangle + 2$
                  $\langle PC \rangle \quad \leftarrow \quad \langle PC \rangle + rel$

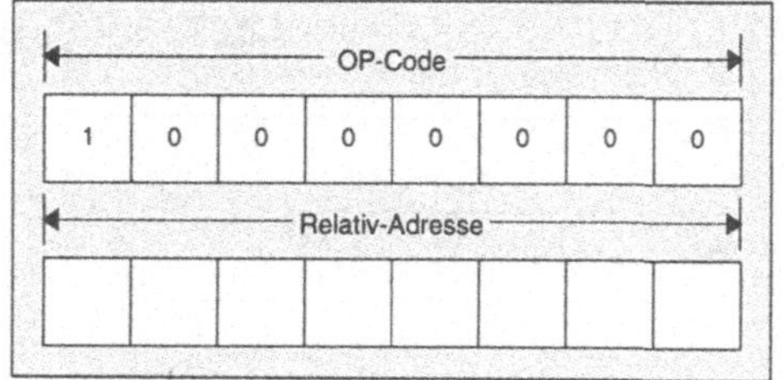

Bytes/Zyklen: 2/2
PSW: -
Opcode: SJMP rel = 80H

Beispiel: Der PC habe den Wert   #8000H.

                  Nach Ausführung des Befehls

                  SJMP 806FH

                  enthält der PC den Wert   #806FH.

JMP

Syntax: **JMP @A+DPTR**

Wirkung: **Unbedingter indirekter Sprung zu einer 16-Bit-Adresse**

Beschreibung: Bei dem Befehl JMP @A+DPTR wird die Sprungadresse aus der Summe von Akkuinhalt und Daten Pointer (DPTR) gebildet. Da die Adresse 16-Bit breit ist, kann jede beliebige Adresse innerhalb des internen und externen Programmspeichers angesprungen werden. Akku und DPTR bleiben bei Ausführung dieses Befehls unverändert.

JMP @A+DPTR

Wirkung: <PC> ← <A> + <DPTR>

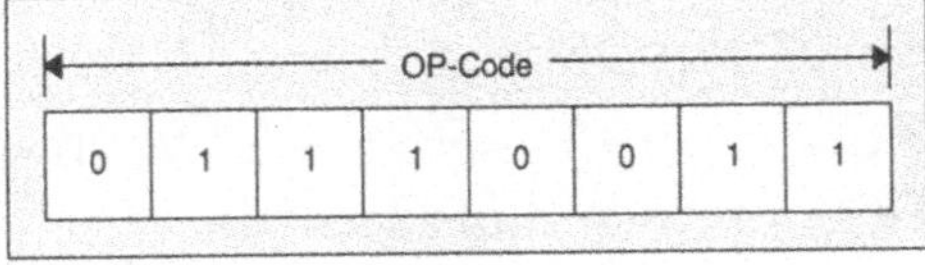

Bytes/Zyklen: 1/2
PSW: -
Opcode: *JMP @A+DPTR = 73H*

Beispiel: Im Akku steht eine Zahl zwischen 0 und 6. Die folgenden Befehle verzweigen auf einen der vier AJMP-Befehle in der Sprungtabelle.

```
          MOV   DPTR,#JMP_TBL
          JMP   @A+DPTR
JMP_TBL:  AJMP  MARKE_0
          AJMP  MARKE_1
          AJMP  MARKE_2
          AJMP  MARKE_3
```

Enthält der Akku 04H, verzweigt das Programm zur Marke_2. Ungerade Zahlen führen wegen der 2-Byte-AJMP-Befehle zu undefinierten Programmzuständen. Sie sind deshalb im Programm vorher abzufangen.

Bedingte Sprungbefehle

JZ

Syntax: **JZ rel**

Wirkung: **Bedingter Sprung innerhalb von 256 Bytes, wenn <A> = 0**

Beschreibung: Mit dem JZ-Befehl kann man maximal 127 (7FH) Speicherplätze vorwärts bzw. 128 (80H) Speicherplätze rückwärts springen. Der Sprung wird nur dann ausgeführt, wenn der Inhalt des Akkus gleich 0 ist.

Nachdem der PC um 2 erhöht wurde, wird die relative Adresse zum Inhalt des Program Counter addiert.

JZ rel

Wirkung: <PC>   ←   <PC> + 2, wenn <A> = 0
                <PC>   ←   <PC> + rel

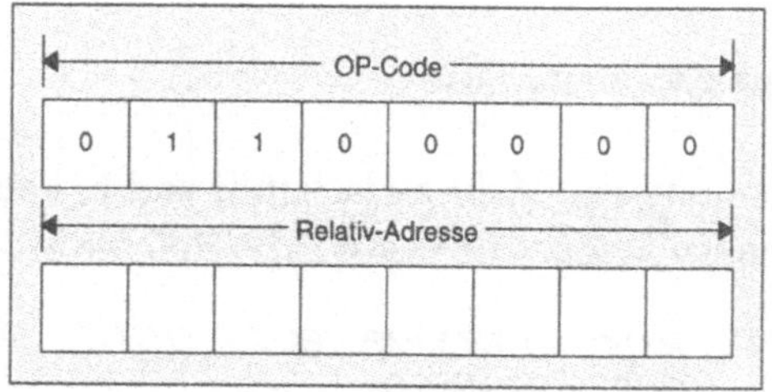

Bytes/Zyklen: 2/2
PSW: -
Opcode: JZ rel = 60H

Beispiel: Der PC hat den Wert   #8000H.
Der Akku habe den Wert   #6BH

Nach Ausführung der Befehle

```
CLR    C              ;Carry-Flag löschen
SUBB   A,#6BH         ;<A> - 6BH = 00H
JZ     806FH
```

enthält der PC den Wert   #806FH.

JNZ

Syntax: **JNZ rel**

Wirkung: **Bedingter Sprung innerhalb von 256 Bytes,
                        wenn <A> ≠ 0**

Beschreibung: Mit dem JNZ-Befehl kann man maximal 127 (7FH) Speicherplätze
                       vorwärts bzw. 128 (80H) Speicherplätze rückwärts springen.
                       Der Sprung wird nur dann ausgeführt, wenn der Inhalt des Akkus
                       ungleich 0 ist.

                       Nachdem der PC um 2 erhöht wurde, wird die relative Adresse
                       zum Inhalt des Program Counter addiert.

JNZ rel

Wirkung: <PC>   ←   <PC> + 2, wenn <A> ≠ 0
                       <PC>   ←   <PC> + rel

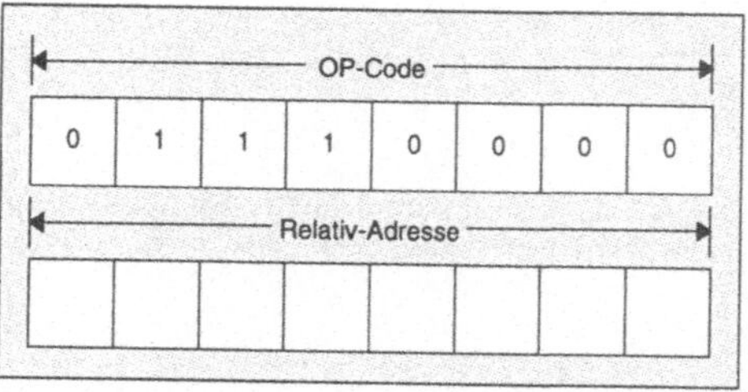

Bytes/Zyklen: *2/2*
PSW: *-*
Opcode: *JNZ rel = 70H*

Beispiel: Der PC hat den Wert   #8000H.
                Der Akku hat den Wert   #6BH

                Nach Ausführung des Befehls

                JNZ 806FH

                hat der PC den Wert   #806FH.

JC

Syntax: **JC rel**

Wirkung: **Bedingter Sprung innerhalb von 256 Bytes, wenn <C> = 1**

Beschreibung: Mit dem JC-Befehl kann man maximal 127 (7FH) Speicherplätze vorwärts bzw. 128 (80H) Speicherplätze rückwärts springen. Der Sprung wird nur dann ausgeführt, wenn der Inhalt des Carry-Flag 1 ist.

Nachdem der PC um 2 erhöht wurde, wird die relative Adresse zum Inhalt des Program Counter addiert.

JC rel

Wirkung: <PC>   ←   <PC> + 2, wenn <C> = 1
<PC>   ←   <PC> + rel

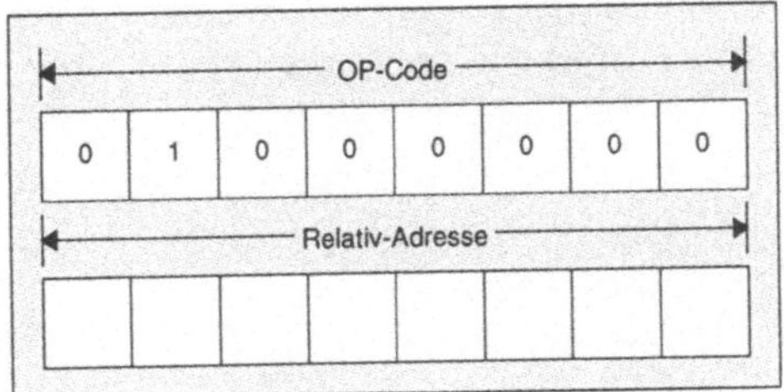

Bytes/Zyklen: *2/2*
PSW: *-*
Opcode: *JC rel = 40H*

Beispiel: Der PC hat den Wert   #8000H.
Der Akku hat den Wert   #6BH
Nach Ausführung der Befehle

```
CLR    C          ;Carry-Flag löschen
SUBB   A,#6CH     ;<A> - 6CH = FFH; Carry-Flag=1
JC     806FH
```

hat der PC den Wert   #806FH.

JNC

Syntax:　　　　**JNC rel**

Wirkung:　　　**Bedingter Sprung innerhalb von 256 Bytes, wenn <C> = 0**

Beschreibung:　　Mit dem JNC-Befehl kann man maximal 127 (7FH) Speicherplätze vorwärts bzw. 128 (80H) Speicherplätze rückwärts springen. Der Sprung wird nur dann ausgeführt, wenn der Inhalt des Carry-Flag 0 ist.

Nachdem der PC um 2 erhöht wurde, wird die relative Adresse zum Inhalt des Program Counter addiert.

JNC rel

Wirkung:　　　<PC>　　←　　<PC> + 2, wenn <C> = 0
　　　　　　　　　<PC>　　←　　<PC> + rel

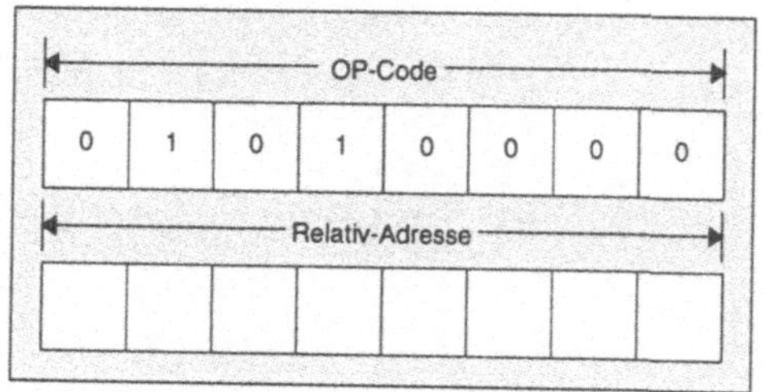

Bytes/Zyklen:　　*2/2*
PSW:　　　　　　*-*
Opcode:　　　　*JNC rel = 50H*

Beispiel:　　Das Carry-Flag ist gesetzt. Nach Ausführung der Befehle

```
JNC    MARKE_1
CPL    C
JNC    MARKE_2
```

verzweigt das Programm nach MARKE_2.

JB

Syntax: **JB badr,rel**

Wirkung: **Bedingter Sprung innerhalb von 256 Bytes,
wenn <Bit> = 1**

Beschreibung: Mit dem JB-Befehl kann man maximal 127 (7FH) Speicherplätze
vorwärts bzw. 128 (80H) Speicherplätze rückwärts springen.
Der Sprung wird nur dann ausgeführt, wenn der Inhalt des
adressierten Bit 1 ist.

Nachdem der PC um 2 erhöht wurde, wird die relative Adresse
zum Inhalt des Program Counter addiert.

JB badr,rel

Wirkung: <PC>   ←   <PC> + 3, wenn <badr> = 1
<PC>   ←   <PC> + rel

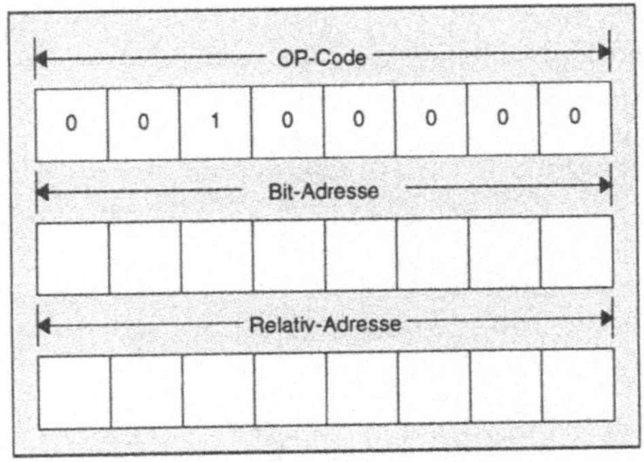

Bytes/Zyklen: 3/2
PSW: -
Opcode: *JB badr,rel = 20H*

Beispiel: Der PC hat den Wert   #8000H.

Das Bit mit der Bit-Adresse
0AH hat den Wert   #1

Nach Ausführung des Befehls

JB 0AH,806FH

hat der PC den Wert   #806FH.

JNB

Syntax: **JNB badr,rel**

Wirkung: **Bedingter Sprung innerhalb von 256 Bytes,
                      wenn <badr> = 0**

Beschreibung: Mit dem JNB-Befehl kann man maximal 127 (7FH) Speicherplätze
                      vorwärts bzw. 128 (80H) Speicherplätze rückwärts springen.
                      Der Sprung wird nur dann ausgeführt, wenn der Inhalt des
                      adressierten Bit 0 ist.

                      Nachdem der PC um 2 erhöht wurde, wird die relative Adresse
                      zum Inhalt des Program Counter addiert.

JNB badr,rel

Wirkung: <PC>   ←   <PC> + 3, wenn <badr> = 0
                   <PC>   ←   <PC> + rel

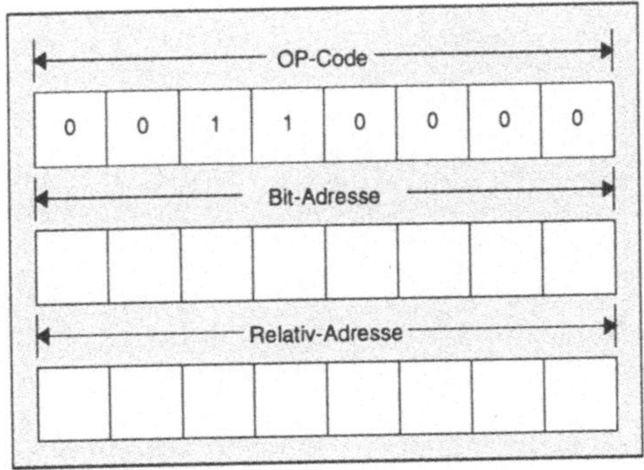

Bytes/Zyklen: 3/2
PSW: -
Opcode: *JNB badr,rel = 30H*

Beispiel: Der PC hat den Wert   #8000H.

Das Bit mit der Bit-Adresse
0AH hat den Wert   #0B

Nach Ausführung des Befehls

`JNB 0AH,806FH`

hat der PC den Wert   #806FH.

JBC

Syntax:	**JBC badr,rel**

Wirkung: **Bedingter Sprung innerhalb von 256 Bytes, wenn <badr> = 1**

Beschreibung: Mit dem JBC-Befehl kann man maximal 127 (7FH) Speicherplätze vorwärts bzw. 128 (80H) Speicherplätze rückwärts springen. Der Sprung wird nur dann ausgeführt, wenn der Inhalt des adressierten Bit 1 ist. Anschließend wird das adressierte Bit gelöscht.

Nachdem der PC um 2 erhöht wurde, wird die relative Adresse zum Inhalt des Program Counter addiert.

JBC badr,rel

Wirkung:

<PC>   ←   <PC> + 3, wenn <badr> = 1
<badr>   ←   0
<PC>   ←   <PC> + rel

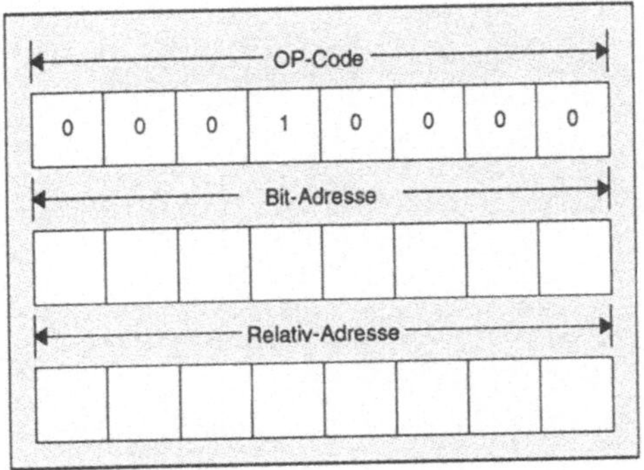

Bytes/Zyklen: *3/2*
PSW: *-*
Opcode: *JBC badr,rel = 10H*

Beispiel: Der PC hat den Wert   #8000H.

Das Bit mit der Bit-Adresse
0AH hat den Wert   #1B

Nach Ausführung des Befehls

```
JBC    0AH,806FH
```

hat der PC den Wert   #806FH
und die Bit-Adresse 0AH hat den Wert   #0B.

CJNE

Syntax:	**CJNE <Zielbyte>,<Quellbyte>,rel**

Wirkung: **Bedingter Sprung innerhalb von 256 Bytes, wenn <Quellbyte> und <Zielbyte> ungleich**

Beschreibung: Mit dem CJNE-Befehl kann man maximal 127 (7FH) Speicherplätze vorwärts bzw. 128 (80H) Speicherplätze rückwärts springen. Der Sprung wird nur dann ausgeführt, wenn das Quellbyte und das Zielbyte unterschiedlich sind.

Nachdem der PC um 2 erhöht wurde, wird die relative Adresse zum Inhalt des Program Counter addiert.

Das Carry-Flag wird gesetzt, wenn das Quellbyte größer als das Zielbyte ist.

CJNE A,dadr,rel

Wirkung:

$$\text{<PC>} \leftarrow \text{<PC>+3, wenn <A>} \neq \text{<dadr>}$$
$$\text{<C>} \leftarrow 1, \text{ wenn <dadr> > <A>}$$
$$\text{<PC>} \leftarrow \text{<PC> + rel}$$

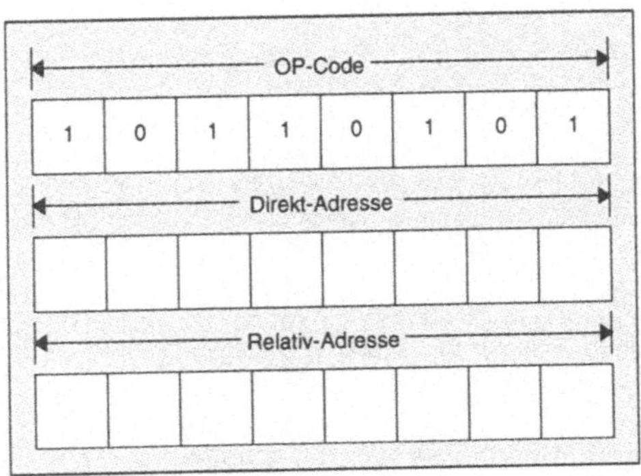

Bytes/Zyklen: 3/2
PSW: C
Opcode: CJNE A,dadr,rel = B5H

CJNE A,#konst8,rel

Wirkung: <PC>   ←   <PC>+3, wenn <A> ≠ <#konst8>
              <C>   ←   1, wenn <#konst8> > <A>
              <PC>   ←   <PC> + rel

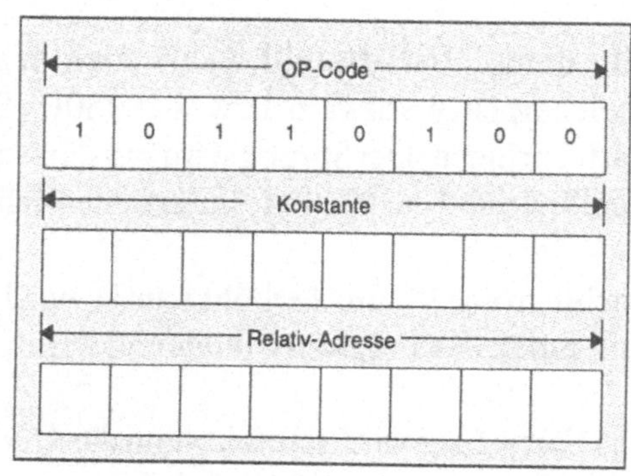

Bytes/Zyklen: *3/2*
PSW: *C*
Opcode: *CJNE A,#konst8,rel = B4H*

CJNE Rr,#konst8,rel

Wirkung:	$\langle PC \rangle$	$\leftarrow$	$\langle PC \rangle$+3, wenn $\langle Rr \rangle \neq \langle \#konst8 \rangle$
	$\langle C \rangle$	$\leftarrow$	1, wenn $\langle \#konst8 \rangle > \langle Rr \rangle$
	$\langle PC \rangle$	$\leftarrow$	$\langle PC \rangle$ + rel

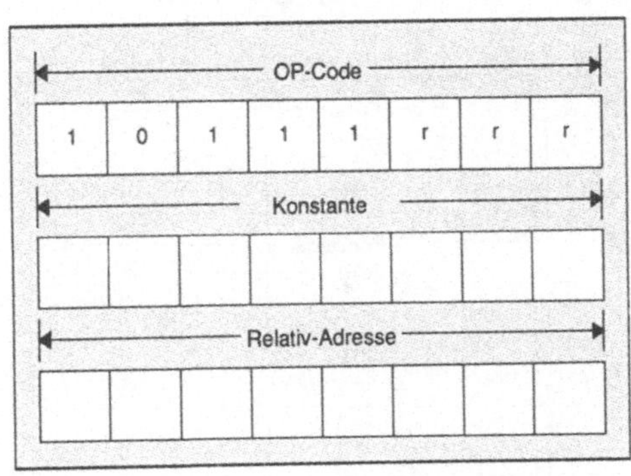

Bytes/Zyklen:	*3/2*
PSW:	*C*
Opcodes:	

CJNE R0,#konst8,rel = B8H	*CJNE R4,#konst8,rel = BCH*
CJNE R1,#konst8,rel = B9H	*CJNE R5,#konst8,rel = BDH*
CJNE R2,#konst8,rel = BAH	*CJNE R6,#konst8,rel = BEH*
CJNE R3,#konst8,rel = BBH	*CJNE R7,#konst8,rel = BFH*

CJNE @Ri,#konst8,rel

Wirkung:	<PC>	←	<PC>+3, wenn <<Ri>> ≠ <#konst8>
	<C>	←	1, wenn <#konst8> > <<Ri>>
	<PC>	←	<PC> + rel

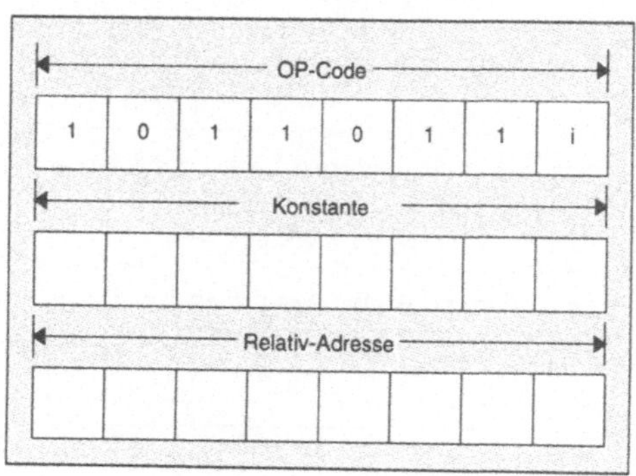

Bytes/Zyklen:　　　*3/2*
PSW:　　　*C*
Opcodes:　　　*CJNE @R0,#konst8,rel = B6H*　　　　*CJNE @R1,#konst8,rel = B7H*

Beispiel:　Der Akku hat den Wert　　　　　#34H.

Das Register R7 habe den Wert　　　#6BH

Der folgende Programmausschnitt zeigt ein Beispiel für eine Gleich-, Größer- bzw. Kleiner-Abfrage.

```
          CJNE   R7,#60H,ungleich     ;
          ........                    ;Programmm für      <R7> = 60H
          SJMP Ende

ungleich: JC     kleiner              ;Sprung wenn        <R7> < 60H
          ........                    ;Programm für       <R7> > 60H
          SJMP Ende

kleiner:  ........                    ;Programm für       <R7> < 60H

Ende:
```

DJNZ

Syntax: **DJNZ <Quellbyte>, rel**

Wirkung: **Bedingter Sprung innerhalb von 256 Bytes, wenn <Quellbyte> ≠ 0**

Beschreibung: Mit dem DJNZ-Befehl kann man maximal 127 (7FH) Speicherplätze vorwärts bzw. 128 (80H) Speicherplätze rückwärts springen. Der Sprung wird nur dann ausgeführt, wenn der Inhalt des Quellbyte ungleich 0 ist.

Nachdem der PC um 2 erhöht wurde, wird der Inhalt des Quellregisters um eins erniedrigt. Ist dann der Inhalt des Quellregisters ungleich 0, wird die relative Adresse zum Inhalt des PC addiert.

DJNZ Rr,rel

Wirkung: $\langle PC \rangle \leftarrow \langle PC \rangle + 2$, wenn $\langle Rr \rangle = 0$

$\langle Rr \rangle \leftarrow \langle Rr \rangle - 1$, wenn $\langle Rr \rangle \neq 0$

$\langle PC \rangle \leftarrow \langle PC \rangle + rel$

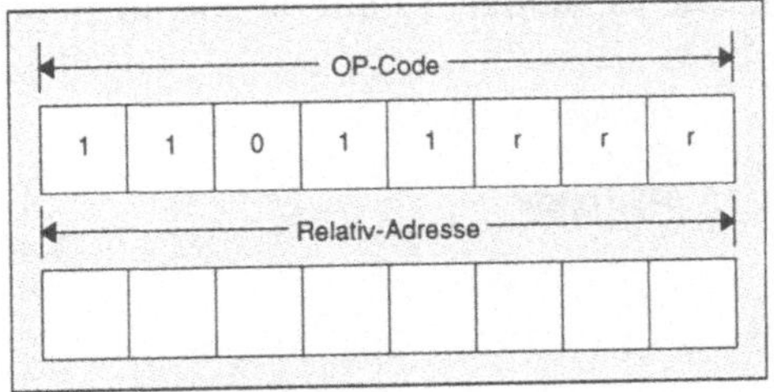

Bytes/Zyklen: 2/2

PSW: -

Opcodes:

DJNZ R0,rel = D8H	DJNZ R4,rel =DCH
DJNZ R0,rel = D9H	DJNZ R4,rel =DDH
DJNZ R0,rel = DAH	DJNZ R4,rel =DEH
DJNZ R0,rel = DBH	DJNZ R4,rel =DFH

DJNZ dadr,rel

Wirkung: <PC>   ←   <PC> + 2, wenn <dadr> = 0

<dadr>   ←   <dadr> - 1, wenn <dadr> ≠ 0

<PC>   ←   <PC> + <rel>

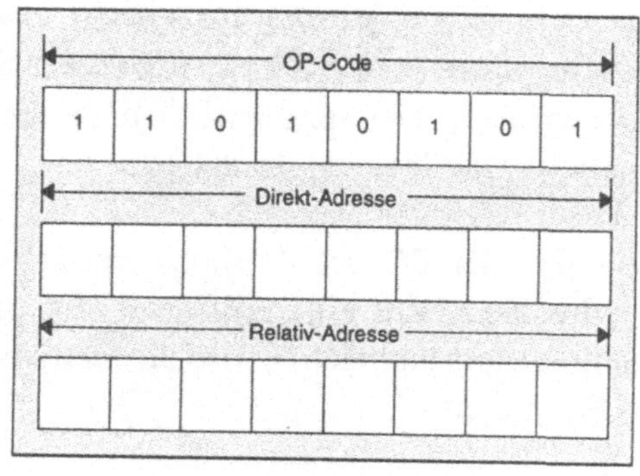

Bytes/Zyklen:	3/2
PSW:	-
Opcode:	DJNZ dadr,rel = D5H

Beispiel: Mit dem Befehl DJNZ kann man leicht Zeitschleifen oder Impulsfolgen erzeugen. Die folgenden Befehle erzeugen vier Impulse an P1.7

```
            MOV      R2,#08H
Toggle:     CPL      P1.7
            DJNZ     R2,Toggle
```

10.8 Unterprogramm-Befehle

LCALL

Syntax: **LCALL adr16**

Wirkung: **Unterprogrammaufruf mit 16-Bit-Adresse**

Beschreibung: Der LCALL-Befehl verfügt über eine 16-Bit-Adresse und erreicht deshalb jeden Programmspeicherplatz. Zuerst addiert der Befehl den Wert 3 zum Inhalt des Program Counter und rettet dann das Ergebnis im Stack Speicher (zuerst das LOB und dann das HOB). Anschließend wird der Inhalt des Stack Pointer um 2 inkrementiert. Nun wird der Program Counter mit der LCALL-Adresse geladen und das Unterprogramm ausgeführt.

LCALL adr16

Wirkung:

<PC>	←	<PC> + 3
<SP>	←	<SP> + 1
<<SP>>	←	<PC 7 - 0>
<SP>	←	<SP> + 1
<<SP>>	←	<PC 15 - 8>
<PC>	←	adr 15 - 0

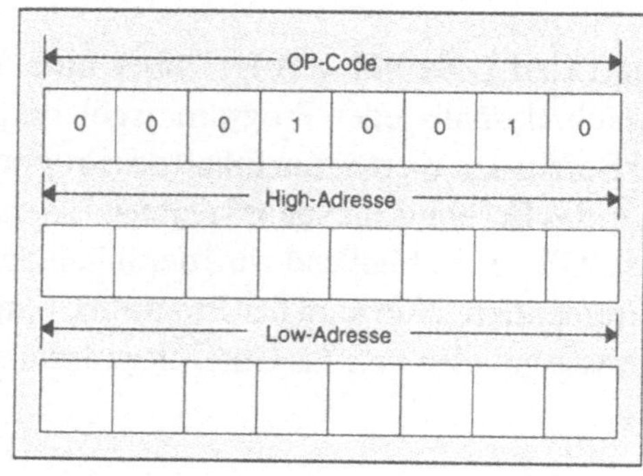

Bytes/Zyklen: 3/2
PSW: -
Opcode: LCALL adr16 = 12H

Beispiel: Im Stack Pointer steht der Wert #07H. Der Befehl LCALL SUB_RTN steht auf den Adressen 0123H, 0124H und 0125H. Das Programm SUB_RTN hat die Anfangsadresse 1234H. Nach Aufruf des Befehls

LCALL SUB_RTN

enthält der Stack Pointer den Wert 09H. Im Stackspeicher sind unter den Adressen 08H und 09H die Werte 26H und 01H (die Rückkehradresse) abgespeichert. Der Program Counter hat der Wert 1234H.

ACALL

Syntax:	**ACALL adr11**

Wirkung:　　**Unbedingter Unterprogrammaufruf innerhalb von 2 kByte**

Beschreibung:　　Der ACALL-Befehl verfügt über eine 11-Bit-Adresse und erreicht deshalb nur Unterprogramme innerhalb von 2 kByte des Programmspeichers. Zuerst addiert der Befehl den Wert 2 zum Inhalt des Program Counter und rettet dann das Ergebnis im Stack Speicher (zuerst das LOB und dann das HOB). Anschließend wird der Inhalt des Stack Pointer um 2 inkrementiert. Nun wird die 11-Bit-Adresse in den Program Counter geladen (die 5 höchstwertigsten Bit bleiben erhalten) und das Unterprogramm ausgeführt. Liegt der ACALL innerhalb der letzten zwei Byte einer 2-kByte-Seite, muß sich das aufgerufene Unterprogramm auf der folgenden Seite befinden, weil der Program Counter zuerst um 2 erhöht wird.

ACALL adr11

Wirkung:

<PC>	←	<PC> + 2
<SP>	←	<SP> + 1
<<SP>>	←	<PC 7 - 0>
<SP>	←	<SP> + 1
<<SP>>	←	<PC 15 - 8>
<PC 10 - 0>	←	adr 10 - 0

|←———————— OP-Code ————————→|

a10	a9	a8	1	0	0	0	1
a7	a6	a5	a4	a3	a2	a1	a0

Bytes/Zyklen: **2/2**
PSW: -
Opcodes:

ACALL Seite 0 = 11H	*ACALL Seite 4 = 91H*
ACALL Seite 1 = 31H	*ACALL Seite 5 = B1H*
ACALL Seite 2 = 51H	*ACALL Seite 6 = D1H*
ACALL Seite 3 = 71H	*ACALL Seite 7 = F1H*

Beispiel: Der Stack Pointer enthält den Wert 07H. Die Marke SUBRTN ist der Anfang eines Unterprogramms mit der Adresse 0345H. Der Befehl ACALL SUBRTN ist im Programmspeicher unter den Adressen 0123H und 0124H abgespeichert. Nach Ausführung des Befehls

ACALL SUBRTN

wird der Stack Pointer um 2 erhöht (09H). Die Adressen 08H und 09H des internen Datenspeichers enthalten die Werte 25H und 01H. Der Program Counter wird mit der Anfangsadresse 0345H des Unterprogramms geladen.

RET

Syntax: **RET**

Wirkung: **Rücksprung vom Unterprogramm**

Beschreibung: Der RET-Befehl bringt den Inhalt der Adresse, auf die der Stack
Pointer zeigt, als HOB in den Program Counter. Der Inhalt der
nächst kleineren Stack-Adresse wird ebenfalls in den Program
Counter als LOB geschrieben. Damit wird das Programm mit
dem Befehl fortgesetzt, der auf den Unterprogrammaufruf folgt.

RET

Wirkung: <PC 15 - 8)>   ←   <<SP>>
<SP>   ←   <SP> - 1
<PC 7 - 0)>   ←   <<SP>>
<SP>   ←   <SP> - 1

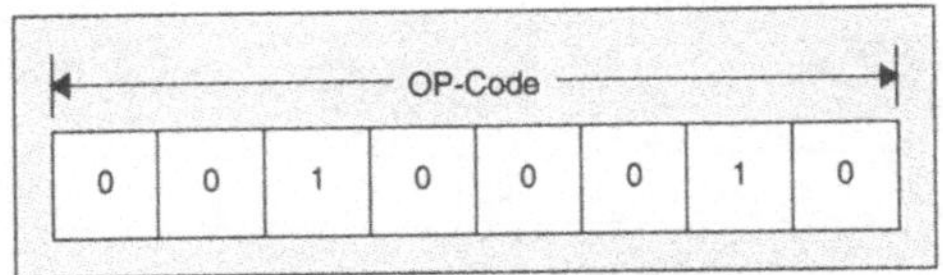

Bytes/Zyklen: *1/2*
PSW: *-*
Opcode: *RET = 22H*

Beispiel: Im Stack Pointer steht der Wert 0BH. Die RAM-Adressen 0AH und
0BH enthalten 23H und 01H. Nach Ausführung des Befehls

RET

steht im Program Counter 0123H, der Stack Pointer enthält den Wert
09H.

RETI

Syntax: **RETI**

Wirkung: **Rücksprung aus einer Interrupt Service Routine**

Beschreibung: Der RETI-Befehl bringt den Inhalt der Adresse, auf die der
Stack-Pointer zeigt, als HOB in den Program Counter. Der Inhalt
der nächstkleineren Stack-Adresse wird ebenfalls in den Program Counter als LOB geschrieben. Außerdem teilt er der
internen Interrupt-Logik mit, daß die aktuelle Prioritätsebene
wieder verlassen wird. Das Programm wird mit dem Befehl
fortgesetzt, der auf die Programmunterbrechung folgt.

RETI

Wirkung: <PC 15 - 8)>   ←   <<SP>>
                <SP>   ←   <SP> - 1
                <PC 7 - 0)>   ←   <<SP>>
                <SP>   ←   <SP> - 1

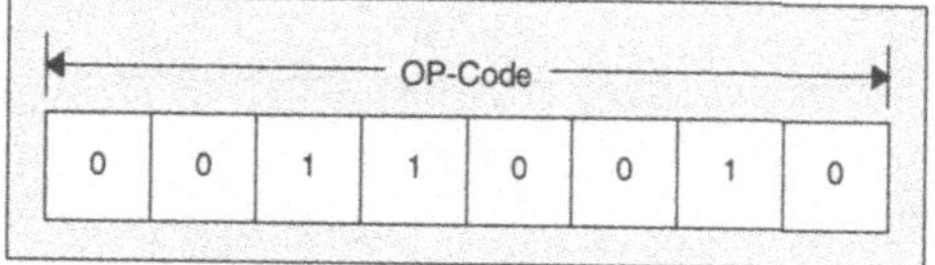

Bytes/Zyklen: *1/2*
PSW: *-*
Opcode: *RETI = 32H*

Beispiel: Im Stack Pointer steht der Wert 0BH. Die RAM-Adressen 0AH und
0BH enthalten 23H und 01H. Nach Ausführung des Befehls

RETI

steht im Program Counter 0123H, der Stack-Pointer enthält den Wert
09H.

11 Assembler-Programmierung

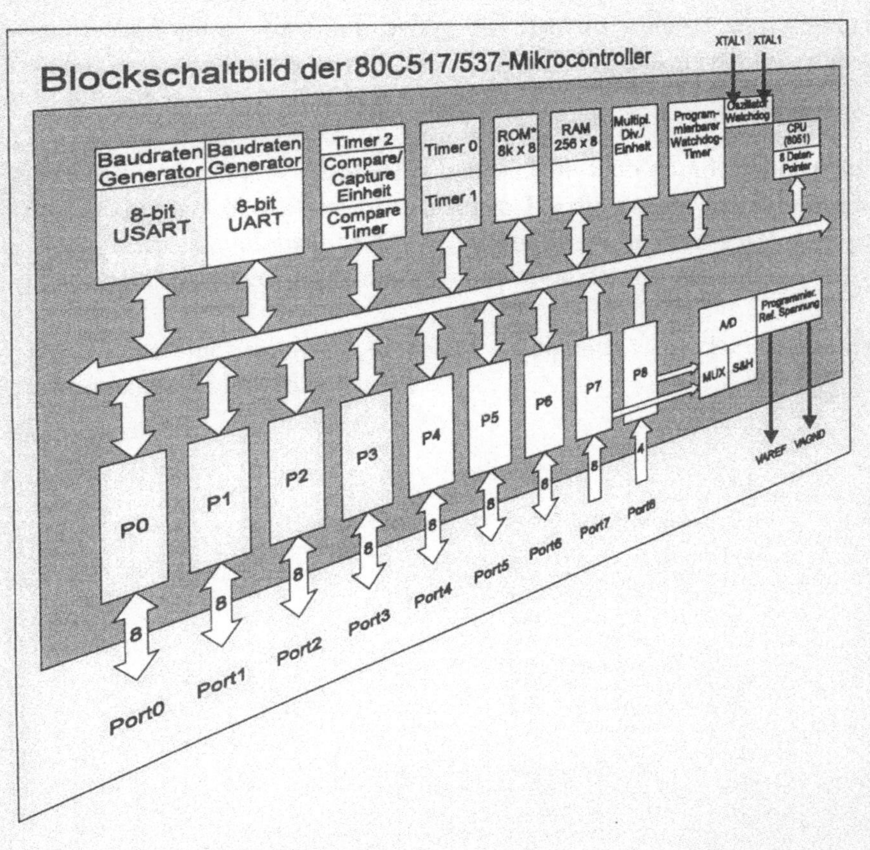

11.1 Programm-Ablaufpläne

Allgemeines

Ein nützliches Hilfsmittel bei der systematischen Lösung von Problemstellungen ist der Programm-Ablaufplan (Flußdiagramm). In der Regel geht es darum, eine verbal formulierte Aufgabenstellung in eine grafische Struktur zu bringen, aus der ein Lösungsweg mit seinen wesentlichen Entscheidungen hervorgeht. Der Programm-Ablaufplan (PAP) stellt somit einen sinnvollen und auch notwendigen Zwischenschritt beim Programmieren dar.

Verzichtet der Programmierer auf die Erstellung eines PAPs, bevor er mit dem Programmieren beginnt, wird ihm häufig die Struktur seines Programmes erst während des Programmierens bewußt, was oft dazu führt, daß ein nur sehr mühsam les- bzw. editierbarer Programmcode entsteht.

Bevor man ein Programm schreibt sollte man sich deshalb grundsätzlich über die logische Struktur der Lösung Gedanken machen. Hierfür eignen sich in besonderer Weise Programm-Ablaufpläne (PAPs). Außerdem stellt eine PAP auch eine sinnvolle Ergänzung einer Programmdokumentation dar.

Man strebt hierbei eine Struktur an, die relativ unabhängig von jeder Programmiersprache und jedem Mikroprozessor ist.

Symbolik nach DIN 66001

Die DIN 66001 hat eine Vielzahl von Symbolen definiert, die in PAPs zu verwenden sind. An dieser Stelle werden nur die Symbole erklärt, die auch in diesem Buch zum Einsatz kommen.

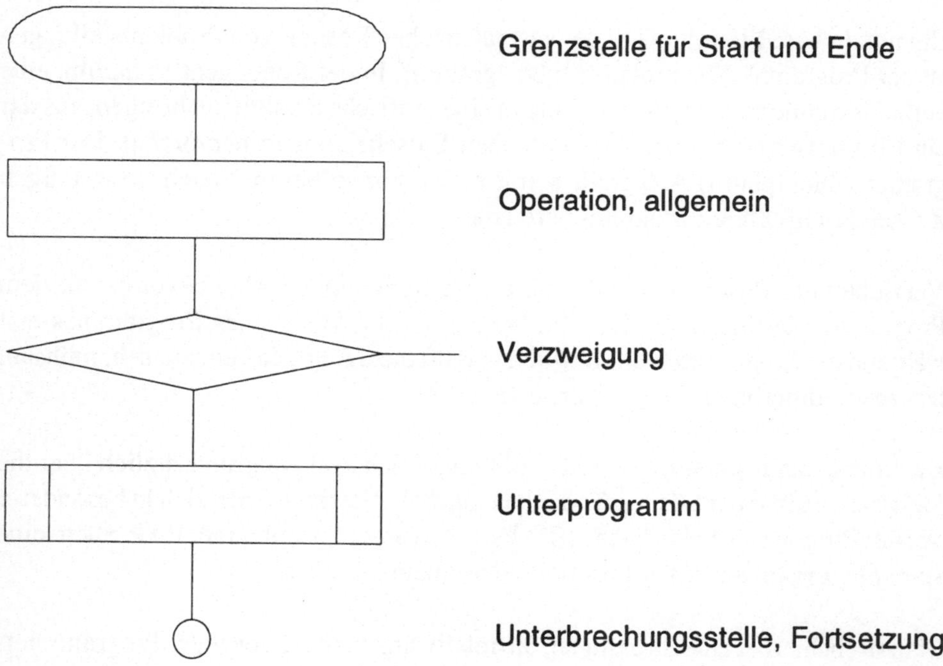

Bild 11.1-1: Flußdiagramm-Symbole

Im folgenden soll anhand einiger Beispiele die Erstellung von PAPs verdeutlicht werden.

Beispiele

BEI_11_1: Eignungstest

Im Rahmen einer Eignungsprüfung führt ein Unternehmen drei Eignungstests durch, die jeweils mit 0 bis 100 Punkten bewertet werden. Die Gesamtprüfung gilt als bestanden, wenn im Durchschnitt mindestens 60 Punkte erreicht werden.

Aufgabe: Nach Eingabe der drei Testergebnisse soll die Ausgabe "Test bestanden" oder "Test nicht bestanden" erfolgen.

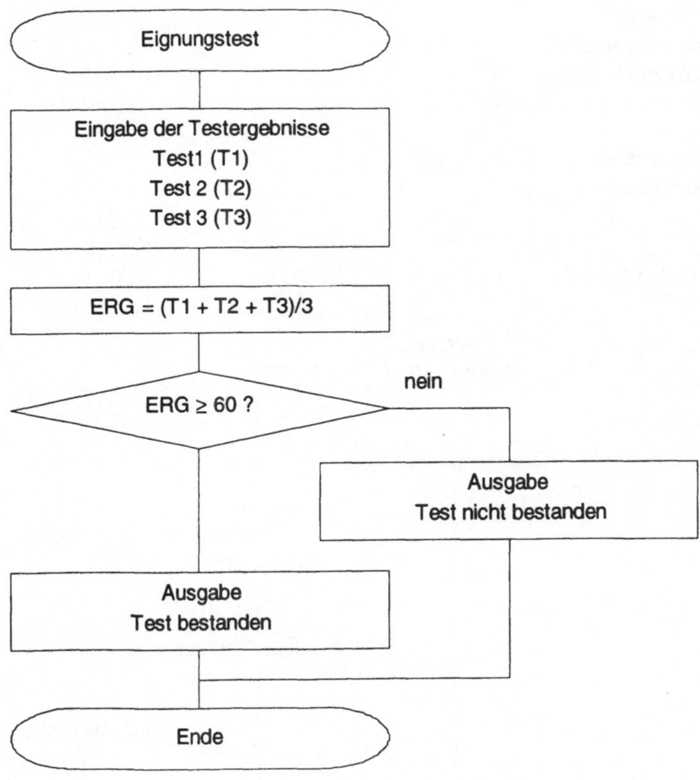

Bild 11.1-2:

BEI_11_2: Sparguthaben

Eine Bank verzinst Sparguthaben in Abhängigkeit von der Kündigungsfrist wie
folgt: Gesetzliche Kündigung: 3%

6 Monate:	3,5%
1 Jahr:	4%
4 Jahre:	5 %

Nach Eingabe einer Spareinlage sowie der Kündigungsfrist soll das neue
Sparguthaben nach einem Jahr berechnet werden.

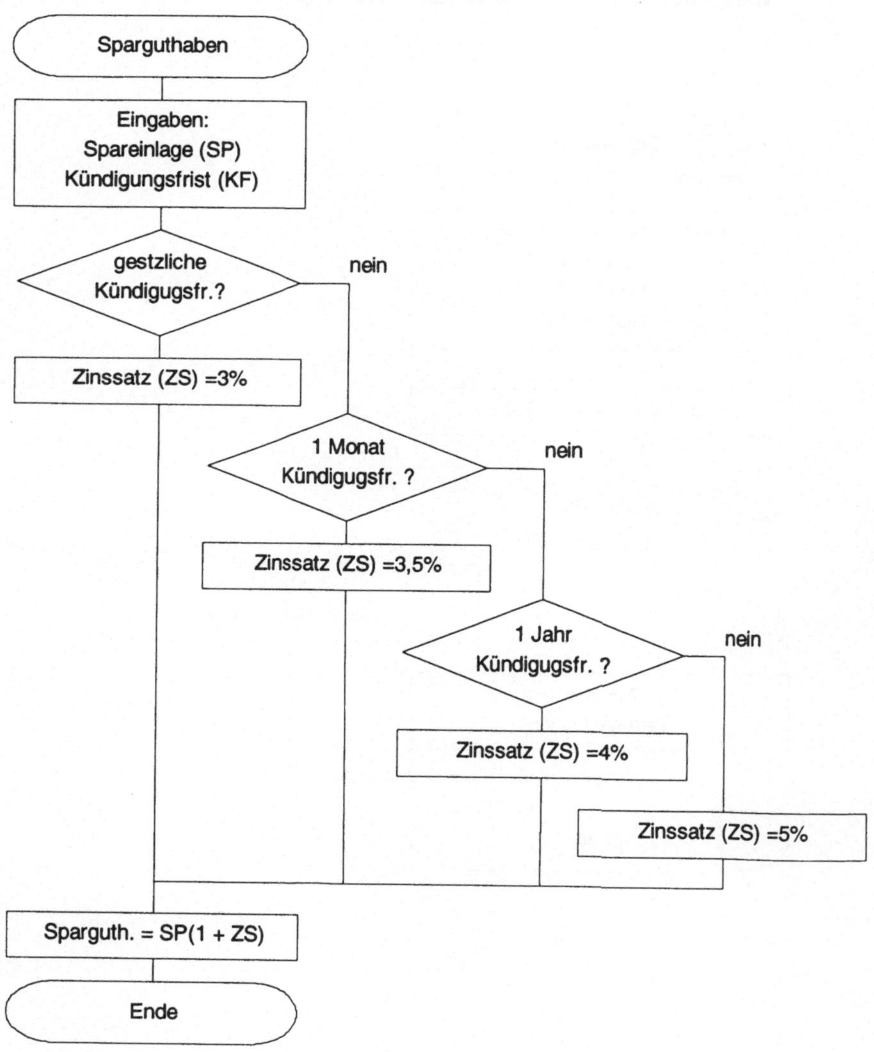

Bild 11.1-3

BEI_11_3: **Spendenverteilung**

Vom Erlös einer Wohltätigkeitsveranstaltung werden 1000,- DM zur Deckung der Kosten benötigt. Wenn der Erlös 1000,- DM übersteigt, sollen die nächsten 2000,- DM dem Kinderschutzbund gespendet werden. Der möglicherweise noch verbleibende Rest soll der Jugendarbeit eines ortsansässigen Sportvereins zufließen.

Aufgabe:　Nach Eingabe des Erlöses (E) soll in Abhängigkeit von der Höhe von Erlöses (E) eine der folgenden Ausgaben erfolgen:

- Veranstaltung nicht kostendeckend!
- Veranstaltung kostendeckend, keine weitere Spende!
- Spende Kinderschutzbund beträgt xx DM!
- Spende Sportverein beträgt xx DM!

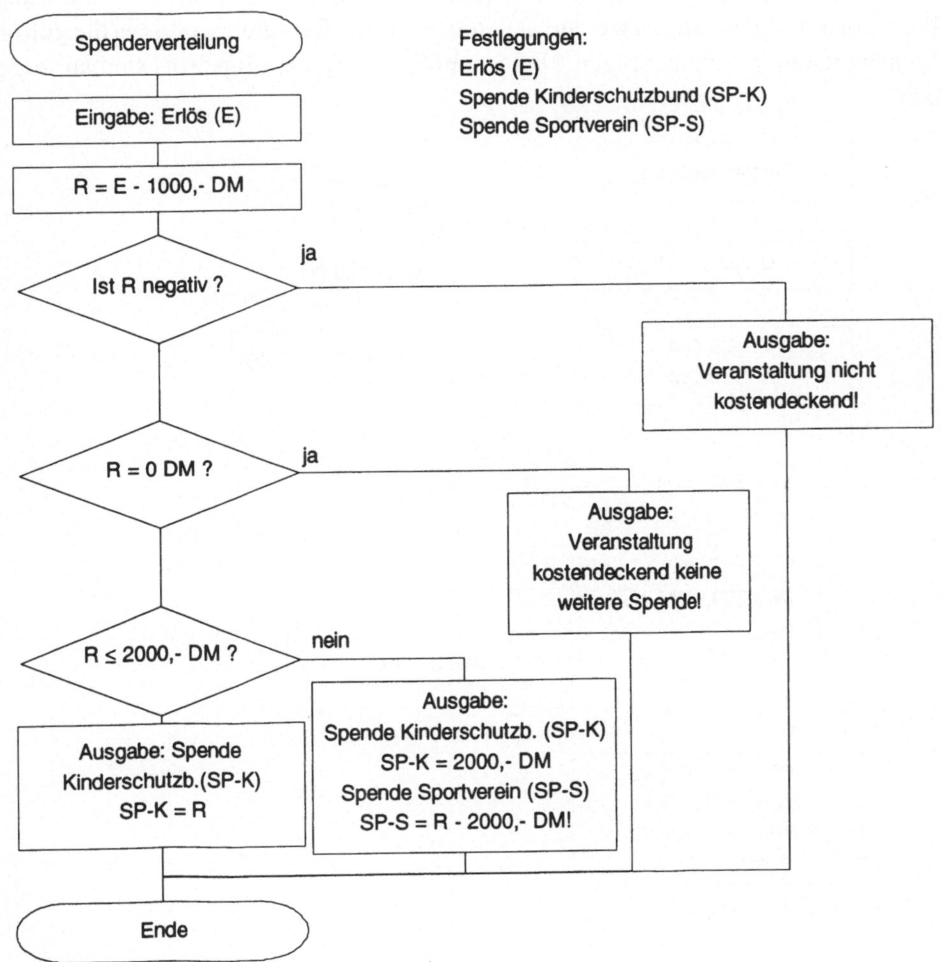

Bild 11.1-4

BEI_11_4: Versandrechnung

Ein Versandunternehmen liefert unter folgenden Bedingungen:

Bestellwert		**Kunde zahlt anteilig für**	
bis	*200,- DM*	*Porto*	*6,- DM*
		Verpackung	*10,- DM*
über	*200,- DM*	*Porto*	*6,- DM*
bis	*500,- DM*	*Verpackung*	*frei*
über	*500,- DM*	*Porto*	*frei*
		Verpackung	*frei*

Es soll ein PAP erstellt werden, mit dem nach Eingabe des Warenwertes etwaige Portokosten zugeschlagen werden. Auf diesen Netto-Rechnungspreis ist die gültige Mehrwertsteuer aufzuschlagen. Netto- und Brutto-Rechnungspreis sind auszugeben.

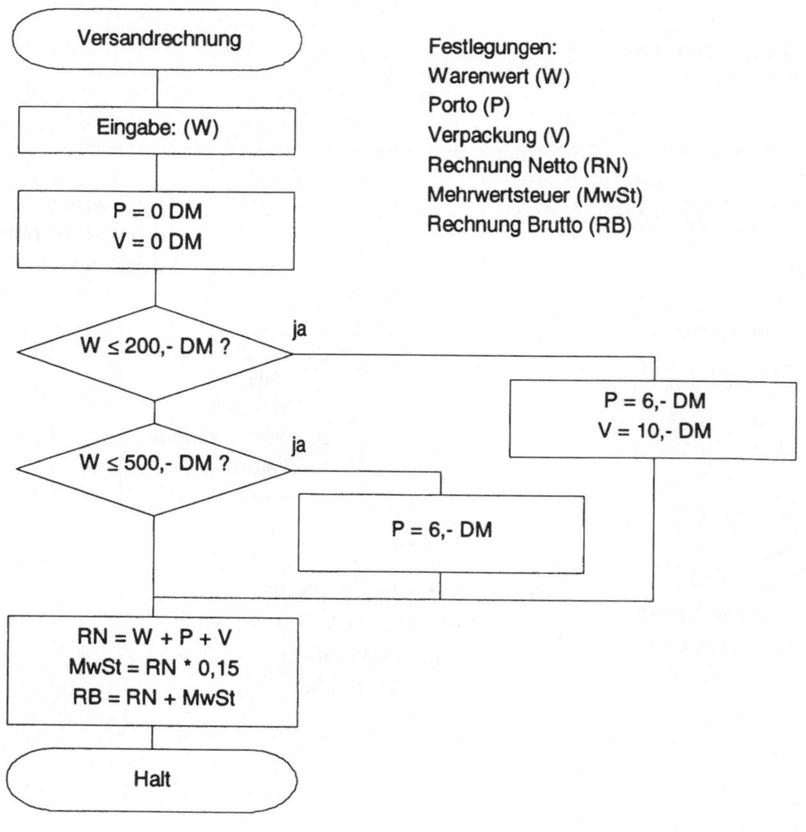

Bild 11.1-5

BEI_11_5: Vertreterlohn

Ein Unternehmen bezahlt seine Vertreter nach folgender Vereinbarung:
Jeder Vertreter erhält ein monatliches Fixum von 1.300,- DM sowie eine 12 %ige
Umsatzprovision. Zusätzlich zahlt das Unternehmen bei einem Umsatz von über
100.000,- DM eine Erfolgsprämie in Höhe von 8% vom Umsatz über 100.000,-
DM. Es ist ein PAP zu entwickeln, aus dem der monatliche Vertreterlohn her-
vorgeht.

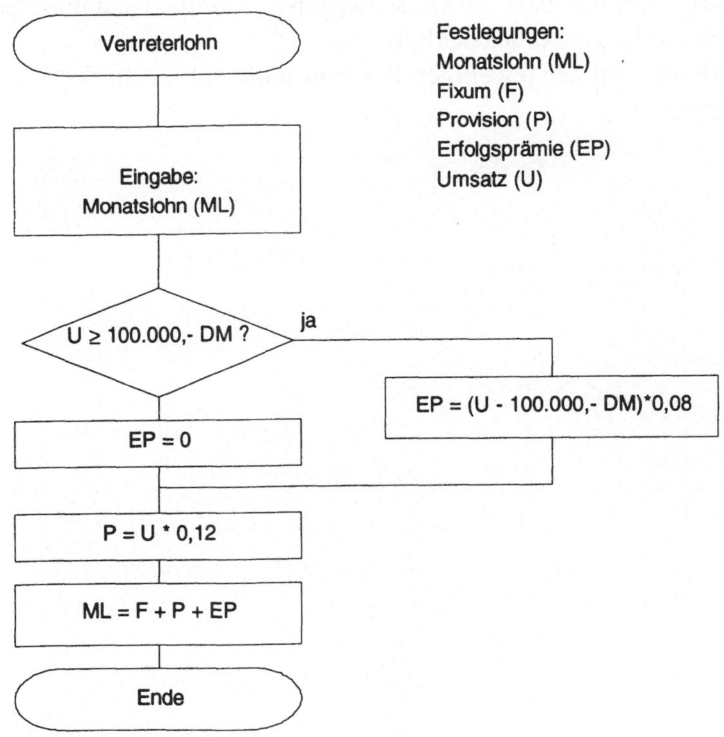

Bild 11.1-6

BEI_11_5: Materiallift

Gegeben ist die Skizze eines Materiallifts. Die Steuerung des Motors erfolgt über die Ruftaster S2, S4 und S6. Das Erreichen der entsprechenden Etagen wird durch die Endtaster S1, S3 und S5 erfaßt. Außerdem soll die Position des Lifts durch die Leuchtmelder H1, H2 und H3 angezeigt werden. Es soll ein PAP entwickelt werden, der folgende Bedingungen erfüllt:

- Durch Betätigung der Ruftaster fährt der Aufzug in die gewünschte Position.
- Während der Auf- bzw. Abwärtsbewegung bleibt die Betätigung der Ruftaster S2, S4 und S6 unberücksichtigt.
- Das Erreichen der jeweiligen Position wird mit einem der Leuchtmelder angezeigt.

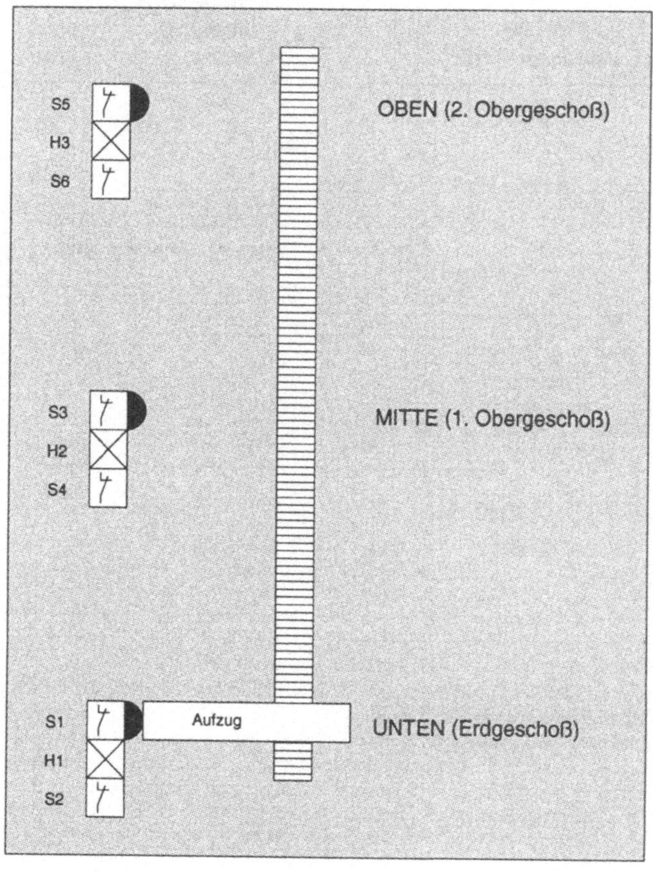

Bild 11.1-7

Natürlich entspricht diese Aufgabenstellung und Lösung nur einer modellhaften Lift-Steuerung. So sind beispielsweise alle Sicherheitsabfragen unberücksichtigt geblieben.

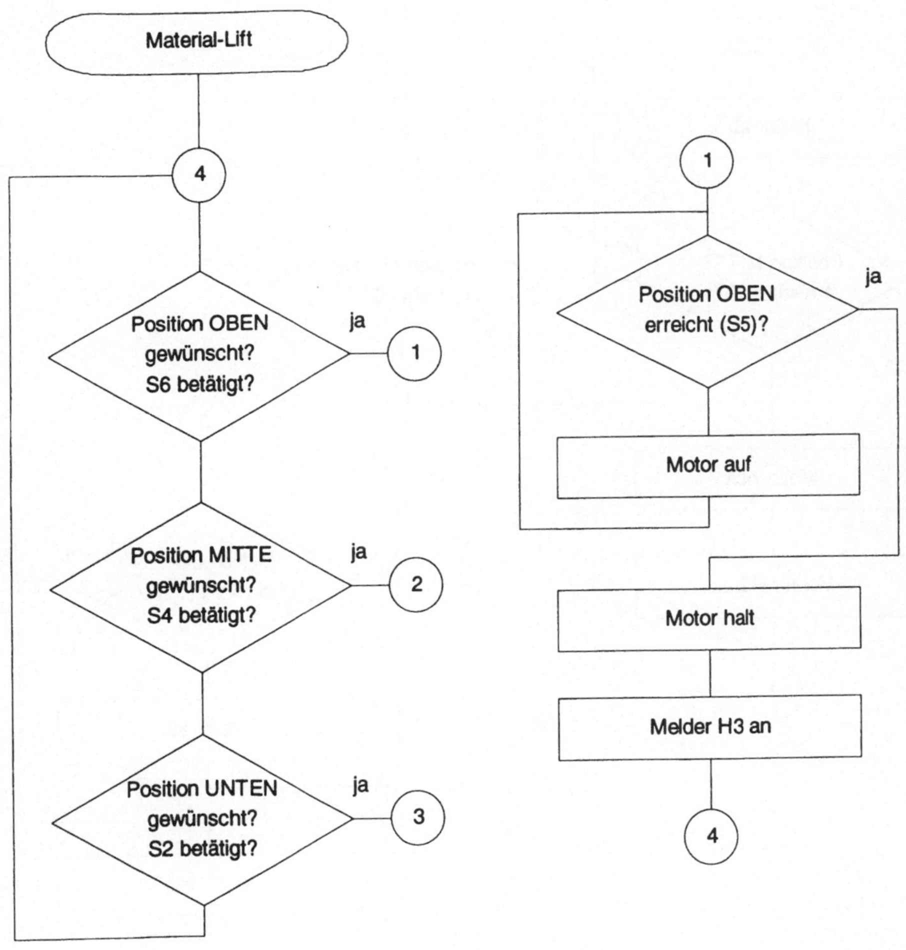

Bild 11.1-8

2
aktuelle Position
OBEN (S5)?
nein
Motor ab
Motor auf
Position MITTE
erreicht (S3)?
nein
Position MITTE
erreicht (S3)?
nein
Motor halt
Melder H2 an
4
3
Position UNTEN
erreicht (S1)?
ja
Motor ab
Motor halt
Melder H1 an
4

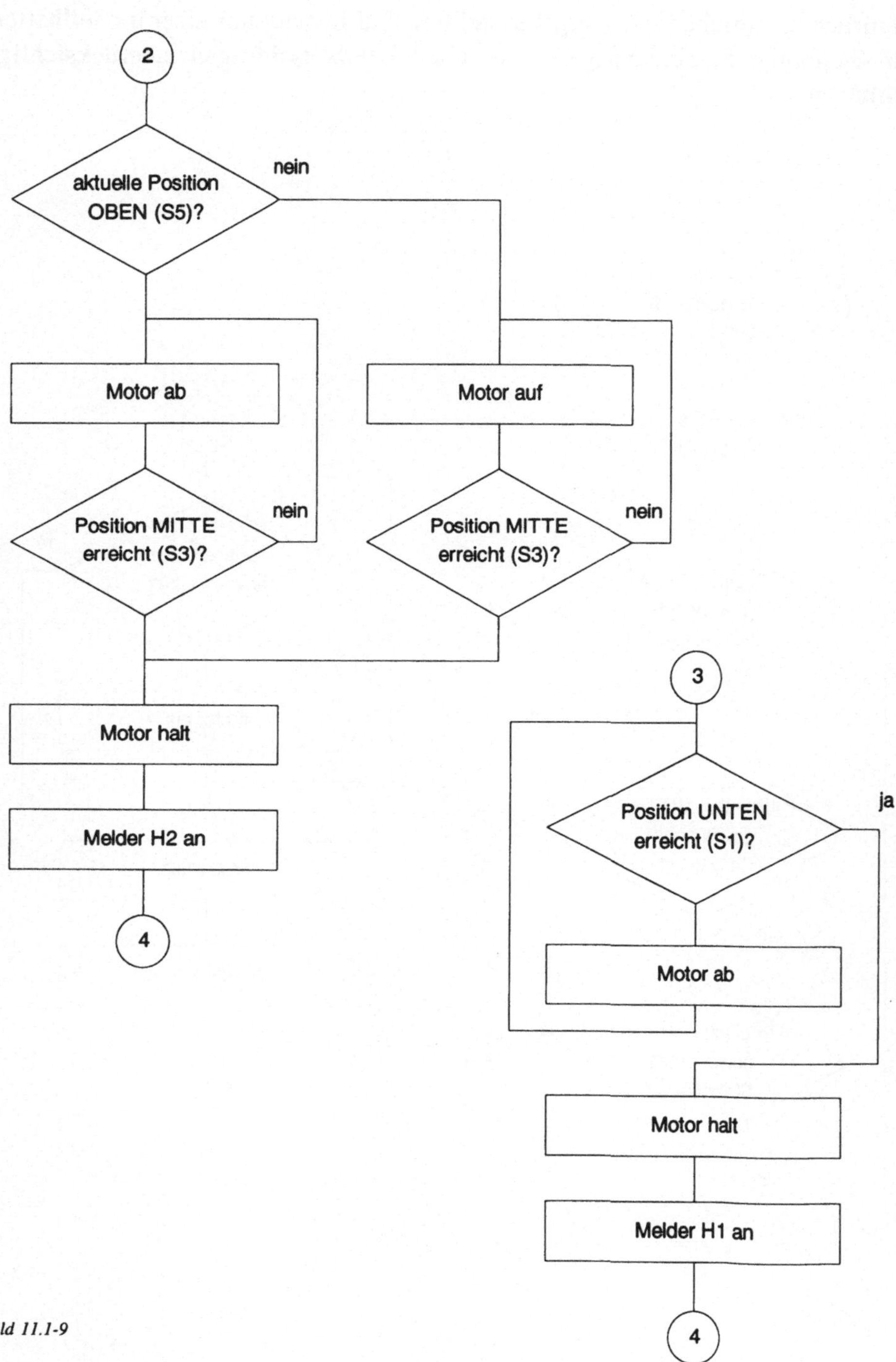

Bild 11.1-9

11.2 Lineare Programme

Unter linearen Programmen versteht man solche, die eine unverzweigte PAP-Struktur haben.

Hinweis: Ab jetzt wird wegen der einfacheren Darstellung teilweise mit folgenden Abkürzungen gearbeitet:

< ... >	Inhalt von
C:xxxx	Adresse im Programmspeicher
X:xxxx	Adresse im externen Datenspeicher
I:xx	Adresse im internen Datenspeicher
xxH	hexadezimaler Wert
xxD	dezimaler Wert
xxB	binärer Wert
HOB	höherwertiges Byte einer Adresse
LOB	niederwertiges Byte einer Adresse

Beispiel 11.2-1:   Datentransfer interner Datenspeicher

Die Inhalte der Register R0 bis R7 der Registerbank 0 sollen in die Speicherzellen
I:30H bis I:37H transferiert werden. Zu Anfang sollen die Register mit folgenden
Konstanten geladen werden:

$$\begin{array}{ll}
\text{<R0>} = 00H & \text{<R4>} = 04H \\
\text{<R1>} = 01H & \text{<R5>} = 05H \\
\text{<R2>} = 02H & \text{<R6>} = 06H \\
\text{<R3>} = 03H & \text{<R7>} = 07H
\end{array}$$

Das Programm soll bei C:8000H beginnen.

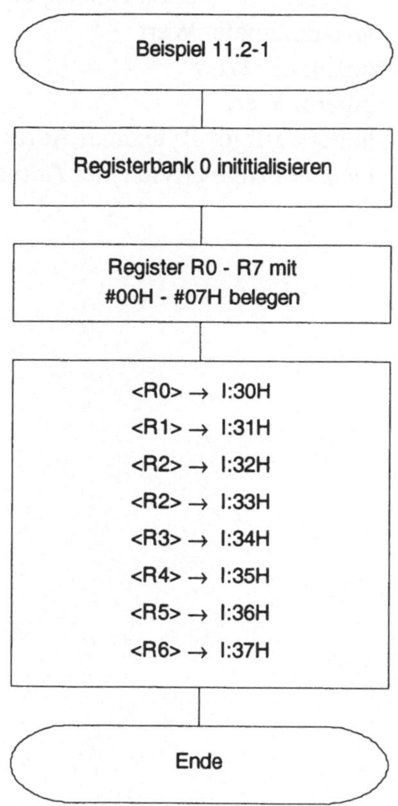

Bild 11.2-1

```
;***********************************************************************************
;
        ;Hauptprogramm                    :B11_2_1.A51
;***********************************************************************************
;
        ; Definition der Namen

        PSW     EQU     0B0H
;----------------------------------------------------------------------------------
;
        ORG             8000H                   ;Startadresse Hauptprogramm
        ANL             PSW,#11100111B          ;Registerbank 0 auswählen
        MOV             R0,#00H                 ;Register R0 bis R7 belegen
        MOV             R1,#01H
        MOV             R2,#02H
        MOV             R3,#03H
        MOV             R4,#04H
        MOV             R5,#05H
        MOV             R6,#06H
        MOV             R7,#07H
        MOV             30H,R0                  ;Datentransfer von R0 bis R7
        MOV             31H,R1                  ;nach I:30H bis I:31H
        MOV             32H,R2
        MOV             33H,R3
        MOV             34H,R4
        MOV             35H,R5
        MOV             36H,R6
        MOV             37H,R7

;***********************************************************************************
;
        END
```

Beispiel 11.2-2:   Datentransfer vom externen zum internen Datenspeicher
Mit Hilfe eines Programms sollen die Inhalte der Speicherzellen X:A000H und
X:A001H in die Speicherzellen I:30H und I:31H kopiert werden. Das Programm
soll bei C:8000H beginnen.

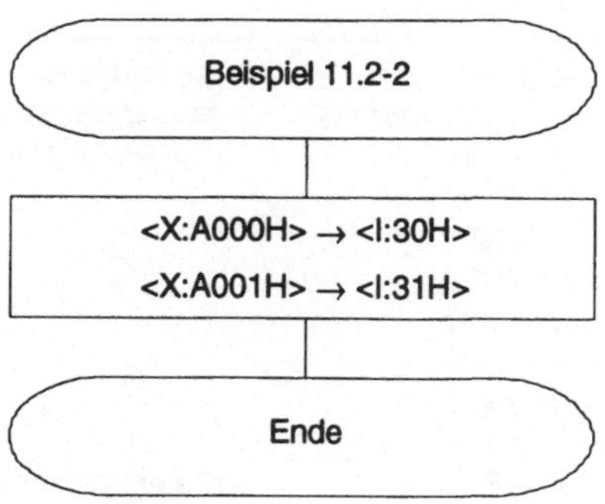

Bild 11.2-2

```
;***********************************************************************************************
;
          ;Hauptprogramm              : B11_2_2.A51
;***********************************************************************************************
;

          ORG        8000H                  ;Startadresse Hauptprogramm
          MOV        DPTR,#0A000H           ;Daten Pointer mit 1. Quelladresse laden
          MOVX       A,@DPTR                ;Inhalt 1. Quelladresse zum Akku
          MOV        30H,A                  ;Inhalt Akku nach I:30H
          INC        DPTR                   ;Datenpointer um 1 erhöhen
          MOVX       A,@DPTR                ;Inhalt 2. Quelladresse zum Akku
          MOV        31H,A                  ;Inhalt Akku nach I:31H

;***********************************************************************************************
;
          END
```

Beispiel 11.2-3:   **Datentausch zwischen externem und internem Datenspeicher**

Mit Hilfe eines Programms sollen die Inhalte der Speicherzellen X:A000H und X:A001H mit den Inhalten der Speicherzellen I:30H und I:31H getauscht werden. Das Programm soll bei C:8000H beginnen.

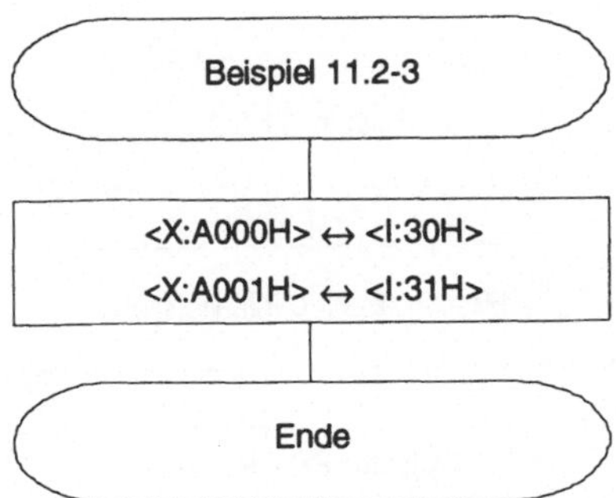

Bild 11.2-3

```
;************************************************************************************************
;
            ;Hauptprogramm            : B11_2_3.A51
;************************************************************************************************
;

        ORG         8000H               ;Startadresse Hauptprogramm
        MOV         DPTR,#0A000H        ;Datenpointer mit 1. Quelladresse laden

                                        ;1. Tausch
        MOVX        A,@DPTR             ;Inhalt 1. Bereich, 1. Adr. zum Akku
        MOV         R0,30H              ;Inhalt 2. Bereich, 1. Adr. nach R0
        MOV         30H,A               ;Inhalt 1. Bereich, 1. Adr. zum 2. Bereich 1. Adresse
        MOV         A,R0
        MOVX        @DPTR,A             ;Inhalt 2. Bereich, 1. Adr. zum 1. Bereich 1. Adresse

        INC         DPTR                Datenpointer um 1 erhöhen
                                        ;2. Tausch
        MOVX        A,@DPTR             ;Inhalt 1. Bereich, 2. Adr. zum Akku
        MOV         R0,31H              ;Inhalt 2. Bereich, 2. Adr. nach R0
        MOV         31H,A               ;Inhalt 1. Bereich, 2. Adr. zum 2. Bereich 2. Adresse
        MOV         A,R0
        MOVX        @DPTR,A             ;Inhalt 2. Bereich, 2. Adr. zum 1. Bereich 2. Adresse

;************************************************************************************************
;
        END
```

Beispiel 11.2-4:   **Datentausch zwischen Registerbank 0 und dem inter
                              nen Datenspeicher**

Mit Hilfe eines Programms sollen die Inhalte von R0 bis R7 von Registerbank 0 mit
den Inhalten der I:30H bis I:37H getauscht werden. Das Programm soll bei
C:8000H beginnen.

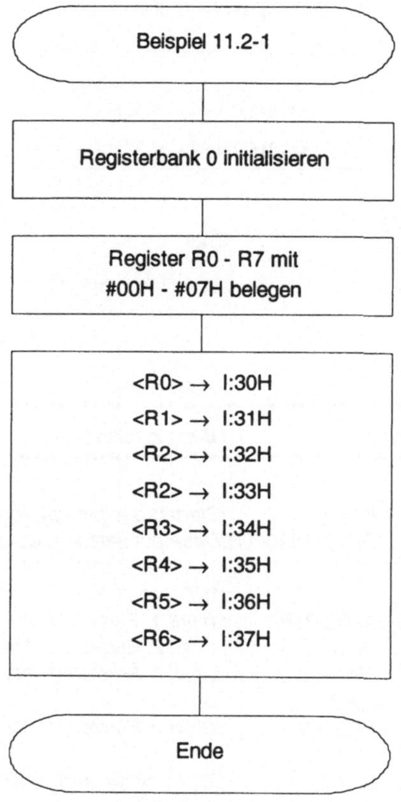

Bild 11.2-4

```
;*********************************************************************************
;
          ;Hauptprogramm            :B11_2_4.A51
;*********************************************************************************
;
          ;Definition der Namen

          PSW    EQU    0B0H
;--------------------------------------------------------------------------------

          ORG    8000H              ;Startadresse Hauptprogramm
          ANL    PSW,#11100111B     ;Registerbank 0 auswählen

          MOV    A,R0               ;1. Tausch
          XCH    A,30H
          MOV    R0,A

          MOV    A,R1               ;2. Tausch
          XCH    A,31H
          MOV    R1,A

          MOV    A,R2               ;3. Tausch
          XCH    A,32H
          MOV    R2,A

          MOV    A,R3               ;4. Tausch
          XCH    A,33H
          MOV    R3,A

          MOV    A,R4               ;5. Tausch
          XCH    A,34H
          MOV    R4,A

          MOV    A,R5               ;6. Tausch
          XCH    A,35H
          MOV    R5,A

          MOV    A,R6               ;7. Tausch
          XCH    A,36H
          MOV    R6,A

          MOV    A,R7               ;8. Tausch
          XCH    A,37H
          MOV    R7,A

;*********************************************************************************
;
          END
```

Hinweis: Natürlich hätte man dieses Beispiel auch sehr elegant mit einer Schleife lösen können.

Beispiel 11.2-5:   Arithmetik

Mit Hilfe eines Programms soll folgende arithmetische Aufgabe gelöst werden:

$$\#10H - ((\langle I{:}60H\rangle + \langle I{:}61H\rangle) - \#36H) \rightarrow I{:}62H$$

Das Programm soll bei C:8000H beginnen.

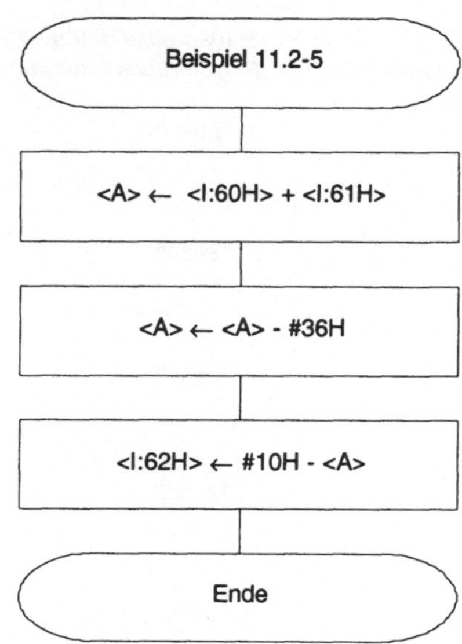

Bild 11.2-5

```
;*********************************************************************************
;
              ;Hauptprogramm        : B11_2_5.A51
;*********************************************************************************
;

              ORG    8000H          ;Startadresse Hauptprogramm

              MOV    A,60H
              ADD    A,61H          ;<A> <— <A> + <I:60>
              CLR    C              ;C-Flag löschen
              SUBB   A,#36H
              MOV    R0,A
              MOV    A,#10H
              CLR    C              ;C-Flag löschen
              SUBB   A,R0           ;<A> <— #10H-((<I:60H>+<I:61H>)-#36H)
              MOV    62H,R0         ;<I:62H> <— Ergebnis


;*********************************************************************************
;
              END
```

Beispiel 11.2-6:　　　　　**Logik**

An Port 5 werden von einer Maschine ständig Daten an die Bitstellen P5.0, P5.1 und P5.2 geliefert. Mit Hilfe eines Programms sollen diese Daten eingelesen und entsprechend der logischen Schaltung verknüpft werden. Das Ergebnis soll an Port 5.7 ausgegeben werden.

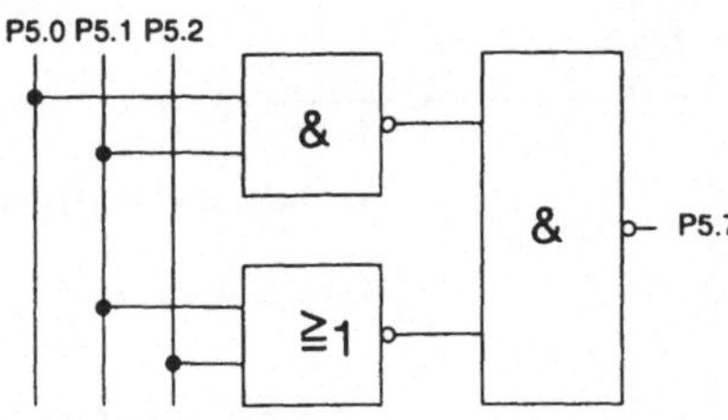

Das Programm soll bei C:8000H beginnen.

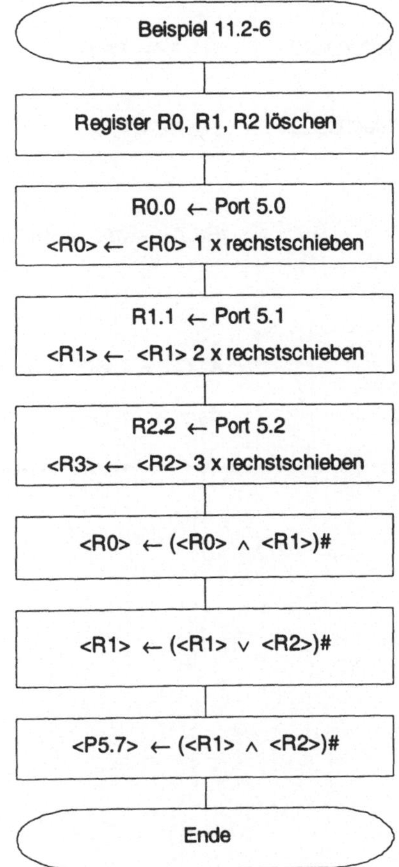

Bild 11.2-6

```
;****************************************************************************************
;Hauptprogramm                     :B11_2_6.A51
;****************************************************************************************
;Definition der Namen

          P5      EQU    0F8H
          ACC     EQU    0E0H
;--------------------------------------------------------------------------------------

          ORG     8000H                    ;Startadresse Hauptprogramm

          MOV     A,P5                     ;Port 5 in Akku lesen

          RR      A
          MOV     R0,A
          ANL     00H,#10000000B           ;R0.7 <— P5.0
          RR      A
          MOV     R1,A
          ANL     01H,#10000000B           ;R1.7 <— P5.1
          RR      A
          MOV     R2,A
          ANL     02H,#10000000B           ;R2.7 <— P5.2
          MOV     A,R0
          ANL     A,R1
          CPL     A
          MOV     R3,A                     ;R3.7 <— #(P5.0 und P5.1)
          MOV     A,R1
          ORL     A,R2
          CPL     A
          ANL     A,R3
          CPL     A                        ;ACC.7 <— #(P5.1 oder P5.2)
          MOV     C,ACC.7
          MOV     P5.7,C                   ;P5.7 <— Ergebnis

;****************************************************************************************
          END
```

11.3 Schleifen-Programme und Verzweigungen

Beispiel 11.3-1:   **Datentransfer vom Programmspeicher zum internen Datenspeicher**

Mit Hilfe eines Programms sollen die ersten 10 Byte dieses Programms in den internen Datenspeicher ab Adresse I:30H kopiert werden. Das Programm soll bei C:8000H beginnen.

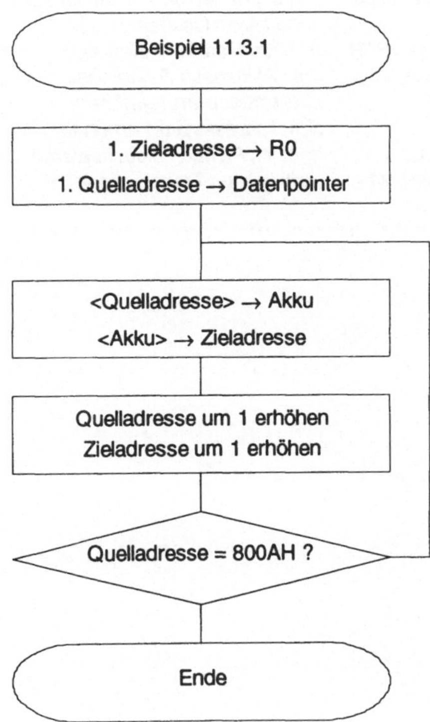

Bild 11.3-1

```
;****************************************************************************************
;           ;Hauptprogramm        :B11_3_1.A51
;****************************************************************************************
            ;Definition der Namen

            DPL    EQU    082H
;--------------------------------------------------------------------------------------

            ORG    8000H            ;Startadresse Hauptprogramm

            MOV    R0,#30H          ;R0 mit 1. Zieladresse laden
            MOV    DPTR,#8000H      ;Datenpointer mit 1. Quelladresse laden
M1:         CLR    A                ;Inhalt Akku löschen
            MOVC   A,@A+DPTR        ;Inh. Quelladresse zum Akku
            MOV    @R0,A            ;Inh. Akku nach Zieladresse
            INC    R0               ;Zieladresse um 1 erhöhen
            INC    DPL              ;Quelladresse um 1 erhöhen
            MOV    A,DPL            ;Inhalt DPL nach Akku kopieren
            CJNE   A,#0AH,M1        ;Abfrage, ob Transfer beendet

;****************************************************************************************
            END
```

Beispiel 11.3-2: **Blocktransfer vom internen Datenspeicher zum externen Datenspeicher**

Mit Hilfe eines Programms sollen 64 Byte vom internen Datenspeicher zum externen Datenspeicher transferiert werden. Die erste Quelladresse wird in R0 von Registerbank 0 und die erste Zieladresse in R1 (HOB) und R2 (LOB) von Registerbank 0 zur Verfügung gestellt. Das Programm soll bei C:8000H beginnen.

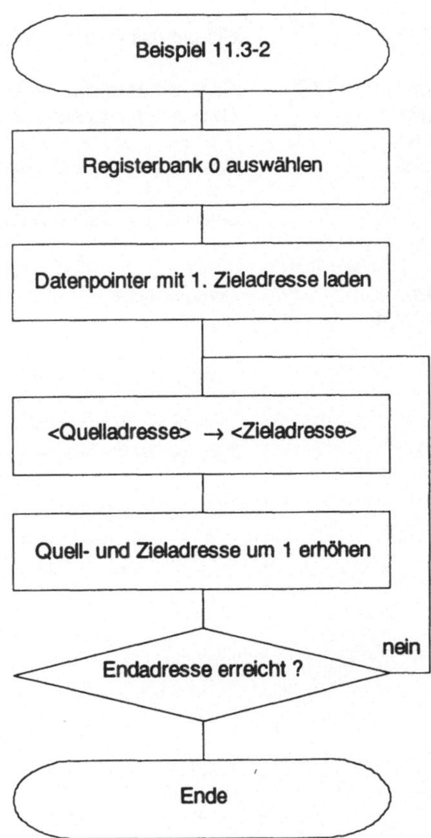

Bild 11.3-2

```
;********************************************************************************
;            ;Hauptprogramm              : B11_3_2.A51
;********************************************************************************

            ;Definition der Namen

            DPL     EQU     082H
            DPH     EQU     083H
            PSW     EQU     0D0H
            R0      EQU     00H
;--------------------------------------------------------------------------------

            ORG     8000H                   ;Startadresse Hauptprogramm

            ANL     PSW,#11100111B          ;Registerbank 0 auswählen
            MOV     DPL,R2                  ;Datenpointer mit erster Zieladresse laden
            MOV     DPH,R1
            MOV     A,#3FH                  ;Berechnung letzte Quelladresse
            ADD     A,R0
            MOV     R3,A                    ;Letzte Quelladresse in R3 ablegen
            INC     R3

M1:         MOV     A,@R0                   ;Datentransfer
            MOVX    @DPTR,A

            INC     R0                      ;Quell- und Zieladresse um 1 erhöhen
            INC     DPTR
            MOV     A,R3
            CJNE    A,R0,M1                 ;Abfrage, ob Endadresse erreicht

;********************************************************************************
            END
```

Beispiel 11.3-3:   **Daten suchen im Programmspeicher**

Mit Hilfe eines Programms sollen die Inhalte der Speicherzellen C:0100H bis C:012FH nach dem Wert E8H durchsucht werden. Wird der Wert nicht gefunden, soll in I:30H der Wert 00H abgespeichert werden. Wird der Wert gefunden, soll einerseits in I:30H der Wert 01H abgespeichert werden und andererseits die zugehörige Adresse in I:31H (HOB) und I:32H (LOB) abgespeichert werden. Das Programm soll ab Adresse C:8000H beginnen.

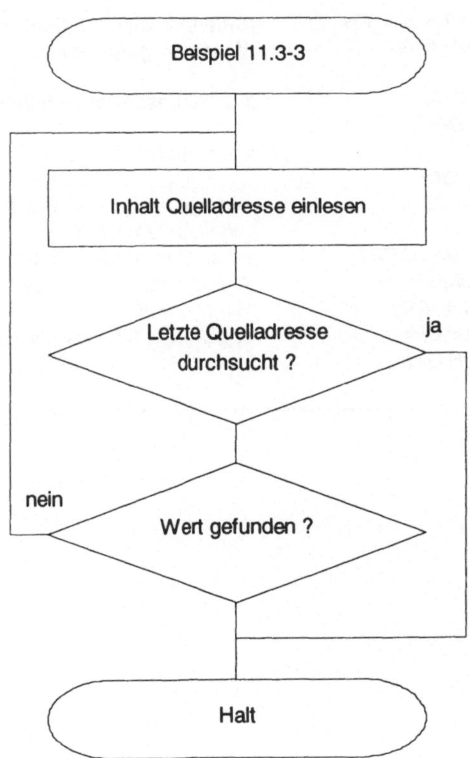

Bild 11.3-3

```
;*********************************************************************************
        ;Hauptprogramm              :B11_3_3.A51
;*********************************************************************************
        ;Definition der Namen

        DPL   EQU   082H
        DPH   EQU   083H
;-------------------------------------------------------------------------------

        ORG   8000H                    ;Startadresse Hauptprogramm

        MOV   DPTR,#00FFH              ;Datenpointer mit 1. Quelladresse (-1) laden
        MOV   30H,#00H                 ;Wert nicht gefunden

M1:     INC   DPTR                     ;Quelladresse um 1 erhöhen
        MOV   A,DPL
        CLR   C                        ;Inhalt Akku löschen
        SUBB  A,#30H
        JZ    ENDE                     ;Abfrage, ob letzte Quelladr. durchsucht wurde
        CLR   A                        ;Inhalt Akku löschen
        MOVC  A,@A+DPTR                ;Inhalt Quelladresse in Akku laden
        CJNE  A,#0E8H,M1               ;Abfrage, ob Inhalt Quelladr. = E8H
        MOV   30H,#01H                 ;Wert gefunden
        MOV   31H,DPH                  ;zugehörige Adresse abspeichern
        MOV   32H,DPL
ENDE:
;*********************************************************************************

        END
```

Beispiel 11.3-4:   Internen Datenspeicher mit Werten belegen

Mit Hilfe eines Programms soll der Wert 00H in die Speicherzelle I:30H geladen werden. Innerhalb einer Programmschleife sollen die folgenden Speicherzellen ebenfalls belegt werden:

$$
\begin{array}{ccc}
\text{<I:30H>} & = & \text{00H} \\
\text{<I:31H>} & = & \text{01H} \\
\text{<I:32H>} & = & \text{02H} \\
\ldots & & \ldots \\
\text{<I:3FH>} & = & \text{0FH}
\end{array}
$$

Das Programm soll bei C:8000H beginnen.

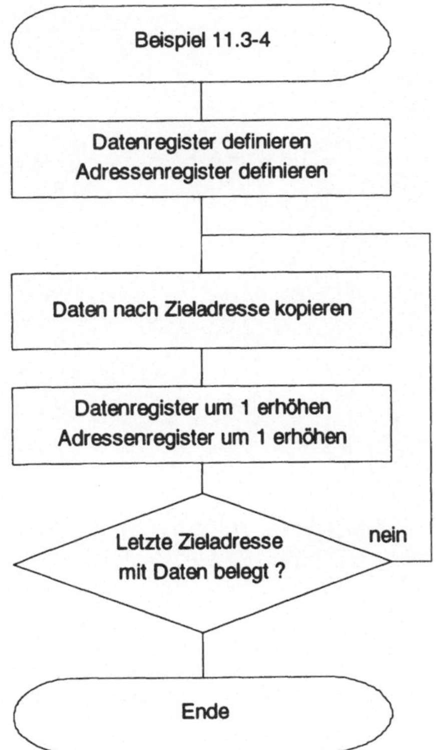

Bild 11.3-4

```
;**********************************************************************************************
;          ;Hauptprogramm        : B11_3_4.A51
;**********************************************************************************************

           ORG    8000H          ;Startadresse Hauptprogramm

           MOV    A,#00H          ;Anfangswert in Akku laden
           MOV    R0,#30H         ;1. Zieladresse in R0 laden
M1:        MOV    @R0,A           ;Wert in Speicherzelle des int. Datenspeichers laden
           INC    A
           INC    R0
           CJNE   A,#10H,M1       ;Abfrage ,ob letzte Abspeicherung schon erfolgt ist

;**********************************************************************************************

           END
```

Allgemeines zu Zeitschleifen

Mikrocontroller werden in der Industrie häufig dort eingesetzt, wo die Kenntnis über Programmlaufzeiten wesentlich ist. Zeitablaufsteuerungen, Zeitmeßeinrichtungen und Verzögerungsschaltungen sind nur einige wenige Beispiele aus einer Vielzahl möglicher Anwendungen.

Maschinenzyklus

An die CPU muß ein externer Quarz mit einer Schwingfrequenz zwischen 1,2 und 16 MHz angeschlossen werden. Der übliche Standard liegt hier bei 12 MHz. Diese externe Taktfrequenz wird intern um den Faktor 12 heruntergeteilt. Die Periodendauer der internen Taktfrequenz nennt man Maschinen-Zykluszeit.

Laufzeit von Programmen

Will man eine Aussage über die Laufzeit von Programmen machen, muß man die Zykluszeiten aller durchlaufenen Befehle aufaddieren und anschließend mit der internen Zykluszeit multiplizieren.

Beispiel 11.3-5:

Mit einem kleinen Beispiel soll die Laufzeitberechnung eines Programms verdeutlicht werden.

Annahme: $f_{OCS} = 12\,\text{MHz}$

Programm-Listing:

```
                                    ;Zyklen
                                    ;innerh. der Schleife    außerh. der Schleife
;---------------------------------------------------------------------------------
            MOV   R0,#27H     ;                        1              27H=39D
M1:         NOP               ;    1
            NOP               ;    1
            NOP               ;    1
            NOP               ;    1
            DEC   R0          ;    1
            CJNZ  R0,#00H,M1  ;    2
;---------------------------------------------------------------------------------
;Summe                             7                      1
;---------------------------------------------------------------------------------
```

Formelzeichen:

externe Oszillatorfrequenz   = f_{osc}
Schleifendurchläufe   = n_{Sch}
Maschinenzyklus   = t_z
Zyklen innerhalb einer Schl.   = n_{ZiS}
Zyklen außerhalb einer Schl.   = n_{ZaS}
Gesamtzahl aller Zyklen   = n_{ges}
Programmlaufzeit   = t_{ges}

Gesamtzahl der Maschinenzyklen:

$$n_{ges} = n_{ZiS} * n_{Sch} + n_{ZaS}$$
$$= 7 * 27H\,(39D) + 1$$
$$\mathbf{nges = 274}$$

Programmlaufzeit:

$$t_z = 12/f_{OSC}$$
$$= 12/12\,\text{MHz}$$
$$\mathbf{t_z = 1\,\mu s}$$

$$t_{ges} = t_z * n_{ges}$$
$$= 1\mu s * 274$$
$$\mathbf{t_{ges} = 274\,\mu s}$$

Beispiel 11.3-6: **Zeitschleife für 1ms**

Mit Hilfe eines Programms soll eine Zeitverzögerung von einer Millisekunde programmiert werden. Die externe Taktfrequenz beträgt 12 MHz. Das Programm soll bei C:8000H beginnen.

Berechnung der Gesamtzahl der Maschinenzyklen:

$$n_{ges} = t_{ges} / t_z$$
$$= 1 \text{ ms} / 1\mu s$$
$$\mathbf{n_{ges} = 1000}$$

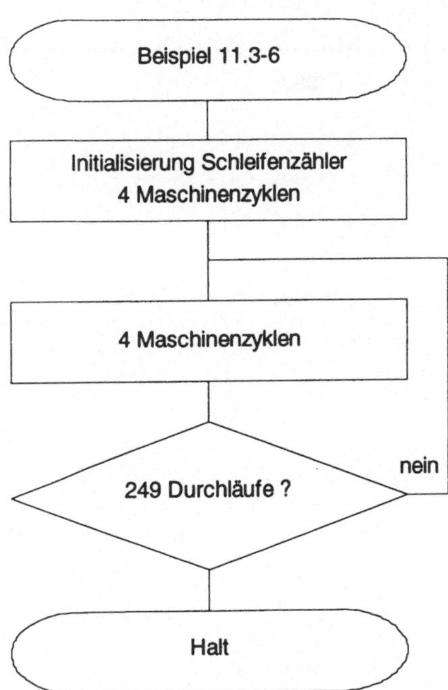

Bild 11.3-6

Kommentar: Für die Berechnung der Maschinenzyklen bezogen auf ein Schleifenprogramm benutzen wir die gleiche Formel wie auf der vorhergehenden Seite.

$$n_{ges} = N_{Zis} * N_{Sch} + n_{ZaS}$$
$$1000 = 4 * 249 + 4$$

```
;********************************************************************************
;          ;Hauptprogramm        : B11_3_6.A51
;********************************************************************************

          ORG    8000H            ;Startadresse Hauptprogramm

          MOV    R0,#0F9H         ;Initialisierung Zählregister F9H=249D
          NOP
          NOP
          NOP                     ;bis hier 4 Maschinenzyklen

M1:       NOP                     ;Anfang Zählschleife
          NOP                     ;Innerhalb einer Zählschleife
          DJNZ   R0,M1            ;4 Maschinenzyklen

;********************************************************************************
;Gesamtzyklen                     1000

          END
```

Beispiel 11.3-7: **Zeitschleife für 1s**

Mit Hilfe eines Programms soll eine Zeitverzögerung von einer Sekunde programmiert werden. Die externe Taktfrequenz soll 12 MHz betragen. Das Programm soll bei C:8000H beginnen.

Berechnung der Gesamtzahl der Maschinenzyklen:

$$n_{ges} = t_{ges} / t_z$$
$$= 1 \text{ s} / 1\mu s$$
$$\mathbf{n_{ges} = 1.000.000}$$

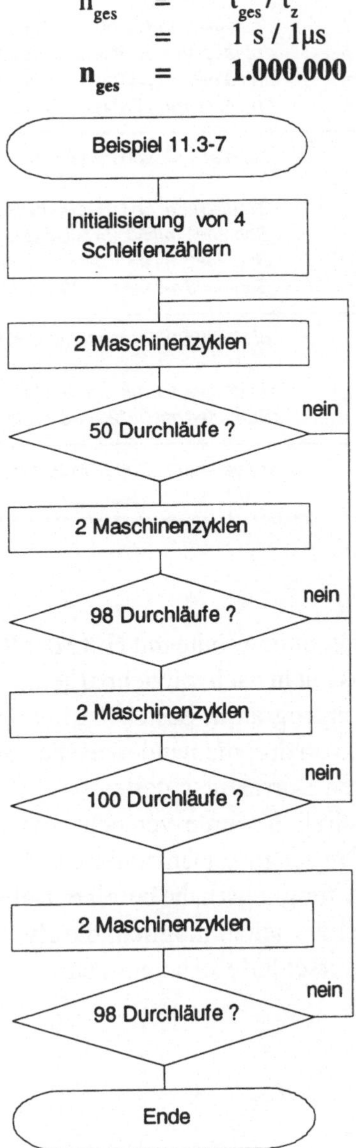

Bild 11.3-7

```
;*****************************************************************************************
;Hauptprogramm          :B11_3_7.A51
;*****************************************************************************************

        ORG     8000H           ;Startadresse Hauptprogramm

        MOV     R0,#32H         ;Initialisierung Zähler1, 32H = 50D
        MOV     R1,#62H         ;Initialisierung Zähler2, 62H = 98D
        MOV     R2,#64H         ;Initialisierung Zähler3, 64H = 100D
        MOV     R3,#62H         ;Initialisierung Zähler4, 62H = 98D
;-----------------------------------------------------------------------------------------
                                ;bis hier 4 Maschinenzyklen

                                ;3 ineinander geschachtelte Schleifen
M1:     DJNZ    R0,M1           ;Schleife1 mit 50*2=100 Zyklen
        DJNZ    R1,M1           ;Schleife2 mit 98*102=9996 Zyklen
        DJNZ    R2,M1           ;Schleife3 mit 9998*100=999800 Zyklen
;-----------------------------------------------------------------------------------------
                                ;bis hier 999804 Maschinenzyklen

                                ;1 additive Korrekturschleife
M2:     DJNZ    R3,M2           ;Schleife4 mit 98*2=196 Zyklen
;-----------------------------------------------------------------------------------------
                                ;insgesamt 1000000 Maschinenzyklen

;*****************************************************************************************

        END
```

Kommentar: Die Berechnung sollte mit Hilfe der Kommentarzeilen des Programms leicht nachvollziehbar sein.

Das Zeitprogramm besteht strukturell aus einem Vorspann, gefolgt von drei ineinandergeschachtelten Schleifen und einer additiven Korrekturschleife.

Grundsätzlich wurde versucht, die ineinandergeschachtelten Schleifen so zu dimensionieren, daß die Zykluszeit für eine Schleife möglichst nahe bei einer Dekade liegt. Auf diese Weise ist es relativ leicht möglich, die Zyklen für die abschließende Korrekturschleife zu berechnen.

Beispiel 11.3-8:   **Bedingtes Inkrementieren**

Der in der Speicherzelle I:60H stehende Wert ist so oft zu inkrementieren, wie es der Wert, der in I:61H steht, angibt. Die Inkrementbildung ist dann abzubrechen, wenn der Inhalt von I:60H den Wert FFH erreicht hat.

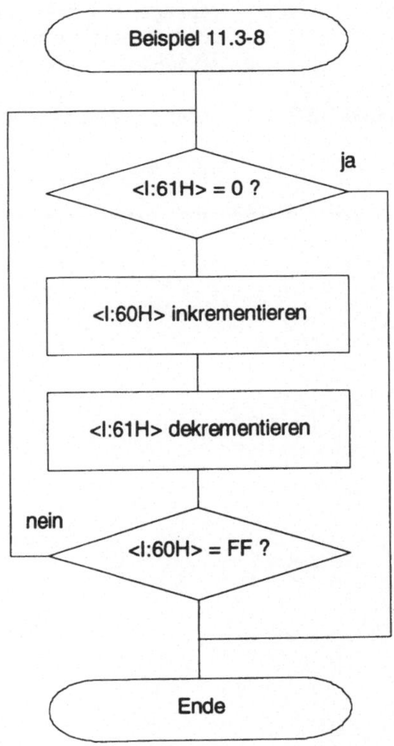

Bild 11.3-8

```
;**********************************************************************************************
;
              ;Hauptprogramm                    :B11_3_8.A51
;**********************************************************************************************
;
              ORG    8000H                       ;Startadresse Hauptprogramm

WEITER:       MOV    A,61H
              JZ     ENDE                         ;Abfrage, ob <I:61H> = 0
              DEC    61H                          ;<I:61H> um 1 erniedrigen
              INC    60H                          ;<I:60H> um 1 erhöhen
              MOV    A,60H
              CJNE   A,#00H,WEITER                ;Abfrage, ob Schleife beendet

ENDE:

;**********************************************************************************************
;

              END
```

Beispiel 11.3-9:   Größenuntersuchung

In der Speicherzelle X:B000 steht ein hexadezimaler Wert. In Abhängigkeit von der Größe dieses Wertes soll folgendes in Speicherzelle I:40H abgespeichert werden:

$$\langle X{:}B000H\rangle = 80H \qquad \Rightarrow \qquad 00H \rightarrow I{:}40H$$
$$\langle X{:}B000H\rangle < 80H \qquad \Rightarrow \qquad 01H \rightarrow I{:}40H$$
$$\langle X{:}B000H\rangle > 80H \qquad \Rightarrow \qquad 02H \rightarrow I{:}40H$$

Das Programm soll bei C:8000H beginnen.

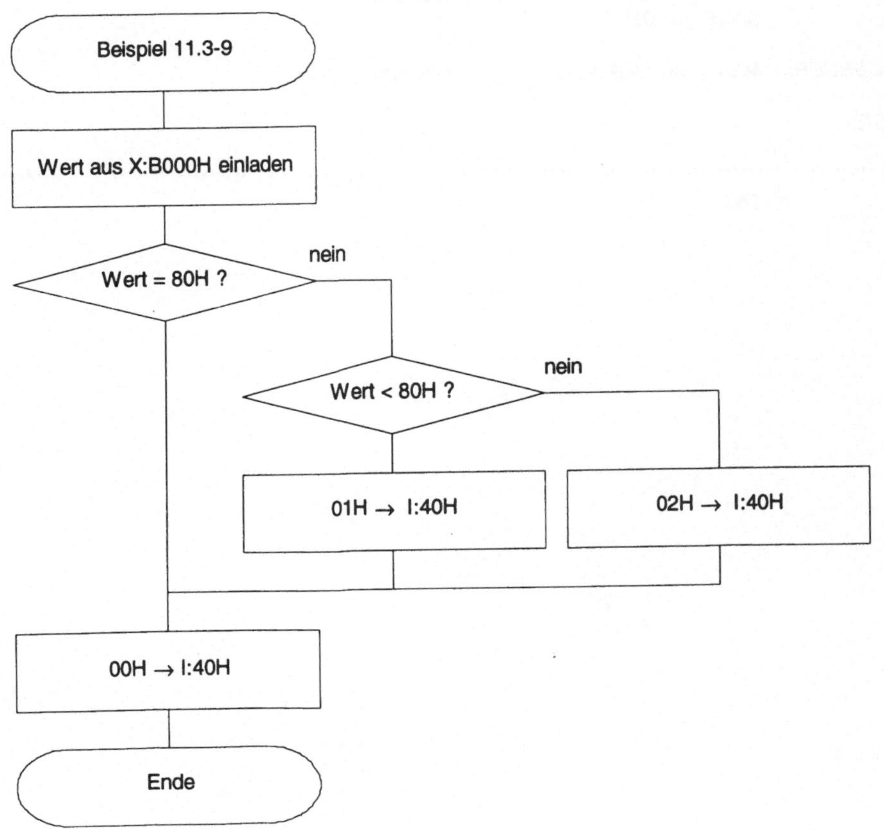

Bild 11.3-9

```
;*************************************************************************************
;            ;Hauptprogramm              :B11_3_9A51
;*************************************************************************************

             ORG    8000H                ;Startadresse Hauptprogramm

             MOV    DPTR,#0B000H
             MOVX   A,@DPTR              ;Wert aus X:B000H in Akku laden
             CJNE   A,#80H,KLEINER       ;prüfen, ob Wert = 80H
             MOV    40H,#00H
             SJMP   ENDE

KLEINER:     JNC    GROESSER
             MOV    40H,#01H             ;Wert kleiner 80H
             SJMP   ENDE

GROESSER:    MOV    40H,#02H             ;Wert größer 80H

ENDE:

;*************************************************************************************
             END
```

11.4 Unterprogramme

Allgemeines

Unterprogramme sind in sich abgeschlossene Module, die von einem Hauptprogramm aus aufgerufen werden können. Sie führen häufig wiederkehrende Unterfunktionen eines Hauptprogrammes aus. Die Aufteilung einer großen Aufgabe in eine Reihe von Teilaufgaben fördert die Übersichtlichkeit eines Gesamtprogramms. Darüber hinaus können so programmierte Teilaufgaben getrennt getestet und anschließend zusammengeführt werden.

Der wesentliche Vorteil der Unterprogrammtechnik liegt neben der Verkürzung des Quellcodes darin, daß man kleinere Module schafft, auf die man immer wieder zurückgreifen kann.

Beispiel für zwei Unterprogrammaufrufe in einem Hauptprogramm

Die folgende Grafik zeigt ein Hauptprogramm, in dem das Unterprogramm WAIT zweimal aufgerufen wird. WAIT steht hierbei als symbolische Anfangsadresse für ein Zeitunterprogramm. Der einzige prinzipielle Unterschied zu jedem anderen Programm besteht darin, daß das Unterprogramm mit einem RET-Befehl abgeschlossen werden muß. Im Hauptprogramm muß lediglich ein Unterprogrammaufruf in Form eines LCALL- bzw. ACALL-Befehls erfolgen. Der prinzipielle Ablauf bei einem Unterprogramm-Aufruf bzw. bei einem Rücksprung aus einem Unterprogramm soll durch die nachstehende Grafik verdeutlicht werden.

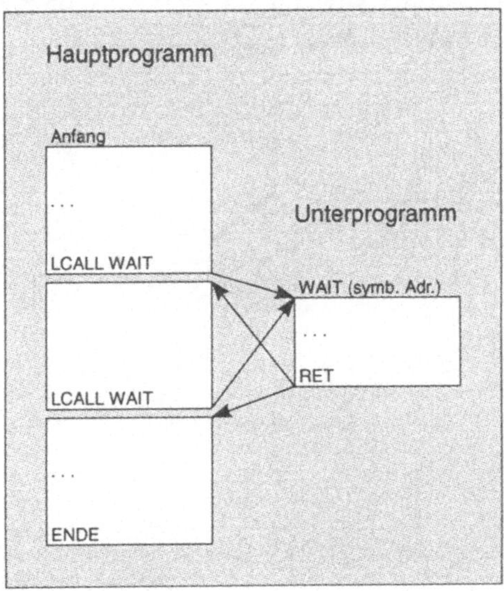

Bild 11.4-1: Unterprogrammabarbeitung

Bei einem Unterprogrammaufruf mit Hilfe des LCALL- oder ACALL-Befehls wird die Rückkehradresse automatisch im Stack-Speicher abgelegt. Beim Rücksprung vom Unterprogramm bewirkt der RET-Befehl, daß die Rückkehradresse vom Stack-Speicher wieder in den Programm Counter zurückgeladen wird.

Stack-Speicher und Stack Pointer in Verbindung mit Unterprogrammen

Der Stack-Speicher nimmt einen Teil des internen Datenspeichers in Anspruch und dient der Sicherung von Daten und Adressen. Der Stack Pointer ist ein Zeiger, der auf eine Adresse im Stack-Bereich hinweist. Mit Hilfe des Befehls MOV SP,#xxH kann man den Stack Pointer auch gezielt setzen. Hierbei sollte man allerdings größte Vorsicht walten lassen, da man mit Stack Pointer-Manipulationen sehr schnell einen Rechnerabsturz programmieren kann. Nur dann, wenn man sicher ist, daß im Stack keine Rückkehradressen - auch nicht vom Betriebssystem bzw. Monitorprogramm - abgelegt sind, darf man den Stack Pointer verändern.

Wirkungsweise eines LCALL- bzw. ACALL-Befehls

Bild 11.4-2 zeigt, daß mit dem Aufruf des Befehls LCALL (ACALL) der Programm-Counter um 3 erhöht wird. Anschließend wird der Stack Pointer um 1 erhöht und das LOB der PC-Adresse in der dann aktuellen Stackadresse (auf die der Stack-Pointer zeigt) abgelegt. Danach wird der Stack Pointer noch einmal um 1 erhöht und das HOB der PC-Adresse im Stack abgelegt. Abschließend wird die Anfangsadresse des Unterprogramms in den PC geladen (Sprung in das Unterprogramm) und dort weitergearbeitet.

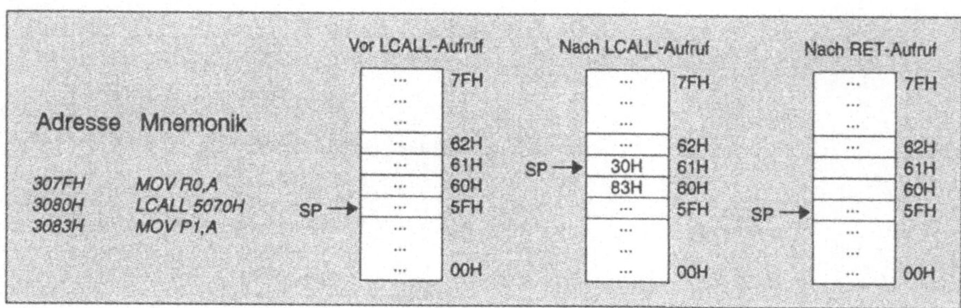

Bild 11.4-2

Wirkungsweise eines RET-Befehls

Bei der Ausführung eines RET-Befehls läuft der umgekehrte Mechanismus gegenüber dem LCALL- bzw. ACALL-Befehl ab. Der Inhalt der Adresse, auf die der Stack Pointer zeigt, wird zum HOB des PC transferiert. Nachdem der Stack Pointer dekrementiert wurde, wird der zugehörige Inhalt dieser Stackadresse zum LOB des PC transferiert. Anschließend wird der Stack Pointer noch einmal dekrementiert.

Ruft man nacheinander mehrere ineinander geschachtelte Unterprogramme auf, werden die zugehörigen Rückkehradressen wie auf einem Stapel im Stack abgelegt. Da man aus dem zuletzt aufgerufenen Unterprogramm zuerst zurückkehren muß, werden bei der Abarbeitung der RET-Befehle immer die richtigen Rückkehradressen dem PC zugewiesen.

Datenkollision zwischen dem Internen Datenspeicher und dem Stack

Nach einem Reset hat der Stack Pointer den Wert 07H. Damit kann die erste Abspeicherung in 08H erfolgen. Da aber dort (bei 08H) das Register R0 der Registerbank 1 und in den darüberliegenden Adressen die anderen Register und der freie RAM-Bereich des internen Datenspeichers liegen, kann es zu einer Datenkollision, d.h., zum Rechnerabsturz kommen.

Um diesem Problem vorzubeugen, benutzt man als Programmier entweder die Register der drei oberen Registerbänke nicht und reserviert sie für den Stack oder man muß den Stack in einen höheren Bereich des internen Datenspeichers verlegen. Die letztere Variante ist allerdings aus den oben beschriebenen Gründen sehr kritisch und erfordert deshalb besondere Sorgfalt.

Datensicherung im Stackspeicher mittels der Befehle PUSH und POP

Unabhängig von der automatischen Sicherung der Rückkehradressen bei Einsprung in ein Unterprogramm oder in eine Interrupt Service Routine (ISR), hat der Programmierer mit dem Befehl PUSH dadr die Möglichkeit, den Inhalt jeder beliebigen Adresse des internen Datenspeichers im Stack zu sichern. Der Befehl POP dadr bewirkt genau das Umgekehrte. Zu beachten ist allerdings das Stapelprinzip mit der Bedingung "last in" und "first out", d.h., werden mehrere Speicherzellen hintereinander gesichert, müssen sie in umgekehrter Reihenfolge wieder ausgelesen werden. Außerdem muß in jedem Programm immer die gleiche Anzahl von PUSH- und POP-Befehlen verwendet werden.

Beispiel 11.4-1:   Zeitverzögerung 1ms

Es soll ein Unterprogramm für eine Zeitverzögerung von einer Millisekunde programmiert werden. Die externe Taktfrequenz soll 12 MHz betragen. Im Unterprogramm sollen alle benötigten Register gesichert werden. Der Unterprogramm-Aufruf (LCALL oder ACALL) soll mit in die Millisekunde einbezogen werden. Das Unterprogramm soll bei C:8200H beginnen.

Die Berechnung erfolgt in ähnlicher Weise, wie in Beispiel 11.3-6

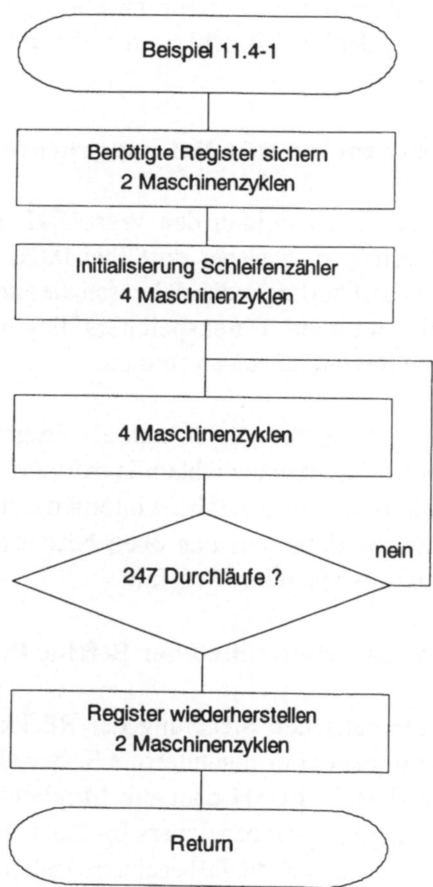

Bild 11-24

```
;****************************************************************************************
;              ;Hauptprogramm        :B11_4_1.A51
;****************************************************************************************

              ORG    8200H             ;Startadresse Hauptprogramm

              PUSH   00H               ;Sicherung von R0
              MOV    R0,#0F7H          ;Initialisierung Zählregister F7H=247D
              NOP
              NOP
              NOP                      ;bis hier 6 Maschinenzyklen

M1:           NOP                      ;Anfang Zählschleife
              NOP                      ;Innerhalb einer Zählschleife
              DJNZ   R0,M1             ;4 Maschinenzyklen

              POP    00H               ;Wiederherstellung von R0
              RET                      ;Return
;****************************************************************************************

              END
```

Beispiel 11.4-2:   Zeitverzögerung 1s

Es soll ein Unterprogramm für eine Zeitverzögerung von einer Sekunde programmiert werden. Die externe Taktfrequenz soll 12 MHz betragen. Im Unterprogramm
sollen alle benötigten Register gesichert werden. Der Unterprogramm-Aufruf
(LCALL oder ACALL) soll mit in die Sekunde einbezogen werden. Das Unterprogramm soll bei C:8200H beginnen. Ebenso wie in Beispiel 11.4-7 werden auch hier
1.000.000 Maschinenzyklen benötigt.

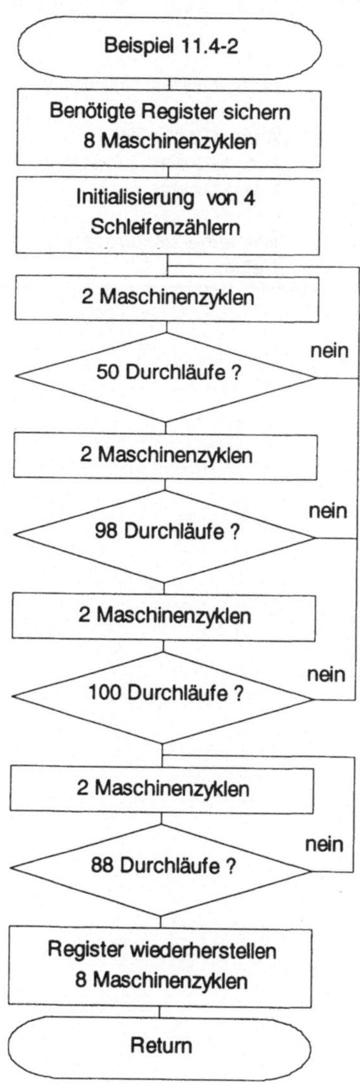

Bild 11-25

```
;************************************************************************************
;
            ;Hauptprogramm        :B11_4_2.A51
;************************************************************************************
;

            ORG    8200H          ;Startadresse Hauptprogramm

            PUSH   00H            ;benötigte Register sichern
            PUSH   01H
            PUSH   02H
            PUSH   03H
;----------------------------------------------------------------------------------
                                  ;bis hier 8 Maschinenzyklen

            MOV    R0,#32H        ;Initialisierung Zähler1, 32H=50D
            MOV    R1,#62H        ;Initialisierung Zähler2, 62H=98D
            MOV    R2,#64H        ;Initialisierung Zähler3, 64H=100D
            MOV    R3,#5EH        ;Initialisierung Zähler4, 5EH=94D
;----------------------------------------------------------------------------------
                                  ;bis hier 12 Maschinenzyklen

                                  ;3 ineinander geschachtelte Schleifen
M1:         DJNZ   R0,M1          ;Schleife1 mit 50*2=100 Zyklen
            DJNZ   R1,M1          ;Schleife2 mit 98*102=9996 Zyklen
            DJNZ   R2,M1          ;Schleife3 mit 9998*100=999800 Zyklen
;----------------------------------------------------------------------------------
                                  ;bis hier 999812 Maschinenzyklen

                                  ;1 additive Korrekturschleife
M2:         DJNZ   R3,M2          ;Schleife4 mit 94*2=188 Zyklen
;----------------------------------------------------------------------------------
                                  ;bis hier 999988 Maschinenzyklen

            POP    00H            ;wiederherstellen der Register
            POP    01H
            POP    02H
            POP    03H
;----------------------------------------------------------------------------------
                                  ;bis hier 999996 Maschinenzyklen

            RET                   ;Return
;----------------------------------------------------------------------------------
                                  ;insgesamt 999998 Maschinenzyklen
                                  ;2 Zyklen wurden für den xCALL aufgespart

;************************************************************************************
;

            END
```

12 Anhang

Blockschaltbild der 80C517/537-Mikrocontroller
XTAL1 XTAL1
Baudraten Generator
8-bit USART
Baudraten Generator
8-bit UART
Timer 2
Compare/ Capture Einheit
Compare Timer
Timer 0
Timer 1
ROM* 8k x 8
RAM 256 x 8
Multipl. Div./ Einheit
Programmierbarer Watchdog-Timer
Oszillator Watchdog
CPU (8051)
8 Daten-Pointer
A/D
Programmier. Ref. Spannung
MUX S&H
P0
P1
P2
P3
P4
P5
P6
P7
P8
VAREF VAGND
8
8
8
8
8
8
8
8
4
Port0
Port1
Port2
Port3
Port4
Port5
Port6
Port7
Port8

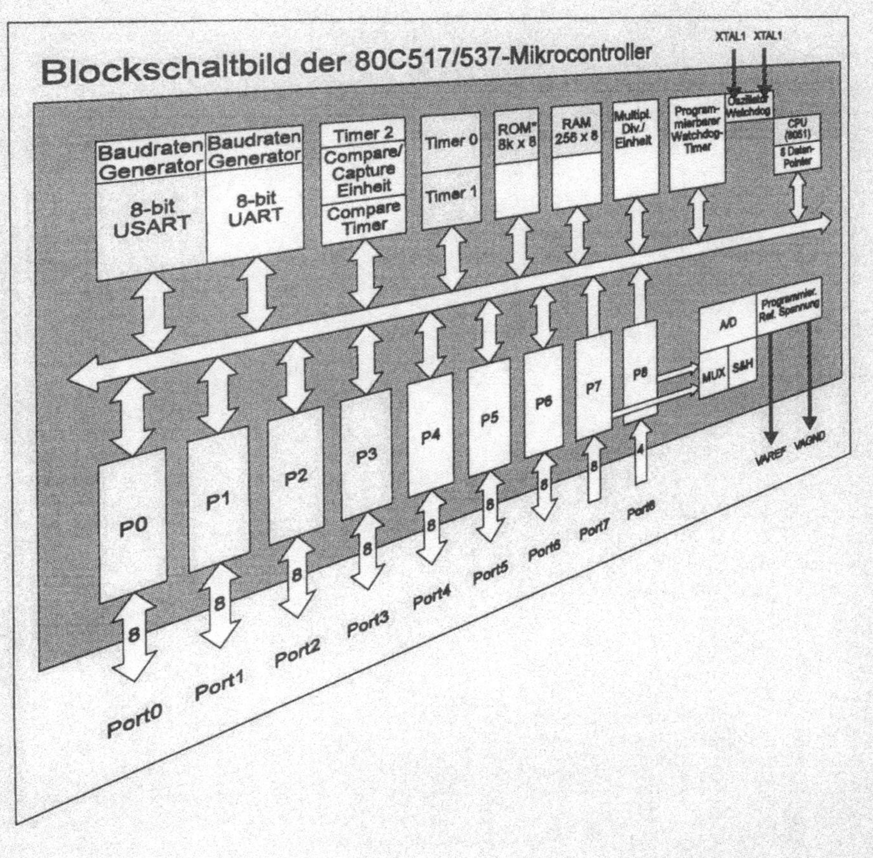

12.1 Befehlslisten

Allgemeines

Im folgenden werden alle Befehle des 80(C)51 und die Special Function Register aller im Buch beschriebenen Mikrocontroller sachlogisch gegliedert aufgelistet. Zuvor werden alle Abkürzungen aufgeführt, die mit dem Befehlssatz in Verbindung stehen.

Abkürzungen

Rr	$\rightarrow$	Register (R1 bis R8) der aktuellen Registerbank
Ri	$\rightarrow$	Register (R1 oder R2) der aktuellen Registerbank
@	$\rightarrow$	Kennzeichnung für indirekte Adressierung
dadr	$\rightarrow$	Adresse im internen Datenspeicher
#konst8	$\rightarrow$	8-Bit-Konstante
#konst16	$\rightarrow$	16-Bit-Konstante
A	$\rightarrow$	Akkumulator
B	$\rightarrow$	Register B
C	$\rightarrow$	Carry-Flag
badr	$\rightarrow$	Bit-Adresse
rel	$\rightarrow$	relative 8-Bit-Offset-Adresse (max. +127D bis -128D)
adr11	$\rightarrow$	11-Bit-Adresse innerhalb einer 2 kByte-Seite
adr16	$\rightarrow$	16-Bit-Adresse

Arithmetik-Befehle

Mnemonic	Wirkung	Bytes	Zyklen
ADD A,Rr	Der Akkumulator wird überschrieben durch das Ergebnis der Addition von Akkumulator und Rr.	1	1
ADD A,dadr	Der Akkumulator wird überschrieben durch das Ergebnis der Addition von Akkumulator und dem Inhalt von dadr.	2	1
ADD A,@Ri	Der Akkumulator wird überschrieben durch das Ergebnis der Addition von Akkumulator und dem Inhalt der internen Datenspeicherzelle, die durch Ri adressiert wird.	1	1
ADD A,#konst8	Der Akkumulator wird überschrieben durch das Ergebnis der Addition von Akkumulator und der 8-Bit-Konstanten.	2	1
ADDC A,Rr	Der Akkumulator wird überschrieben durch das Ergebnis der Addition von Akkumulator, Rr und dem Inhalt des Carry-Flag.	1	1
ADDC A,dadr	Der Akkumulator wird überschrieben durch das Ergebnis der Addition von Akkumulator, dem Inhalt von dadr und dem Inhalt des Carry-Flag.	2	1
ADDC A,@Ri	Der Akkumulator wird überschrieben durch das Ergebnis der Addition von Akkumulator, dem Inhalt der internen Datenspeicherzelle, die durch Ri adressiert wird und dem Inhalt des Carry-Flag.	1	1
ADDC A,#konst8	Der Akkumulator wird überschrieben durch das Ergebnis der Addition von Akkumulator, der 8-Bit-Konstanten und dem Inhalt des Carry-Flag.	2	1
SUBB A,Rr	Der Akkumulator wird überschrieben durch das Ergebnis der Subtraktion von Akkumulator und der Summe der Inhalte von Carry-Flag und Rr.	1	1
SUBB A,dadr	Der Akkumulator wird überschrieben durch das Ergebnis der Subtraktion von Akkumulator und der Summe der Inhalte von Carry-Flag und dadr.	2	1
SUBB A,@Ri	Der Akkumulator wird überschrieben durch das Ergebnis der Subtraktion von Akkumulator und der Summe der Inhalte von Carry-Flag und der Adresse des internen Datenspeichers, die durch Ri adressiert wird.	1	1
SUBB A,#konst8	Der Akkumulator wird überschrieben durch das Ergebnis der Subtraktion von Akkumulator und der Summe des Inhaltes von Carry-Flag und der 8-Bit-Konstanten.	2	1
INC A	Zum Inhalt des Akkumulators wird 1 addiert.	1	1
INC Rr	Zum Inhalt des Registers Rr wird 1 addiert.	1	1
INC dadr	Zum Inhalt der Speicherzelle dadr wird 1 addiert.	2	1
INC @Ri	Zum Inhalt der Speicherzelle des internen Datenspeichers, die durch Ri adressiert wird, wird 1 addiert.	1	1
INC DPTR	Zum Inhalt des Datenpointers wird 1 addiert.	1	2
DEC A	Vom Inhalt des Akkumulators wird 1 subtrahiert.	1	1
DEC Rr	Vom Inhalt des Registers Rr wird 1 subtrahiert.	1	1
DEC dadr	Vom Inhalt der Speicherzelle dadr wird 1 subtrahiert.	2	1
DEC @Ri	Vom Inhalt der Speicherzelle des internen Datenspeichers, die durch Ri adressiert wird, wird 1 subtrahiert.	1	1

Tab 12.1-1

Arithmetik-Befehle

Mnemonic	Wirkung	Byte	Zyklen
MUL AB	Die Inhalte von Akkumulator und Register B werden multipliziert. Das niederwertige Byte des Produktes steht im Akkumulator, das höherwertige Byte im Register B. Das Carry-Flag wird gelöscht und das OV-Flag gesetzt, wenn das Ergebnis im Register B ungleich Null ist.	1	4
DIV AB	Die Inhalte von Akkumulator und Register B werden dividiert. Das niederwertige Byte des Quotienten steht im Akkumulator, der Divisionsrest im Register B. Das Carry-Flag wird gelöscht. Bei einer Division durch Null wird das OV-Flag gesetzt.	1	4
DA A	Das Ergebnis einer vorangegangenen Addition zweier BCD-Zahlen wird unter Brücksichtigung von Carry und Hilfscarry korrigiert.	1	1

Tab 12.1-2

Logik-Befehle

Mnemonic	Wirkung	Bytes	Zyklen
ANL A,Rr	Der Akkumulator wird überschrieben durch das Ergebnis der UND-Verknüpfung von Akkumulator und dem Inhalt von Rr.	1	1
ANL A,dadr	Der Akkumulator wird überschrieben durch das Ergebnis der UND-Verknüpfung von Akkumulator und dem Inhalt von dadr.	2	1
ANL A,@Ri	Der Akkumulator wird überschrieben durch das Ergebnis der UND-Verknüpfung von Akkumulator und dem Inhalt der internen Datenspeicherzelle, die durch den Inhalt von Ri adressiert wird.	1	1
ANL A,#konst8	Der Akkumulator wird überschrieben durch das Ergebnis der UND-Verknüpfung von Akkumulator und der 8-Bit-Konstanten.	2	1
ANL dadr,A	Der Inhalt von dadr wird überschrieben durch die UND-Verknüpfung von Akkumulator und dem Inhalt von dadr.	2	1
ANL dadr,#konst8	Der Inhalt von dadr wird überschrieben durch die UND-Verknüpfung der 8-Bit-Konstanten und dem Inhalt von dadr.	3	2
ORL A,Rr	Der Akkumulator wird überschrieben durch das Ergebnis der ODER-Verknüpfung von Akkumulator und dem Inhalt von Rr.	1	1
ORL A,dadr	Der Akkumulator wird überschrieben durch das Ergebnis der ODER-Verknüpfung von Akkumulator und dem Inhalt von dadr.	2	1
ORL A,@Ri	Der Akkumulator wird überschrieben durch das Ergebnis der ODER-Verknüpfung von Akkumulator und dem Inhalt der internen Datenspeicherzelle, die durch den Inhalt von Ri adressiert wird.	1	1
ORL A,#konst8	Der Akkumulator wird überschrieben durch das Ergebnis der ODER-Verknüpfung von Akkumulator und der 8-Bit-Konstanten.	2	1
ORL dadr,A	Der Inhalt von dadr wird überschrieben durch die OR-Verknüpfung von Akkumulator und dem Inhalt von dadr.	2	1
ORL dadr,#konst8	Der Inhalt von dadr wird überschrieben durch die OR-Verknüpfung der 8-Bit-Konstanten und dem Inhalt von dadr.	3	2

Tab 12.1-3

Logik-Befehle

Mnemonic	Wirkung	Bytes	Zyklen
XRL A,Rr	Der Akkumulator wird überschrieben durch das Ergebnis der EXCLUSIVE-ODER-Verknüpfung von Akkumulator und dem Inhalt von Rr.	1	1
XRL A,dadr	Der Akkumulator wird überschrieben durch das Ergebnis der EXCLUSIVE-ODER-Verknüpfung von Akkumulator und dem Inhalt von dadr.	2	1
XRL A,@Ri	Der Akkumulator wird überschrieben durch das Ergebnis der EXCLUSIVE-ODER-Verknüpfung von Akkumulator und dem Inhalt der internen Datenspeicherzelle, die durch den Inhalt von Ri adressiert wird.	1	1
XRL A,#konst8	Der Akkumulator wird überschrieben durch das Ergebnis der EXCLUSIVE-ODER-Verknüpfung von Akkumulator und der 8-Bit-Konstanten.	2	1
XRL dadr,A	Der Inhalt von dadr wird überschrieben durch die EXCLUSIVE-ODER-Verknüpfung von Akkumulator und dem Inhalt von dadr.	2	1
XRL dadr,#konst8	Der Inhalt von dadr wird überschrieben durch die EXCLUSIVE-ODER-Verknüpfung der 8-Bit-Konstanten und dem Inhalt von dadr.	3	2
CLR A	Der Akkumulator wird gelöscht.	1	1
CPL A	Der Inhalt des Akkumulators wird invertiert.	1	1

Tab 12.1-4

Transfer-Befehle

Mnemonic	Wirkung	Bytes	Zyklen
MOV A,Rr	Lade den Akkumulator mit dem Inhalt von Rr.	1	1
MOV A,dadr *	Lade den Akkumulator mit dem Inhalt von dadr.	2	1
MOV A,@Ri	Lade den Akkumulator mit dem Inhalt der internen Datenspeicherzelle, die durch Ri adressiert wird.	1	1
MOV A,#konst8	Lade den Akkumulator mit der 8-Bit-Konstanten.	2	1
MOV Rr,A	Lade das Register Rr mit dem Inhalt des Akkumulators.	1	1
MOV Rr,dadr	Lade das Register Rr mit dem Inhalt von dadr.	2	2
MOV Rr,#konst8	Lade das Register Rr mit der 8-Bit-Konstanten.	2	1
MOV dadr,A	Lade die interne Datenspeicherzelle dadr mit dem Inhalt des Akkumulators.	2	1
MOV dadr,Rr	Lade die interne Datenspeicherzelle dadr mit dem Inhalt des Registers Rr.	2	2
MOV dadr,dadr	Lade die interne Datenspeicherzelle dadr mit dem Inhalt der internen Datenspeicherzelle dadr.	3	2
MOV dadr,@Ri	Lade die interne Datenspeicherzelle dadr mit dem Inhalt der internen Datenspeicherzelle, die durch Ri adressiert wird.	2	2
MOV dadr,#konst8	Lade die interne Datenspeicherzelle dadr mit der 8-Bit-Konstanten.	3	2

**Der Befehl MOV A,ACC ist nicht erlaubt.*
Tab 12.1-5

Transfer-Befehle

Mnemonic	Wirkung	Bytes	Zyklen
MOV @Ri,A	Lade in die interne Datenspeicherzelle, die durch Ri adressiert wird, den Inhalt des Akkumulators.	1	1
MOV @Ri,dadr	Lade in die interne Datenspeicherzelle, die durch Ri adressiert wird, den Inhalt von dadr.	2	2
MOV @Ri,#konst8	Lade in die interne Datenspeicherzelle, die durch Ri adressiert wird, die 8-Bit-Konstante.	2	1
MOV DPTR,#konst16	Lade den Daten-Pointer mit der 16-Bit-Konstanten.	3	2
MOVC A,@A+DPTR	Lade den Akkumulator mit dem Inhalt der Programmspeicherzelle, die durch die Summe von Daten-Pointer und Akkumulator adressiert wird.	1	2
MOVC A,@A+PC	Lade den Akkumulator mit dem Inhalt der Programmspeicherzelle, die durch die Summe von Program-Counter und Akkumulator adressiert wird.	1	2
MOVX A,@Ri	Lade den Akkumulator mit dem Inhalt der externen Datenspeicherzelle, die durch Ri adressiert wird.	1	2
MOVX A,@DPTR	Lade den Akkumulator mit dem Inhalt der externen Datenspeicherzelle, die durch den Daten-Pointer adressiert wird.	1	2
MOVX @Ri,A	Lade die externe Datenspeicherzelle, die durch Ri adressiert ist, mit dem Inhalt des Akkumulators.	1	2
MOVX @DPTR,A	Lade die externe Datenspeicherzelle, die durch den Daten-Pointer adressiert ist, mit dem Inhalt des Akkumulators.	1	2
PUSH dadr	Der Stack-Pointer wird um 1 erhöht und der Inhalt von dadr im Stack abgelegt.	2	2
POP dadr	Der Inhalt der durch den Stack-Pointer adressierten Adresse wird nach dadr transferiert und der Stack-Pointer um 1 erniedrigt.	2	2
XCH A,Rr	Vertausche die Inhalte des Akkumulators und des Registers Rr.	1	1
XCH A,dadr	Vertausche die Inhalte des Akkumulators und der internen Datenspeicherzelle dadr.	2	1
XCH A,@Ri	Vertausche die Inhalte des Akkumulators und der internen Datenspeicherzelle, die durch Ri adressiert wird.	1	1
XCHD A,@Ri	Vertausche die Inhalte der niederwertigen Halbbytes von Akkumulator und der internen Datenspeicherzelle, die durch Ri adressiert ist.	1	1
SWAP A	Vertausche die Bytehälften des Akkumulators.	1	1
NOP	Leerbefehl	1	1

Tab 12.1-6

Bitverarbeitungs-Befehle

Mnemonic	Wirkung	Bytes	Zyklen
CLR C	Lösche das Carry-Flag.	1	1
CLR badr	Lösche den Inhalt von badr.	2	1
SETB C	Setze das Carry-Flag.	1	1
SETB badr	Setze den Inhalt von badr.	2	1
CPL C	Invertiere den Inhalt des C-Flag	1	1
CPL badr	Invertiere den Inhalt von badr.	2	1
ANL C,bit	Das Carry-Flag wird überschrieben durch das Ergebnis der UND-Verknüpfung von Carry-Bit und dem Inhalt von badr.	1	1
ANL C,/badr	Das Carry-Flag wird überschrieben durch das Ergebnis der UND-Verknüpfung von Carry-Bit und dem invertierten Inhalt von badr.	2	1
ORL C,bit	Das Carry-Flag wird überschrieben durch das Ergebnis der ODER-Verknüpfung von Carry-Bit und dem Inhalt von badr.	1	1
ORL C,/badr	Das Carry-Flag wird überschrieben durch das Ergebnis der ODER-Verknüpfung von Carry-Bit und dem invertierten Inhalt von badr.	2	1
MOV C,badr	Lade in das Carry-Bit den Inhalt von badr.	2	1
MOV badr,C	Lade in die badr den Inhalt des Carry-Bit.	2	2

Tab 12.1-7

Schiebe-Befehle

Mnemonic	Wirkung	Bytes	Zyklen
RL A	Verschiebe den Inhalt des Akkumulators um eine Stelle nach links. Die höchstwertigste Bitstelle wird in die niederwertigste Bitstelle verschoben.	1	1
RLC A	Verschiebe den Inhalt des Akkumulators um eine Stelle nach links über das Carry-Bit. Der Inhalt des Carry-Bit wird in die niederwertigste Bitstelle verschoben.	1	1
RR A	Verschiebe den Inhalt des Akkumulators um eine Stelle nach rechts. Die niederwertigste Bitstelle wird in die höchstwertigste Bitstelle verschoben.	1	1
RRC A	Verschiebe den Inhalt des Akkumulators um eine Stelle nach rechts. Die niederwertigste Bitstelle wird in das Carry-Flag verschoben.	1	1

Tab 12.1-8

Sprung-Befehle

Mnemonic	Wirkung	Bytes	Zyklen
AJMP adr11	Setze das Programm bei adr11 innerhalb der 2 kByte-Seite fort.	2	2
LJMP adr16	Setze das Programm bei adr16 fort.	3	2
SJMP rel	Setze das Programm bei rel, relativ zum Programm-Counter, fort.	2	2
JMP @A+DPTR	Setze das Programm an der Stelle fort, die sich aus der Summe von Akkumulator und Programm-Counter ergibt.	1	2
JZ rel	Springe relativ um die Adresse rel, wenn der Inhalt des Akkumulators gleich null ist.	2	2
JNZ rel	Springe relativ um die Adresse rel, wenn der Inhalt des Akkumulators ungleich null ist.	2	2
JC rel	Springe relativ um die Adresse rel, wenn der Inhalt des Carry-Flag gesetzt ist.	2	2
JNC rel	Springe relativ um die Adresse rel, wenn der Inhalt des Carry-Flag nicht gesetzt ist.	2	2
JB rel	Springe relativ um die Adresse rel, wenn der Inhalt von badr gleich eins ist.	3	2
JNB rel	Springe relativ um die Adresse rel, wenn der Inhalt von badr gleich null ist.	3	2
JBC rel	Springe relativ um die Adresse rel, wenn der Inhalt von badr gleich eins ist und lösche den Inhalt von badr.	3	2
CJNE A,dadr,rel	Springe relativ um die Adresse rel, wenn die Inhalte von Akkumulator und dadr ungleich sind.	3	2
CJNE A,#konst8,rel	Springe relativ um die Adresse rel, wenn der Inhalt des Akkumulators ungleich der 8-Bit-Konstanten ist.	3	2
CJNE Rr,#konst8,rel	Springe relativ um die Adresse rel, wenn der Inhalt des Registers Rr ungleich der 8-Bit-Konstanten ist.	3	2
CJNE @Ri,#konst8,rel	Springe relativ um die Adresse rel, wenn der Inhalt der internen Datenspeicherzelle, die durch Ri adressiert wird, ungleich der 8-Bit-Konstanten ist.	3	2
DJNZ Rr,rel	Der Inhalt von Register Rr wird um eins erniedrigt. Ist dann der Inhalt ungleich null, springe relativ um die Adresse rel.	3	2
DJNZ dadr,rel	Der Inhalt von dadr wird um eins erniedrigt. Ist dann der Inhalt ungleich null, springe relativ um die Adresse rel.	3	2

Tab 12.1-9

Unterprogramm-Befehle

Mnemonic	Wirkung	Bytes	Zyklen
ACALL adr11	Unterprogrammaufruf innerhalb einer 2 k-Byte-Seite	3	2
LCALL adr16	Unterprogrammaufruf	3	2
RET	Rücksprung aus einem Unterprogramm	1	2
RETI	Rücksprung aus einer Interrupt-Service-Routine	1	2

Tab 12.1-10

SFR MEMORY MAP 80(C)51/31

F8H								FFH
F0H	B							F7H
E8H								EFH
E0H	ACC							E7H
D8H								DFH
D0H	PSW							D7H
C8H								CFH
C0H								C7H
B8H	IP							BFH
B0H	P3							B7H
A8H	IE							AFH
A0H	P2							A7H
98H	SCON	SBUF						9FH
90H	P1							97H
88H	TCON	TMOD	TL0	TL1	TH0	TH1		8FH
80H	P0	SP	DPL	DPH				PCON	87H

↑
bitadressierbar

Bild 12.1-1: SFR der 80(C)515/535 Mikrocontroller

SFR MEMORY MAP 80(C)515/535

F8H	P5								FFH
F0H	B								F7H
E8H	P4								EFH
E0H	ACC								E7H
D8H	ADCON	ADDAT	DAPR	P6					DFH
D0H	PSW								D7H
C8H	T2CON		CRCL	CRCH	TL2	TH2			CFH
C0H	IRCON	CCEN	CCL1	CCH1	CCL2	CCH2	CCL3	CCH3	C7H
B8H	IEN1	IP1							BFH
B0H	P3								B7H
A8H	IEN0	IP0							AFH
A0H	P2								A7H
98H	SCON	SBUF							9FH
90H	P1								97H
88H	TCON	TMOD	TL0	TL1	TH0	TH1			8FH
80H	P0	SP	DPL	DPH				PCON	87H

↑
bitadressierbar   ▢ inkompatibel zum 80(C)51/31

Bild 12.1-2: SFR der 80(C)515/535 Mikrocontroller

SFR MEMORY MAP 80C517/537

F8H	P5		P6						FFH
F0H	B		CML6	CMH6	CML7	CMH7	CMEN		F7H
E8H	P4	MD0	MD1	MD2	MD3	MD4	MD5	ARCON	EFH
E0H	ACC	CTCON	CML3	CMH3	CML4	CMH4	CML5	CMH5	E7H
D8H	ADCON	ADDAT	DAPR	P7	ADCON1	P8	CTRELL	CTRELH	DFH
D0H	PSW		CML0	CMH0	CML1	CMH1	CML2	CMH2	D7H
C8H	T2CON	CC4EN	CRCL	CRCH	TL2	TH2	CCL4	CCH4	CFH
C0H	IRCON	CCEN	CCL1	CCH1	CCL2	CCH2	CCL3	CCH3	C7H
B8H	IEN1	IP1							BFH
B0H	P3								B7H
A8H	IEN0	IP0							AFH
A0H	P2								A7H
98H	S0CON	S0BUF	IEN2	S1CON	S1BUF	S1REL			9FH
90H	P1		DPSEL						97H
88H	TCON	TMOD	TL0	TL1	TH0	TH1			8FH
80H	P0	SP	DPL	DPH			WDTREL	PCON	87H

bitadressierbar

inkompatibel zum 80(C)51/31

Bild 12.1-3: SFR der 80C517/537 Mikrocontroller

Stichwortverzeichnis

Der Multimedia PC

von Armin Müller

1993. XII, 153 Seiten Gebunden
ISBN 3-528-05353-4

Aus dem Inhalt: Begriffe und Abgrenzungen – TV-Normen (PAL, NTSC, SECAM, HDTV) – Speicherformate für Bild und Ton – SCSI-Schnittstelle – Speichermedien – Wichtige Peripheriegeräte – MPS-Spezifikationen – Multimedia-Entwicklungs-Tools – Software-Überblick.

Mit diesem Buch verschafft sich der Leser einen kompakten Überblick über Verfahren, Technologien und Komponenten des Multimedia-PC. Das Buch stellt die wesentlichen Bauteile und Peripheriegeräte eines multimedia-tauglichen Rechnersystems vor und erläutert deren Funktionsweise und Bedeutung. Es beschäftigt sich ferner mit Speicherverfahren, notwendigen Datenformaten und den aus heutiger Sicht noch bestehenden Grenzen von Multimedia. Neben den hardwareorientierten Aspekten des Multimedia-PC kommen auch Entwicklungswerkzeuge für Multimedia-Anwendungen sowie heute am Markt verfügbare multimediale Applikationen zur Sprache. Schließlich wagt das Buch auch Ausblicke für die Entwicklung dieser zukunftsweisenden Technologie.

Über den Autor: Armin Müller ist im Bereich der Entwicklung von Software und Multimedia-Systemen tätig.

Verlag Vieweg · Postfach 58 29 · 65048 Wiesbaden